锦天城法律实务丛书

半导体行业投融资及资本市场法律实务指南

BANDAOTI HANGYE TOURONGZI JI

ZIBEN SHICHANG FALÜ SHIWU ZHINAN

王立 沈诚/著

法律出版社 LAW PRESS · CHINA
北京

图书在版编目(CIP)数据

半导体行业投融资及资本市场法律实务指南 / 王立,沈诚著. -- 北京:法律出版社,2024
(锦天城法律实务丛书)
ISBN 978-7-5197-9013-4

Ⅰ.①半… Ⅱ.①王… ②沈… Ⅲ.①半导体工业-投资-资本市场-法律-中国-指南②半导体工业-融资-资本市场-法律-中国-指南 Ⅳ.①D922.287.4

中国国家版本馆 CIP 数据核字(2024)第072605号

锦天城法律实务丛书	半导体行业投融资及资本市场法律实务指南 BANDAOTI HANGYE TOURONGZI JI ZIBEN SHICHANG FALÜ SHIWU ZHINAN	王 立 沈 诚 著	策划编辑 田 浩 责任编辑 田 浩 装帧设计 臧晓飞

出版发行 法律出版社
编辑统筹 法商出版分社
责任校对 王晓萍
责任印制 刘晓伟
经 销 新华书店

开本 710毫米×1000毫米 1/16
印张 31.75 字数 539千
版本 2024年6月第1版
印次 2024年6月第1次印刷
印刷 固安华明印业有限公司

地址:北京市丰台区莲花池西里7号(100073)
网址:www.lawpress.com.cn
投稿邮箱:info@lawpress.com.cn
举报盗版邮箱:jbwq@lawpress.com.cn
销售电话:010-83938349
客服电话:010-83938350
咨询电话:010-63939796

书号:ISBN 978-7-5197-9013-4
定价:128.00元
凡购买本社图书,如有印装错误,我社负责退换。电话:010-83938349

序　言

谈及编撰本书的缘由，思绪不禁被拉回到 2018 年初的那段时光。在从事资本市场法律服务多年之后，面对愈发内卷的行业竞争，我和团队伙伴一直在思索，未来中国资本市场业务律师的发展路径究竟是什么？是继续深耕专业，不分昼夜研读上市规则，还是以点带面，由资本市场业务向其他业务做延伸，或是其他？经过几番论证，我们定下了专业化与行业化结合的业务发展方向，专业化就是我们的资本市场法律服务，行业化就是选定某行业后根据行业特点提供相应的资本市场法律服务。问题是选择哪一个行业作为突破，毕竟我们服务过的行业众多，不同行业之间的区别明显。于是又经过一番推演，我们确定了选择某一行业的标准：首先，该行业企业要“轻”，尽量不要有过于复杂的历史沿革和法律意义上的历史包袱；其次，该行业从业者要“精”，实际控制人和管理层整体上要有较高的学历背景和合规意识，不能把法律服务变成中介机构和企业家玩“猫捉老鼠”的游戏；再次，该行业的科技属性要“硬”，业绩增长靠的是硬核科研实力和领先的产品竞争力；最后该行业的法律服务要“新”，尚未被律师同行过度关注，我们有机会建立“先发优势”。确定上述标准后，半导体行业进入我们的视线，经过初步分析，我们认为半导体行业完美符合上述“轻”“精”“硬”“新”标准，于是我们决定就以半导体行业的法律服务为切入点，先行先试。令我们没有想到的是，考验很快就来了。2018 年 5 月，我们争取到了参加中芯国际回 A 股上市的法律服务机构招标邀请，经过严格考核比选，我们有幸中标，担任中芯国际回 A 项目的发行人律师。中芯国际回 A 上市的故事在此不再赘述，两年多的努力，换来了一系列的荣耀和光辉记录，成绩固然可喜，但是对于我们而言，更重要的是在服务中芯国际的过程中，我们真正的开始接触、了解、熟悉半导体行业，结识了行业内的众多良师益友，慢慢融入半导体产业圈……这些都更坚定了我们深入开展半导体行业法律服务的决心。

时至今日，我们可以很自信地讲，六年前选择专业化与行业化结合这条路走对了。作为国内真正专注于半导体行业全产业链法律服务的律师团队，我们目前已经参与完成了十余家半导体行业 IPO 项目，其中包括中国半导体行业 IPO 融资规模历史前三名的中芯国际（532 亿）、华虹公司（212 亿）、芯联集成（110 亿），以及恒玄科技、南芯科技、乐鑫科技、美埃科技、龙讯股份、新相微、灿芯股份等行业知名企业。目前我们正在服务的半导体行业客户还有四十余家，我们的法律服务内容也从 IPO 上市，拓展到企业初创阶段的股权架构设计、发展过程中的外部融资、股权激励方案设计、知识产权、出口管制、并购重组等企业发展周期中的诸多重要法律事项。能够取得这些成绩，既有我们主动选择、积极求变的因素作用，更是因为风云际会的时代大潮将半导体行业从幕后推到了万众瞩目的舞台中央，而我们顺应时代，幸运地踩对了行业发展的节奏。

作为国内律师圈服务半导体行业客户数量最多的团队之一，我们在日积月累的工作实践中发现为半导体行业不同企业提供法律服务既有共性之处，亦有不同，如果能够将我们的实践经验进行系统梳理与总结，未来可以在法律层面上帮助更多半导体行业企业发展，让企业少走弯路、更快速、更精准的达成外部融资、发展直至上市的目标；同时也可以为关注半导体行业法律服务的律师同行提供一些借鉴和参考，帮助更多法律圈同仁参与进来，共同助力中国半导体行业发展。而当我们开始构思如何将实践经验形成书面文字时，我们发现目前市场上居然很难找到一本专门论述半导体行业投融资与资本运作相关话题的法律著作，这便更增强了我们推出本书的使命感与紧迫感。

2023 年 3 月，我们正式开始了书稿的编写工作，团队根据 20 位成员的业务专长或兴趣点做出分工，大家各司其职，在已经基本饱和的工作任务之外利用闲暇时间加班加点、全力以赴地投入书稿撰写工作。考虑到读者阅读时能有条逻辑主线，同时结合半导体行业融资、发展的实践案例情况，我们决定以半导体行业企业 IPO 为全书的主线与基准点，即在启动 IPO 之前，如何完成初创企业的股权设置与控制权认定、如何“量身定制”股权激励计划、如何引入外部投资人；在准备启动 IPO 时，如何选择 IPO 路径、如何理解半导体行业企业境内境外上市的不同之处；在IPO进行过程中，如何深刻理解监管机构的审核理念、关注重点和标准，如何回答半导体项目IPO审核的核心问题；在完成IPO之后，如何实施产业链的整合并购、如何尝试进行国际化等。为了让本书真正成为半导体行业创业者、从业者在法律问题解决上的指南针、信号灯，我们梳理了A股市场上已经完成上市的全部半导体行业案例，就是希望从实践出发、从真实案例出发，帮助读者答疑解惑。由于选择上市项目案例涉及时间点问题，本书原定的案例时间截至点是2023年9月30日，但考虑到2023年下半年，特别是“8.27新政”后IPO审核的整体环境发生了重大的变化，为了更准确地反映市场变化，我们在2023年底书稿已经定稿的情况下，决定将案例截至时间调整为2023年12月31日，团队伙伴们在春节假期都没有停歇，紧锣密鼓地更新数据与案例，最终保证了书稿内容的时效性，这也体现了我们编写本书的初衷与诚意。

写到这里应该到致谢环节了，逐一感谢：没有科创板的推出和注册制的施行，我们团队就不可能在4年内完成22单IPO项目；没有上海市锦天城律师事务所提供的平台与资源，我们的专业化和行业化道路就不会执行得这么顺利；没有众多行业客户的认可与信任，我们的半导体业绩与实践案例就不会这么充沛丰富；没有中介机构与投资机构朋友们的支持与协作，我们团队也不会有坚定的信念能够穿越行业周期；当然，没有家人的理解与体谅，本就忙的整天不着家的证券律师们更没时间来写书。

最后特别要感谢团队伙伴们，在本职工作已经非常忙碌的情况下，大家依然齐心协力，没有抱怨，默默付出。没有团队每一位伙伴的积极参与，没有大家贡献的集体智慧，本书不会顺利按时完成，更不会高质量地完成。

在完成这篇序言之时，联芸科技成功通过上海证券交易所科创板上市委审议，这也是新“国九条”颁布后首家科创板IPO过会项目。联芸科技在科创板成功过会向市场释放了积极的信号，说明符合新质生产力标准，拥有关键核心技术、科创能力突出、行业地位突出、成长性较强的半导体项目，依旧会得到监管机构和市场的认可。与此同时，国家大基金三期也已正式成立，半导体产业在经历了两年的低迷后也逐渐呈现回暖的迹象，一切都在慢慢变好，相信一切都会变得更好。

王立、沈诚

2024年6月6日

目·录

第一篇 与摩尔赛跑：A股半导体行业产业链细分一览

第二篇 方兴未艾：IPO前的准备工作

第四篇 拨云见日：半导体企业IPO审核中重点关注的问题

第五篇 开枝散叶：上市后的持续资本运作

第一篇

与摩尔赛跑：A股半导体行业产业链细分一览

第一章 半导体IDM企业——半导体企业中的“全能选手”

第一节 引 言

IDM（Integrated Design and Manufacture）即垂直整合制造，半导体领域的IDM企业指从设计、制造、封装测试到销售自有品牌IC都一手包办的半导体垂直整合型公司，而不进行芯片设计与芯片制造的大类区分。本节所述IDM企业特指半导体行业的IDM企业。截至2023年12月31日，A股已上市半导体IDM企业情况如表1－1所示。

表1－1 已上市半导体IDM企业情况

证券简称	证券代码	上市时间	首发上市市盈率[1]	主营业务[2]	截至2023年12月31日的市值/亿元
闻泰科技	600745	1996－08－28	18.86	公司产品集成业务从事的主要业务系消费、工业、汽车等领域智能终端产品的研发和制造业务；半导体业务板块从事的主要业务系半导体和新	525.83

续表

证券简称	证券代码	上市时间	首发上市市盈率	主营业务	截至2023年12月31日的市值/亿元
				型电子元器件的研发和制造业务；光学模组业务从事的主要业务系光学模组的研发和制造业务	
上海贝岭	600171	1998－09－24	10.28	上海贝岭是集成电路设计企业，提供模拟和数模混合集成电路及系统解决方案。公司专注于集成电路芯片设计和产品应用开发，是国内集成电路产品主要供应商之一，公司集成电路产品业务布局在功率链和信号链两大类、8个细分产品领域	101.22
华微电子	600360	2001－03－16	40.10	华微电子是集功率半导体器件设计研发、芯片加工、封装测试及产品营销于一体的国家级高新技术企业，目前已形成以IGBT、MOSFET、SCR、SBD、IPM、FRD、BJT、多芯片模块、宽禁带半导体等为营销主线的系列产品，覆盖了功率半导体器件的全部范围，广泛应用于新能源汽车、光伏、变频、工业控制、消费类电子等战略性新兴领域	69.43

续表

证券简称	证券代码	上市时间	首发上市市盈率	主营业务	截至 2023 年 12 月 31 日的市值/亿元
士兰微	600460	2003-03-11	20.00	集成电路和分立器件 5 英寸、6 英寸芯片，集成电路和分立器件 8 英寸芯片，发光二极管芯片	379.91
苏州固锝	002079	2006-11-16	30.43	主营业务为半导体行业和光伏行业；主要产品包括 PERC 太阳能电池正面银浆、太阳能电池正面主栅银浆、PERC 太阳能电池用背面电极银浆、异质结电池用低温银浆与银包铜浆料、N 型 TOPCon 电池用浆料	91.15
台基股份	300046	2010-01-20	66.61	主营功率半导体器件的研发、制造、销售及服务，主要产品为大功率晶闸管、整流管、IGBT、电力半导体模块、脉冲功率开关等功率半导体器件，广泛应用于电气控制系统和工业电源设备，包括冶金铸造、电机驱动、电机节能、大功率电源、网络能源、智能电网、轨道交通、新能源等行业和领域	37.73

续表

证券简称	证券代码	上市时间	首发上市市盈率	主营业务	截至 2023 年 12 月 31 日的市值/亿元
扬杰科技	300373	2014－01－23	26.53	公司集研发、生产、销售于一体，专业致力于功率半导体硅片、芯片及器件设计、制造、封装测试等中高端领域的产业发展	198.71
捷捷微电	300623	2017－03－14	22.99	专业从事功率半导体芯片和器件的研发、设计、生产和销售，具备以先进的芯片技术和封装设计、制程及测试为核心竞争力的业务体系，业务模式以 IDM 模式为主	116.86
华润微	688396	2020－02－27	46.56	分为产品与方案、制造与服务两大业务板块。产品与方案业务板块聚焦于功率半导体、智能传感器与智能控制领域。制造与服务业务主要提供半导体开放式晶圆制造、封装测试等服务。此外，公司还提供掩模制造服务	589.95
立昂微	605358	2020－09－11	22.97	半导体硅片、半导体功率器件、化合物半导体射频芯片三大板块	185.39

续表

证券简称	证券代码	上市时间	首发上市市盈率	主营业务	截至2023年12月31日的市值/亿元
新洁能	605111	2020-09-28	22.99	MOSFET、IGBT等半导体芯片和功率器件的研发设计及销售，销售的产品按照是否封装可以分为芯片和功率器件	112.81
银河微电	688689	2021-01-27	36.26	银河微电公司是一家专注于半导体分立器件研发、生产和销售的高新技术企业，致力于成为半导体分立器件细分领域的专业供应商及电子器件封测行业的优质制造商	35.93
燕东微	688172	2022-12-16	68.39	主营业务包括产品与方案、制造与服务两大类，公司主要市场领域包括消费电子、电力电子、新能源和特种应用等。公司产品与方案板块的产品包括分立器件及模拟集成电路、特种集成电路及器件。公司制造与服务板块聚焦于半导体开放式晶圆制造和封装测试服务	221.59
源杰科技	688498	2022-12-21	69.26	公司聚焦于光芯片行业，主营业务为光芯片的研发、设计、生产与销售。目	126.39

续表

证券简称	证券代码	上市时间	首发上市市盈率	主营业务	截至 2023 年 12 月 31 日的市值/亿元
				前公司的主要产品为光芯片，主要应用于电信市场、数据中心市场、车载激光雷达市场等领域	

〔1〕相关数据以上市公司首次公开发行股票时的公告为准，报告期最后一年扣除非经常性损益后归属母公司所有者的净利润为正数的取市盈率数据，为负数的取市销率数据。闻泰科技的市销率数据为目前可查询到的最早的 1998 年 1 月 3 日数据；上海贝岭的市销率数据为目前可查询到的最早的 2004 年 3 月 1 日数据。

〔2〕相关信息以 2022 年年度报告为准，未披露 2022 年年度报告的以招股说明书为准。

第二节 IDM 企业业务模式与特点

IDM 企业具备全产业链条的经营能力，其业务范围一般包括芯片设计、晶圆制造和封装测试，在上述领域内，各 IDM 企业的主营业务和主要产品各有侧重，其中以分立器件、传感器居多。在行业分类方面，IDM 上市企业属于证监会行业分类的“制造业——计算机、通信和其他电子设备制造业”，申万行业分类存在“电子——半导体——分立器件”“电子——半导体——半导体材料”“电子——半导体——集成电路制造”“电子——半导体——模拟芯片设计”多种类型，其中以“电子——半导体——分立器件”最为普遍。根据已上市的行业案例以及我们的实务经验来看，IDM 企业的业务模式具有以下特点。

一、IDM 企业价值链的商业模式

（一）盈利模式

IDM 企业的盈利途径集中于主营业务，主营业务收入占比通常会超过 90%，其他收入一般体现为房屋租赁、出售原料或废料等金额占比较小的收入，业务分

部集中。

IDM 企业有两类比较常见的盈利模式：第一类是关系服务模式，通过与客户建立长期稳定的合作关系实现商品和服务的销售，这种盈利模式与半导体行业客户资源宝贵、客户获得与维持成本高等特性相匹配；第二类是解决方案模式，针对客户的问题提出整体的解决方案和行动计划。

（二）研发模式

半导体行业是高技术附加型的行业，IDM 企业具备全行业的研发能力，因此对研发的投入度和关注度也更高。实践中的 IDM 上市企业拥有数量较多的技术研发人员、研发项目和专利成果，具备较强的自主研发能力，研发费用的占比在 3%—10% 不等。

IDM 企业还会通过制定公司内部管理制度对研发活动进行流程和质量的管理，囊括可行性研究、立项、研发、测试与验证、试生产等全阶段和全环节。

（三）采购模式

IDM 企业对外采购的内容主要是原材料和辅料等，还可能包括部分芯片产品和委外测试服务。考虑到生产资源分配以及产线建设成本，IDM 企业可能将部分非技术核心或非经营重点的环节委托给第三方厂商，也可能因产能限制从而直接对外采购芯片。

采购的管理也是公司内控的重要内容之一，IDM 企业会对采购过程以及供应商进行制度管理，有效管理生产运营过程中的各类风险。采购意向的达成一般通过框架协议加 PO（Purchase Order）订单的形式，企业还会建立合格供应商名录，并推行供应商评价体系，采购完成后将进行入库检验。

（四）生产模式

实践中的 IDM 上市企业普遍采取“以销定产”的生产模式，根据客户和市场的需求制订生产计划，并基于经营经验，合理预测客户需求、维持适度库存。市场部门或生产运营部门制订生产计划，质量部门对生产过程的技术标准进行监督管理。

对于委托第三方厂商生产的环节，IDM 企业关注外协厂商的质量监管和遴选，一般会派驻技术人员驻场监督，并通过委托协议约定双方责任和产品质量。

（五）销售和服务模式

IDM 企业的销售模式分为直销和经销两类，大部分企业主要采取直销的模式，占比通常超过90%，经销商销售则作为境外销售的主要方式和境内销售的补充。

IDM企业的客户总体上比较稳定且集中，主要原因在于IDM企业的产品中存在定制化产品和整体方案的提供，客户对产品的稳定性及质量有较为严格的要求，且其变更供应商面临较高的转换成本。因此，公司与主要客户保持着长期良好的合作关系，客户黏性较高。

二、IDM企业的产品与服务

（一）主营业务

实践中，IDM上市公司以半导体芯片和功率器件为主营业务，其中以功率半导体器件的生产和销售为主营业务的企业包括台基股份、扬杰科技、捷捷微电、新洁能等。IDM企业的主要市场领域包括消费电子、电力电子、新能源、机械、石油化工和特种应用等多个领域。

（二）主要产品

已上市IDM公司的主要产品如“第一节　引言”所示，按照产品分类，IDM企业部分产品列举如表1－2所示。

表1－2　IDM企业产品

产品大类	具体产品
分立器件	数字三极管
	ECM前置放大器
	浪涌保护器件
	射频功率器件
	大功率晶闸管
	大功率半导体模块
	功率半导体用散热器及组件
	整流二极管
	快恢复二极管
	光伏二极管
	稳压二极管

续表

产品大类	具体产品
集成电路	模拟集成电路
	特种数字集成电路
	特种模拟集成电路
	特种混合集成电路
晶圆制造	3 英寸晶圆
	4 英寸晶圆
	6 英寸晶圆
	8 英寸晶圆
封装测试	—

（三）IDM 企业的行业壁垒

就 IDM 企业整体而言，IDM 企业同时具备了其他两种模式的能力，因此其是全球芯片产业链中技术门槛最高、投入资金最大、资本回报率偏低的芯片企业。半导体 IDM 模式的壁垒主要体现在以下 4 个方面。

1. 技术与人才的壁垒

IDM 行业的生产需要全面掌握扩散、芯片制造、封装、测试等技术，必须具备强大的整体技术实力、完备的质量体系、完整的工艺装备和检测试验手段，对专利技术的数量和成果转化能力都提出了更高的要求。

2. 资金的壁垒

技术和人才的更高要求也将导致公司相关成本的显著增长。除了技术和人才之外，IDM 企业还需要在机器设备和生产线建设方面投入更多的资金，形成较为可观的重资产，因此 IDM 企业有更大的资金需求和融资压力。

3. 市场的壁垒

该行业内客户转换供应商成本高，对行业新进入者有很强的市场壁垒，具体体现为认证周期长、服务要求高。

4. 质量管控壁垒

该行业对产品良率、失效率及一致性水平等方面提出了较高要求。行业新进入者由于缺少长期的生产实践经验积累以及成熟的质量管理体系，短期内较难达到相关质量控制要求。

综上所述，IDM 企业的业务范围囊括芯片设计、晶圆制造、封装测试的全产业链，具备全部生产环节的技术和生产能力，但实际生产中往往有所侧重，主营业务聚焦于产业链的部分内容，尤其是分立器件。

全产业链的经营模式伴随更高的技术要求和各环节的密切协同，一方面可发挥生产协同优势、技术开发优势；另一方面将导致公司资产规模庞大、成本较高、进入门槛明显。

从目前已上市的 IDM 企业来看，这类企业的主营业务相当突出，重视研发活动和研发人员，销售模式以直销为主。此外，出于成本考量、生产能力等原因，仍然有较多 IDM 企业在掌握生产技术的基础上对封装测试环节采用外协加工模式，通过加强对外协生产和外协厂商监管的方式保证产品质量。

第二章 半导体晶圆代工企业——重任在肩的产业核心

第一节 引　言

半导体行业 Foundry 厂即晶圆代工企业，处于半导体产业链相对下游的位置。所谓“代工”的服务对象主要是无生产线的芯片设计类公司，由芯片设计类公司提供芯片的设计图纸，并由晶圆代工企业运用数百种专用设备和材料，基于精心设计的工艺整合方案，经上千道工艺步骤，在晶圆上构建复杂精密的物理结构，实现客户设计的电路图形及功能。

晶圆代工企业因涉及较大体量的设备以及无尘室建设而耗资巨大，已在 A 股科创板上市的三家晶圆厂的单笔募集资金均不低于 100 亿元。其中，中芯国际更是以 532 亿元的募集资金总额问鼎科创板单笔融资项目之最。

在晶圆厂中，除了昂贵的各类设备，在以纳米计量精度的生产空间里，任何细微的尘埃落在裸片上，都会导致整个裸片报废，前期生产努力付诸东流。因此，创造和维护无尘环境构成了晶圆厂营业成本中的主要部分。

在 20 世纪 80 年代初期以前，半导体公司还没有区分为芯片设计类公司与晶圆制造类公司。到 20 世纪 80 年代中期，越来越多的公司购买其他工厂过剩的代工产能，没有经过投资建厂的环节，就开始拥有专用的集成电路，这些公司被称为无厂化半导体公司。① 自此，半导体行业出现了一个新的赛道，即无晶圆厂的芯片设计类公司。1987 年，专门从事晶圆代工的工厂成立，标志着这一生产模式的彻底定型。而仍有部分半导体公司并未进行设计与制造环节的切割，这也就形成了半导体行业中的 IDM 制造模式，在本书其他章节会另行论述。

目前，A 股已上市公司中，共有 4 家典型的晶圆代工企业，主要情况如表 2-1 所示。

表 2-1　A 股上市晶圆代工企业基本情况

证券简称	证券代码	上市时间	首发上市市盈率[1]	主营业务[2]	截至 2023 年 12 月 31 日的市值情况/亿元
中芯国际	688981	2020-07-16	109.25	中芯国际主要为客户提供基于多种技术节点、不同工艺平台的集成电路晶圆代工及配套服务，并促进集成电路产业链的上下游合作，与产业链各环节的合作伙伴一同为客户提供全方位的集成电路解决方案	4215
芯联集成	688469	2023-05-10	32.44	芯联集成是国内领先的特色工艺晶圆代工企业，主要从事 MEMS 和功率器件等领域的晶圆代工及封装测试业务，为客户提供“一站式”服务的代工制造方案	354
华虹公司	688347	2023-08-07	34.71	华虹公司立足于先进“特色 IC + 功率器件”的战略目标，以拓展特色工艺技	395

① 参见［美］丹尼尔·南尼、［美］保罗·麦克莱伦：《无厂模式——半导体行业的转型》，王烁译，上海科技教育出版社 2020 年版，第 8 页。

续表

证券简称	证券代码	上市时间	首发上市市盈率	主营业务	截至2023年12月31日的市值情况/亿元
				术为基础，提供包括嵌入式/独立式非易失性存储器、功率器件、模拟与电源管理、逻辑与射频等多元化特色工艺平台的晶圆代工及配套服务	
晶合集成	688249	2023-05-05	13.84	晶合集成主要向客户提供12英寸晶圆代工服务，按照客户的设计需求，运用半导体专用设备和材料，制造符合客户预期功能和质量的集成电路产品	346

〔1〕相关数据以上市公司首次公开发行股票时的公告为准。
〔2〕相关信息以2022年年度报告为准，未披露2022年年度报告的以招股说明书为准。

第二节 晶圆代工企业业务模式与特点

一、晶圆代工企业的商业模式

（一）盈利模式

对于晶圆代工企业而言，公司盈利的模式主要是通过晶圆代工服务获取收入；对于部分晶圆厂，业务收入构成中也会包括光掩模制造、凸块加工及测试等，但收入占比通常不高。

（二）研发模式

晶圆代工企业的研发流程如图 2 – 1 所示。

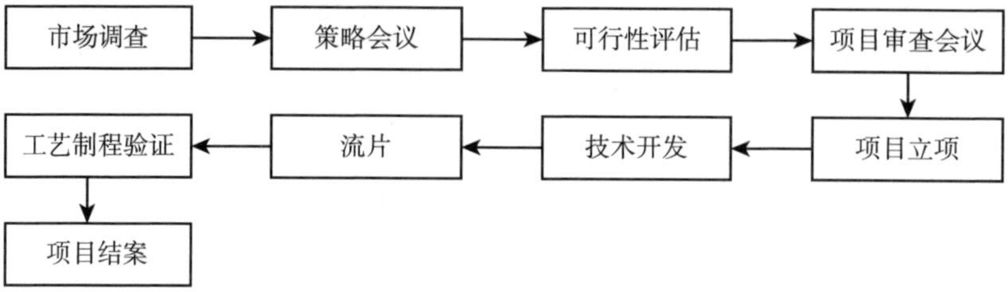

图 2 – 1　晶圆代工企业的研发流程

上述研发过程中主要环节的含义如表 2 – 2 所示。

表 2 – 2　晶圆代工企业研发过程主要环节

环节	含义
策略会议	依据公司发展规划及策略方向，对技术研发进行讨论
项目审查会议	根据市场需求及工程技术，针对研发项目可行性及效益进行审查，以认定研发项目是否可行
技术开发	依据项目目标产品应用所需的工艺技术规格，对组件、电路、制程进行设计，并透过模拟仿真确认设计完整度
流片	将开发出的所有组件、电路以及第三方授权 IP 进行整合，产出芯片设计图，交由光罩厂制作光罩，并在硅片上进行制程加工生产
工艺制程验证	利用性能测试、老化实验等手段，对流片环节加工完成的产品的功能、效能及质量进行全方位验证，以确保开发完成的芯片满足规格标准

（三）采购模式

对于半导体晶圆代工企业而言，主要需要采购设备、原材料及所需的服务。该类公司生产经营的主要原材料包括硅片、化学品、光阻、气体、靶材、研磨材料等。设备方面，最为重要的采购即为光刻机，除此之外，还有各类半导体生产所需的设备，如刻蚀（干法、湿法）、清洗、离子注入、退火、化学气相沉积、量检测等，涉及种类繁多的半导体设备。

（四）生产模式

在生产阶段通常以产量为界划分出以下三类生产阶段。(1) 小批量试产：客户按照公司提供的设计规则进行产品设计，设计完成后，公司根据客户的产品要求进行小批量试产。(2) 风险量产：小批量试产后的样品经封装测试、功能验证等环节，如符合市场要求，则进入风险量产阶段。风险量产阶段主要包括产品良率提升、生产工艺能力提升、生产产能拓展等。(3) 大批量生产：风险量产阶段完成且上述各项交付指标达标后，进入大批量生产阶段。在大批量生产阶段，销售部门与客户确认采购订单量。生产计划部门根据客户订单需求安排生产、跟踪生产进度并向客户提供生产进度报告。

(五) 销售模式

半导体晶圆代工企业通常采用直销模式开展销售业务。通过一定的营销方式与客户建立合作关系后，与客户直接沟通并形成符合客户需求的解决方案。企业销售团队与客户签订订单，并根据订单要求提供集成电路晶圆代工以及相关配套服务，制作完成的产品最终将被发货至客户或其指定的下游封装、测试厂商。

二、晶圆代工企业的产品与服务

晶圆厂主要的任务是完成芯片制造，将芯片设计类公司的图纸变成肉眼可见的产品，但不同的晶圆代工企业也会存在各自擅长的工艺平台。以上述4家A股上市公司为例，其招股说明书中披露的主要产品情况如表2-3所示。

表2-3 A股上市晶圆代工企业的主要产品情况

公司简称	主要产品
中芯国际	公司具备逻辑电路、电源/模拟、高压驱动、嵌入式非挥发性存储、非易失性存储、混合信号/射频、图像传感器等多个工艺平台的量产能力；亦为客户提供相关设计服务与IP支持、光掩模制造、凸块加工及测试等配套服务
芯联集成	公司拥有一座8英寸晶圆代工厂，可提供MEMS和功率器件等领域的车规级晶圆代工服务，主要包括MEMS（包括MEMS麦克风传感器、惯性传感器、射频器件、压力传感器）、功率器件（包括IGBT、MOSFET）、封装测试（包括车载塑封功率模组、灌封功率模组、智能功率模组、低热阻铜扣封装）及研发服务
华虹公司	公司坚持布局与持续发展特色工艺技术平台，在0.35μm至90nm工艺节点的8英寸晶圆代工平台，以及90nm到55nm工艺节点的12英寸晶圆代工平台上，覆盖了上述嵌入式/独立式非易失性存储器、功率器件、模拟与电源管理、传感器等各类工艺平台产品的晶圆代工服务

续表

公司简称	主要产品
晶合集成	公司目前已实现150nm至90nm制程节点的12英寸晶圆代工平台的量产，已具备DDIC、Mini LED、CIS、e－Tag等工艺平台的量产能力

三、晶圆代工企业的行业壁垒

晶圆代工行业的主要壁垒包括资金投入、人才储备、技术研发等诸多方面。

如前文所述，晶圆代工企业不仅涉及购买大量的设备及原材料，还涉及厂房等基础设施的建设，一条完整的晶圆生产线的投资动辄超过百亿级别，多则近千亿元。因此，高昂的资金投入是该行业主要的行业壁垒。

对该行业而言，仅仅有资金投入是不够的，人才储备和技术研发都是重要的门槛。因为该等代工行业区别于传统制造业企业的代工制造，涉及较为复杂的技术路线，如果没有充足的研发人员和强大的技术研发实力，就无法完成晶圆厂的生产环节。

第三节 晶圆代工企业业务模式与特点小结

晶圆代工企业的生产经营具有如下主要特点：（1）需要重资产投入，对于资金的需求量较大；（2）对于技术研发水平有较高的要求，着力提升产品生产工艺和产品良率；（3）因受限于产能紧张，该行业企业在半导体行业上行周期处于相对强势地位，而随着下行周期到来，则可能出现一定程度的产能过剩。

第三章 半导体封测企业——奋勇争先的产业拓荒者

第一节 引　言

从半导体行业发展的轨迹看，封装测试（尤其是先进封装）随着半导体行业逐渐步入后摩尔时代成为延续摩尔定律的重要方式之一。从产业链来看，封测是晶圆成为芯片前的最后一个步骤，半导体行业封测厂负责半导体封装、测试环节的代工企业，属于半导体制造后道加工工序。封测企业以重资产、劳动密集为特征，其中先进封装同时存在技术密集的鲜明特点。

截至2023年12月31日，A股已上市半导体封测企业情况如表3－1所示。

表3－1　A股已上市半导体封测企业情况

证券简称	证券代码	上市时间	首发上市市盈率(摊薄)/%[1]	主营业务[2]	截至2023年12月31日的市值情况/亿元
太极实业	600667	1993－07－28	10.50	封装晶片、内存条	148.07
长电科技	600584	2003－06－03	18.92	先进封装、传统封装、测试	534.08

续表

证券简称	证券代码	上市时间	首发上市市盈率（摊薄）/%	主营业务	截至2023年12月31日的市值情况/亿元
通富微电	002156	2007-08-16	26.36	集成电路封装测试	350.59
华天科技	002185	2007-11-20	29.97	集成电路产品、LED	273.02
晶方科技	603005	2014-02-10	33.76	晶圆级封装产品、Fan-out等芯片级封装产品、光学器件	143.31
利扬芯片	688135	2020-11-11	36.58	晶圆测试、芯片成品测试	44.65
气派科技	688216	2021-06-23	21.11	集成电路封装测试、晶圆测试	29.65
汇成股份	688403	2022-08-18	78.92	显示驱动芯片封测	88.08
伟测科技	688372	2022-10-26	42.03	晶圆测试、芯片成品测试以及与集成电路测试相关的配套服务	88.89
华岭股份	430139	2022-10-28	55.59	晶圆测试、IC成品测试、测试验证分析、测试技术研究、程序开发、自有设备租赁	41.67
甬矽电子	688362	2022-11-16	25.83	高密度细间距凸点倒装产品（FC类产品）、系统级封装产品（SiP）、扁平无引脚封装产品（QFN/DFN）、微机电系统传感器（MEMS）	106.77

续表

证券简称	证券代码	上市时间	首发上市市盈率（摊薄）/%	主营业务	截至2023年12月31日的市值情况/亿元
佰维存储	688525	2022-12-30	51.64	嵌入式存储、消费级存储、工业级存储及先进封测服务	269.64
颀中科技	688352	2023-04-20	50.37	显示驱动芯片封测、非显示驱动芯片封测	183.23
蓝箭电子	301348	2023-08-10	55.29	三极管、二极管、场效应管等分立器件产品和AC-DC、DC-DC、锂电保护IC、LED驱动IC等集成电路产品	92.78

注：主营业务/主要产品以2022年年度报告为准，颀中科技、蓝箭电子以招股说明书内容为准。

〔1〕相关数据以上市公司首次公开发行股票时的公告为准。

〔2〕相关信息以2022年年度报告为准，未披露2022年年度报告的以招股说明书内容为准。

第二节

封测企业业务模式

一、封测的定义、作用及发展历程

封装测试在半导体制造中的流程如图3-1所示。

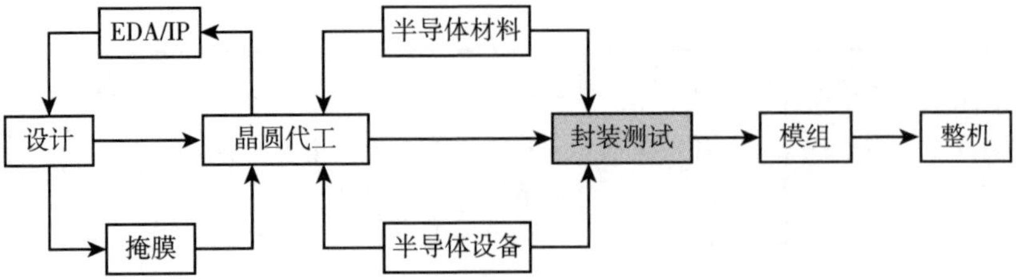

图 3－1　封装测试在半导体制造中的流程

（一）封装及测试

封装是指将生产加工后的晶圆进行切割、焊线塑封，使集成电路与外部器件实现电气、信号连接，对集成电路提供物理、化学保护，并支撑芯片以提高器件整体强度，相当于给芯片装上骨头和铠甲；测试是指利用专业设备，对芯片的功能和性能进行验证，以筛选不符合要求的产品，是把关芯片良率的关键环节。

封装主要分为传统封装与先进封装，主要以是否采用焊线（引线焊接）来区分。传统封装主要采用引线键合工艺，即通过引出金属线实现芯片与外部电子元器件的电气连接；先进封装主要是采用倒装等键合互连的方式来实现电气连接。

测试过程贯穿半导体制造的全工艺流程，主要分为晶圆测试（Chip Probing，以下简称 CP 测试）和芯片测试（Final Test，以下简称 FT 测试）。CP 测试的对象是还在 wafer 阶段的芯片，该阶段芯片尚未封装、管脚裸露在外，通过探针台和测试机的配合使用，将探针卡扎到芯片管脚上验证整片 wafer 中的每一个端点的电压、电流、时序、功能等是否符合要求，该步骤核心在于如何在最短时间内识别、修补不良的端点。FT 测试是芯片在封装完成后、出厂前进行的最终测试，通过分选机和测试机的配合使用，连接芯片的引脚与测试机的功能模块，测试机对芯片施加输入信号并采集输出信号，以判断芯片功能和性能是否达到设计规范要求，该步骤核心在于如何在最短时间内保证出厂的芯片能够完成全部功能。

（二）集成电路封测技术的发展历程及发展趋势

根据《中国半导体封装业的发展》，迄今为止全球集成电路封测行业可分为 5 个发展阶段（见图 3－2）。简单来说，封装技术的发展历程可归纳为从有线到无线、从芯片级到晶圆级、从二维到三维；测试技术的发展则随着半导体制造和封装工艺的复杂化日益提升难度。

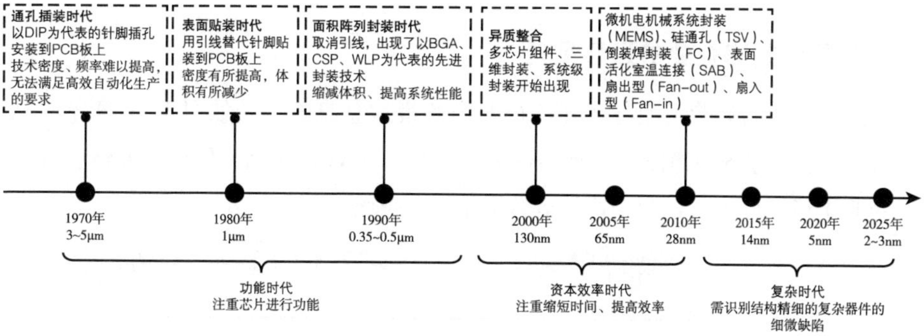

图3-2　集成电路封测行业的5个发展阶段

2015年以后，集成电路制程研发生产成本持续走高、良率下降、改进速度放缓，半导体行业逐渐步入后摩尔时代。而随着台积电在2021年宣布其通过晶体管架构Nanosheet/Nanowire突破了2nm制程工艺，并在2023年6月进行预生产，英特尔在2023年3月表示公司已完成intel 18A（1.8nm）和intel 20A（2nm）制造工艺的开发，三星亦在2023年6月披露其将于2025年起量产基于全环绕栅极（GAA）技术的2nm工艺半导体，集成电路制程工艺已接近物理尺寸的极限。与此同时，超级计算机、云计算、人工智能、自动驾驶、物联网、5G及民用卫星通信技术等新兴应用领域的兴起，对芯片轻薄、低功耗、高性能的要求也越来越高。

在此情形下，Chiplet① 方案及先进封装技术成为延续摩尔定律、继续提高芯片性能、降低成本、应对应用市场多样化需求的重要手段。近年来，先进封装的技术主要朝两个领域发展②：（1）晶圆级封装，即在更小、更薄的面积下容纳更多引脚；（2）系统级封装，即将多种芯片高效率、多集成为一颗芯片。此外，面对我国芯片产业诸多技术和设备被“卡脖子”，先进封装亦能够成为国内芯片厂商在芯片制程工艺较低的情形下提高产品集成度和功能多样化，从而以较低成本实现高端芯片轻薄、低功耗、高性能功能的重要途径。

与之对应的是，芯片的高端化和封装制程的先进化对于良率的挑战，则进一步凸显测试先行的重要性，也进一步扩大了高端测试服务的需求。

---

① 或称“小芯片”，指预先制造好、具有特定功能、可组合集成的晶片，其功能可包括通用处理器、存储器、图形处理器、加密引擎、网络接口等。

② 参见甬矽电子（宁波）股份有限公司：《首次公开发行股票并在科创板上市招股说明书》，上海证券交易所科创板项目动态发行上市审核，2022年9月28日。

二、半导体封测企业的运营类型

封测企业的运营类型与半导体行业经营模式息息相关。如图 3－3 所示，从 IDM 模式到垂直分工模式（Fabless + Foundry + OSAT）再到半导体产业链各环节的专业化精细分工，封测企业的运营类型也演化为不同的模式。

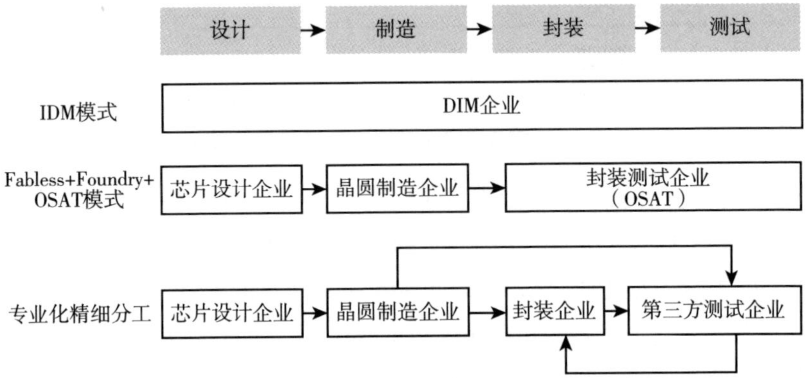

图 3－3　封测企业的运营类型

封测企业的运营类型主要分三类：（1）IDM 公司的封测厂，主要完成本公司半导体产品的封测环节，封测产能规划全部服务于集团内部自身设计和制造需求，如台积电还的 3D Fabric 封装厂 Fab6，用于量产台积电 SoIC 封装技术；（2）封测一体厂商（OSTA），作为独立封测公司承接半导体产品的测试及封装服务，如日月光（ASE）、安靠（Amkor）、长电科技（JCET）、华天科技、通富微电；（3）独立第三方测试企业，专业从事晶圆和芯片成品测试业务，该类商业模式的诞生是行业专业化精细分工的产物，随着先进封装产能需求及对应测试技术难度的提升，独立第三方测试厂商在技术专业性、效率、测试结果中立客观等方面更具优势，因此 OSTA 厂商亦倾向于将非核心的测试业务外包给独立第三方测试企业。

三、半导体封测企业的生产模式、销售模式、采购模式

（一）生产模式：客户定制，以销定产

封测企业基本实行以销定产的生产模式，生产环节主要由“批量生产前认证”与“大批量生产”构成，绝大多数需要进行封装和测试的晶圆裸片主要由客户提供，产品都实行定制化生产，封测企业则通过对生产系统的管理，灵活调

整生产产品的品种和产量。以气派科技及甬矽电子为例，客户提出产品封装测试的规格、功能、性能以及结构配套等方面的需求后，销售部将产品需求提交给工艺部，工艺部对是否能承接生产任务进行评估，评估通过后由工艺部进行工程试验，工程验证通过后，公司设计、生产相应样件一并提交客户认定，通过认定后转由生产部开展小批量试产，小批量通过后再由品质部、生产部、工艺部等组成的评审会审核是否满足大批量生产条件。

部分客户出于产能保证或定制化加工的需求，采用“客供设备”的方式与公司进行合作，以便满足特定客户的定制化需求、优先保证特定客户的产能。以甬矽电子为例，部分客户将设备提供给公司，由公司利用相关设备对其提供封装或测试服务，该类客供设备主要集中在测试环节。

（二）销售模式：直销为主，售前需要客户认证和产品导入，售后代管

封测企业销售模式以直销模式为主，主要下游客户为芯片设计公司；此外，部分公司针对特定产品会采取代理销售模式，即由专门的供应链服务公司（代理公司）同下游客户签署封装测试服务协议，公司同代理公司签署封装和测试委托加工合同。以气派科技及甬矽电子为例，气派科技客户主要为芯片设计公司，芯片设计公司根据市场需求设计集成电路板图后，将其交给晶圆代工厂制造晶圆，晶圆完工后交给气派科技，由气派科技对晶圆进行封装测试，之后芯片设计公司将气派科技封装测试后的集成电路销售给电子整机产品制造商，最后由电子整机产品制造商以电子整机的形式销售给终端消费者；甬矽电子的部分数字货币领域封测产品采取代理销售模式，由专业的供应链服务公司为该类产品的终端客户数字货币矿机芯片企业提供产能预定、订单管理等运营服务，公司直接同供应链服务公司进行结算，有利于降低公司客户管理成本和经营风险。

封测企业销售流程以客户认证和产品导入为前提，公司通过相关客户认证后成为其合格供应商。以气派科技为例，客户封装测试产品如为需要气派科技进行工艺验证的产品（气派科技首次导入产品），则销售部会先将产品需求提交给工艺部，由工艺部组织品质、生产等部门进行工艺验证。工艺验证通过后，气派科技才会与客户达成合作意向。客户封装测试产品如为气派科技前期已通过工艺验证的成熟产品，则无须工艺验证，由销售部提交申请经审批后即达成合作意向。

封测企业可能需向客户提供“售后代管”服务。由于封测企业客户主要为芯片设计公司，其通常采用 Fabless 模式运营（轻资产），只负责芯片设计和销售，

而芯片的制造及封装测试环节均委托专业的晶圆代工厂及封装测试企业进行。因此，为节约仓储占用成本，在晶圆封装测试完成后，客户与封测约定由封测企业代为保管封测产品，并根据其销售计划，将封装测试完成后的成品由封测企业发货到其指定的客户处。

（三）采购模式：以产定购与合理备库相结合

封测企业通常采用“以产定购与合理备库”相结合的采购模式，根据销售订单情况制订物料需求计划，在公司合格供应商名录中经过询价、对比等流程，按照采购管理制度规定流程进行采购。以气派科技为例，气派科技设置采购部、计划部等部门，根据公司生产需要，针对集成电路封装测试加工所需的原材料、辅料、备件、包材等物料、生产设备、外协加工服务项目进行采购。气派科技选择新供应商的来源主要分为三部分：一是研发部根据所开发的新产品的工艺要求，确定相应供应商；二是采购部为了优化供应商结构并实现降低成本的目的而遴选的供应商；三是客户指定的供应商。采购部通过接洽、实地考察等方式，综合工艺水平、质量、价格、产能、供货及时性、物流及地理位置等因素，对供应商进行评价并择优选用。

第三节 半导体封测企业特点

一、重资产且具有“柔性生产”特征

（一）封测属于资产密集型行业，企业的发展需要持续资本投入，资本投入的壁垒较高

以“封测三巨头”长电科技、华天科技、通富微电及2022年11月上市的甬矽电子为例，截至2022年年末公司固定资产净值与在建工程占总资产比重情况及2021年年度、2022年年度经营现金流净额情况如表3－2所示。

表 3－2　截至 2022 年年末公司部分财务情况

公司简称	固定资产净值/亿元	在建工程/亿元	总资产/亿元	固定资产净值与在建工程占总资产比重/%	2021 年年度经营现金流净额/亿元	2022 年年度经营现金流净额/亿元
长电科技	195.17	8.07	394.08	51.57	74.29	60.12
华天科技	164.30	18.21	309.71	58.93	34.44	28.77
通富微电	151.29	43.70	356.29	54.73	28.71	31.98
甬矽电子	30.45	15.75	83.19	55.54	8.19	9.00

资料来源：2022 年年度报告，数据保留两位小数。

由此可见，公司固定资产净值与在建工程占总资产比重都相对较高，为典型的重资产企业。

整体来看，对于重资产行业而言，企业的发展需要不断投入资金购置资产并对资产进行维护、更新、升级等，要求进入该行业的企业具备相对雄厚的资金实力，即存在天然的资本壁垒，能够在一定程度上阻止行业外竞争者入局竞争。其中，对于封测行业而言，机器设备是公司提升供应能力和拓展客户的核心要素之一，且前期研发投入大，更需要公司不断以股权、债权等形式融资，以确保公司的持续稳定发展，并在不同周期取得进一步提升。

（二）产品线具有较为明显的“柔性生产”特征

以甬矽电子为例，根据其招股说明书的披露，公司大部分生产工序为通用工序。为最大化机器设备的使用效率，公司部分产品的部分工序存在共用设备的情形。因此，公司生产设备具有较为典型的“柔性生产”特征，可根据市场需求在不同种类封装产品之间进行切换。

二、劳动密集，先进封装人才壁垒较高

以长电科技、华天科技、通富微电、甬矽电子为例，截至 2022 年年末，公司员工人数情况如表 3－3 所示。

表 3-3 截至 2022 年年末公司员工人数情况

公司简称	在职员工总人数/人	生产人员人数/人	生产人员人数占比/%	研发人员人数/人	研发人员人数占比/%
长电科技	20, 135	12, 606	62. 61	2808	13. 95
华天科技	27, 730	18, 821	67. 87	4252	15. 33
通富微电	19, 168	11, 463	59. 80	1447	10. 81
甬矽电子	2985	2046	68. 54	438	14. 67

资料来源：2022 年年度报告。

就传统封测而言，因封测在集成电路产品制造工序中附加价值相对较低等，其一直以来属于劳动密集型行业。与此同时，因先进封测的研发和生产过程较为复杂，通常涉及多学科、多领域交叉，需要专业性较强、具备综合专业知识和丰富生产经验的复合型人才。此外，核心研发团队通常平均在封装测试业内拥有 10 年以上的从业经验，人才相对稀缺。

由此可见，中高端先进封装和测试业务的人才壁垒较高。

三、传统封装技术壁垒低，但先进封装技术壁垒较高

对比传统封装，先进封装具有高密度集成以及高性能、高效率、低能耗等优点，加工难度较大，产品结构更为复杂，产品附加值往往较高。通常而言，封装测试对设备、工艺以及生产稳定性有着严苛的要求。而正是先进封装测试服务的专业性、复杂性、系统性等特征，决定了企业进入该行业需突破较高的技术壁垒。

四、先进封装材料及封测关键设备依赖进口

在传统封装材料领域，市场集中度较低，部分中国厂商已成功占据一定市场份额；但先进封装所需的先进材料对力、热、电等各种性能要求更严格，关键材料依然为境外供应商占有较大份额，如日企主导 ABF（堆积膜）、TIM1（热界面材料）、PSPI（光敏聚酰亚胺）材料市场；日本、美国、德国瓜分 Underfill（底部填充胶）市场；美国厂商主导 TBDB 材料市场。[①] 以气派科技及甬矽电子为

① 参见竞泰资本：《先进封装专题研究》，2024 年 1 月 17 日，载 https：//zhuanlan. zhihu. com/p/678299742。

例，部分材料（如塑封树脂、引线框、镀钯铜丝、导电胶）的主要供应商依然为日本、德国等地企业或外资厂商或境外企业下属贸易子公司。因此，先进封装关键原材料/部件主要依赖进口。

封装设备方面，日系和欧系厂商主导市场，包括固晶机、划片机/检测设备、引线焊接设备、塑封/切筋成型设备等核心封装设备领域的知名企业仍为ASMPT、BESI、KS、Kaijo、Shinkawa、Canon、TOWA、YAMADA、KS等。测试设备方面，国内中高端测试设备主要依赖进口。据SEMI数据，2021年全球半导体测试机市场泰瑞达和爱德万市场份额占比合计为84%。① 以气派科技及甬矽电子为例，其招股说明书显示，其主要设备供应商包括ASM、DISCO、K&S、BESI等国际知名设备厂商，进口设备广泛应用于磨划、焊线、键合、装片、减薄划片、切筋成型、测试等生产工序，是公司生产经营的关键设备。此外，根据气派科技（688216）在2023年3月的投资者关系活动记录表，“封装前段的设备国产率不高，晶圆减薄设备、晶圆切割设备均为进口，装片设备已采用小部分设备试用，键合设备均为进口，后段的设备国产率要高一些，塑封、打印、测试设备均有国产设备”。

虽然在先进封装领域，美国公司并未如前道制造领域般占据不可或缺的地位，但关键材料和设备大部分来自日本、美国、德国等国家和地区，考虑到国际地缘政治的影响（如除美国外，日本已于2023年7月23日实施《外汇及对外贸易法》限制半导体制造设备及材料出口），先进封测材料及设备不排除有被美国联合其他国家断供的风险。因此，先进封测材料及设备，均属于“海外巨头主导市场，国产替代正当时”的状态。

五、客户导入壁垒较高

对于封测企业而言，新产线的大规模量产需要较长的运营周期和客户导入期。参考甬矽电子，封测企业客户导入通常包括前期客户接洽、工程试验、可靠性测试、试生产及批量供货等阶段，只有在产品通过可靠性测试、良率达到客户要求的前提下，才能最终实现客户导入。由此可见，封测企业的客户导入壁垒较高。

---

① SEMI数据：《全球半导体设备市场统计报告》，2022年4月12日，载https：//www.semi.org/en/products－services/market－data/emds。

六、国际限制相对较少

根据甬矽电子招股说明书的披露，集成电路封测设备不存在某一两家公司垄断了整个行业的情况，市场上具备竞争力的封测设备制造企业较多，且分布在北美、欧洲、日韩等不同国家和地区，受贸易摩擦导致采购受限的风险相对较小。

第四章 半导体芯片设计企业——百花齐放春满园

第一节 引　言

从半导体行业发展的轨迹看，20 世纪 80 年代初期以前，半导体企业类型以 IDM 企业为主，伴随产业链各环节的分化态势，Foundry 和 Fabless 模式应运而生，并逐渐得到行业认可。所谓芯片设计企业（本节指 Fabless 模式）指主营芯片研发与销售，制造、封测交由代工的企业。从产业链看，芯片设计企业在 Foundry 企业的上游，主要依托晶圆、封测厂的代工，以技术密集型为特征，对企业的研发创新能力有较高的要求，呈现出研发人才集中、研发投入高的鲜明特点。

囿于主营业务集中在设计、研发与销售环节，芯片设计类企业普遍呈现“轻资产”的特征，其成本主要集中在人力投入、服务费用（委外成本、销售成本）。形式上，销售模式按照芯片原厂（本节特指 Fabless 的芯片设计企业，区别于 IDM 企业）是否与终端客户签署合同，可区分为直销模式、经销模式。

截至 2023 年 12 月 31 日，A 股已上市半导体芯片设计企业（Fabless 模式）情况如表 4 – 1 所示。

表 4－1　A 股已上市半导体芯片设计企业情况

证券简称	证券代码	上市时间	首发上市市盈率[1]	主营业务[2]	截至 2023 年 12 月 31 日的市值情况/亿元
康希通信	688653	2023－11－17	441.18	Wi－Fi 射频前端芯片及模组的研发、设计及销售	84.98
盛科通信	688702	2023－09－14	22.79	以太网交换芯片及配套产品的研发、设计和销售	208.90
泰凌微	688591	2023－08－25	172.25	无线物联网系统级芯片的研发、设计及销售	69.77
芯动联科	688582	2023－06－30	99.96	高性能硅基 MEMS 惯性传感器的研发、测试与销售	154.68
安凯微	688620	2023－06－27	190.57	物联网智能硬件核心 SoC 芯片的研发、设计、终测和销售	46.33
新相微	688593	2023－06－01	55.22	显示芯片的研发、设计及销售	67.64
美芯晟	688458	2023－05－22	141.67	高性能模拟及数模混合芯片研发和销售	61.58
慧智微－U	688512	2023－05－16	26.54	射频前端芯片及模组的研发、设计和销售	88.72
南芯科技	688484	2023－04－07	71.56	模拟与嵌入式芯片的研发、设计和销售	168.78
龙迅股份	688486	2023－02－21	63.14	高清视频桥接及处理芯片和高速信号传输芯片的研发设计和销售	82.26

续表

证券简称	证券代码	上市时间	首发上市市盈率	主营业务	截至2023年12月31日的市值情况/亿元
裕太微-U	688515	2023-02-10	21.72	高速有线通信芯片的研发、设计和销售	79.05
杰华特	688141	2022-12-23	125.60	模拟集成电路的研发与销售	123.61
灿瑞科技	688061	2022-10-18	77.97	高性能数模混合集成电路及模拟集成电路研发设计、封装测试和销售	45.96
天德钰	688252	2022-09-27	27.14	移动智能终端领域的整合型单芯片研发、设计、销售	81.64
钜泉科技	688391	2022-09-13	66.84	智能电网终端设备芯片的研发、设计和销售	41.43
恒烁股份	688416	2022-08-29	40.70	存储芯片和MCU芯片研发、设计及销售	48.42
帝奥微	688381	2022-08-23	67.10	高性能模拟芯片的研发、设计和销售	63.86
海光信息	688041	2022-08-12	315.18	研发、设计和销售应用于服务器、工作站等计算、存储设备中的高端处理器	1649.82
中微半导	688380	2022-08-05	22.95	数模混合信号芯片、模拟芯片的研发、设计与销售	95.53
晶华微	688130	2022-07-29	61.01	高性能模拟及数模混合集成电路的研发与销售	27.19

续表

证券简称	证券代码	上市时间	首发上市市盈率	主营业务	截至2023年12月31日的市值情况/亿元
中科蓝讯	688332	2022-07-15	56.41	无线音频SoC芯片的研发、设计与销售	90.50
德明利	001309	2022-07-01	22.99	闪存主控芯片设计、研发，存储模组产品应用方案的开发、优化，以及存储模组产品的销售	107.46
龙芯中科	688047	2022-06-24	141.68	处理器及配套芯片的研制、销售及服务	443.55
必易微	688045	2022-05-26	16.24	电源管理芯片的设计和销售，产品主要应用于LED照明、通用电源和家电及IoT	29.57
思特威	688213	2022-05-20	105.65	高性能CMOS图像传感器芯片的研发、设计和销售	222.25
纳芯微	688052	2022-04-22	574.05	高性能、高可靠性模拟集成电路研发和销售	237.81
赛微微电	688325	2022-04-22	183.74	模拟芯片的研发和销售	32.66
峰岹科技	688279	2022-04-20	107.36	BLDC电机驱动控制专用芯片的研发、设计与销售	116.49
英集芯	688209	2022-04-19	164.30	高性能、高品质数模混合芯片设计	75.86
唯捷创芯	688153	2022-04-12	14.72	射频前端芯片研发、设计、销售	273.90

续表

证券简称	证券代码	上市时间	首发上市市盈率	主营业务	截至2023年12月31日的市值情况/亿元
国芯科技	688262	2022-01-06	418.95	国产自主可控嵌入式CPU技术研发和产业化应用	98.58
希荻微	688173	2022-01-21	52.92	电源管理芯片及信号链芯片在内的模拟集成电路产品的研发、设计和销售	71.97
翱捷科技	688220	2022-01-14	63.67	无线通信芯片的研发、设计及销售，同时提供芯片定制服务及半导体IP授权服务	294.65
创耀科技	688259	2022-01-12	83.65	通信核心芯片的研发、设计和销售业务	54.34
东芯股份	688110	2021-12-10	760.38	中小容量通用型存储芯片的研发、设计和销售	152.27
炬芯科技	688049	2021-11-29	217.73	中高端智能音频SoC芯片的研发、设计及销售	46.45
安路科技	688107	2021-11-12	37.02	FPGA芯片和专用EDA软件的研发、设计和销售	147.43
普冉股份	688766	2021-08-23	67.14	非易失性存储器芯片的设计与销售	73.99
格科微	688728	2021-08-18	46.92	CMOS图像传感器和显示驱动芯片的研发、设计和销售	532.34

续表

证券简称	证券代码	上市时间	首发上市市盈率	主营业务	截至2023年12月31日的市值情况/亿元
艾为电子	688798	2021-08-16	141.71	高品质数模混合信号、模拟、射频	160.16
复旦微电	688385	2021-08-04	127.14	集成电路设计与测试业务	242.90
力芯微	688601	2021-06-28	44.31	模拟芯片的研发及销售，主要通过高性能、高可靠性的电源管理芯片为客户提供高效的电源管理方案	70.04
恒玄科技	688608	2020-12-16	355.03	智能音频SoC芯片的研发、设计与销售	185.18
芯海科技	688595	2020-09-28	61.14	集感知、计算、控制于一体的全信号链芯片设计企业，专注于高精度ADC、高性能MCU、测量算法以及物联网一站式解决方案的研发设计	61.67
思瑞浦	688536	2020-09-21	141.48	模拟集成电路产品研发和销售	193.55
芯原股份	688521	2020-08-18	12.51	依托自主半导体IP，为客户提供平台化、全方位、一站式芯片定制服务和半导体IP授权服务	249.76
敏芯股份	688286	2020-08-10	65.46	MEMS传感器研发与销售	40.07

续表

证券简称	证券代码	上市时间	首发上市市盈率	主营业务	截至2023年12月31日的市值情况/亿元
芯朋微	688508	2020－07－22	52.16	电源管理集成电路的研发和销售	64.58
力合微	688589	2020－07－22	48.48	自主研发物联网通信核心基础技术及底层算法并将研发成果集成到自主设计的物联网通信芯片中，主要产品包括电力物联网通信芯片、模块、整机及系统应用方案	40.14
寒武纪	688256	2020－07－20	58.03	应用于各类云服务器、边缘计算设备、终端设备中人工智能核心芯片的研发、设计和销售	562.24
瑞芯微	603893	2020－02－07	22.98	大规模集成电路及应用方案的设计、开发和销售	264.96
聚辰股份	688123	2019－12－23	52.79	集成电路产品的研发设计和销售	96.85
晶晨股份	688099	2019－08－08	58.42	多媒体智能终端SoC芯片的研发、设计与销售	260.79
澜起科技	688008	2019－07－22	40.12	为云计算和人工智能领域提供以芯片为基础的解决方案	669.12
乐鑫科技	688018	2019－07－22	56.67	物联网Wi－Fi MCU通信芯片及其模组的研发、设计及销售	83.17

续表

证券简称	证券代码	上市时间	首发上市市盈率	主营业务	截至2023年12月31日的市值情况/亿元
卓胜微	300782	2019－06－18	22.99	射频前端芯片的研究、开发与销售	752.68
博通集成	603068	2019－04－15	22.99	无线通信集成电路芯片的研发与销售	43.85
国科微	300672	2017－07－12	22.98	广播电视系列芯片和智能监控系列芯片等的研发和销售	128.05
圣邦股份	300661	2017－06－06	22.99	模拟芯片的研发和销售	416.05
韦尔股份	603501	2017－05－04	22.99	半导体分立器件和电源管理IC等半导体产品的研发设计	1297.06
富瀚微	300613	2017－02－20	22.99	数字信号处理芯片的研发和销售	97.82
汇顶科技	603160	2016－10－17	22.99	智能人机交互技术的研究与开发，主要向市场提供面向手机、平板电脑等智能终端的电容屏触控芯片和指纹识别芯片	316.47
兆易创新	603986	2016－08－18	16.41	闪存芯片及其衍生产品的研发、技术支持和销售	616.15
全志科技	300458	2015－05－15	19.89	系统级超大规模数模混合SoC及智能电源管理芯片的设计	143.34
中颖电子	300327	2012－06－13	26.60	集成电路产品的设计和销售，以及相关的售后服务及技术服务	77.98

续表

证券简称	证券代码	上市时间	首发上市市盈率	主营业务	截至 2023 年 12 月 31 日的市值情况/亿元
北京君正	300223	2011－05－31	42.86	32 位嵌入式 CPU 芯片及配套软件平台的研发和销售	311.33
国民技术	300077	2010－04－30	98.33	安全芯片和通信芯片产品及解决方案的开发和销售	67.16
上海贝岭	600171	1998－09－24	14.50	集成电路设计	101.22

〔1〕相关数据以上市公司首次公开发行股票时的公告为准，报告期最后一年扣除非经常性损益后归属母公司所有者的净利润为正数的取市盈率数据，为负数的取市销率数据。

〔2〕相关信息以 2022 年年度报告为准，未披露 2022 年年度报告的以招股说明书内容为准。

第二节 芯片设计企业业务模式与特点

一、芯片设计企业的主要经营模式

Fabless 的芯片设计企业，致力于芯片的设计、研发与销售，将晶圆制造、封装、测试等环节委托给专业的晶圆制造厂商和封装测试厂商，并不直接参与生产，最终将产品通过经销商或代理商销售给下游厂商或终端品牌客户（通常采经销模式，规模发展到一定程度后会有向原厂直接销售的直销模式转化）。

（一）研发模式

芯片设计企业注重结合对市场需求的研判，利用自身的技术优势与客户特点开展研发工作，通常需经历研发项目立项、研发设计、验证、试生产与量产阶段。上述研发过程的不同环节，往往会包含以下内容（见表 4－2）。

表4－2　研发项目环节

环节	内容
项目立项	市场端的产品需求调研与研发端的需求作产品技术可行性分析，通过项目评估或审查类会议，对于依据市场需求提出的产品设计研发需求予以评估审查
研发设计	立项后，正式进入芯片开发设计阶段，制订开发计划，开展各项具体的设计工作，因企业所主营的细分产品不同，涵盖电路、算法、软件、封装、版图等设计内容
流片	集成电路行业中小批量试生产；验证集成电路设计是否成功，检验从电路图到芯片逐个工艺步骤是否可行，检验电路是否具备所需的性能和功能
测试验证	通过委外实现样品测试的验证（包括晶圆测试、封装测试等）
量产	在样品验证测试通过后，芯片进入量产阶段，研发项目告功成

实践中，设计环节需求高、变化快的特点，也会使客户不同程度地参与到芯片设计类企业的研发设计阶段，如产品设计开发文档的确认等。

（二）采购和生产模式

Fabless模式下，芯片设计类企业主要采取委托加工的模式。具体而言，其将研发设计图纸提供给晶圆代工厂商，由其定制加工晶圆，再委托给封测厂商进行封装测试，最终形成芯片产品。晶圆制造作为资本密集型、技术密集型的行业，行业集中度较高，知名晶圆制造厂商主要有中芯国际、台积电、华虹公司等。相较于晶圆制造行业，封测行业对资金和技术投入的要求相对较低，行业集中度也相对分散，A股已上市的封测企业数量更多，个别芯片设计类企业在建立完善自身集成电路设计技术体系的同时，也会布局封装测试的服务业务。

（三）销售模式

结合集成电路行业惯例和企业自身特点，芯片设计企业通常采用直销和经销两种销售模式。直销客户是指采购公司芯片后进行二次开发、设计或加工为模组/PCBA的客户，该等客户多为方案商或模组厂，其与公司直接签署协议；经销客户多为电子元器件分销商，经销模式有利于降低客户维护成本、缓解原厂的资金压力。区别于代理商，经销模式下的销售均为买断式。结合行业管理与客户习惯，在设计类企业发展初期和快速发展的过程中，经销模式形成的收入相对占比较高。

（四）终端品牌厂商的获取与验证

市场需求的准确把握与获取，既决定着研发立项的方向，也最终决定着芯片产品的市场应用与销量。设计类企业需争取和完成终端品牌厂商的评估认证，进入供应商体系。由此，其接受技术评估测试、专利审查、质量审核与验厂等多个方面的评估认证，是设计类企业销售模式的重要一项。

二、芯片设计企业的业务模式特点

（一）高研发投入下的“人才与技术密集型”

研发作为主营业务之一，依赖人才创新能力与技术的迭代更新。设计类企业普遍呈现人才与技术密集的特点，属于技术驱动型企业，长期需较大的研发投入，进行技术升级与产品迭代。

（二）轻资产对应的流动资产高占比

设计类企业呈现显著的“轻资产”特征，其资产主要由货币资金、应收账款、预付款项、存货等流动资产组成，占资产总额的比例较高，通常在90%以上。

（三）门类繁多，领域细分程度高，业绩受终端市场周期影响大

半导体行业芯片产品的细分领域众多，芯片设计类企业在单个细分领域能够快速成长。通俗地说，单个细分领域中某个爆款产品的应用，就可能带来业绩的爆发。相应地，其受终端市场周期影响也比较大，上游产能与下游各环节的库存去化程度、终端消费的需求分化等终端应用市场的波动，所致行业的供需失衡，会在短时间内较快形成对芯片供应商的压力，容易导致营收增速放缓、毛利率快速下滑的业绩不及预期的情况。

（四）经销模式为主，直销模式为辅

早期和处在迅速发展过程中的设计类企业，多采经销模式，这也与芯片行业本身的交易习惯与供需结构相关。企业能够充分利用经销商稳定的销售渠道、客户资源以及拓展市场的能力，使资金较快回笼，减少账期带来的压力。

第三节 芯片设计企业业务模式与特点小结

从 IDM 企业的设计环节分化独立出来的 Fabless 企业，以研发为主营业务，不再投入生产与制造，其采取委外的加工模式能够在保证产品质量的同时，使资金高度集中在研发投入（包括人才、技术等）。设计类企业在调研和识别市场需求上，有更快的反应速度，其得益于与终端品牌客户在市场需求的反馈、研发设计阶段的确认等。设计类企业能够将研发与销售在较短的周期内互相作用，更早、更敏锐地捕捉市场的需求，并相应在研发与应用端作出迭代更新。与晶圆厂、封测厂的委外加工模式、直销模式与经销模式的结合、终端品牌厂商的认证已经构成了一个芯片设计类企业非常清晰、成熟的发展路径。人才与技术的密集、硬科技高研发投入与轻资产的组成、委外加工的成熟模式已然成为芯片设计类企业的行业“标签”。

第五章 半导体设备企业——突破“卡脖子”的关键一环

第一节 引　言

半导体产业链分为芯片设计、制造和封装测试三个环节，本章所称半导体设备是指用于上述环节的生产设备，可分为前道设备和后道设备，其中前道设备主要为晶圆制造设备，包括光刻、刻蚀、清洗、离子注入、薄膜沉积设备等；后道设备主要为封装测试设备，包括晶圆切割、贴片、引线键合、模塑密封、分选、测试设备等。目前半导体设备市场主要由美国、荷兰、日本等企业垄断，我国半导体设备企业产品竞争力较弱、市场占有率较低，以光刻机为代表的核心半导体设备领域是我国半导体行业“卡脖子”的关键环节。

2019 年至今，美国商务部工业与安全局（以下简称 BIS）已对我国半导体产业实施多轮封锁，主要措施包括限制向我国出口先进制程晶圆抛光、光刻、化学刻蚀、薄膜沉积等全流程设备，该等措施直接使我国半导体行业主流晶圆厂在先进芯片制造中受阻，同时也掀起了半导体设备国产替代的浪潮。近年来，我国半导体设备企业不断增加资本投入，各地政府也出台了相应政策扶持半导体设备企业国产化发展，大量半导体设备企业乘着这股东风登陆资本市场，实现了跨越式发展。

截至 2023 年 12 月 31 日，A 股已上市的主要半导体设备企业情况如表 5 – 1 所示。

表5-1 A股已上市半导体设备企业情况

证券简称	证券代码	上市时间	首发上市市盈率[1]	主营业务[2]	截至2023年12月31日的市值情况/亿元
北方华创	002371	2010-03-16	47.83	主要从事基础电子产品的研发、生产、销售和技术服务业务。主要产品为电子工艺装备和电子元器件	1302.79
中微公司	688012	2019-07-22	170.75	主要从事高端半导体设备及泛半导体设备的研发、生产和销售。主要产品为刻蚀设备、MOCVD设备及其他设备	951.23
盛美上海	688082	2021-11-18	398.67	主要从事半导体专用设备的研发、生产和销售。主要产品为前道半导体工艺设备、后道先进封装工艺设备以及硅材料衬底制造工艺设备等	454.88
拓荆科技	688072	2022-04-20	20.87	主要从事高端半导体专用设备的研发、生产、销售与技术服务。主要产品为PECVD、ALD、SACVD、HDPCVD等薄膜设备产品系列和混合键合设备产品系列	435.32

续表

证券简称	证券代码	上市时间	首发上市市盈率	主营业务	截至2023年12月31日的市值情况/亿元
华海清科	688120	2022-06-08	127.90	主要从事半导体专用设备的研发、生产、销售及技术服务。主要产品为CMP设备、减薄设备、供液系统、晶圆再生、关键耗材与维保服务等	298.34
长川科技	300604	2017-04-17	22.97	主要从事集成电路专用设备的研发、生产和销售。主要产品为集成电路测试机、分选机	236.78
中科飞测	688361	2023-05-19	14.83	主要从事高端半导体质量控制设备的研发、生产和销售。主要产品为高端半导体质量控制设备	238.20
富创精密	688409	2022-10-10	195.49	主要从事半导体设备精密零部件研发和制造。主要产品为半导体设备、泛半导体设备及其他领域的精密零部件	163.73
芯源微	688037	2019-12-16	112.70	主要从事半导体专用设备的研发、生产和销售。主要产品为光刻工序涂胶显影设备（涂胶/显影机、喷胶机）和单片式湿法设备（清洗机、去胶机、湿法刻蚀机）	184.24

续表

证券简称	证券代码	上市时间	首发上市市盈率	主营业务	截至2023年12月31日的市值情况/亿元
华峰测控	688200	2020－02－18	72.58	主要从事半导体测试系统的研发、生产和销售。主要产品为测试系统	166.25
至纯科技	603690	2017－01－13	22.88	主要从事半导体制程设备、系统集成及支持设备的研发、生产和销售，以及由此衍生的部件材料及专业服务。主要产品为制程设备、高纯系统集成及支持设备、部件材料及专业服务	99.38
富乐德	301297	2022－12－30	35.90	主要为半导体及显示面板生产厂商提供“一站式”设备精密洗净及其衍生增值服务。主要服务为精密洗净服务、精密洗净衍生增值服务	91.23
晶升股份	688478	2023－04－24	129.90	主要从事晶体生长设备的研发、生产和销售。主要产品为半导体级单晶硅炉、碳化硅单晶炉、蓝宝石单晶炉及其他晶体生长设备	71.95
金海通	603061	2023－03－03	22.99	主要从事集成电路测试分选设备的研发、制造和销售。主要产品为集成电路行业中封装测试用的测试分选机	56.99

续表

证券简称	证券代码	上市时间	首发上市市盈率	主营业务	截至2023年12月31日的市值情况/亿元
联动科技	301369	2022-09-22	35.76	主要从事半导体行业后道封装测试领域专用设备的研发、销售和售后服务。主要产品包括半导体自动化测试系统、半导体激光打标设备及其他机电一体化设备	40.27
华亚智能	003043	2021-04-06	22.99	主要从事高端精密金属结构件的研发、生产、销售和半导体设备维修。主要产品为金属结构件、集成装配产品和设备维修件	40.16
耐科装备	688419	2022-11-07	68.87	主要从事应用于半导体封装及塑料挤出成型领域的智能制造装备的研发、生产和销售，为客户提供定制化的智能制造装备及系统解决方案。主要产品为半导体封装设备及模具、塑料挤出成型模具、挤出成型装置及下游设备	29.15

续表

证券简称	证券代码	上市时间	首发上市市盈率	主营业务	截至2023年12月31日的市值情况/亿元
京仪装备	688652	2023－11－29	65.44	主要从事半导体专用设备的研发、生产和销售。主营产品包括半导体专用温控设备（Chiller）、半导体专用工艺废气处理设备（Local Scrubber）和晶圆传片设备（Sorter）	101.22

〔1〕相关数据以上市公司首次公开发行股票时的公告为准，报告期最后一年扣除非经常性损益后归属母公司所有者的净利润为正数的取市盈率数据，为负数的取市销率数据。

〔2〕相关信息以2022年年度报告为准，未披露2022年年度报告的以招股说明书内容为准。

第二节 半导体设备企业业务模式与特点

根据《国民经济行业分类》（GB/T 4754—2017），半导体设备企业一般属于专用设备制造业下的半导体器件专用设备制造（3562）。本节就半导体设备企业的盈利模式、研发模式、采购模式、生产模式、销售模式及其特点介绍如下。

一、半导体设备企业的盈利模式

半导体设备企业主要从事半导体设备的研发、生产和销售业务，通过向下游集成电路制造企业、泛半导体行业企业和科研院所等客户销售半导体设备、配件、维修及升级服务获得收入和利润。

二、半导体设备企业的研发模式

半导体设备制造业属于资金密集型、技术密集型产业，具有技术壁垒较高、研发周期较长的特点，半导体设备企业普遍采取自主研发模式开发核心技术，部分企业采取“自主研发为主、少量委托开发为辅”或“自主研发为主，与高等院校、科研机构、客户等合作研发为辅”的研发模式。

按照行业惯例，半导体设备的研发及商品化流程主要包括概念及可行性阶段、Alpha 阶段、Beta 阶段、量产阶段。半导体设备存在高度定制化的特点，客户深度参与半导体设备的研发流程：在概念及可行性阶段，公司根据客户及市场需求提出新产品或新技术定位与构想，对比行业技术现状及未来技术发展趋势，确定最适合的研发方案；在 Alpha 阶段，公司根据设计方案进行产品或技术的具体设计、开发及验证，在相关性能指标达到预期研发目标后，针对产品在客户端稳定可靠运行的需求对产品进行改进，并开始测试客户样片；在 Beta 阶段，公司在客户产线上进行工艺适应性开发验证及稳定性测试，通过客户批量生产的考核，部分在客户端的测试工作还需要向客户支付测试开发费用；在量产阶段，根据客户的需求进行设备批量生产。

三、半导体设备企业的采购模式

半导体设备企业普遍按照“订单导向”、“以产定购”和“安全库存”的形式确定采购需求。采购产品主要分为标准件采购和非标准件采购。对于标准件采购一般采取“一主多辅”的合格供应商策略，并对供应商进行良率评估，通过框架协议加订单形式实施采购，以保障原材料供应稳定、产品品质达标、采购价格公允；对于非标准件采购，半导体设备企业通常采取“自主设计，外部采购”方式进行，由公司进行设计开发，供应商依据公司提供的图纸采购原材料、定制加工并交付非标准件成品。

四、半导体设备企业的生产模式

半导体设备企业普遍采用“以销定产”的生产模式，实行“订单式生产为主，库存式生产为辅”的生产方式。订单式生产是指在公司与客户签订订单后，依据订单情况进行定制化设计及生产制造，以应对客户的差异化需求。库存式生产是指公司对设备通用组件或成批量出货设备常用组件依据内部需求及生产计划进行预生产，以快速响应交期及平衡产能。部分半导体设备企业以自主生产和外协加工相结合的方式组织生产，自主生产部分主要为核心工序、工艺技术要求高的精密加工环节，外协加工部分主要为成熟工序、辅助性和标准化工艺环节。

五、半导体设备企业的销售模式

半导体设备企业普遍采用直销模式、“直销为主，代销为辅”或“直销为主、经销为辅”的模式。直销模式即由公司直接将产品销售给客户。代销模式即由特定地区代理商负责代理销售公司产品，公司按照其代理销售产品类型及事先约定的佣金比例，向其支付一定比例的代理佣金。经销模式即公司将商品买断式销售给经销商，商品的所有权转移至经销商，公司根据订单约定将货物交付经销商指定地点后即实现风险与报酬的转移。半导体设备企业的境内销售普遍为直销模式，通过商务谈判、招投标等方式获取订单；境外销售普遍通过境外分、子公司直销，或采取经销模式、代销模式，该等模式有利于公司及时掌握客户需求及市场动态，提升公司的品牌知名度，完善公司的售后服务体系。

第三节 半导体设备企业业务模式与特点小结

综上所述，半导体产业链资金密集、技术密集、行业壁垒较高的特征决定了与之适配的半导体设备企业业务模式的高度定制化特点。在研发环节，客户深度参与企业研发及商品化的全流程；在采购环节，企业以订单导向，部分零部件由客户指定采购；在生产环节，企业以销定产，实行以订单式生产为主的生产方式；在销售环节，企业普遍采用直销模式，在企业和客户之间建立紧密的联系，便于为客户量身定制半导体设备。

第六章 半导体材料企业——行业的发展基石

第一节 引　言

半导体材料企业位居半导体产业链上游，是推动半导体产业链发展的基石。一方面，半导体材料是晶圆厂维持正常生产运作必需的原材料；另一方面，晶圆厂的制程发展对半导体材料的品种齐全性与质量稳定性提出了更高的要求，从而促进半导体材料企业的技术创新。

按应用流程划分，半导体材料主要包括晶圆制造材料与封装测试材料两大类（见图6-1）。其中，晶圆制造材料主要包括硅片、电子特种气体、光刻胶、掩膜版、溅射靶材、湿电子化学品、前驱体材料、CMP抛光材料等①；封装测试材料包括封装基板、引线框架、陶瓷封装材料、键合丝、封装树脂、芯片贴装材料等。

① 化学机械抛光（CMP），全名 Chemical Mechanical Polishing 或 Chemical Mechanical Planarization，是集成电路制造过程中实现晶圆表面平坦化的关键工艺。

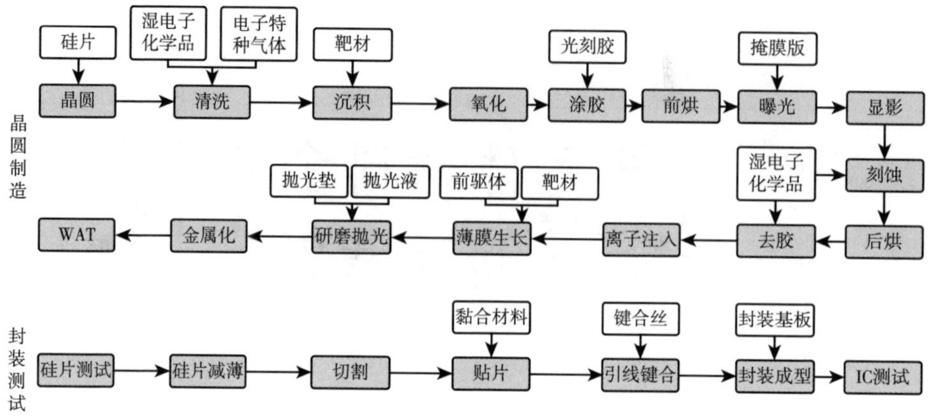

图 6－1　芯片制造各环节中应用的主要半导体材料

截至 2023 年 12 月 31 日，A 股已上市的主要半导体材料企业情况如表 6－1 所示。

表 6－1　A 股已上市的主要半导体材料企业情况

证券简称	证券代码	上市时间	首发上市市盈率[1]	主营业务[2]	截至 2023 年 12 月 31 日的市值情况/亿元
沪硅产业	688126	2020－04－20	—	从事半导体硅片的研发、生产和销售	475.7804
立昂微	605358	2020－09－11	22.97	半导体硅片、半导体功率器件、化合物半导体射频芯片的研发、生产和销售	185.4303
凯德石英	835179	2022－03－04	43.90	石英仪器、石英管道、石英舟等石英玻璃制品的生产、研发和销售	17.2800
神工股份	688233	2020－02－21	32.53	集成电路刻蚀用单晶硅材料的研发、生产和销售	59.9930

续表

证券简称	证券代码	上市时间	首发上市市盈率	主营业务	截至2023年12月31日的市值情况/亿元
有研硅	688432	2022-11-10	91.53	从事半导体硅材料的研发、生产和销售	154.1280
中晶科技	003026	2020-12-18	22.98	半导体硅材料的研发、生产和销售	36.1580
中船特气	688146	2023-04-21	59.43	电子特种气体及三氟甲磺酸系列产品的研发、生产和销售	179.9129
华特气体	688268	2019-12-26	42.89	特种气体、普通工业气体以及相关的气体辅助设备与工程的生产和销售	80.8560
南大光电	300346	2012-08-07	18.86	先进前驱体材料、电子特气、光刻胶及配套材料三类半导体材料产品生产、研发和销售	149.9223
金宏气体	688106	2017-12-13	43.93	气体研发、生产、销售和服务	117.3183
彤程新材	603650	2018-06-27	22.99	新材料的研发、生产、销售和相关贸易业务	199.8000
晶瑞电材	300655	2017-05-23	22.98	光刻胶及配套材料、超净高纯试剂、锂电池材料和基础化工材料等	97.1054
清溢光电	688138	2019-11-20	42.01	掩膜版的研发、设计、生产和销售业务	60.3954

续表

证券简称	证券代码	上市时间	首发上市市盈率	主营业务	截至2023年12月31日的市值情况/亿元
路维光电	688401	2022-08-17	70.31	掩膜版的研发、生产和销售	59.2896
有研新材	600206	1999-03-19	22.00	稀土材料、微电子光电子用薄膜材料、生物医用材料、稀有金属及贵金属、红外光学及光电材料、光纤材料等新材料的研发与生产	104.9433
艾森股份	688720	2023-12-06	171.51	电子化学品的研发、生产和销售业务	53.1091
江丰电子	300666	2017-06-15	22.98	高纯溅射靶材的研发、生产和销售业务	155.2370
阿石创	300706	2017-09-26	22.98	专业从事各种PVD镀膜材料研发、生产和销售	39.5964
江化微	603078	2017-04-10	22.99	超净高纯试剂、光刻胶及光刻胶配套试剂等专用湿电子化学品的研发、生产和销售	61.8372
光华科技	002741	2015-02-16	22.80	PCB化学品、锂电池材料的研发、生产和销售	59.3313
和林微纳	688661	2021-03-29	109.25	微型精密电子零部件和元器件的研发、设计、生产和销售	41.1805
深南电路	002916	2017-12-13	22.99	印制电路板、封装基板及电子装联产品的研发、生产及销售	364.1787

续表

证券简称	证券代码	上市时间	首发上市市盈率	主营业务	截至2023年12月31日的市值情况/亿元
康强电子	002119	2007-03-02	27.21	引线框架、键合丝等半导体封装材料的制造和销售	50.1375
华海诚科	688535	2023-04-04	69.08	半导体封装材料的研发及产业化	74.8702
天岳先进	688234	2022-01-12	—	宽禁带半导体（第三代半导体）碳化硅衬底材料的研发、生产和销售	284.1010

〔1〕相关数据以上市公司首次公开发行股票时的公告为准。

〔2〕相关信息以2022年年度报告为准，未披露2022年年度报告的以招股说明书内容为准。

第二节
半导体材料企业业务模式与特点

一、半导体材料行业的产业链

半导体材料企业的产业链由上至下可分为三个环节：上游的化工与金属类企业和设备供应企业、中游的半导体材料制造企业、下游的芯片制造企业及应用终端企业。

半导体材料行业的上游企业包括基础化工或精细化工厂、金属生产商、设备生产商等。在原材料方面，铜材、硫酸、有色金属等材料是制造半导体材料的重要原料，因我国此类原材料的产能较为充足，其供应量相对稳定，原材料厂商一般不具备较高的议价能力。在设备方面，我国半导体材料生产设备的国产化程度不高，相关生产设备依然主要依赖进口。例如，作为半导体材料制造核心设备之一的光刻机主要被荷兰阿斯麦公司（ASML）所垄断，故设备制造厂商的议价能力较强。

半导体材料行业的中游即为半导体材料的制造企业，其主营业务一般包括半导体材料的研发、生产及销售。目前，虽然我国的半导体材料制造尚未完全形成国产化替代，但随着国产化进程推进，国产半导体材料势必能够获得更多的验证机会与发展资源。

半导体材料行业的下游企业包括芯片制造企业及应用终端企业。其中，应用半导体材料的芯片制造企业主要为晶圆代工厂及专注于功率器件制造、模拟芯片制造与传感器制造等领域的 IDM 厂商；应用终端企业的芯片成品来自芯片制造企业，其终端应用领域涵盖智能手机、物联网、汽车电子、人工智能等众多行业。因下游半导体厂商决定了中游半导体材料的需求与导向，故其在产业链中具有较强的议价能力。

二、半导体材料企业的商业模式

（一）盈利模式

半导体材料企业主要从事半导体材料的研发、生产和销售，通过向下游芯片制造企业销售半导体材料获得收入和利润。

（二）采购模式

半导体材料企业主要采取以产定购的采购模式。企业根据客户订单、生产计划、物料清单、物料安全库存及实际库存量，制订物料采购计划，并根据物料采购计划相应进行采购。

为保证产品的质量和性能，半导体材料企业通常会制定供应商选择和审核制度，通过书面评估、现场稽核、样品认证、定期考核等手段考察供应商的技术水平、质量管控能力、生产能力、产品价格、交货周期，并将通过审核的供应商纳入合格供应商名录。

（三）生产模式

半导体材料企业主要采取以销定产的生产模式，大部分产品按订单批量生产，同时进行少量备货式生产。

在外协生产方面，部分半导体材料企业在自主生产为主的同时，结合市场情况和自身产能利用情况，在部分非关键性技术生产环节会适当配以外协加工进行辅助，以最大化满足市场需求。

（四）销售模式

半导体材料企业主要采取直销的销售模式。由于半导体材料企业的下游客户较为集中，公司通常采取与客户直接谈判的方式获取订单。

下游芯片制造企业引入新供应商时，通常会进行试生产认证与终端客户的认证，只有在认证通过后才会与半导体材料企业供应商正式建立商业合作关系。由于半导体材料企业的行业壁垒较高，且认证周期较长、成本较高，一旦开始合作，芯片制造企业通常就不会轻易更换供应商，故双方的合作关系往往长期、稳固。

第三节 半导体材料企业业务模式与特点小结

根据上述分析可知，半导体材料企业具有以下特点。

第一，产业规模大。2022 年全球半导体材料市场销售额增长 8.9%，达到 727 亿美元，超过了 2021 年创下的 668 亿美元的前一市场高点。

第二，细分行业多。如上所述，半导体材料是半导体产业链中细分领域最多的环节，芯片制造环节中各单项工序均需配套相应材料。晶圆制造材料、封装测试材料项下细分为若干大类材料，每一种大类材料又包括几十种甚至上百种具体产品，细分子行业众多。

第三，技术壁垒高。目前，中国半导体材料企业的自主化水平总体上仍然较低，在中高端领域需要突破的产品与技术众多。此外，半导体材料的研发周期较长，从验证到正式导入客户端又需要耗费大量时间。然而，一旦通过下游客户的认证，合作关系就较为稳定。

第四，创新速度快。由于晶圆厂的扩大生产与先进制程的不断发展，半导体制造企业对于上游半导体材料纯度、功能、稳定性的需求同步增加。“一代技术依赖于一代工艺，一代工艺依赖一代材料和设备来实现”，作为半导体行业发展的基石，半导体材料企业的创新速度对产业发展发挥着重要的支撑作用。

第七章 半导体 EDA 企业——不可或缺的软实力

第一节 引言

EDA（Electronic Design Automation）企业在半导体行业扮演着关键角色。EDA 是提供设计和工艺支持的关键工具，以帮助半导体设计工程师创新、提高效率、降低制造风险，推动半导体技术的不断发展和产业链的创新。EDA 企业在半导体设计和制造中有着不可或缺的地位，是推动行业前进的关键驱动力。

第二节 A 股已上市 EDA 企业一览

截至 2023 年 12 月 31 日，A 股已上市 EDA 企业情况如表 7－1 所示。

表 7－1　A 股已上市 EDA 企业基本情况

证券简称	证券代码	上市时间	首发上市市盈率[1]	主营业务[2]	截至 2023 年 12 月 31 日的市值情况/亿元
概伦电子	688206	2021－12－28	575.28	向客户提供被全球领先集成电路设计和制造企业长期广泛验证和使用的 EDA 全流程解决方案，主要产品及服务包括制造类 EDA、设计类 EDA、半导体器件特性测试系统和“一站式”工程服务解决方案等	94.57
华大九天	301269	2022－07－29	333.39	主要从事用于集成电路设计、制造和封装的 EDA 工具软件开发、销售及相关服务业务	574.70
广立微	301095	2022－08－05	230.39	广立微是领先的集成电路 EDA 软件与晶圆级电性测试设备供应商，公司专注于芯片成品率提升和电性测试快速监控技术，是国内外多家大型集成电路制造与设计企业的重要合作伙伴	149.46

〔1〕相关数据以上市公司首次公开发行股票时的公告为准。

〔2〕相关信息以 2022 年年度报告为准，未披露 2022 年年度报告的以招股说明书为准。

第三节

EDA 企业业务模式与特点

一、EDA 企业在半导体行业价值链中的地位

EDA 企业在半导体行业中占据至关重要的地位，其在半导体设计和制造的价值链中发挥多重关键作用。

首先，它们扮演设计支持的角色，提供了原理图设计、仿真、逻辑合成和布局布线等工具，协助设计工程师在芯片设计阶段创建和验证电路的功能和性能。其不仅提高了设计效率，还支持了技术创新。

其次，EDA 工具在物理设计和版图制作中发挥关键作用，帮助确定元件的布局、连线和层次结构，确保物理结构满足设计和制造的要求。这对于将设计转化为可制造的物理结构至关重要，有助于降低制造风险。

再次，EDA 工具在制造工艺设计中起到关键作用，协助半导体制造商定义工艺步骤、曝光、刻蚀和材料要求，从而确保设计可以被成功制造，并降低生产成本。

复次，在物理验证方面，EDA 工具用于进行设计规则检查（DRC）、射线检查（LVS）和电磁兼容性分析，以确保版图和物理设计的合规性，减少制造过程中的错误。随着半导体设计扩展到系统级，EDA 企业提供工具和流程，支持从芯片级到封装级到系统级的设计，以满足如 5G、人工智能、自动驾驶等应用的需求。

最后，EDA 企业运用新型计算、人工智能和云计算等技术，利用大规模数据处理，帮助设计工程师识别趋势、优化决策和改进设计流程，以提高自动化程度和工作效率。

综合而言，EDA 企业在半导体设计和制造的价值链中扮演多重关键角色，其职能不仅有助于提高设计效率和支持技术创新，还降低了制造风险，推动了半导体技术的快速发展，使其成为半导体行业不可或缺的组成部分，特别是在后摩尔时代和不断演进的半导体产业链中。①

① 参见概伦电子（688206）：《2022 年年度报告》，2023 年 4 月 28 日，第 28 – 30 页。

二、EDA 企业的产品与服务

EDA 企业为半导体和集成电路行业提供产品和解决方案，旨在促进创新、提高设计质量和降低生产成本。其核心产品包括 EDA 软件、半导体数据分析工具、测试设备以及成品率提升技术，用以支持电子电路设计、生产流程管理和质量控制。这些企业的竞争优势体现在技术创新、提供一体化解决方案、数据驱动决策、用户定制化和全流程闭环的特点上，从而帮助客户在不断演进的市场中取得竞争优势，加速产品开发，提高产品质量和性能。

以 3 家 A 股上市的 EDA 企业为例，概伦电子提供广泛的 EDA 工具，如电路设计、仿真、布局和验证软件，以满足芯片设计师的需求，其关键优势在于其拥有面向不同应用的多种 EDA 工具，从高性能计算到低功耗设计，均有覆盖，其技术支持和培训计划帮助客户充分利用这些工具，加速产品开发周期。① 华大九天的主要产品包括模拟芯片设计、系统级芯片设计和射频电路设计等，为客户提供“一站式”解决方案，满足客户在集成电路设计、制造和封装领域的需求，并以技术创新不断提高效率和精度。② 广立微的产品涵盖 EDA 软件、测试设备、数据分析工具以及 WAT 测试设备，具备全流程闭环特性；其优势在于其系统集成，为客户提供从设计到生产的连贯支持，提高了整体效率；其数据分析工具协助客户进行智能分析，帮助提高成品率，缩短产品上市时间。③

综合而言，EDA 企业通过其多样化的产品和高度专业化的技术支持，为半导体和集成电路领域的客户提供了全面的解决方案。它们的产品覆盖了电子设计、测试和制造等各个方面，为客户提供了优化设计、提高质量和降低风险与成本的工具，从而保持企业竞争力。

三、EDA 企业的业务模式

通过对 EDA 企业业务模式的深入分析，可以更好地理解其在半导体行业中的成功和发展，以及如何不断适应市场变化和客户需求，为行业创新和进步提供有力支持。

---

① 参见概伦电子（688206）：《2022 年年度报告》，2023 年 4 月 28 日，第 15－26 页。
② 参见华大九天（301269）：《2022 年年度报告》，2023 年 4 月 28 日，第 11－18 页。
③ 参见广立微（301095）：《2022 年年度报告》，2023 年 3 月 24 日，第 14－18 页。

（一）EDA 企业业务模式的共性

EDA 企业的业务模式具有几个关键的共性特点，包括软件授权模式、技术支持服务、多元化业务以及多样化销售模式。

1. 软件授权模式：核心盈利方式

软件授权模式是 EDA 企业的核心盈利方式之一。它通过向客户提供 EDA 工具软件的使用权，即依据合同规定的时间周期收取授权费用，获得稳定的收入。

2. 技术支持服务：全方位的客户支持

技术支持服务亦在 EDA 企业整个生命周期内发挥重要作用，包括软件版本更新、技术咨询和其他相关服务。这些服务在软件授权期或合同期内提供，同时产生额外的服务费用，为客户提供全方位的支持。

3. 多元化业务：满足不同客户需求

EDA 企业提供多元化的产品和服务，包括其他工业软件授权、硬件销售、技术开发、测试设备及配件等。这种多元化使它们能够满足不同客户的需求，建立综合解决方案，从而扩大市场影响力。

4. 多样化销售模式：适应市场多样性

EDA 企业的销售模式也呈现多样化的特点，包括直销和经销两种方式。在直销模式下，企业与终端客户直接签订销售合同；而在经销模式下，经销商在企业与客户之间充当中介，促进产品和服务的介绍与销售。这种多样化的销售模式有助于适应不同市场和客户需求，拓展业务范围。

（二）不同 EDA 企业业务模式的差异

比较 A 股三家 EDA 上市公司，其业务模式亦存在差别。

概伦电子的业务模式主要侧重于软件授权业务，其提供 EDA 工具软件的软件授权及与之相关的服务。此外，概伦电子还销售半导体器件特性测试系统，并提供“一站式”工程服务。其根据地区和客户需求的不同，采用直销和经销的混合销售模式。

华大九天专注于软件授权和技术开发服务，其销售 EDA 工具软件的软件授权，并根据客户需求提供技术开发服务。华大九天主要采取直销模式，将软件技术开发服务作为与客户建立关系的切入点。

广立微提供软件授权、测试设备及配件销售、测试服务以及其他相关服务。其侧重于“一站式”服务，通常通过软件技术开发服务与客户建立关系，以此扩大销售和提供的服务。广立微采用直销为主、经销为辅的销售模式以满足客户需求。

EDA 企业的业务特点构成了它们的核心盈利方式，使其能够满足客户的不同需求，并建立全面的解决方案。每家公司亦有其独特的市场定位和战略，这种多样性反映了半导体行业的复杂性和多样性，也为投资者提供了更多了解和支持这些企业的手段。

第四节 EDA 企业业务模式与特点小结

通过探讨 EDA 企业在半导体行业价值链中的地位、其产品与服务，以及其业务模式，不难发现 EDA 企业拥有独特的业务模式和特点，这些特点为其在半导体行业的成功发展提供了坚实基础。

一、以产品为导向的高度定制化的业务模式

EDA 企业采用产品导向的业务模式，强调高度的定制化，以满足不同客户的需求。其核心业务是提供电子设计工具和软件，这些工具不仅在功能上定制，还根据客户的规模和要求，灵活制定价格和授权期限，建立深度合作关系，确保持续的收入流。这种定制化不仅加强了客户与企业之间的联系，也使 EDA 企业能够灵活应对市场变化，满足多样的客户需求。

二、技术先进性和创新驱动

技术先进性和创新驱动是 EDA 企业的重要特点。半导体行业是高度技术驱动的领域，因此 EDA 企业必须在技术方面保持领先地位，它们不仅需要投入大量资源用于研发和创新，还需要不断推陈出新，以适应不断发展的半导体工艺和设计挑战。这种技术导向的业务模式要求企业拥有强大的研发团队和技术实力，以在市场竞争中取得优势地位。

三、高度专业化的产品和解决方案

EDA 企业提供高度专业化的产品和解决方案，这也是其显著特点之一。它

们的产品和解决方案专门为半导体和验证领域而设计，具有高度精密性和专业性。这种专业化要求企业拥有深厚的领域知识和经验，以确保产品的质量和性能。EDA 企业通常与客户建立长期合作关系，通过不断改进和升级产品来支持客户的需求，建立互信关系，提高产品满意度。

四、长期合作与技术支持：依赖客户反馈

长期合作与技术支持是 EDA 企业商业模式的重要组成部分。它们与客户建立深度合作关系，不仅体现在产品的定制化，还包括技术支持和服务。企业积极倾听客户的反馈和需求，根据客户的实际情况提供技术支持和解决方案。这种合作模式有助于建立互信关系，客户在使用过程中能够获得及时的支持和帮助，从而提高产品的满意度。

总之，EDA 企业的业务模式和特点是其成功的关键因素。它们通过高度定制化、技术先进性、高度专业化的产品和解决方案，以及长期合作与技术支持，为半导体设计和开发领域提供了不可或缺的支持，同时也在不断创新和进步中保持竞争力。这些特点使 EDA 企业成为半导体行业的重要参与者，为行业的发展和创新作出了重要贡献。

第二篇

方兴未艾：IPO前的准备工作

第八章 半导体创业企业的股权设置建议

半导体创业企业从不同产业链位置及经营所需资源角度来看，可以笼统区分为以半导体设计、半导体 EDA 及 CIM 等工业软件为典型的轻资产公司和以半导体制造（IDM 及 Foundry）及封测为典型的重资产公司。半导体设备和材料介于两者中间，体现为有相应较大固定资产投入但又非特别巨大的特征。无论是半导体产业链上的哪种类型公司，均具有明显的技术密集型特征，适合在目前国家大力推动的“科教兴国战略、人才强国战略、创新驱动发展战略”背景下创业企业的快速发展。半导体创业企业在初创阶段，除面临技术来源及业务来源、供应链打造及整合等问题外，设置符合合理的商业逻辑且具有前瞻性的股权架构，对其未来长远及持续稳定发展亦具有至关重要的作用，尤其在面向奔赴资本市场之路时，犹如摩天大楼之地基。

第一节 初创团队如何设置合理的股权结构

一、初创团队内部的合理股权比例安排

创业者通常很难单打独斗，如同律师需要组成团队来提升整体工作效率一样，创业者往往具有不同的天资禀赋，集合在一起可以起到“1 +1 >2”的效果。无论何种类型企业，创始股东利用彼此的特长在企业初创最艰难的日子里抱团取

暖，企业才有在行业波动的周期里获得确定性发展的底层动力。

在半导体产业链中，轻资产公司的创始团队多为自然人，往往各有所长，有的人擅长技术研发，有的人擅长内部管理，有的人则适合从事外部销售业务等。此外，半导体产业链中的重资产公司，不单有创始管理团队，通常还有产业投资人及所在地的政府投资主体。其中，产业投资人多可在销售端或供应链端为初创企业提供原始支持，当地政府投资主体则可在投资资金、厂房土地、税务优惠、人才引进等方面提供不可或缺的助力。

在创业股东分配公司股权比例的情况下，通常在分配时需考虑如下维度。

（1）公司不同业务发展定位及创始股东对公司的贡献维度：鉴于半导体行业的应用领域广泛，有大量面向 B 端（企业端）应用的情况，相对于其他行业，半导体行业的研发均具有相对更重要地位，但在半导体行业内部，研发并非唯一衡量因素，面向不同应用领域的半导体企业，也呈现研发、供应链、销售渠道等不同侧重特点或核心竞争力差异优势，因此在初创期分配股权时根据贡献程度划分股权比例，是创业团队在考虑股权设置方案时可以参考的一个维度。

（2）实际控制人认定的安排维度：除了具体的贡献，创业团队能够凝聚在一起大概率是因为有一位“精神领袖”。如果团队因为缺少领袖而如同一盘散沙，那么再好的项目也难以取得成功。在这个维度上，股权比例亦应有所倾斜，在后续资本市场运作中，也可以依此确定公司的实际控制人或核心人员。

（3）未来引进人才及股权激励的预留权益安排维度：具体可参见本章第二节之“一、股权激励平台的入股节点及持股比例”所述。

在有些 PE 投资方尽调项目的过程中，审视一家公司的股权结构合理性也会考虑持有相应股权比例的创业团队股东是否为公司发挥了相应的作用，是否存在贡献与比例错配的情况，直接影响投资方的投资决策。

二、初创团队持股与实际控制人认定的协调

对于非国有控股公司而言，IPO 语境下的实际控制人认定有如下几种可能性：无实际控制人、实际控制人为某个自然人（包括其他股东通过与其保持一致行动的方式强化其对公司的控制力）、实际控制人为多个自然人（包括亲属共同控制以及对公司均具有重要影响的创业团队成员共同控制）。

上述情形在 IPO 申报过程中均有案例支持，由于半导体制造类企业需要较大

的资金投入，相较于轻资产的芯片设计公司，大型晶圆厂存在无实际控制人的概率较高，如中芯国际、芯联集成等；而轻资产的芯片设计公司存在实际控制人的案例则相对较为普遍，如南芯科技、恒玄科技等。

不同的控制架构也会引发 IPO 审核不同的关注重点。例如，相较于有实际控制人的公司，无实际控制人的拟 IPO 企业将会被重点关注公司治理层面是否存在僵局，关注公司治理层面的稳定性和争议纠纷的可解决性。再如，多人共同控制的公司相较于单人控制的公司，会更为关注共同控制的论证依据，论证多人共同控制需要相对充分的证据表明每位共同实控人均对公司日常经营产生相对重要的影响。又如，通过一致行动协议维系的控制权相较于通过股权关系形成的单一自然人控制架构的公司，IPO 审核会重点关注相关一致行动协议的持续性、纠纷解决机制，当出现争议僵持不下时，如何确保争议得以化解，维持公司控制权的稳定。

归根结底，实际控制人的认定是公司基于自身实际情况作出的，具体选择哪一种控制模式并没有高低对错之分。实际控制人不仅仅可以对公司经营决策产生重要影响，也是一家公司的“精神领袖”。当然，无论在 IPO 申报时还是上市后的持续运行阶段，其相应地都要承担更重的监管责任。实际控制人不仅是主观认定的产物，也需要翔实可信的公司治理维度的客观安排及相关公司治理安排的实际运行情况。因此，初创团队在早期股权设置时不妨先行确定实际控制人认定的大方向，后续按照既定的大方向设置股权比例或考虑安排一致行动协议的签署等。

三、融资情形下初创团队实际控制权稳定的考虑

初创企业进行外部融资，不可避免地会影响创始团队或既定实际控制人对公司表决权的控制比例。在天使轮或 A 轮等估值较低的早期轮次，投资人用较低的价款就占据了较多的公司股权比例。随之而来的 B 轮、C 轮、D 轮，虽然估值水涨船高，每注册资本对应的投资单价逐次提升，但随着投资机构的蜂拥而至，大量资金涌入公司，既定实际控制人的控制权比例会逐渐摊薄，并且很可能逼近甚至低于 30% 的表决权比例。

以科创板相关规则为例，根据《上海证券交易所科创板股票上市规则》第 4.1.6 条第 1 款的规定：“上市公司应当根据股权结构、董事和高级管理人员的提名任免以及其他内部治理情况，客观、审慎地认定控制权归属。具有下列情形之

一的，构成控制：（一）持有上市公司50%以上的股份，但是有相反证据的除外；（二）实际支配上市公司股份表决权超过30%；（三）通过实际支配上市公司股份表决权能够决定董事会半数以上成员的任免；（四）依其可实际支配的上市公司股份表决权足以对公司股东大会的决议产生重大影响；（五）可以实际支配或者决定上市公司的重大经营决策、重要人事任命等事项；（六）中国证监会和本所认定的其他情形。”

结合上述规则以及案例实践，通常理解在实际支配上市公司股份表决权超过30%的情况下，并在董事会层面占多数席位，即构成论证实际控制权的有利证据。

然而，并非控制权比例低于30%就绝对不能被认定为实际控制人。在IPO审核案例中，作为对客观事实的尊重，不乏实际控制人在IPO发行前控制权比例低于30%的个案，但是需要相应的外部证据予以“补强”。例如，实际控制人或其控制的主体为拟IPO企业的第一大股东，且其他股东所持公司的股权比例较为分散，其他股东之间不存在一致行动关系，其他股东配合出具不谋求公司控制权的承诺等。总而言之，是要使IPO审核部门确信在持股比例偏低的情况下，实际控制人仍能够对拟IPO企业的决策产生较大影响。此外，董事会席位是否占多数也是论证该等股权架构下具有控制权的关键因素。

因此，对于初创企业而言，如果预设了单一自然人作为拟IPO企业实际控制人的既定目标，那么在后续融资时就要相应考虑对该实际控制人所控制表决权稀释程度的影响。如果公司确实有较大的资金需求，对实际控制人的表决权比例稀释程度较高，则创业团队可以考虑通过签署一致行动协议或择机通过增设有限合伙平台等方式巩固相关实际控制人的表决权比例。

第二节 如何搭建适当的股权结构

一、股权激励平台的入股节点及持股比例

股权激励作为公司与员工实现利益捆绑的重要手段，对员工实施股权激励几

乎是每家半导体公司的常规操作。在既往的案例中，我们发现股权激励实施的时间节点的选择，对股权激励的实施以及实施的效果会产生直接的影响。

有些创业者在创业初期急于制订和照搬各类纷繁复杂的股权激励计划，非但没有起到激励员工的目的反而影响了员工的积极性。有的企业虽然跟员工签了非常多的协议，但始终没有完成激励平台的搭建和股权激励的落地；如果股权激励平台在企业 Pre – IPO 阶段入股，则有可能出现外部投资人对股权被稀释的比例提出反对意见甚至否决实施相应激励的可能性。即便投资人同意引入激励平台和接受自身股权被稀释，也有可能要求附加一定的条件，如限制股权激励平台持股的比例，因为激励平台的份额越高，投资人所持的公司股权比例也将越大程度被稀释。限制授予的价格以避免产生过高的股份支付费用以此降低对公司净利润的影响，从而确保公司以较为良好的财务表现申报 IPO 以降低审核压力。

在这种情况下，由于该等激励股权系源于股东让渡自身利益，该部分预留股权便只能用于激励，如果激励份额发不完，就存在股东要求该公司减资，把未授予份额“减出去”的可能性。如果股权激励平台入股公司的时间较晚，或者框定激励份额的时间较晚，则股权激励计划的实施将处处受制于外部股东。

因此，为了创业团队获取在公司实施股权激励方面的主动权，我们通常建议相关企业在没有引进外部股东或者整体估值处于较低水平的期间，先行安排持股平台直接持有公司的股权。此时，无须完成具体人员的授予，仅由创业团队持有预留份额即可，根据实际需要分批次授予。在这种情况下，激励平台所持公司的股权比例提前锁定，不用受制于后续股东的制约，即便有没发完的激励股权，创业团队也有自主安排份额“内部消化”的权利，掌握了对股权激励的主动权。如果距离上市申报还有较长的周期，出于灵活管理的考虑，需要综合考虑管理便利度及税务成本、授予节点的认定等多方面因素，以此决定激励对象在授予股权激励份额后是否显名登记在股权激励平台上。此外，在部分项目的激励计划中，激励对象并未在授予时即进行缴款，实际缴款的时间较晚，尤其是在期权激励的模式下，所以按照前述方式操作需要注意保留好授予时的原始证据，包括前期沟通的记录，如邮件、微信聊天记录等，以便在 IPO 审核质疑该等协议存在倒签可能性时可以提供有力的证据，打消审核监管的疑虑。总之，不同方式操作各有利弊，如何权衡取舍，创始团队可以结合所在公司的具体情况，及时咨询经验丰富的中介机构。

二、财务投资人与产业投资人持股比例安排

如果从投资目的及投资方背景的维度作划分，投资人可以分为财务投资人与

产业投资人。对于“财务投资人”，法律上并没有明确的定义，而是一个经济学的常用术语。

从投资目的及投资方背景来说，“产业投资人”是与“财务投资人”相对的概念，由于产业投资人缺乏具有普遍性的统一定义，姑且通过其与财务投资人截然相反的特征概括其定义，即产业投资人主要为追求与被投资人企业进行业务合作或具有合作关系的投资人。产业投资人作为投资人诚然会追求投资所带来的经济效益，也会衡量经济上的投入与产出回报比率。但是，在他们衡量价值的天平上，经济回报不仅是基于投资行为所带来的可变现回报，而更多的是关注和加入了基于产业投资所带来的潜在业务机会，该等业务机会可能会带来产业投资方自身业务经营上的收入增加，也可能保障自身供应链的安全，在市场资源稀缺的情况下优先获得上游产品的供应。

从上述差异可以看出，对一家企业何时走向资本市场完成发行上市，财务投资人相较于产业投资人而言往往更为急迫。

但也正因为财务投资人的上述特征，财务投资人往往对公司治理及日常管理表现得更为“佛系”，毕竟谋求投资回报才是第一目的。除了管理人履行日常的投后管理职责，或者从保障投资安全的角度对公司重大事项的决策施加更大影响外，基本不会参与日常经营与业务开展。而产业投资人相较于财务投资人，对企业的日常经营、新产品的研发情况等业务开展内容更为关注。

财务投资人的典型代表主要是私募基金投资机构等市场化投资机构，而产业投资人的典型代表则包括上市公司、具有实际经营业务的企业等。就活跃程度角度而言，市场上的投资人以财务投资人居多数，因为该等投资人专司投资业务，存续的目标就是通过股权投资获得收益，而产业投资人则“谋定而后动”，毕竟自身开展产业经营也需要稳定的现金流，因此对外投资自然无法“火力全开”，需要精准出击。所以相较而言，财务投资人更好找，而合适的产业投资人则需要看机缘。

根据《监管规则适用指引——发行类第5号》“5－1 增资或转让股份形成的股份支付”的规定，发行人客户、供应商入股的，应综合考虑购销交易公允性、入股价格公允性等因素判断。购销交易价格与第三方交易价格、同类商品市场价等相比不存在重大差异，且发行人未从此类客户、供应商获取其他利益的，一般不构成股份支付。购销交易价格显著低于/高于第三方交易价格、同类商品市场价等可比价格的：（1）客户、供应商入股价格未显著低于同期财务投资者入股价格的，一般不构成股份支付；（2）客户、供应商入股价格显著低于同期财务投资者入股价格的，需要考虑此类情形是否构成股份支付；是否显著低于同期财务投资者入股价格，应综合考虑与价格公允性相关的各项因素。

因此，引入产业投资方不代表可以随心所欲地开展业务，反而要关注交易价格在入股前后是否发生非市场化的重大变化，与市场公允价格是否存在较大差异。如果存在，则 IPO 审核将重点关注其中是否存在特殊安排；如果投资人入股价格较低，则还可能将该等价格与同期外部财务投资人入股价格的差额计提为公司的股份支付费用，从而影响公司的财务表现，一定程度上对公司完成 IPO 发行上市形成潜在障碍。

第三节 股权激励设置的长期规划

一、熟悉了解不同激励工具的特点及不同适用场景

在股权激励领域，有两个主流的激励的工具，一是限制性股权，二是期权。对于何为限制性股权，何为期权，并无统一且标准化的定义。

按照财政部发布的《股份支付准则应用案例——授予限制性股票》，限制性股权激励工具类似其中的“第一类限制性股票”，即激励对象在授予日按照授予价格出资购买限制性股票；待满足可行权条件后，解锁限制性股票。

而期权类似其中的“第二类限制性股票”，即激励对象在授予日无须出资购买限制性股票；待满足可行权条件后，激励对象可以选择按授予价格购买公司增发的限制性股票，也可以选择不缴纳认股款，放弃取得相应股票。

二者从特征的角度来看存在如下差异。

（一）付款节点

限制性股权可能最早在授予时就要支付认购相关激励份额的对价，但实操中，为了减轻员工支付相关股权认购款的压力，也可以选择由员工分期支付相关款项。而期权则只需在行权时缴纳认缴激励份额的资金。

因此，对于距离 IPO 申报尚有较长时间的企业而言，可以考虑选取期权的方

式，在公司有明确申报计划后，员工按照项目进展节奏安排行权缴款。

（二）上市前的调整要求

对于限制性股权而言，在IPO申报前需完成员工在持股平台上的显名工商登记。而对于期权而言，则需要分情况讨论。通常而言，IPO申报前需要达到“持股清晰”的要求，即激励份额均应归属到位，相关激励对象均需在申报前完成工商层面的显名登记，即被授予期权的激励对象需要在IPO申报前完成期权的行权。但自最初的注册制板块科创板启动以来，出现了一种新的选择，即上市前制定上市后实施的期权激励计划，该等激励计划允许在IPO申报前制订期权激励计划，且激励对象无须在IPO申报前完成行权，可以在公司上市后行权，但该等期权需要对标上市公司的要求，并遵守《上市公司股权激励管理办法》的规定。

当然，上述只是两种激励工具间最为主要的差异，对于拟IPO企业而言，可以考虑结合自身申报周期、员工对于价款支付的承受能力等多个维度，选择适合自身发展阶段的激励工具。涉及股权激励的具体分析详见本书第十章的相关内容。

二、发展早期策略性使用非股权激励工具

初创公司在早期利用激励计划可以有效地实现对员工的绑定效果，但在公司发展初期，公司本身发展状况不明，可能处于大额投入持续亏损的阶段，由于没有盈利、缺少分红，距离申报IPO的周期较久，变现遥遥无期，单纯授予员工股权对员工未必有直接的激励效果。因此，该等绑定未必要采用以股权作为激励工具的方案。

除了与股权相关的激励外，也可以巧妙地结合债权性质的激励工具，如现金收益权计划或者设置“虚拟股”进行激励。例如，员工可以持有一定数量的“虚拟股”，该等“股”并不可以转换为公司的股权，员工可以在相关条件满足的情况下将“股”兑换为公司发放的奖金。所以实质上这种“虚拟股”属于员工薪酬的补充，员工可以用所持有的“虚拟股”获取经济利益。设置“虚拟股”的好处是相较于股权，在企业发展的早期对员工的回报比较直接，缺点则是企业需要因此而产生短期内支付现金的义务。

这类现金类激励适用于公司发展初期阶段，并作为过渡措施，随着后续公司规模扩张以及外部投资人的陆续进入，应及时转换思路，将现金类激励的激励对象转为股权类激励（包括股权和期权激励）的授予对象。这样一方面可以减轻公司支付现金的义务，另一方面随着公司估值提升、IPO的临近，股权可以体现出更大程度的吸引力。但作为过渡措施所采取的“虚拟股”之类容易与期权等相混

淆，且对法律文件的规范度要求较高，操作不慎会波及公司股权清晰度，甚至导致 IPO 申报过程的举报、诉讼或仲裁等，操作需尤为慎重。

任何选择都不会十全十美，在不同阶段结合自身的实际情况选择匹配的激励方式则可以将激励的效果充分发挥出来。若急于求成，一步到位，虽然简单省事，但实际效果未必良好，则可能导致核心团队结构发生变动。

第四节 理性面对投资机构

一、理性面对投资机构给出的高估值

在半导体概念火爆的年份，部分投资机构出于“占赛道”的目的而哄抬估值，给出了远高于理性的投资估值以抢投资份额，以至于半导体行业的整体投资估值水平水涨船高。

在上述情况下尤其需要注意，高估值是“馅饼”却也可能是“陷阱”。高估值的诱惑力确实太大了，一时之间创始人的身家便达到了数十亿元甚至上百亿元，不免被各路财经媒体竞相报道，公司也瞬时之间成为了当地的“独角兽企业”。但在一定程度上来说，估值看不见、摸不着，无形无相，更多的时候是让人感觉起来很美，不具有流动性的资产并没有实质意义。创始人想在上市之前借助高估值变现牟利是不切实际的。例如，在 PE 投资协议中，创始人在 IPO 前转让股权往往要征得投资人的书面同意。另外，能不能成功转让股权，也取决于是否有人愿意在估值高位接盘，毕竟受让的是创始人的股权，按照常规的 PE 投资逻辑，这类股权往往不具有任何特殊权利。

在非理性估值的背景下，如果公司的业绩和规模没有持续爬升，估值的持续上涨缺乏逻辑支撑，尤其是在公司发展不如预期，或遇到宏观经济环境或行业环境突发较大变化时，则会凸显“双刃剑”之“锋利”，也会导致公司后续轮次融资困难重重；如果价格低于前续轮次，则又会触发反稀释条款，需要向被摊薄权益的股东支付补偿的代价，使公司在真正缺钱的节点无法获得融资。

因此，公司要结合企业发展的阶段、预计未来发展的空间理性地设置不同阶

段的预期估值上限，不要被高估值诱惑，行稳方能致远。

二、避免跳入协议的枷锁

目前在 VC/PE 市场中，通常每轮融资都不能回避的就是融资的协议以及协议里股东的特殊权利条款，这些条款通常涉及回购、拖售、优先清算、估值调整、反稀释等。其中对创业者压力较大的就是回购条款，回购条款的触发条件也是五花八门，从财务造假、公司运营停滞、创业团队严重失信到合格上市的时点等。

所谓的回购分两种情形，一种是公司回购，另一种是创业团队回购。在公司承担回购义务的情况下，受限于《公司法》关于减资的程序要求及《全国法院民商事审判工作会议纪要》等规定，如果公司账上没有可分配利润，那么减资回购就是梦幻泡影，很多投资方就会选择要求创业团队承担回购义务。

因此，创业团队一定要注意自我保护，在协议条款所约定的创业团队承担的回购义务中，一定要对个人财产和所持公司股权对应的财产进行风险隔离，不要因为创业而导致背负巨额债务。

此外，融资协议中相关投资人股东权益保障条款虽然有相关惯例，但在不同阶段针对不同类型企业及站在不同角度，相关条款均是可以根据双方沟通谈判所确定的。

三、合理看待不同背景及不同轮次的投资人

除非特别具有市场吸引力的项目或者相关行业赛道处于快速上行周期，否则影响力较大的投资人很难在天使轮就对初创企业予以青睐，因此企业寻找早期天使投资人，获得早期的成长助力就颇为重要。

相较于融资中晚期相对规整的股东阵营，早期天使投资人的呈现形式较为多元化，其中有几名好友组成的投资平台，也有公司员工用家产帮公司一把，还有使用自有资金的投资机构，有产业上下游的经营者或者试图进行资源整合的产业投资方，也有当地的政府产业扶持基金。这些天使投资人确实如天使一般给了企业发展最初的原动力。

上述投资者有一个共同的特征，使用的资金主要是自有资金或者政府专项基金，具有灵活使用的空间。而对于承担 LP 压力的私募基金，基金管理人用募集来的资金投资，一是很难在充满不确定性的早期介入项目，二是肯定会给公司施

加较大的退出和上市压力，影响公司从容发展的阵脚。

在公司经历了一段时间的发展具有了一定规模之后，便可以有挑选投资方的余地，一家股东结构合理的公司除了 PE 投资人外，在产业方加入后会形成业务层面的助力，产业方可以为公司业务导入和深化合作提供帮助，有利于公司的长期发展，产业资源有多数市场化 PE 机构所不具备的资源禀赋。

在 PE 投资机构的选择中，公司也可以引入在市场具有一定影响力的知名机构“站台”。但这也是一柄“双刃剑”。在引入知名机构的同时，公司也需要经受严格的内部合规审查要求，包括每一次的股东会、董事会召开、决议、制度的情况，都将纳入该投资方内控合规审查的范畴，有些公司可能会感觉“束手束脚”。但其可以促进企业持续在规范化的道路上运行。

第五节 选择长期融资合作伙伴

公司从初次融资到最后的融资及 IPO 至少要经历数年的时光，最好可以选择一家稳定的融资合作机构（如律师事务所及财务顾问）长期合作，以此保持各轮协议思路的一致性，提高融资的效率，还可以了解前轮协议的“坑”在何处，也好在下一轮融资协议的谈判过程中予以重点关注，否则更换一家新的服务机构就需要有一个重新熟悉协议文本的周期。

第九章 控制权认定及架构搭建

第一节 实际控制人认定的规则及半导体行业实践

实控权架构的搭建及认定，作为企业发展的灵魂基石，往往贯穿公司治理结构、管理层安排、企业经营、业务开展、关联交易、同业竞争等方方面面。在公司资本运作如IPO、并购重组以及企业融资过程中，实际控制人的认定均至关重要。

半导体行业细分环节主要为设计、设备、材料、工业软件、封测、代工及IDM，不同环节的公司特点有所不同。从实际控制人维度来看，设计、设备、材料及工业软件类企业因较多为轻资产或投资规模较小、民营企业居多等，多体现为有实际控制人（含共同控制）架构；制造类（代工及IDM）及封测类企业因资产投资规模往往巨大、多为国资、管理团队及资金方协同配合等，多体现出无实际控制人架构或国资控制架构。

拟上市公司的股权结构搭建的目的在于：（1）利于拟上市企业的创始人/控股股东有效的控制公司；（2）利于保证公司经营治理的稳定性，得到资本市场的认可。

以下结合实际控制人认定规则及半导体行业不同环节公司的特点，就半导体行业企业的实控权搭建进行针对性分析并给出架构搭建的建议。

一、实际控制人的类型、认定标准及规则

从实际控制人的主体范围来看，其包含自然人、法人或者其他组织，即实际控制人可以是民事主体的任一类型，且实际控制人无人数限制；同时，从实际控制人的数量角度来看，其既可以为单一主体控制，又可以为多个主体共同控制，也存在无实际控制人的特殊情形（见图9－1）。

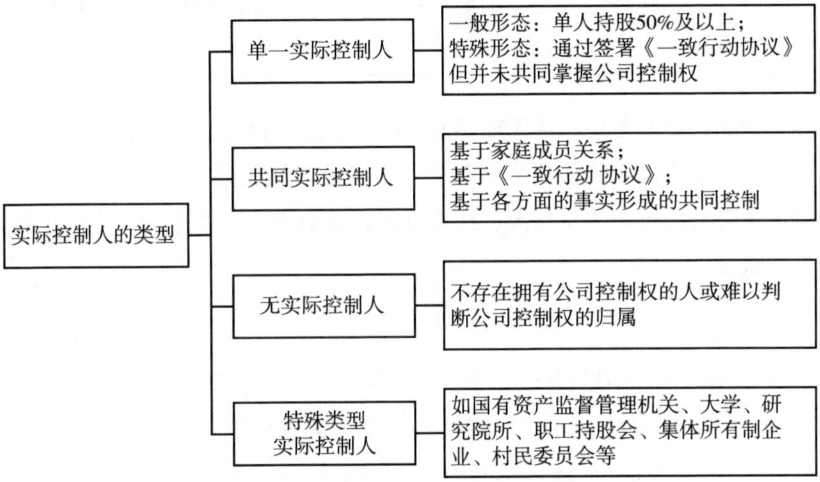

图9－1　实际控制人的类型

资料来源：微信公众号文章：《华商律师｜详解公司实际控制人认定之标准及形态》。

（一）如何界定“实际控制人”

实际控制人是指通过投资关系、协议或者其他安排，能够支配、实际支配公司行为的自然人、法人或者其他组织。关于“实际控制人”的概念，规定于《公司法》（2023年）、《上海证券交易所股票上市规则》、《深圳证券交易所股票上市规则》等法律及规范性文件中（见表9－1）。

表9－1　实际控制人认定相关规则

文件名称	相关规定
《公司法》（2023年）	第265条第3款　实际控制人，是指虽不是公司的股东，但通过投资关系、协议或者其他安排，能够实际支配公司行为的人

续表

文件名称	相关规定
《上海证券交易所股票上市规则》	第15.1条　实际控制人是指通过投资关系、协议或者其他安排，能够实际支配公司行为的自然人、法人或者其他组织
《深圳证券交易所股票上市规则》	第15.1条　实际控制人是指通过投资关系、协议或者其他安排，能够实际支配公司行为的自然人、法人或者其他组织

综上所述，在实务中，实际控制人是指虽不直接持有公司股份，或者其直接持有的股份达不到控股股东要求的比例，但通过投资关系、协议或者其他安排，能够实际支配公司行为的自然人、法人或者其他组织。也就是说，实际控制人可以不是公司股东。

（二）实际控制人认定的一般规则及考量因素

根据现行规则及实务操作，实际控制人的认定的核心标准主要为是否构成“实际支配”。在法律法规层面，“实际支配”的界定标准及考量因素如表9－2所示。

表9－2　“实际支配”的界定之相关规定

文件名称	相关规定
《〈首次公开发行股票注册管理办法〉第十二条、第十三条、第三十一条、第四十四条、第四十五条和〈公开发行证券的公司信息披露内容与格式准则第57号——招股说明书〉第七条有关规定的适用意见——证券期货法律适用意见第17号》（以下简称《证券期货法律适用意见第17号》）	**（1）基本要求** 在确定公司控制权归属时，应当本着实事求是的原则，尊重企业的实际情况，以发行人自身的认定为主，由发行人股东予以确认。保荐机构、发行人律师应当通过**核查公司章程、协议或者其他安排以及发行人股东大会（股东出席会议情况、表决过程、审议结果、董事提名和任命等）、董事会（重大决策的提议和表决过程等）、监事会及发行人经营管理的实际运作情况，**对实际控制人认定发表明确意见。 发行人股权较为分散但存在单一股东控制比例达到30%的情形的，若无相反的证据，原则上应当将该股东认定为控股股东或者实际控制人。存在下列情形之一的，保荐机构、发行人律师应当进一步说明是否通过实际控制人认定规避发行条件或者监管并发表专项意见：①公司认定存在实际控制人，但其他持股比例较高的股东与实际控制人持股比例接近；②公司认定无实际控制人，但第一大股东持股接近30%，其他股东比例不高且较为分散

续表

文件名称	相关规定
	（2）共同实际控制人 发行人主张多人共同拥有公司控制权的，应当符合以下条件：①每人都必须直接持有公司股份或者间接支配公司股份的表决权；②发行人公司治理结构健全、运行良好，多人共同拥有公司控制权的情况不影响发行人的规范运作；③多人共同拥有公司控制权的情况，一般应当通过公司章程、协议或者其他安排予以明确。公司章程、协议或者其他安排必须合法有效、权利义务清晰、责任明确，并对发生意见分歧或者纠纷时的解决机制作出安排。该情况在最近36个月（主板）或者24个月（科创板、创业板）内且在首发后的可预期期限内是稳定、有效存在的，共同拥有公司控制权的多人没有出现重大变更；④根据发行人的具体情况认为发行人应当符合的其他条件
《上市公司收购管理办法》	**第84条　有下列情形之一的，为拥有上市公司控制权：** （1）投资者为上市公司持股50%以上的控股股东； （2）投资者可以实际支配上市公司股份表决权超过30%； （3）投资者通过实际支配上市公司股份表决权能够决定公司董事会半数以上成员选任； （4）投资者依其可实际支配的上市公司股份表决权足以对公司股东大会的决议产生重大影响； （5）证监会认定的其他情形
《上海证券交易所科创板股票上市规则》	4.1.6　上市公司应当根据**股权结构、董事和高级管理人员的提名任免以及其他内部治理情况**，客观、审慎地认定控制权归属。具有下列情形之一的，构成控制： （1）持有上市公司50%以上的股份，但是有相反证据的除外； （2）实际支配上市公司股份表决权超过30%； （3）通过实际支配上市公司股份表决权能够决定董事会半数以上成员的任免； （4）依其可实际支配的上市公司股份表决权足以对公司股东大会的决议产生重大影响； （5）可以实际支配或者决定上市公司的重大经营决策、重要人事任命等事项； （6）证监会和上海证券交易所认定的其他情形。 签署一致行动协议共同控制上市公司的，应当在协议中明确共同控制安排及解除机制

上述法律法规，对于实际控制人的释义及判定保持了较高的一致性，均以“能够实际支配公司行为”作为核心落脚点，实际控制人认定中强调的“实际支配”，应当综合考虑以下因素：①公司股东持股比例及公司内部股权结构；②对董事会的影响；③对股东会决议的影响；④对董事、高级管理人员的提名及任免情况；⑤公司董事、高级管理人员的变动情况；⑥对公司实际运作情况的影响；⑦IPO 审核部门认定的其他情况等。

二、半导体企业实际控制权架构的影响因素及形态

从整个半导体行业的产业链、公司的股权结构搭建以及融资情况来看，通常半导体公司的股权结构呈现融资轮次较多导致的股权结构分散、创始人股东控制权制衡、多有限合伙类型股东等特点，如何认定控制权归属对公司经营的稳定性、成功通过 IPO 审核具有重要意义。

通常来看，半导体产业链中设计、工业软件、设备、材料类企业多为有实际控制人，制造类及封测类企业则多呈现无实际控制人情形，但上述情形并非绝对，不同产业链企业根据其设立及发展的不同背景或阶段，会有不同的实控人认定，如制造类公司亦有国资主体控制的情形。经检索资本市场案例，根据股权结构不同特点，就其实际控制人的认定的特殊情况进行概述，下文将对具体认定思路进行具体分析阐述（见表 9－3）。

表 9－3　实控人认定思路分析

股权结构特点	认定结论	公司简称	认定逻辑
创始人股东持股比例均较高且持股比例接近	有实际控制人	新益昌	达成《一致行动协议》
	无实际控制人	沪硅产业、长光华芯	任一股东均无法实现实际控制且无一致行动、表决权委托等安排
创始人股东持股比例未达到 30%，且其他股东持股比例较为分散	有实际控制人	共达电声	通过董事会实现控制
	无实际控制人	澜起科技、中芯国际	任一股东均无法实现实际控制且无一致行动、表决权委托等安排
PE/VC 投资人为第一大股东	有实际控制人	中新赛克	控股股东的实际控制人间接控股 30% 以上
	无实际控制人	思瑞浦	第一大股东未达到 30%

续表

股权结构特点	认定结论	公司简称	认定逻辑
国资主体直接或间接持股	有实际控制人	晶合集成	控股股东实际控制人直接及间接持股超过50%，上市前与力晶科技签署了（第二大股东力）晶科技签订《委托经营管理合约》
	无实际控制人	芯联集成	地方国资间接参股（比例较小），且委派董事未过半

第二节
“有实际控制人”架构搭建的影响因素及结构建议

一般情况下，若公司股权分散、单一股东持股比例较高且对股东会、董事会产生重大影响，则认定单一实际控制人相对容易。但实践中存在较多特殊情形，如创始人股东持股比例均较高且持股比例接近、融资轮次较多导致创始人股东持股比例未超过30%、PE/VC等投资人为第一大股东等，认定实际控制人存在一定困难。此时应结合公司章程规定、相关协议或约定、对股东会和董事会的影响情况及对公司日常经营管理的控制情况等，对公司实际控制人进行认定。

合理设计股权结构、达成相关协议或设置其他安排是平衡各方利益、实现控制权稳定的前提条件。

根据前文所列示“图9－1　实际控制人的类型”，“有实际控制人”的情况，可区分为单一实际控制人和共同实际控制人。在同样签署了《一致行动协议》的情形下，实际控制人的认定也可能不同，主要为：①单一实际控制人，虽签订《一致行动协议》，但以大股东的意见为准，此时存在认定为单一实际控制人的可能；②共同实际控制人，签署《一致行动协议》并实现共同控制。

《证券期货法律适用意见第17号》也说明了“法定或者约定形成的一致行动关系并不必然导致多人共同拥有公司控制权，发行人及中介机构不应为扩大履行实际控制人义务的主体范围或者满足发行条件而作出违背事实的认定。主张通过一致行动协议共同拥有公司控制权但无第一大股东为纯财务投资人等合理理由的，一般不能排除第一大股东为共同控制人”。实践中亦存在如前文所述被认定为单一实际控制人的案例［青达环保（688501）］，则此种认定方式若具备合理理由亦能被监管认可。而如何平衡和选择，要考虑公司实际的发展和各股东利益。

一、特殊情况下，认定“有实际控制人”的原因及监管关注要点

下文将结合案例，分析在股权比例/类型较为特殊情境下的审核关注要点及“有实际控制人”认定思路。

（一）创始人股东持股比例均较高且持股比例接近

案例：新益昌（688383）

1. 认定结论：认定为有实际控制人——共同控制

2. 案例背景及反馈（一轮）关注要点

（1）案例背景：公司控股股东、实际控制人为胡某荣、宋某宁。胡某荣直接持有公司49.13%的股份，并通过春江投资间接控制公司2.94%股份的表决权；宋某宁直接持有公司40.20%的股份。2017年初至2019年12月，胡某荣直接持有发行人50%以上的股权；2017年年初至今，胡某荣控制50%以上的表决权。根据律师工作报告，2020年2月24日，胡某荣与宋某宁签订《一致行动协议》。

（2）关注要点：①请发行人补充披露胡某荣、宋某宁签订的《一致行动协议》的主要条款，包括冲突解决机制、一致行动期限等；②结合股东大会、董事会、监事会及经营管理的实际运作情况，说明报告期内胡某荣控制50%以上的表决权，在《一致行动协议》签署前认定胡某荣、宋某宁为共同实际控制人是否准确。

3. 认定有实际控制人的思路分析

（1）关于共同控制是否稳定

①共同实际控制人共同创立公司，具有共同经营理念

双方在合作中形成了一致的企业经营理念和共同的利益基础，自设立以来的

股东会/股东大会、董事会会议记录，胡某荣、宋某宁在历次股东会/股东大会、董事会会议表决中均保持一致意见。

②共同实际控制人持股比例接近并相对稳定

报告期内，胡某荣、宋某宁直接持有发行人的股权/股份比例接近，合计可直接控制发行人股权/股份的表决权在89%以上，均直接持有发行人股份和/或者间接支配发行人股份的表决权。

③公司治理结构健全有效，运行良好，运作规范，具有规范的公司治理制度

报告期内，胡某荣先后担任发行人执行董事/总经理、董事长，宋某宁先后担任发行人的副总经理、董事/总经理，二人共同控制公司的情况未影响发行人的规范运作。

④共同控制的其他安排

胡某荣和宋某宁分别作出股份锁定的书面承诺函：自发行人股票上市之日起36个月内，不转让或者委托他人管理本人直接或间接持有的发行人本次发行前已发行的股份，也不得提议由发行人回购该部分股份。

其他股东对公司实际控制人事宜出具了书面确认，确认公司实际控制人为胡某荣、宋某宁，构成共同控制。

（2）关于认定共同控制是否准确——公司章程与《一致行动协议》的规定（见表9－4）

表9－4 共同控制认定准确的依据

文件名称	具体条款
《公司章程》	①有限公司阶段：股东会会议由股东按其认缴的出资比例行使表决权，《公司法》规定的重大事项2/3以上表决权通过，其他事项须过半。因此，胡某荣单独不能形成对重大事项进行决议，胡某荣不能单独支配、控制新益昌有限。在此期间内，胡某荣与宋某宁持有的公司股权比例接近，两人合计持有公司90%以上的股权，能共同对新益昌重大事项形成决议，并共同控制新益昌有限。 ②股份公司阶段：胡某荣单独不能决定需要发行人股东大会特别决议通过的事项，胡某荣与宋某宁合计可控制发行人超过90%的股份表决权，可以共同决定公司股东大会普通决议和特别决议通过的事项

续表

文件名称	具体条款
《一致行动协议》	①双方确认构成一致行动关系：胡某荣、宋某宁具有一致的企业经营理念及存在共同的利益基础，共同创始设立新益昌；自 2006 年 6 月至今，双方在直接或间接行使新益昌的股东会/股东大会、董事会各项议案的表决权时，均保持了一致，基于上述事实，自 2006 年 6 月至今，胡某荣、宋某宁存在事实上一致行动关系且共同为新益昌的实际控制人。 ②协议双方承诺：自本协议签署之日起，作为新益昌的主要股东、共同实际控制人，双方在处理有关公司经营发展且根据公司法等有关法律法规和公司章程需要由公司股东大会、董事会作出决议的事项时均应采取一致行动。 ③争议及纠纷解决机制：如果协议双方进行充分沟通协商后，不能达成一致意见，则以一致行动人中合计或者单独所持公司股份表决权最多的一方的意见为准，另一方必须根据该意见在公司股东大会或董事会上进行表决。 ④协议有效期间：本协议自双方签字之日起生效，协议有效期自签署之日起至公司自 A 股上市满 5 年之日止。如公司 A 股上市以后任何一方不再直接或间接持有公司股份，本协议自动终止。协议有效期内，除因协议的履行违反相关法律法规的规定外，协议双方不得解除本协议

综上所述，认定胡某荣、宋某宁共同控制在锁定期内且在本次发行上市后的可预期期限内是稳定、有效存在且准确的。

（二）创始人股东持股比例未达到30%，但签署了《一致行动协议》并在董事会占多数席位

案例：共达电声（002655）

1. 认定结论：认定为有实际控制人——共同控制

2. 案例背景及反馈（一轮）关注要点

（1）案例背景：万某辛与廖某、无锡锐昊于 2021 年 8 月签署了《一致行动协议》，约定若各方意见不一致时，在符合《公司章程》等规定的前提下，以万某辛的意见作为一致行动的意见；万某辛通过其一致行动人廖某、无锡锐昊合计控制无锡韦感 21.43% 表决权，为无锡韦感拥有表决权比例最高的股东，为公司的一致行动人。

（2）关注要点：结合报告期内股东持股比例，股权变动情况，董事、监事、高级管理人员构成及任免机制，日常经营决策情况，股东的一致行动关系情况等，说明万某辛能否控制无锡韦感，将万某辛认定为发行人实际控制人的依据及合理性；本次发行完成后，发行人的控制权能否保持稳定，本次发行是否符合《首次公开发行股票注册管理办法》第57条的规定。

3. 认定有实际控制人的论证思路

（1）万某辛及其一致行动人所持表决权比例最高，能够通过无锡韦感（发行人的控股股东）对发行人股东大会决议产生重大影响，将万某辛认定为实际控制人符合《上市公司收购管理办法》第84条之“投资者依其可实际支配的上市公司股份表决权足以对公司股东大会的决议产生重大影响”的要求。

（2）万某辛先生能够决定无锡韦感董事会半数以上成员的选任，并通过董事会参与无锡韦感日常经营决策。关于董事会构成及任免机制的具体情况，各股东签署的《投资协议》及《股东协议》对无锡韦感的董事会委派进行了明确约定，无锡韦感董事会由7人组成，万某辛及其控制的无锡锐昊委派4席，万某辛先生能够决定董事会半数以上成员的选任，并通过董事会参与日常经营决策。

（3）万某辛先生是公司创始人之一，对无锡韦感生产技术研发、市场推广、品牌建立等起到关键作用。

（4）除万某辛及其一致行动人以外，控股股东无锡韦感以外的其他股东均为财务投资者，未实质参与无锡韦感的经营管理，且全体股东已通过协议明确万某辛为无锡韦感的实际控制人。

（5）其他股东已出具不谋求控制权承诺函。

（6）不存在通过实际控制人认定来规避发行条件或监管的情形。

综上所述，将万某辛认定为发行人实际控制人，符合《上市公司收购管理办法》、《公司法》及《深圳证券交易所股票上市规则》的相关规定。

（三）PE/VC投资人为公司第一大股东——认定为有实际控制人

案例：中新赛克（002912）

1. 认定结论：认定为控股PE投资人的实际控制人为发行人实际控制人

2. 案例背景

深圳市创新投资集团有限公司（以下简称深创投）直接及间接控制中新赛克2351.25万股股份（直接持有中新赛克35.568%股份；通过广东红土、南京红土、昆山红土、郑州百瑞间接控制中新赛克 11.457% 股份），占中新赛克总股本的 47.025%，为中新赛克的控股股东。

3. 认定有实际控制人的论证思路

（1）认定控股股东的实际控制人

深圳市国资委直接持有深创投 28.20% 的股权，通过其直接或间接持有的深圳市远致投资有限公司、深圳市亿鑫投资有限公司、深圳市盐田港集团有限公司等三家公司合计持有深创投 18.43% 的股权。因此，深圳市国资委直接或间接持有深创投 46.63% 的股权，为深创投的实际控制人，从而亦为中新赛克的实际控制人。

（2）其他股东持股比例较小且分散

其他股东中除南京因纽特和凌某胜分别持股 8.55% 外，剩余 13 名股东在中新赛克持股比例均未超过 5%。

（3）公司董事会决策层面

公司董事会由 9 名成员组成，其中独立董事 3 名。在非独立董事中，4 名为深创投提名或任命。

（4）其他股东承诺

公司的第二大股东凌某胜，持股 8.55%，为公司发起人、公司高级管理人员，出具了不谋求发行人控制权承诺函。

综上所述，公司实际控制关系链比较清晰和稳固，股权结构稳定，若把深创投参照一个普通的主体而非投资机构来看待，控股股东和实际控制人认定并没有太大争议，监管部门亦未针对认定 PE 的实际控制人为发行人实际控制人提出问询或怀疑。

（四）在与产业方合作情况下，国资主体作为财务投资人直接及间接持股比例超过 50%，并与第二大签署了《委托经营管理协议》——认定国资第一大股东为实际控制人

案例：晶合集成（688249）

1. 认定为控股 PE 投资人的实际控制人为发行人实际控制人

2. 案例背景

（1）发行人控股股东为合肥建投，直接持有发行人 31.14% 的股份，并通过合肥芯屏控制发行人 21.85% 的股份，合计控制发行人 52.99% 的股份，系发行

人的控股股东。发行人实际控制人为合肥市国资委，直接持有合肥建投100%的股权。（2）2015年10月，公司与第二大股东力晶科技签订《委托经营管理合约》，约定公司委托力晶科技进行经营管理。根据保荐机构报告，2019年12月以前，发行人最高权力机构董事会有9名董事。公司章程规定重大经营、财务、人事事项需2/3董事同意。而合肥建投占5席，未达2/3。（3）目前，公司董事长蔡某智的提名人为力晶科技。

3. 认定国资为实际控制人的论证思路

（1）在公司最高权力机构中占主导地位。公司股改前，最高权力机构为董事会，合肥市国资委通过合肥建投、合肥芯屏（以下合称合肥国资方）控制公司50%以上的股权，委派的董事数量占公司董事会成员半数以上，且合肥国资方委派董事在发行人董事会中占实质主导地位。历次董事会会议上力晶科技委派董事均未对相关审议事项投反对票，未发生因力晶科技委派董事单方面反对或弃权而无法形成决策的情形。公司股改后，最高权力机构为股东大会，合肥国资方控制公司50%以上的股份。

（2）委派高级管理人员监督、管理公司日常经营。

（3）按照国有控股企业对公司进行管理。

（4）《委托经营管理合约》签订后，公司未实际将经营管理权交予力晶科技，《委托经营管理合约》未对发行人日常经营及重大事项决策机制造成实质影响，发行人实际控制人认定情况未因此发生变化。

（5）力晶科技出具确认函，力晶科技充分认可合肥建投方的控股股东地位，认可并尊重合肥市国资委作为晶合集成实际控制人的地位。力晶科技自入股以来未以任何形式谋求晶合集成的控制权，亦不存在与合肥市国资委共同控制晶合集成的情形。

综上所述，虽然公司的日常经营委托于第二大股东力晶科技，但根据实质上的控制权认定持股比例超过50%的国资股东为单一实际控制人监管并无异议。

二、对于搭建“有实际控制人”架构的建议

（一）股权比例接近或第一大股东持股比例不高情形下的处理

鉴于实控权认定的核心逻辑在于以支配的表决权为抓手或依据，故在股权本身无法达到实际控制比例的情况下，通过协议约定的形式，可以实现将相应支配的表决权进行归集的效果。通常情况下，签署《一致行动协议》或共同控制协议

的注意要点如下所述。

1. 明确一致行动事项的范围

《一致行动协议》签署较晚的，需在一致行动协议中就报告期初至签署日之间的股东会、董事会及经营管理层均实际上保持一致行动，不存在表决差异情况进行确认，而后对后续有效期内的一致行动安排进行约定。

2. 一致行动的实施方式

实务中主流方式分为两大类，一类为在协议中明确一致行动人需在股东会、董事会的表决权行使上保持一致，通常体现为一致行动协议；另一类则为一致行动人直接将其股东会及董事会上的表决权交由其中一方行使，通常体现在共同控制协议或表决权委托协议。

3. 意见分歧时的解决机制

矛盾解决方式及意见统一机制是一致行动人协议的重点内容。实践中一般存在如下两种处理方式：（1）约定其他股东无条件与某位特定股东的意见保持一致，或者约定在无法达成共识的情况下以某位特定股东的意见为准；（2）约定签署一致行动人协议的股东按照一定的议事规则形成统一决议，以该内部表决结果为准。

4. 一致行动的期限

该协议自各方签字之日起生效，至各方同时不再持有公司股份时终止。

5. 前置违反协议时的救济措施

为避免出现意见分歧时陷入僵局并加强一致行动协议的效力和保障，建议尽量促使一致行动人所达成的协议经由公司或股东（大）会表决通过或直接写入公司章程；限制一致行动人协议主体适用任意解除权，减少协议一方可能随意解除而导致一致行动关系不稳定的风险，并约定具体、高额的违约金或多层次的违约赔偿的计算方式。

通过签署《一致行动人协议》，可以约定在各方意见不一致时，在符合《公司章程》等规定的前提下，以第一大股东的意见作为一致行动的意见。在持股比例最大但仍未达到30%以至于无法实现实际控制的情况下，因公司的日常经营事项，主要由公司董事会来决定，可以通过在董事会委派多数席位以实现对公司的实际控制。

根据《公司法》（2023 年）第 124 条的规定，股份有限公司董事会决议应当经全体董事过半数通过。但《公司法》未对有限责任公司董事会决议的通过规则作统一要求，授权公司章程自行决定。正如共达电声（002655）案例关于实际控制人的认定，虽股权比例未达到30%，但通过《一致行动协议》统一了股东会的意见，并通过控制董事会中的多数席位（一般为过半数）可决定公司的生产经营决策，仍可以达到“实际控制”公司的目的。

（二）通过签署《一致行动协议》实现单独控制

实践中，出于公司控制权稳定及有效决策的考量，即使创始股东持股比例较低，也可以通过签署《一致行动协议》提升创始股东表决权比例，确保公司有实际控制人。在此协议下，创始股东既可被认定为共同控制人，也可被认定为单一控制人。例如，《一致行动协议》约定其他一致行动人在公司的股东会及董事会中涉及召集权、提名权、提案权、表决权及其他重大经营决策事项均与创始股东保持一致，并以创始股东的意思表示为准采取一致行动。

若创始股东为团队，拟设置单一控制人的股权结构，则可通过搭建创始股东持股平台（有限合伙企业），同时由某个核心创始人作为GP，以此加强绑定，实现创始团队控制目的。

（三）创始股权比例较低时，亦可考虑特别表决权安排

因半导体行业的科创型企业具有轻资产、高投入的特性，其融资方式最好的选择是股权融资，但如果在国内主板上市，囿于同股同权，创始人的股权会在不断融资的过程中被稀释，同时控制权也会被削弱。而创始人能够实际控制，对科创型企业来说是未来发展方向的关键所在。为此，我们建议可以通过设置特别表决权机制，实现创始股东始终控制企业的目的。

特殊公司治理结构能够在创始人股东在持股比例不高的情况下，一定程度上保证其仍然可以持续稳定、有效的控制公司表决权。

根据《公司法》（2023年）第144条、《关于在上海证券交易所设立科创板并试点注册制的实施意见》第5条、《首次公开发行股票注册管理办法》第43条等规定，允许科创板、创业板上市企业持股比例、表决权等股东权利相互“脱钩”，设置特别表决权。

在实行表决权差异的情况下，有条件的企业（对于存在表决权差异或者未在境外上市的红筹企业，科创板要求市值100亿元以上或者市值50亿元以上且收入不低于5亿元，创业板还要求盈利）可通过设置特别表决权，让企业创始人的

投票权反超融资加入的投资人股东，并拉开一定距离，从而认定企业创始股东为实际控制人。

第三节 “无实际控制人”架构搭建的注意要点及结构建议

如前所述，对于半导体制造类、封测类企业，因资产投入巨大，又涉及技术人才的需求及激励，通常很难由某一方主导设立。实践中，除部分由地方国资控制之外，大部分为管理团队作为人才方，与某地方政府作为项目落地的扶持方、产业链龙头或链主作为产业投资人，及外部财务投资人共同组团设立，为平衡各方利益及诉求，通常体现出无实际控制人的局面，股权结构上体现为各方持股比例相对均衡或较为分散的特点。

一、“无实际控制人”的类型及监管关注要点

（一）公司股权结构特点

从公司股权结构及股东持股比例来看，持股比例均衡、持股比例特别分散以及 PE/VC 投资人或控股股东本身无实际控制人，都有可能导致拟上市主体“无实际控制人”的治理结构，以下将通过案例对“无实际控制人”的认定思路进行梳理。

1. 股权均衡型

该类公司特点为部分股东持股比例在30%—50%，部分股东的持股比例较大且接近，但均未超过50%，虽前述有案例通过签署《一致行动协议》等约束方式将其认定为“有实际控制人”，但实际控制人的认定仍应根据公司的章程、协议及治理情况进行具体分析，若认定为“无实际控制人”，则合理性分析如表 9－5 所示。

表9-5 股权均衡型—无实控人认定合理性分析案例

案例	反馈关注问题	相关回复思路
长光华芯	发行人第一大股东华丰投资持有发行人24.51%的股权，发行人第二大股东苏州英镭及其关联方共同持股23.84%，持股比例均未超30%，对股东大会不形成控制，且不存在单一股东提名的董事人数超董事会一半的情况。 请结合入股投资协议、公司章程、股东（大）会、董事会、董事监事提名、高级管理人员任免、经营管理、财务决策以及分歧解决机制等情况，说明认定公司无控股股东、无实际控制人的充分依据和理由	（1）报告期内，除个别股东以外，其他股东的股权比例比较分散，单独持股、关联或一致行动的发行人股东单方无法形成有效的决议。 （2）报告期内，发行人任一股东均未单独委派、提名超过全体董事会成员1/2的董事，且任一股东委派、提名的董事均不足以实际支配发行人的董事会决策；监事同理。 （3）报告期内，由于任一股东委派、提名的董事均不足以支配发行人的董事会决策，该时期不存在任一股东能够实际支配发行人高级管理人员的任免。 （4）发行人相关主要股东出具了不存在一致行动关系及不谋求控制权的承诺
沪硅产业	国盛集团和产业投资基金为公司并列第一大股东，持股比例均为30.48%，发行人披露无实际控制人。 （1）请说明国盛集团、产业投资基金是否存在关于发行人持股比例安排的相关协议或一致行动安排，是否有关于发行人控制权的约定，国盛集团和产业投资基金在股东（大）会的表决情况，是否始终保持一致，是否建立了相关协商和分歧解决机制； （2）结合最近2年内公司章程、协议或其他安排以及发行人历次股东大会（股东出席会议情况、表决权过程、审议结果、董事会提名和任命等）、董事会（重大决策的提议和表决过程等）、监事会及发行人经营管理的实际运作情况等，核查发行人认定无实际控制人的依据是否充分；	（1）并列第一大股东国盛集团、产业投资基金出具的关于不存在一致行动安排的说明函，不存在单独或共同控制发行人的情形。 （2）股东大会表决权按照实缴出资比例，沪硅产业的任一股东根据实缴出资持有的表决权均未超过表决权总数的50%，任一股东依其持有的表决权均不足以实际支配股东会的决议。 （3）报告期内，发行人任一股东均未单独委派、提名超过全体董事会成员1/2的董事，且任一股东委派、提名的董事均不足以实际支配发行人的董事会决策；监事同理。 （4）报告期内，不存在能够实际支配硅产业有限董事会的实际控制人，因此也不存在能够实际支配沪硅产业高级管理人员选聘的实际控制人。

续表

案例	反馈关注问题	相关回复思路
	(3) 上市后发行人在无实际控制人的情况下是否存在保持公司生产经营、管理团队持续稳定的措施或安排	(5) 第一大股东国盛集团、产业投资基金均已出具关于股份锁定及减持事项的承诺函
芯联集成	第一大股东越城基金持有发行人22.70%股份，其普通合伙人中芯科技的股东中包括中芯国际。第二大股东中芯控股持有发行人19.57%股份，为中芯国际全资子公司。(1) 青岛聚源芯越二期、青岛聚源银芯和青岛聚源芯越（聚源系基金）合计持有公司6.57%股份；(2) 发行人大部分董事、监事、高级管理人员来源于中芯国际、中芯国际曾向发行人转让资产，并存在许可技术、代采代加工等事项，且中芯国际有权单方面终止技术许可协议	(1) 越城基金的背景及投资目的、意图越城基金虽然由徐某勇控制的中芯科技担任基金管理人及执行事务合伙人，但其最主要出资人为绍兴市当地国有投资平台（绍兴迪投、绍兴科投、绍兴国投），国有企业实缴出资占比88.65%。越城基金投资入股发行人主要目的为地方政府资金支持当地集成电路产业发展，并非单纯追求财务投资增值收益。 (2) 越城基金、中芯控股与三家聚源系基金之间存在《上市公司收购管理办法》第83条第2款规定的证明不构成一致行动关系的相反证据：①越城基金、中芯控股和三家聚源系基金分别代表不同利益主体，投资目的和意图存在重大差异；②《合作框架协议》关于合作安排及各方不存在共同控制中芯有限的意思表示，不存在共同控制的初衷；③中芯控股、越城基金及三家聚源系基金不存在共同拥有公司控制权的事实行为。 (3) 中芯控股、越城基金及三家聚源系基金均出具了确认不存在共同控制情形的声明及承诺

2. 股权分散型

该类型公司股权较为分散，单一股东持股比例不超过30%，单一股东所持股权比例没有绝对优势，任一股东均无法实际控制公司。该类型科创板上市案例如表9－6所示。

表9-6　股权均衡型—无实控人认定合理性分析案例

案例	反馈关注问题	认定结论
中芯国际	公司任何单一股东持股比例均低于30.00%，截至2019年12月31日，公司第一大股东大唐香港持股比例为17.00%，第二大股东鑫芯香港持股比例为15.76%，其余股东的持股比例均小于5.00%	无实际控制人、无控股股东
澜起科技	公司共有47名股东，第一大股东中电投控持有发行人15.904%股份；第二大股东IntelCapital持有发行人10.000%股份	无实际控制人、无控股股东

尽管在未超过30%的情况下，认定“无实际控制人”较为普遍，但在某些创始团队对公司经营决策具有重大影响的情况下，此种认定方式可能引发监管机构和舆论的质疑，如芯原股份（688521）发布IPO招股说明书后，新浪财经发表文章质疑：无实际控制人意味着公司可能因无控股股东、无实际控制人导致公司决策效率低下的风险。同时，分散的股权结构也可能导致公司上市后成为被收购的对象，控制权发生变化将给公司生产经营和业务发展带来潜在的风险。

与之相反，科创板睿创微纳（688002）此前也面临股权分散的情况，第一大股东马某直接和间接合计仅持有公司18%的股份，睿创微纳（688002）却将其认定为实际控制人。面对交易所的问询，睿创微纳从六个方面论证了公司实际控制人认定的合理性。

事实上，无论A股IPO拟上市公司实控权架构为单一实际控制、共同控制，还是无实际控制人，都有被允许上市的案例。但从以往情况来看，科创板企业大多在成长期，其股权结构是否稳定关系到公司持续发展及盈利，因此实际控制人认定问题通常为科创板审核的重点关注。因此，若拟上市企业无实际控制人，则存在需要进一步说明的可能性，如芯原股份（688521）。

综上所述，认定“无实际控制人”的落脚点为任何一方股东均无法对股东会、董事会以及公司日常决策层实现“实际控制”，或未达成有效的一致行动协议、表决权委托协议。

通过上述案例可以看出，拟上市公司会结合公司股东会、董事会的提名情况、决策机制以及经营管理的实际运作情况等方面来论证任一股东均不足以实际支配公司的董事会和监事会决策，无法实际支配公司董事会和监事会的决策。

股权均衡型公司在论证无实际控制人时会着重论述公司各大股东在股权比例和公司内部治理上的权利均衡，且因投资目的不同无法达成《一致行动协议》[如芯联集成（688469）]；股权分散型公司的论述无法达成实际控制的角度为：①从决策机构的提名权来看，无实际控制人公司任一股东均无法提名超过全体董事会或者监事会成员 1/2 的董事或监事；②从决策机制来看，发行人公司章程及相关议事规则一般参考《上市公司章程指引》，其对董事会和监事会的决策机制作如下规定：发行人股东大会出席率均为 100%；董事会作出决议，必须经全体董事的过半数通过；董事会决议的表决，实行“一人一票”。

（二）对于“无实际控制人”架构的监管关注要点

一般而言，在拟上市公司认定无实际控制人的情况下，监管机构除了要求发行人及中介机构结合公司股权结构、章程、协议或其他安排以及发行人历次股东会、董事会、监事会运作情况核实无实际控制人的结论是否准确外，还会关注以下几点问题。

1. 上市后发行人在无实际控制人的情况下是否存在保持公司生产经营、管理团队持续稳定的措施或安排。

2. 请发行人说明公司决策机制是否能够保证公司治理的有效性，是否可能出现公司僵局风险以及发行人的应对措施，相关风险披露是否充分。

3. 请发行人律师就发行人是否通过认定无实际控制人规避发行条件或监管发表明确意见。

二、对于搭建“无实际控制人”结构的建议

（一）上市后的维稳安排

1. 保持管理团队持续稳定性的措施或安排

（1）员工持股安排。公司的管理团队通过持股平台间接持有发行人股份，并就其所持发行人股份的锁定事宜作出承诺。

（2）公司向包括管理团队在内的相关激励对象授予在未来一定期限内以约定价格和条件认购发行人定向发行的人民币普通股股票的期权，并与授予对象签署相关协议，约定股份锁定事宜、离职后期权处理安排等相关事宜。

2. 保持股权结构稳定，进而确保发行人生产经营的稳定

（1）股东承诺上市后锁定股份。公司主要股东出具承诺函，承诺其所持股份

自上市之日起锁定36个月，锁定股份的总数不低于发行前股份总数的51%。

（2）股东承诺上市后不谋求控制权。公司主要股东出具承诺函，承诺不以任何形式谋求成为发行人的控股股东或实际控制人，不以控制为目的增持发行人股份。

（二）设立纠纷解决机制

1. 公司已制定公司僵局应对措施。若出现董事会在重大决策方面长期无法形成有效决议的极端情况，监事会等其他主体可以根据《公司法》和《公司章程》的规定，召集股东会审议相关事项以避免董事会层面的公司治理僵局。

2. 公司已制定规范有效的内部控制制度。公司已设置股东会、董事会及其专门委员会、监事会及经营管理层，形成了权责分明的公司治理架构。公司已制定《公司章程》《股东大会议事规则》《董事会议事规则》《监事会议事规则》等公司治理的相关制度，明确了股东会、董事会、监事会和经营管理层的职责权限、工作程序，确保了股东会、董事会、监事会及经营管理层独立运作、独立决策、相互制约，保证了发行人公司治理的有效性，最大限度地减少了公司僵局的风险。

（三）不存在通过认定无实际控制人规避发行条件或监管的情形

1. 不存在通过认定无实际控制人规避同业竞争的情形。（1）发行人通过梳理合计前51%以上股东的主营业务，论证发行人与主要股东不从事相同或相似业务的企业，不存在同业竞争。（2）由合计持有发行人前51%以上股份的股东出具关于避免同业竞争的承诺函，承诺公司现在和未来均不从事与发行人现有业务有实质性竞争或可能有实质性竞争的业务活动。发行人与主要股东及其控制的其他企业间不存在对发行人构成重大不利影响的同业竞争，符合《科创板首次公开发行股票注册管理办法（试行）》（已失效，以下简称《科创板注册管理办法》）第12条第1款的规定。

2. 最近2年发行人无实际控制人的情况没有发生变更。发行人通过梳理近2年公司的股权结构情况、股东会的决议情况、董事会的决议情况、董事会和监事会人员任命情况等论证公司最近2年发行人无实际控制人的情况没有发生变更，符合《科创板注册管理办法》第12条第2款的规定。

3. 主要股东不存在重大违法行为。发行人及中介机构通过核查《企业信用报告》及国家企业信用信息公示系统、中国裁判文书网、最高人民法院全国法院被执行人信息查询网站、中国执行信息公开网、证监会证券期货市场失信记录查询平台网站、信用中国网站等网站，论证主要股东不存在重大违法行为，符合《科创板注册管理办法》第13条第2款的规定。

结合上述相关法律法规、案例及实务经验，无实际控制人的认定主要从股权结构和内部治理制度等方面着手。针对认定无实际控制人的公司，监管机构主要关注认定结论的准确性、上市后的持续稳定安排、公司治理的有效性以及公司是否通过认定无实际控制人来逃避监管等问题。中介机构在核查公司实际控制人时，需要对公司股权结构，公司章程，股东会、董事会、监事会运作情况，锁定期安排，日常运营情况等方面作全面核查，以确保无实际控制人的认定符合监管要求。

第十章 “量身定制”科学的股权激励计划——助力引入核心员工

第一节 半导体产业链不同位置的公司所设置股权激励的特征

自 2019 年 7 月 22 日科创板开市以来，半导体行业作为科创板重点支持的行业之一，充分体现了战略定位高、研发投入大、技术壁垒高、长周期高回报的科创属性定位。在此定位下，其对科技人才的需求使股权激励成为企业鼓励员工发挥工作积极创造性、依靠核心技术及人才开展生产经营的重要保障。

从产业链角度予以区分，半导体行业主要分为代工及 IDM、设计、设备、材料、工业软件及封测等环节，产业链长且各环节及具体产品均具有技术含金量，基于其庞大的下游市场，各个环节和具体产品具有较大的市场空间或具有巨大的国产替代化空间。从股权激励角度来看，半导体行业企业作为硬科技企业代表，其实施股权激励相较其他行业企业具有一些行业特点问题或共性问题，在行业内部各产业链不同类型公司进行股权激励设计时相对亦有不同倾向性特点或区别。根据半导体行业 IPO 企业的股权激励及股权激励操作实务，初步总结及梳理特征如下。

一、IDM、代工制造类企业的股权激励特点和难点

在半导体行业中，IDM及代工制造类的企业基本为重资产公司，通常表现为注册资本高、估值高、人员数量多等特点，因而此类型企业在进行股权激励时通常存在如下特点和难点。

（一）资金来源问题如何解决

因为公司估值及注册资本较高，动辄几十亿元甚至上百亿元的注册资本，如晶合集成（688249）申请上市时的注册资本为15.05亿元、燕东微（688172）申请上市时的注册资本为10.19亿元。在此情形下，即使较少比例的股权激励份额，所面临的实缴出资压力也经常超出普通员工自有资金的实力范畴，进而面临需要进行外部融资问题。外部融资涉及的股权出资来源及股权清晰性如何与IPO中的审核要求相匹配，往往形成IPO审核中对股权激励的重点关注问题，如何合法解决出资来源问题从而也成为此类企业的重点关注问题。

（二）管理便利性如何解决

此类企业通常员工人数众多，激励对象常见可达几百人，如晶合集成（688249）的激励对象人数为523人、芯联集成（688469）的激励对象人数为309人，因此如何对大体量的股权激励对象进行有效管理是该类企业股权激励的一个难点，主要面临可能不断有新增激励对象及有激励对象离职导致激励名单和份额发生动态变化，与此相关的涉及工商变更手续的操作、退款手续、离职手续及股份支付费用测算等各方面问题。如事先没有充分预计及安排合理机制进行设计，则在股权激励方案实施后会面临管理上的被动和陷入困境。

（三）隐名化诉求更加强烈

此类企业通常激励对象众多，股权激励授予分配时更加关注公平，在激励员工众多的情况下，如何实现授予的公平感的难度系数会更大。同时激励对象通常为公司核心技术人才，如因股权激励将该等人员信息和授予分配的比例等信息进行公示，在防止竞争对手挖人等方面会造成较大不利影响，故通常此类企业授予分配环节对匿名化诉求会相较其他环节的企业更加强烈些。例如，长光华芯（688048）在2021年11月IPO战略配售时即采用资产管理计划作为激励载体向高级管理人员和核心员工发行新股作为激励。

（四）普遍存在无实际控制人的股权架构

鉴于重资产公司巨大的资金投入量，通常涉及地方政府资金与市场化资金的结合，从各方利益平衡角度来看，通常选择无实际控制人模式较为符合各方诉求，如中芯国际（688981）、芯联集成（688469）和长光华芯（688048）等均为无实际控制人模式。在无实际控制人情况下存在较多特别之处，比如如何妥善处理离职员工退出时资金来源问题往往是重点和难点。

二、设计类及工业软件类企业的股权激励特点和难点

半导体行业设计类企业基本为轻资产公司，通常表现为员工层次偏高，在产品导出及验证等顺利时则业绩爆发快等特点，因而此类型企业在进行股权激励时常见存在如下特点和难点。

（一）实施股权激励的阶段偏早期

此类企业设立初期即具有实施股权激励的强烈诉求，通常技术研发人员学历、资质等较高，人才紧缺，在此情况下，给予核心员工股权激励已较为必要。例如，晶晨股份（688099）于2003年成立，而其间接控股股东晶晨集团在海外早已于1995年、2007年、2014年设定10年期股权激励计划，而后由晶晨股份将前述境外1995年计划、2007年计划、2014年计划平移至境内新设立持股平台实施股权激励事项。

早期阶段实施股权激励需着重关注激励份额的预留及与后续融资计划的统筹。由于企业处于设立初期，激励对象尚未全部到位，需提前规划激励总量、预留份额及预留方式，此关乎到后续新增激励对象的激励股权来源；此外，如企业后续存在融资计划，则需将投资人对企业激励份额的限制、融资时点对激励价格的影响等因素均纳入考虑。

（二）早期阶段较多采用授予期权的模式

鉴于设计类企业的创始团队通常具有境外大厂工作经历，对境外期权模式存在天然的熟悉感，故在早期阶段甚至在发放offer时经常存在授予期权的情形。由于不同法域和管理完善程度不够，多存在授予期权时操作不甚规范，导致相关授予协议与IPO审核要求难以兼容，从而存在需要对已有的期权计划进行修正或者重新设计的情形，如操作不慎，可能会对公司后续IPO造成实际不利影响。同时，在公司发展过程中，如没有对离职员工被授予的期权妥善处理，则可能导致

留下潜在的争议或纠纷，在后续IPO上市时可能出现法律诉讼或仲裁案件。

经梳理已上市半导体企业，携带期权上市及曾使用期权作为激励工具的企业多为设计类企业，如晶晨股份（688099）、晶丰明源（688368）、芯原股份（688521）、恒玄科技（688608）等。其中，如为携带上市后行权的期权激励上市，需符合审核规则关于激励对象、激励上限、获取对价等一系列要求；如为曾经授予的期权，通常采用加速行权、取消重发等方式予以处理。

（三）较多设计类企业存在境外ESOP[①]计划

相比于半导体产业链其他位置的企业，设计类企业存在或曾存在红筹架构的情况更多，该类企业通常在境外设有ESOP计划，如境外期权、股票增值权等。此类境外ESOP计划在公司上市过程中通常需要结合公司上市架构，采取诸如平移落地或下翻等方式予以处理。例如，创耀科技（688259）曾存在红筹架构，其曾通过境外主体发行期权作为激励，在IPO时则通过期权加速行权转为限制性股票并平移落地的方式进行处理。

（四）股权激励对象包含非员工

除对员工进行激励外，市场上也存在较多客户供应商间接入股的案例，如南芯科技（688484）公开披露文件中部分客户、供应商及其关联方（安克创新、紫米电子、OPPO通信及华勤技术等）看好公司发展前景入股公司。如何在授予股权时与IPO审核要求相衔接，较为考验中介机构的专业能力。

三、设备和材料类企业的股权激励特点和难点

此类型企业作为半导体行业的上游企业，与其他制造业的特性区别不大，相对设计类企业，此类企业内部不同部门的员工的学历等存在较大差距，不同部门对企业的重要性情况有所差异和区分，因而此类型企业在进行股权激励时主要存在如下的特点和难点。

（一）如何平衡授予环节分配的公平性及授予份额策略的合理性

鉴于激励对象人员结构存在差异，不同部门对不同阶段的贡献度存在较大差异，如何在授予分配的公平性与股权激励效果的最大化之间寻求一种平衡，在此类型行业的股权激励计划安排中相对较为突出。

---

① ESOP，全称为Employee Stock Ownership Plan，即员工持股计划。

（二）如何保证早期业绩考核指标的设置合理性

通常而言，此类型企业早期在产品导出及导入终端制造厂商时，验证环节流程漫长，如何保证产品的顺利研发及保证产品质量，通常涉及研发部门及销售部门的专项业绩考核。因此，如何合理地设计相应指标，关乎股权激励效果的实现。此外，此类型企业的产品一旦导入代工厂或封测厂的供应链，则通常较为稳定，轻易不容易被替换，会形成持续稳定的营业收入。在此阶段，激励对象可能已收获较多现金财富，公司对于股权激励的诉求会偏向于如何持续激发员工的奋斗动力，避免员工“躺平”。

（三）如何设置多元化的激励方式

目前国内设备类及材料类半导体企业规模偏小，发展阶段和技术水平相较国外差距较大，一方面面临如何吸引外部尤其是境外优秀人才的加入问题，另一方面面临内部不同层级员工收益分配问题。随着国产替代化进程的加快，不断丰富产品线，以及招募不同专业类别人才的诉求，单一的激励方式通常也难以满足企业的股权激励诉求。例如，富吉瑞（688275）采用的股权激励方式为“股权激励计划（股权）+战略配售”（限售股），拓荆科技（688072）采用的股权激励方式为“期权+股权激励计划（股权）+战略配售”（限售股）。

四、封测类企业的股权激励的特点和难点

封装类企业同样属于重资产企业，相较代工厂及IDM类企业，其因技术相对成熟，人才层次相对较低，但随着先进封装技术及方向的兴起，技术门槛及难度提高。总体上看，此类型企业实施股权激励所面对的问题与代工厂及IDM类型企业基本相似。

此外，鉴于我国半导体行业发展与国外先进国家相比尚差距较大，且国内半导体人才紧缺，不论是哪个环节类型的企业均存在外籍员工/顾问，如格科微（688728）、拓荆科技（688072）和睿创微纳（688002）的激励对象中均包含境外主体。针对外籍员工/顾问的股权激励，不仅需要考虑其入股时的合规性问题，还需要考虑到其出资来源及未来减持退出时的外汇汇出可行性问题，无论涉及采取境内持股平台还是境外持股平台，或如何结合公司股权结构进行合理的外籍员工持股平台的设置，也关乎股权激励效果最大化的实现。

第二节

股权激励计划的设计原则

一、利益平衡原则

（一）所有权与经营权的平衡

利益平衡原则是指“通过法律的权威协调各方面的冲突因素，使相关各方的利益在共存和相容的基础上达到合理的优化状态”。具体到企业经营领域，企业所有权与经营权的分离会导致股东与企业管理层/员工之间存在严重的信息不对称。为了解决上述问题，对管理层/员工进行股权激励安排，从而促使其自愿将公司的长远发展目标和自身职业价值紧密绑定并为之奋斗。

（二）权利与义务机制的平衡

在设计股权激励方案时，除考虑是否能够激励员工，能否充分调动员工的积极性外，约束/考核机制也是不可缺少的。只有约束机制明确，才能够让员工在获得未来收益的同时也考虑自身的责任义务，避免失去原有的激励目的。

二、IPO 合规原则

对于上市公司，股权激励模式、授予权益价格、授予程序等方面都需要按照证监会颁布的《上市公司股权激励管理办法》来实施；对于非上市公司而言，股权激励没有什么特别的限制性规定。需要注意的是，对于拟 IPO 企业，股权激励方案需要满足 IPO 审核要求、信息披露要求的相关规定。

与拟 IPO 企业股权激励相关的审核要点等散见于《首次公开发行股票注册管理办法》、《证券期货法律适用意见第 17 号》和《监管规则适用指引——发行类第 5 号》中，主要关注股权清晰稳定、出资来源合法、股份支付及锁定期、税费合规等方面，特别是股份支付，会关注股份支付相关安排是否具有商业合理性、相关权益工具公允价值的计量方法及结果是否合理、与同期可比公司估值是否存在重大差异；与股权所有权或收益权等相关的限制性条件是否真实、可行……保证股权激励方案符合 IPO 的审核监管要求，也是最终实现激励效果最大化的切实保障。

第三节 股权激励计划设计的考虑因素

在坚持和贯彻上述股权激励方案设计原则基础上，以下简要介绍股权激励方案设计要素。

一、做好总体规划

股权激励方案设计之初，公司及实际控制人应结合公司实际情况及各方利益主体的诉求安排，做好公司激励安排的顶层设计，激励方式选择是偏现金型激励还是更偏权益性激励，是单一方式还是组合方式，授予策略是一次性授予完毕还是分期授予，及就总体拟授予的股权池规模进行提前规划，最好能结合私募融资安排在投资协议中明确关于激励股权的预留及后续或有增加额度的来源等安排。

二、股权激励方式的选择

股权激励方式主要包括激励工具和激励载体，激励工具分别为股权、期权及经济受益权（亦可称虚拟股权）；激励载体主要分为直接持股、有限合伙或有限公司、资管计划或信托计划等。目前市场上拟上市公司较为普遍适用的激励方式主要有以下三类：（1）以员工持股平台形式的限制性股权；（2）公司层面直接发放的期权；（3）IPO 发行阶段的员工持股计划。其中期权包括：①授予员工股票期权，并在申报前加速行权落地，成为限制性股权。该等股票大多数来源老股东转让，从而不改变公司总股本及注册资本，但理论上也可以是增发的股票，如极米科技（688696）、恒玄科技（688608）。②上市前制定期权方案，并在上市后实施（“带期权上市”），上市后行权认购的股票，系上市公司发行的新股，如芯原股份（688521）、格科微（688728）、中芯国际（688981）等。

不同的激励工具和激励载体均有各自的优劣特点和不同适用情形，如限制性股权因其可显名登记归属感强，一般适用于稳定性强的管理团队及骨干员工；期权因其授予及退出的灵活性和延迟出资的特点，通常适用员工范围较广的企业；

而IPO发行阶段实施的员工持股计划，因锁定期较短，在发行价格偏低且预期公司处于快速发展阶段的情况下，可在一定程度上视同现金红利，用于授予部分高级管理人员及核心人员。上述适用情况均非绝对，不同激励方式和激励载体的选择需要取决于公司、股东或实际控制人及员工的实际诉求以及不同情况而灵活对待。实务中，结合不同激励方式的特点，亦可以考虑采取不同激励方式组合实施，以满足不同主体的诉求，从而达到激励效果最大化之目的。

此外，实务中也有其他创新型股权激励方式，主要为在员工持股平台层面作期权激励、资产管理计划/信托计划、虚拟股权（经济收益权），以上几种创新型激励方式均能解决成熟模式下不同的痛点和诉求，从法律法规角度论证具有一定可行性，但目前市场实操案例总体较为少见。

为便于企业选择恰当激励工具和激励载体，将不同激励工具和激励载体的区别比较列示如下。

（一）不同激励工具比较（见表10－1）

表10－1　不同激励工具比较

差异内容	限制性股权	股票期权	经济受益权
授予标的	股权，获得发行人股份而成为发行人的股东并享有相应的股东权利	认股期权。授予对象满足一定条件后行使认股期权，获得发行人股份而成为发行人的股东并享有相应的股东权利	经济受益权（分红权、增值收益权，不包括表决权）。授予对象可以基于经济受益权获得一定金额的经济利益，不因被授予经济受益权而成为发行人的股东或对发行人股份有任何投票权或享有其他作为发行人股东可享有的权利
获取对价	行权时需要支付对价	授予时无须支付对价，行权时需要支付对价	获授时无须支付对价（行权价格为计算收益的基础价格）
行权方式	根据激励计划，通常有如下方式： （1）授予时出资； （2）授予时不出资，归属时出资	要求授予人授予股份；获得授予股份后可自由处置所持股份	要求授予人履行现金支付义务。授予人可以以其拥有的自有资金、对外筹集的资金或股份分红及转让收益等向授予对象履行付款义务（授予对象无权利要求授予人必须出售其持有的发行人股份）

续表

差异内容	限制性股权	股票期权	经济受益权
行权条件	解禁/行权条件一般为授予对象满足一定的条件（如工作时长或业绩考核达标）	普通认股期权的行权条件一般为授予对象满足一定的授予条件（如工作时长或业绩考核达标）	归属期间及归属条件由激励计划确定
权利转移节点	根据激励计划，通常有如下方式： （1）授予时权利转移，但股东权利受限； （2）归属登记完成后，权利转移	行权后权利转移	归属时获取现金给付请求权
实现经济收益的方式	获得并持有股份，持股期间可通过分红实现经济收益，同时可以通过减持所持股份变现实现经济收益		获得现金，但现金并不必然来源于经济受益权管理平台的股份出售收益
限制性安排	根据激励计划，通常有如下安排： （1）获取股权后一定期限内权利受限； （2）授予后一定期限后获取股权	认股期权行权后，授予对象持有的股份一般不存在限制性安排，授予对象可以自由处分	经济受益权不存在流动性安排。除非授予协议另行约定或管理人书面同意，授予对象不得要约出售、出售、出让、转让、质押、抵押或以其他方式处置经济受益权或其中任何权益，且经济受益权及其中任何权益亦不得受限于执行、保全或类似程序
授予对象个人所得税纳税义务	授予对象获取股权时，按照取得股权的实际购买价低于行权日公平市场价的差额，确认所得并作为个人的"工资、薪金所得"，适用3%—45%的个人所得税超额累进税率； 授予对象持有股权期间通过分红实现经济收益，应作为个人的"利息、股息、红利所得"，适用20%的个人所得税率； 授予对象通过减持所持股份变现实现经济收益，应作为个人的"财产转让所得"，适用20%的个人所得税率		授予对象因经济受益权获得现金时，作为个人"工资、薪金所得"，适用3%—45%的个人所得税超额累进税率

续表

差异内容	限制性股权	股票期权	经济受益权
外汇登记	外籍员工获得境内持股平台份额，境内持股平台需履行外汇登记手续		授予对象仅享有现金请求权，且激励计划可设定为授予人在未来对授予对象支付现金时管理人有权选择支付现金的货币币种，因此结算时可不涉及外汇登记事项

（二）不同激励载体比较（见表10－2）

表10－2　不同激励载体比较

差异内容	授予对象直接持股	公司	有限合伙企业	资产管理计划
法律依据	《公司法》	《公司法》	《合伙企业法》	《关于上市公司实施员工持股计划试点的指导意见》、监管规则适用指引等规定
人数上限	有限责任公司不超过50人，股份有限公司不超过200人		不超过50人	无
决策机制	无	公司章程约定	合伙人会议；委托GP进行决策管理	员工持股计划持有人大会、管理委员会
转让限制	有限责任公司：其他股东放弃优先购买权		根据合伙协议的约定，对外转让需要经由GP统一	管理委员会指定符合资格的受让人
新激励对象加入	根据公司章程约定，须2/3以上表决才可通过		根据合伙协议的约定，可由GP决定	管理委员会确定新的激励对象
离职等情形退出	公司减资	平台及公司减资	根据合伙协议的约定，可由GP决定	管理委员会指定受让人，或由员工持股计划暂时持有待分配份额
纳税义务	授予对象纳税	公司以及个人股东纳税	自然人合伙人纳税	资产管理人、授予对象纳税

三、激励对象

IPO企业的股权激励对象，可以包括董事、监事、高级管理人员、核心技术人员或者核心业务人员，以及公司认为应当激励的对公司经营业绩和未来发展有直接影响的其他员工，但通常不包括独立董事。关于激励对象，审核机构通常关注如下事项。

（一）激励对象为公司员工的

1. 持股员工出资资金来源、股东身份、选定依据、工作履历、入职时间和职务、所任职务及其缴纳出资额之间的关系及合理性。

2. 持股员工与公司控股股东、实际控制人、董事、监事、高级管理人员、公司客户或供应商之间是否存在关联关系。

3. 如激励对象为单独或合计持有上市公司5%以上股份的股东、上市公司实际控制人及其配偶、父母、子女若在上市公司担任董事、高级管理人员、核心技术人员或者核心业务骨干的必要性以及合理性。

4. 外籍员工进行股权激励是否履行相关商务、外汇、工商等部门的监管和审批程序。

5. 是否存在故意利用持股平台规避股东超过200人的情形。

6. 同一员工在一个以上持股平台同时持股的原因以及合理性。

以炬芯科技（688049）的问询为例，回复关键点为：（1）员工持股平台合伙人的范围主要为公司的管理团队及技术骨干（激励对象身份），主要选定依据为员工在公司的历史贡献、担任职务、工作年限等综合要素（选定依据）；（2）各员工持股平台的各层级合伙人不存在代持情形（代持情形）；（3）除叶某廷外，员工持股平台不存在合伙人（若合伙人为企业，则指其穿透后的自然人员工股东）未在发行人或其控制企业任职的情形（是否存在特殊激励对象）。

特别地，拟上市公司股权激励中存在外籍人员时［如拓荆科技（688072）、泰凌微（688591）IPO股权激励对象均存在外籍专家］，涉及外籍人员身份认定、外资准入、外汇合规性、资金出入境合规性甚至是境外税务合规性等多方面规定，主要如表10－3所示。

表 10－3　外籍人员股权激励相关规定

事项类型	适用规定	主要内容
境外激励对象身份依据	《上市公司股权激励管理办法》第 8 条	在境内工作的外籍员工任职上市公司董事、高级管理人员、核心技术人员或者核心业务人员的，可以成为激励对象
境外激励对象身份范围[1]	《外商投资法》第 2 条	在中华人民共和国境内的外商投资，适用《外商投资法》。本法所称外商投资，是指外国的自然人、企业或者其他组织直接或者间接在中国境内进行的投资活动
	《外商投资法实施条例》第 48 条	香港特别行政区、澳门特别行政区投资者在内地投资，参照外商投资法和本条例执行；法律、行政法规或者国务院另有规定的，从其规定。 台湾地区投资者在大陆投资，适用《台湾同胞投资保护法》及其实施细则的规定；《台湾同胞投资保护法》及其实施细则未规定的事项，参照外商投资法和本条例执行。 定居在国外的中国公民在中国境内投资，参照外商投资法和本条例执行；法律、行政法规或者国务院另有规定的，从其规定
外资准入	《外商投资准入特别管理措施（负面清单）（2021 年版）》《自由贸易试验区外商投资准入特别管理措施（负面清单）（2021 年版）》《鼓励外商投资产业目录（2022 年版）》	特定行业具有外资比例限制
外汇合规	《外商投资法》、《直接投资外汇业务操作指引》、国家外汇管理局《关于进一步促进跨境贸易投资便利化的通知》（汇发〔2019〕28 号，以下简称 28 号文）等	外籍及中国港澳台地区自然人可直接投资境内企业，及外商投资企业资本金结汇可用于股权投资

续表

事项类型	适用规定	主要内容
反避税	《企业所得税法》、《个人所得税法》、《企业所得税法实施条例》、《特别纳税调整实施办法（试行）》、国家税务总局《关于非居民企业间接转让财产企业所得税若干问题的公告》	关注境外持股平台设置的税务风险

〔1〕中国香港特别行政区、中国澳门特别行政区、中国台湾地区的自然人及定居在国外的中国公民，根据上述规定其对境内企业投资均系参照外商投资法和实施条例执行，本节在此视同“境外激励对象”进行称谓。

（二）激励对象为非公司员工的

激励对象为非员工类型情形，实务中主要典型为外部顾问、客户供应商及其关联方、关联方员工，也是拟上市公司实施股权激励时经常存在的诉求或疑虑。激励对象为非公司员工参与股权激励的，在 IPO 时一般会被关注该等激励对象参与股权激励的合理性，对于各方是否会存在其他利益输送，非公司员工是否与公司的客户之间存在关联关系。

对于该等非公司员工类型主体，IPO 中通常首先会关注或需要解决拟上市公司员工总人数是否突破 200 人限制问题。因《证券法》规定向特定对象发行证券累计超过 200 人的，为公开发行，但依法实施员工持股计划的员工人数不计算在内。根据相关规定，在 2019 年《证券法》施行之前（2020 年 3 月 1 日之前）设立的员工持股计划，在计算公司股东人数时，公司员工部分按照一名股东计算，外部人员按实际人数穿透计算。如艾森股份（688720），其持股平台艾森投资及世华管理均成立于 2019 年《证券法》实施之前，艾森投资及世华管理的合伙人中，傅某华、杜某明、李某琴在取得持股平台的合伙份额时均为发行人或其子公司聘用的外部顾问，非发行人正式员工。据此，在计算发行人的股东人数时，艾森投资穿透后为 3 人，世华管理穿透后为 2 人。甬矽电子（688362）的持股平台宁波甬鲸为 2019 年《证券法》施行之前设立的员工持股计划，参与人包括 3 名外部人员，公司员工部分按照 1 名股东计算，外部人员按实际人数计算。

根据上海证券交易所发布的 2023 年第 5 期、深圳证券交易所发布的 2023 年第 8 期审核动态问题解答，2019 年《证券法》施行之后（2020 年 3 月 1 日之后）

设立的员工持股计划，参与人员包括外部人员的，不符合员工持股计划的设立要求。发行人对员工持股计划中的外部人员予以清理的，清理后，在计算股东人数时，按一名股东计算。未按要求清理外部人员持股的，应当作为普通持股平台，按照实际参与人数（员工和外部人员总数）穿透计算股东人数。

如公司激励对象中存在非员工，非员工与员工不宜放在同一激励载体上，应分类设置以便员工部分按照一名股东计算，非员工按实际人数计算，降低对公司股东计算总数的影响。

四、激励数量

公司一般会根据股权结构、股本大小、业务类型及上市预期等方面综合考虑激励总额大小，现行法规并未对拟上市公司在上市前实施股权激励的激励总额进行明确限制。特别地，如为携带期权上市的，根据《证券期货法律适用意见第17号》“五、关于《首次公开发行股票注册管理办法》第四十四条规定的‘期权激励计划’的理解与适用”内容，对于首发申报前制定、上市后实施的期权激励计划，发行人全部在有效期内的期权激励计划所对应股票数量占上市前总股本的比例原则上不得超过15%，且不得设置预留权益。

不同于已上市公司对股权激励数量有明确限制，拟上市公司在该方面尚无明文规定，实施的激励总额多在发行前总股本5%—15%，且相互差异较大。例如，聚辰股份（688123）股权激励占公司股本总额比例高达19.13%，奥来德（688378）股权激励占公司股本总额比例为1.82%。

五、授予要素

以限制性股权为例，授予要素通常包括授予日、授予价格、授予数量、如何授予、授予条件、授予程序等要素。以其中部分要素为例，论述如下。

授予日：授予日为股权激励方案最关键的时间节点，股权激励方案中其他时间节点基本以此为轴参照设置，授予日关系到激励对象取得股权、股份支付费用计算基准，甚至关系到税费计算及缴纳问题，通常应在股权激励方案及授予协议中予以明确。

授予数量：此处主要指对激励对象个体的授予分配，通常关系到分配是否公平合理问题，历来利益分配不患寡而患不均，如操作不慎，轻者影响激励效果，重者可能导致公司内部纠纷，影响员工稳定，需予以足够重视。实务中通常以多维度指标并设置不同系数予以确定，亦可事先通过访谈、问卷调查等方式征集意见，无论如何均需根据公司实际情况设定相关分配模型。

授予模式：此处主要涉及解锁模式与归属模式的选择，解锁模式为授予后实际缴款出资取得权益并根据所设定的解锁条件分期解锁，如振华风光（688439）、普源精电（688337）；归属模式为授予后根据所设定的归属条件分期归属，如灿勤科技（688182）、炬光科技（688167）、盛美上海（688082）。两种模式各有优劣，针对性解决公司不同诉求和痛点问题，与实缴出资安排、实际权益、回购价格及方式、股份支付费用计算方式等均密切相关。

授予要素为股权激励方案中的核心考虑因素，其设置的是否合理及合规，不单关系到股权激励效果的实现，IPO 审核中亦对其授予合规性及所涉股份支付费用确定合理性、充分性等进行关注。

六、业绩考核

若为限制性股权激励或加速行权为限制性股权，则一般没有考核要求，只有在约定服务期的前提下，要求员工持续服务一定年限。若为带期权上市，则期权需设置考核要求，参考上市公司要求执行，如沪硅产业（688126）将股权激励计划的业绩考核目标与产品年销量、净利润、净利润增长率及营业收入增长率挂钩，歌尔微电子股份有限公司（已于 2022 年 10 月 19 日通过深圳证券交易所上市委会议）就股权期权激励计划分别在公司层面和个人层面设置业绩考核要求。

考虑到拟上市企业必须符合 IPO 的申报条件，拟上市企业的股权应尽量确保清晰和明确，而过多的业绩指标则会对这一条件产生较大的影响，因此拟上市企业在 IPO 筹备过程中尽量不要对激励股份设置过多的限制，通常仅会在任职方面进行约束，如要求员工在锁定期内（3 年或 4 年或者企业完成上市之前）不得离职或不得发生违法违规行为。如发生该等情形，应将其所持激励股份转回给公司的实际控制人或者实际控制人指定的其他符合激励条件的员工，转回价格也应尽量公平和合理，如在原始认购价格的基础上增加一定的资金利息等。这种安排主要出于对股权激励的目的和需求以及公司股权结构清晰、稳定两方面的平衡。

七、激励股权来源

如选择期权或股权作为激励工具，则股权来源通常为老股转让、增资扩股两种模式，具体如下。

（一）老股转让

如存在预留合伙企业，资产管理计划/作为员工持股平台的合伙企业可以自预留合伙企业处受让发行人股权；亦可成为预留合伙企业的有限合伙人并自现有合伙人处受让其持有的合伙企业持股平台合伙份额，就现有有限合伙人获取的授予对象缴纳的股权激励认购款，可以追加投资计入资本公积的形式投入预留合伙企业，并由预留合伙企业以追加投资计入资本公积的形式投入拟上市公司，以解决资金沉淀问题。根据市场案例，该方式大概率不会被税务机关认定为股东捐赠征税，但建议事先与主管税务机关沟通。具体转让方式建议结合税务筹划（如员工适用的个人所得税缴纳政策）、治理安排等因素确定。

如不存在预留合伙企业，而是由公司的原股东让渡部分股权作为股权激励标的来源，员工缴纳的股权激励认购款由原股东收取，并不进入拟上市公司，不会增加公司资本金。同时，此类股份转让可能会涉及税负问题。

此外，根据《公司法》（2018 年）第 141 条的规定，拟上市公司进行股改后，发起人股东所持股份 1 年内不得转让。因此，若选择老股转让作为激励股权来源，需注意股权激励时间安排，以免影响股权激励方案的实施。

（二）增资扩股

在公司召开股东会由代表 2/3 以上表决权的股东审议通过后，可以采用增资扩股的方式进行股权激励。

如采用以资产管理计划为载体实施股权激励的模式，资产管理计划可以直接取得发行人增发的注册资本，亦可由合伙企业持股平台取得发行人增发的注册资本、资产管理计划认购合伙企业持股平台对应新增的合伙份额。

如采用以合伙企业为载体实施股权激励的模式，不存在预留合伙企业的，可以新设合伙企业直接取得发行人增发的注册资本，并在上层新设多个合伙企业作为员工持股平台。

八、认购资金来源

公司可以如下方案解决授予对象认购资金来源。

（一）自筹资金出资

授予对象可自行筹集资金用于认购激励份额。控股股东/实控人（如有）亦可直接向员工提供股东借款，如必易微（688045）、翱捷科技（688220）。存在实际控制人向激励对象提供借款的，在IPO时容易被关注激励对象持有发行人的股权是否存在代持、与股权所有权或收益权等相关的限制性条件。

关于认购资金来源于发行人提供，颀中科技（688352）曾被问询股权激励与特别奖金的关系，其回复股权激励与特别奖金是发行人为激励和留住相关核心人才向特定员工提供的两种激励方案，系分别经公司有权机构不同次会议独立审议并通过；两种激励方案在审议程序、方案内容和协议约定上均不存在因果关系；特别奖金（税后）均用于缴纳股权激励出资款系员工自主决定。

（二）持股平台借款

鉴于资产管理计划作为资管产品存在负债比例要求，且作为激励载体的资管计划是否存在杠杆亦为审核机构关注重点，因此持股平台借款方案仅适用于采用以合伙企业为载体实施激励的模式。例如，拓荆科技（688072）持股平台荆共青城分别与拓荆科技股东上海鋆赫、润扬嘉木、共青城盛夏签订借款协议，并将其所持拓荆科技股份计966万股质押给上海鋆赫、润扬嘉木及共青城盛夏。

如授予价格较低导致授予对象认购价格总额不足拟上市公司用于激励的股权对应的注册资本金额，则可由持股平台自行借款履行其对拟上市公司的出资义务。此处需澄清的是，持股平台作为拟上市公司的股东，其自身的注册资本与其认缴拟上市公司的出资额不存在直接对应关系。因此，授予对象作为持股平台的有限合伙人，就其所持持股平台财产份额应认缴出资的金额，也无须等于其间接持有的拟上市公司股权对应的持股平台应认缴出资的金额。

员工持股平台可向其他股东或金融机构借款，通常均需质押其所持发行人股权。若持股平台到期无法偿还债务，且其他抵、质押资产变现能力较差，则质权人可能行使发行人股份质权，从而形成持股平台所持有的被质押股份权属发生变更的风险。针对上述股权质押风险，可由质权人承诺在拟上市公司上市前，不会以债权转让等方式处置该笔债权；该笔借款到期后，将通过延期或者不处置该质押股份等方式妥善处理该笔借款，如前文所述拓荆科技（688072）案例。

此外，考虑授予对象为外籍人员的情况，如持股平台未来在获得分红或退出时拟获取外汇，其向拟上市公司出资时，部分资金应当以跨境人民币或现汇出资，因此还需要考虑外汇借款的可行性与程序要求等。

九、服务期及锁定期

股权激励中通常存在服务期（等待期）及锁定期的概念或类似含义称谓。以上市为节点，上市前一般为约定限售期间（亦可称为服务期或锁定期等），自授予日开始，可以为固定年限期间，也可以直接持续到成功上市之日；上市后为法定限售期间（规则层面为对持股平台的法定限售，实务中穿透至激励对象本身的限售）。除法定期限受限与相关上市规则要求，其他约定限售期限更多系从股权激励管理维度及激励效果维度综合考虑设计，公司应灵活安排和适用自身的机制安排，避免过于严苛，从而影响员工参与积极性，也应避免过于宽松，导致出现极端情况无法约束。

法定限制即上市后的限售期，如股东所持首发前股份自公司上市交易之日起一年内不得转让，董事、监事、高级管理人员及科创板的核心技术人员解禁后在任期间每年可减持当年所持比例25%等规定。

根据目前IPO审核案例，持股平台的上市锁定期通常如下：（1）如存在实际控制人，实际控制人及近亲属担任GP的持股平台，难以排除实际控制人对其有效控制之合理怀疑时，通常需要锁定上市后36个月；（2）董事、监事、高级管理人员及其他员工（且为实际控制人的非一致行动人）担任GP的持股平台可以只锁定上市后12个月；（3）上市后行权的期权，锁定期为上市之后、自行权日起3年，上述期限届满后，所有激励对象均应比照董事、监事和高级管理人员的相关减持规定执行。

约定限制即要求员工在服务期内（一定年限或公司完成上市之前或上市后一定年限内）不得离职或不得发生约束或禁止行为。如发生该等情形，公司可视激励份额的状态及员工过错程度处理，如未行权/归属的激励股份予以取消，已行权/归属的回购或要求转让给指定人员（员工无过错和有过错可设定不同价格）等。例如，慧智微（688512）的激励计划对于人员离职后的股份处理为“对于其他激励对象，若限售期内其终止与公司的劳动/聘用关系，则其持有的激励股份需要按照授予价格转让给执行事务合伙人或其指定的第三方或由持股平台进行回购”。

十、退出机制

本着股权激励效果最大化的宗旨，股权激励方案中退出机制的安排历来备受重视，此方面关系到员工对于获益退出的预期及员工的获得感是否得到足够保障，故通常从两个方面予以设计，从退出渠道角度来看，主要为并购退出、实际控制人回购退出及IPO后的减持退出等；从退出灵活性角度来看，主要为锁定期届满后的自由退出及锁定期内出现离职或其他约束或禁止事项时的强制或约束退出安排。

退出机制安排与 IPO 审核要求也密切相关，在具体方案设计时须综合考虑 IPO 的审核要求，否则可能在 IPO 申报前再重新进行调整，费时耗力甚至出现纠纷，打击员工积极性。例如，在回购主体环节选择上，如果股权激励方案中明确由公司承诺兜底回购或受让员工的激励股份，则可能涉及财务上的金融负债处理，对公司的净资产会有较大影响，最终取决于会计师的认定；如该回购主体为拟上市公司的实际控制人，则可能被视为回归“池子”而非员工之间的转让行为，从而后续转让给其他员工时可能会记二次股份支付。再如，在回购价格方面，其通常与会计准则上的等待期或隐性等待期相关联，如价格低于公司当时的公允价值，则可能会被视为隐性服务期或隐性等待期，股份支付费用需要分摊处理，从而对报告期的财务数据指标会有影响。又如，公司为实现更灵活的授予安排进行分期授予，预留激励“池子”，但预留股份需要注意对股份支付费用计算期限的影响，及拟上市公司由于股权清晰的要求，通常申报前不能保留“池子”。

此外，在拟上市公司无实际控制人情况下，如何设计和安排员工的退出机制，与有实际控制人的公司存在差异，亦是股权激励方案设计中需要重点考量因素和难点。

十一、管理机制

管理机制主要包括激励载体管理和激励计划管理，在原则上不损害激励对象权益的情况下，通常更多从公司的视角来考虑具体机制安排对公司管理的便利性。前者通常与激励载体直接挂钩，如该激励载体历次决策是否需要全体持股员工同意或签署文件、员工退出是否每次均需工商变更、历次工商变更是否需要员工配合签署相关文件等及如何应对解决。后者与股权激励计划及相关授予安排的审批权限挂钩，审批权限越高意味着约束越多，可能受制于股东人数、国资股东性质等决策效率等因素影响。实操中较为常见的是将该权限下放到董事会，如燕东微（688172）根据北京市国资委《关于北京燕东微电子股份有限公司实施股权出售激励计划的批复》（京国资〔2021〕100 号）批准实施员工持股，其员工持股计划约定“在燕东微持股平台合伙人财产份额的锁定期内，发生工持股对象在劳动合同期内主动提出辞职时等情况的，员工持股对象须将所持持股平台份额转让给燕东微董事会认为符合激励条件的其他员工……”

为了便于后续灵活调整，结合股权激励实务经验，总结区分为规范模式、灵活模式及授权模式，就股权激励方案审批、激励价格、激励对象名单等针对公司的不同诉求及章程等内控制度规定进行灵活安排，不同类型公司及其股东和管理层诉求各异，还是要根据各个公司的决策机制和管理文化进行适配。

十二、税务负担筹划

股权激励方案中涉及的税费处理或筹划一般主要包括以下环节：（1）对员工持股平台的注册地税收优惠政策的选择、适用及理解；（2）授予环节是否适用及如何适用财政部、国家税务总局《关于完善股权激励和技术入股有关所得税政策的通知》（财税〔2016〕101 号，以下简称 101 号文），即税收递延纳税政策的问题；（3）预留激励份额的分配及转让环节所涉税费的筹划。以“员工持股平台注册地”和“授予环节是否适用及如何适用 101 号文”为例概述如下。

股权激励方案的落地是拟上市公司股权激励中的重要一环，正如前文提及有限合伙企业系最为常见的激励载体，如何选择有限合伙企业类型的持股平台设立地是最受关注的问题之一，但是针对这一问题却并无标准答案。通过对拟上市公司案例的梳理，在持股平台设立地点的考量因素中权重占比最高的为持股平台设立地的税收优惠政策，大多数公司选择将持股平台注册在“税收洼地”，如拓荆科技（688072）、芯原股份（688521）在共青城设立持股平台；恒玄科技（688608）在宁波梅山保税港区设立持股平台。

101 号文在实操中争议最大的条款即为“激励标的应为境内居民企业的本公司股权”，鉴于拟上市公司多采用持股平台（实践中较为常见的是有限合伙企业）形式对激励对象进行激励，持股平台合伙人是否可以适用 101 号文完成递延纳税备案存在争议。针对此问题，税务局通常采用较为模糊口径，如湖北税务、厦门税务、江苏税务均在公开途径回复依据 101 号文等相关法律法规并结合公司实际经营情况执行，但均未给出明确回复。经查询案例，深圳市龙图光罩股份有限公司（主营业务为半导体掩模版的研发、生产和销售，于 2023 年 12 月 22 日提交注册）于其公开文件中披露：“2021 年 6 月，奇龙谷合伙、众芯赢合伙对龙图有限增资，本次增资系公司实施股权激励。根据财政部、国家税务总局《关于完善股权激励和技术入股有关所得税政策的通知》（财税〔2016〕101 号）的规定，‘非上市公司授予本公司员工的股票期权、股权期权、限制性股票和股权奖励，符合规定条件的，经向主管税务机关备案，可实行递延纳税政策，即员工在取得股权激励时可暂不纳税，递延至转让该股权时纳税’。根据上述规定及发行人员工持股平台在自然人电子税务局备案的《非上市公司股权激励个人所得税递延纳税备案表》，发行人奇龙谷合伙、众芯赢合伙各合伙人通过历次发行人实施股权激励取得公司股权所涉及的个人所得税已备案递延纳税。”

第十一章 引入外部投资人

第一节 引入国有股东的关注要点

一、国有股东类型及分类

鉴于半导体企业融资规模相对较大，且在发展过程中普遍需要所在地政府提供财政、税务、土地、人力等方面的支持，尤其是重资产类型的半导体制造、设备材料、封测环节的企业，而国有投资机构的资金相对充裕，且具有协调政府资源支持的能力甚至是直接代表当地政府的意志或利益的投资主体，很多国有投资机构本身亦有通过引导基金形式进行招商的政策使命，所以往往与半导体企业在融资时一拍即合。国有投资机构基于其自身国有强监管属性，受限于国务院国资委等监管机构在投资流程、投后管理等方面的严格规定及国有资产增值保值的监管原则，因此半导体企业在引进国有股东时，需充分了解国有股东投资的背后监管逻辑、投后管理尺度及后续 IPO 时的审查要点，有的放矢。

（一）国有股东的一般类型

关于国有股东类型，在现行国资监管法律中针对非上市国有企业的《企业国有资产交易监督管理办法》（以下简称 32 号文）、针对上市国有企业的《上市公司国有股权监督管理办法》（以下简称 36 号文）中均有对国有企业的界定，主要为国有及国有控股企业、国有实际控制企业。32 号文与 36 号文中规定的国有企业原则上基本相同，但同时也存在些许差异，32 号文的国有企业相对更宽泛些。具体规定如图 11－1、图 11－2 所示。

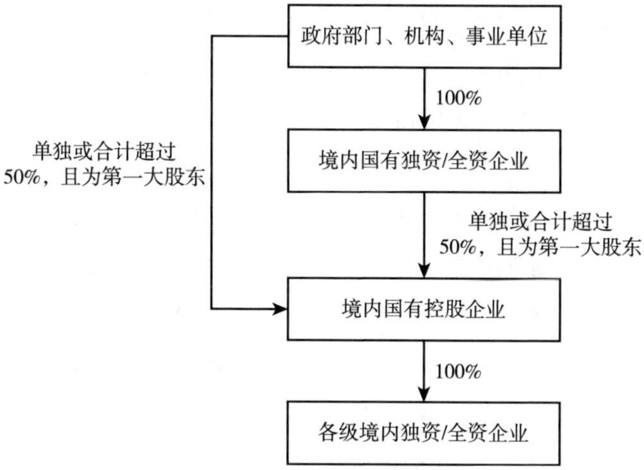

图 11－1　36 号文的国有股东范围

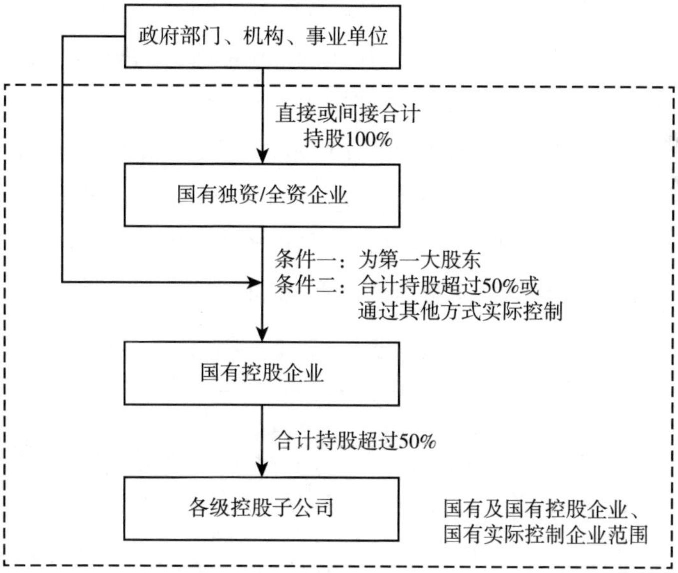

图 11－2　32 号文的国有控股股东、国有实际控制企业范围

从适用的情形来看，在半导体企业引入国有股东入股及上市前退出环节，基本适用 32 号文，但在上市时国有股东标识认定环节，通常适用 36 号文，两者并不能截然割裂适用，需保持有机统一的适用原则。

（二）有限合伙企业国有股东的认定

除上述常规的国有及国有控股企业、国有实际控制企业类型外，实务中还存在一类目前比较普遍，但又相对缺少统一规则标准的国有资金背景的投资主体，即国有出资的有限合伙企业，具体包括国资企业担任有限合伙企业GP或LP，或者多个国资企业分别担任GP和LP的情形。

36号文第78条规定，"国有出资的有限合伙企业不作国有股东认定，其所持上市公司股份的监督管理另行规定"，虽然有上述规定，根据国有企业所担任的不同角色、承担的不同职责，以及有限合伙企业内部治理决策机制的实际安排，有限合伙企业并不必然不作为国有股东管理。2023年1月17日，国务院国资委回复了人大代表提出的《关于完善有限合伙企业国有属性认定的建议》，其中提到有限合伙企业主要依据合伙协议进行管理，无法简单依据32号文的原则来界定国有性质，国务院国资委发布了《有限合伙企业国有权益登记暂行规定》① 对有限合伙企业中的国有权益加以规定。这说明，国有资本出资形成的有限合伙企业与公司由于组织制度的差异，其管理制度存在差异，甚至适用两套体系，在有限合伙企业中，对于合伙人内部管理权限的约定更加重要。36号文不对有限合伙企业进行国有股东的认定，其监管由其他制度加以规定，并未完全否定有限合伙企业的认定与监管，国务院国资委后续的国有权益登记规定可作为参照。

IPO实践中，由于规则的不完全确定，拟上市企业对有限合伙企业的认定态度并不统一，考虑到国有股东认定实际操作的难度，实践中存在较多案例依据36号文第78条的规定不认定有限合伙企业为国有股东（见表11－1）。

表11－1 不认定有限合伙企业为国有股东的案例

发行人	上市时间	国资的有限合伙企业	国有合伙人性质	国有股东持有份额/%	法律依据	认定结果
华蓝集团	2021－07－15	广西国企改革基金	GP＋LP	99.9910	36号文第78条	不属于

① 国资发产权规〔2020〕2号，自2020年1月3日起实施。其中国家出资企业实际控制"是指国家出资企业直接或间接合计持股比例超过50%，或者持股比例虽然未超过50%，但为第一大股东，并通过股东协议、公司章程、董事会决议或者其他协议安排能够实际支配企业行为的情形"。

续表

发行人	上市时间	国资的有限合伙企业	国有合伙人性质	国有股东持有份额/%	法律依据	认定结果
厦钨新能	2021-08-05	福建国改基金	GP+LP	64.5617	36号文第78条	不属于
		闽洛投资	GP+LP	91.1567		
		国新厚朴	LP	99.9001		
炬芯科技	2021-11-29	科创高科	GP+LP	85.0000	36号文第78条	不属于
		珠海格金	GP+LP	66.9703		
迪普科技	2019-04-12	中移创新	GP+LP	98.3300	80号文[1]	不属于

〔1〕《国务院国有资产监督管理委员会关于施行〈上市公司国有股东标识管理暂行规定〉有关问题的函》，国资厅产权〔2008〕80号，2008年3月4日起实施。

上述案例普遍存在，一方面是因为36号文实施时间较早、影响较大；另一方面是因为IPO企业一般倾向于不认定其股东为国有股东，以规避国有股东的监督管理规定并简便实操。但实践中仍然存在一些案例根据国有企业主管部门的批复意见认定有限合伙企业为国有股东，尤其在上述主要规定出台之前。例如，丝路视觉（300556）在上市过程中经过几次问询之后，根据财政部的意见界定文产基金为其国有股东；拓斯达（300607）根据厦门市国资委的批复认定兴证创投系国有股东；通源石油（300164）根据上海市国资委的批复认定联新投资为国有股东。

从半导体企业融资角度来看，需要区分国资股东在投资及退出阶段实际是否按照国资管理及在IPO申报阶段是否进行国有股东标识认定。

（三）国有股东的分类

根据国有资产的持股比例，上述国有股东可以分为国有独资企业、国有控股企业，国有独资企业和国有控股企业又包括政府部门、机构、事业单位直接持股的企业和间接持股的企业两种类型。国有独资企业和国有控股企业的分类将决定国有资产监督管理的强度，一般而言，国有独资企业的投资事项更可能由国有资产监督管理部门或履行国有资产监管职能的单位决策，也更多需要政府部门的参与，国有控股企业的投资事项更可能由其内部权力机关决策，但上述决策机制并非固定的，而是由国有企业的内部管理制度决定。政府部门、机构和事业单位直接或间接持股的分类将决定国有企业适用管理法律法规的层级以及履行国有资产监管职能的单位。

二、国有股东投资入股环节所涉国资程序及要点

国有企业对外投资是国有资产管理和处置的重要内容。就半导体企业后续IPO角度而言，拟上市公司引入股东应当符合股东资格条件、一般决策程序以及国有股东的特殊决策程序，发行人需要在发行文件中对国有股东的投资情况、投资程序以及合规性进行专门说明，国有股东也应当在上市后持续遵守上市公司股东关于信息披露以及持股变化的监管要求。现行法律从中央到地方分层级针对国有资产投资建立了比较完善、细致的规则体系，在投资标的、内部决策程序、投资项目的可行性分析、投资对价的合理性方面都有专门的规定。此类监管规定有明显的行政区划特征和地域特征，基于国有企业主管部门的差异受到中央或地方不同级别规范文本的约束，各国有企业应当遵守的投资管理制度根据其股东的层级、所属行政区划具体确定。国有股东投资入股的大致流程如图11－3所示。

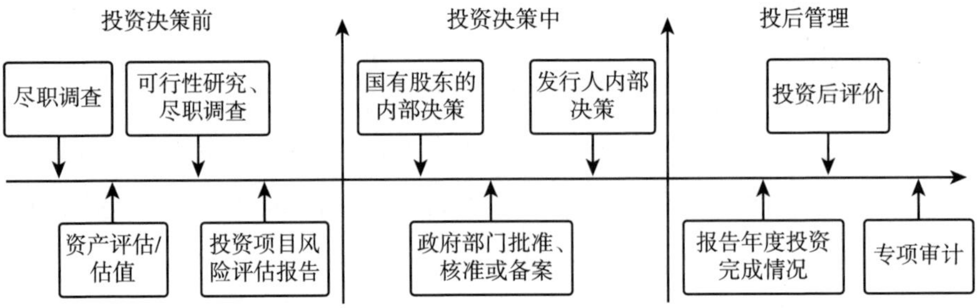

图11－3　国有股东的投资程序

其中，资产评估备案方面，《中央企业投资监督管理办法》规定，中央企业的投资活动应当进行国有资产的评估或估值程序，但该办法仅适用于中央企业；《企业国有资产法》规定，国有独资企业、国有资本控股公司以非货币财产出资的，应当进行资产评估，但实践中以非货币方式出资的入股行为比较少见，该条规定的适用空间不大。关于国有资产的评估备案并无统一的、高位阶的规定，更多情况下适用国有企业所在地的投资管理规定以及国有企业的内部管理制度。以重庆市的地方法规为例，《重庆市市属国有企业投资监督管理办法》规定股权类投资项目应当按要求履行资产评估程序。《企业国有资产评估管理暂行办法》也规定收购非国有单位的资产应当进行评估并根据项目性质履行核准或备案程序。

实践中部分案例因未履行评估程序而在发行文件中进行专项论证，如民爆光电（301362）。此外，实践中还存在非针对性备案的情形，即发行人历史上的评估行为非针对国有资产的交易事项，但发行人使用其他经济活动的评估报告作为国有资产交易的评估文件，其合规性有待探讨。

在一般企业决策程序的基础上，国有企业投资入股更加体现政府部门、国有资产监督管理机构的监管职能以及行政审批色彩。这种附加的监管一方面体现为履行出资人职能的国有资产监督管理部门对投资行为进行判断决策，另一方面也体现为外部行政机构的审批，如《企业国有资产法》第35条规定，如有关法律、行政法规有规定，投资行为应当报政府部门批准、核准或备案；具体的审批规定一般由所在地国有资产监督管理委员会加以规定。一般而言，国有独资企业的决策程序和要求相对严格，国有控股企业的决策程序和要求相对宽松，如《企业国有资产法》第30—33条规定，除了法律法规、章程规定由履行出资人义务的机构决定外，国有独资企业由企业负责人集体讨论决定，国有独资公司由董事会决定投资事项；国有资本控股公司、国有资本参股公司由公司股东会、股东会或者董事会决定投资事项。更多情况下由地方法规、国有企业的内部管理制度对决策事项进行管理和约束，部分上市案例中国有股东的决策机构请见表11－2。

表11－2　已上市企业国有股东决策机构案例

公司简称	国有股东	股东性质	决策机构	依据
道尔道（已问询）	深圳市高新投创业投资有限公司	国有资本控股公司	控股股东深圳市高新投集团有限公司的投资决策委员会	《高新投集团上级控股公司投资管理办法》第25条
华勤技术	招商证券投资有限公司	国有资本控股公司	—	招商投资及招商证券内部管理制度
	中金浦成投资有限公司	国有资本控股公司	—	中国国际金融股份有限公司以及中金浦成有限公司的内部管理制度
佳力奇（提交注册）	航证科创投资有限公司	国有资本控股公司	决策委员会会议、总经理办公会会议	—

续表

公司简称	国有股东	股东性质	决策机构	依据
金照明有限（未上会）	深圳市汇博成长创业投资有限公司（以下简称汇博成长）	国有资本控股公司	投资决策会	汇博成长股东的公司章程规定，公司及下属企业1000万元以下的风险投资项目授权公司经营班子决策，无须经过董事会、股东会审议；汇博成长的公司章程规定，由股东决定公司的经营方针和投资计划、任命投资决策委员会成员，授权投资决策委员会在权限内进行投资决策和投资项目退出决策
卫光生物	深圳市光明集团有限公司	国有资本控股公司（合计间接持股100%）	上级单位批准	—

如本节“一、国有股东类型及分类”所述，有限合伙企业在实践中可能被认定为国有股东，又鉴于国有股东进入发行人存在程序要求和审批限制，在不考虑存续期限约束的情况下，发行人可优先考虑国有主体所管理的基金或有限合伙形式的SPV，此类主体可能依据32号文及《有限合伙企业国有权益登记暂行规定》的规定被认定为国有股东，而不属于36号文所定义的国有股东范围，由于国资公司和有限合伙企业管理制度上的差异，采用合伙企业形式可一定程度上规避国有股东进入及退出的严格监管规定，如有限合伙企业国有权益流转以及有限合伙企业投资形成的企业产权转让不适用32号文，相关事宜应当按照合伙协议执行。如果上述主体仅依据36号文的规定被认定为不属于国有股东，则监管要求更加具有灵活性。

三、国有股东退出环节所涉国资程序及要点

IPO存在控制权稳定的要求，为了实现上市计划，拟IPO半导体企业在引入国有股东时一般不涉及控制权的国有化变更，国有股东投资的目的主要是获得投资收益并在特定时点退出。国有股东在投资入股时一般也会在协议中对股权出售

相关的权利义务作出约定，从而实现外部投资者的适时退出。国有股东的退出属于处分国有资产的行为，同样受到国资监管程序的约束。

首先，国有股东退出属于处分资产的行为，根据《企业国有资产法》规定，转让重大财产的内部决策权存在以下几种情况：（1）对于国有独资企业/公司，法律法规、公司章程有规定的，由履行出资人职责的机构决定；（2）在法律法规、公司章程未另外规定的情况下，国有独资企业由企业负责人集体讨论决定；（3）在法律法规、公司章程未另外规定的情况下，国有独资公司由董事会决定；（4）对于国有资本控股/参股公司，依据法律法规、公司章程由公司股东会、股东大会或者董事会决定。例如，根据趣睡科技（301336）的披露，其股东成都高投在2019年11月退出时的审批单位为其全资股东成都高新投资集团有限公司，审批行为的依据是《成都高新区国有企业重大事项监督管理办法》《成都高新投资集团有限公司投资管理办法》《公司章程》等地方及国资企业内部文件。总体而言，如同国有股东的入股决策，国有股东的内部管理制度、上级企业的管理制度、公司章程对国有资产处置起到重要作用。此外，国有资产交易的情况应当定期向同级国有资产监督管理部门报告。为了实现转让价格的公允，转让方还应当对标的企业进行审计评估。

其次，国有股东退出在交易方式方面，主要分为非公开协议转让和进场交易。（1）非公开协议转让：非公开协议转让的方式仅适用于重要行业和关键领域重组以及国有企业内部重组的特殊情形①，对于本章所关注的半导体行业而言，除了交易受让方也是国有企业的情况外，大部分情况下不满足非公开协议转让的行业条件，适用进场交易的规则。另外，《关于进一步明确国有金融企业直接股权投资有关资产管理问题的通知》（财金〔2014〕31号，于2014年7月6日实施）规定，国有金融企业可以通过协议转让实现退出，一定程度上突破了《金融企业国有资产转让管理办法》（财政部令第54号，于2009年5月1日实施）对交易方式的限制。非公开协议转让需要经过国家出资企业或国资监管机构的审批，此种交易方式主要的合规风险在于未履行其他内部审批程序，具体审查的文件规定在32号文第33条。（2）进场交易：根据《企业国有资产法》规定，国有资产以进场交易为原则，除按照国家规定可以直接协议转让的以外，国有资产转让应当在依法设立的产权交易场所公开进行。此种交易方式主要的合规

① 参见32号文第31条的规定。

风险在于应当采取进场方式交易但未进场。例如，蓝箭电子（301348）案例中，2004 年正通集团退出时未履行国有产权进场交易，且瑕疵行为无法追溯补正，在 IPO 过程中上述程序瑕疵经当地人民政府和国资委确认，定价公允、未造成国有资产流失。总体而言，交易方式的关注要点仍然在于定价和国有资产保值问题。

国有企业出资的有限合伙企业在退出的程序规范方面也存在差异，根据国务院国资委网站的回复，有限合伙企业国有权益流转以及有限合伙企业投资形成的企业产权转让不适用上述 32 号文，有限合伙企业内部约定的作用更加突出。国务院国资委在 2021 年 10 月 26 日的网站回复中提到，国务院国资委尚未出台涉及有限合伙企业国有权益流转相关制度，应按国有出资企业相关规定执行。因此，有限合伙企业的特殊之处在于不适用公司制企业的上述一般管理规定，其退出程序和监督管理依据层级更低的内部管理制度。

四、国有股东入股的投后管理及要点

鉴于国有股东受限于国资监管的规制约束，国有股东入股的投后管理与发行人内部决策、日常运营活动的效率和程序相关。以下主要从国有股东的参股管理、国有股权变动时的评估手续、涉及控制权变动时的国资审批程序等方面进行简要说明。

2023 年 6 月 23 日颁布的《国有企业参股管理暂行办法》对国有股东入股之后的管理作出了比较系统的规定，主要包括以下内容：（1）要求国有资产投资聚焦主责主业、严控非主业投资、不得投资负面清单规定的禁止类业务；（2）达到一定持股比例的参股投资，原则上应当享有提名董事的权利，通过内部制度文件维护重点事项上的股东权利；（3）不得股权代持、名股实债；（4）国有企业与其他股东共同出资设立企业，不得为其他股东垫资、不得先于其他股东出资；（5）把控财务风险，督促分红、严格控制对参股企业的担保，不得超股权比例担保等。可见，国有企业参股的监督管理进一步向下游发展，投资后以及日常经营的国有资产保值、股东权利行使也是国有资产管理的重要部分。半导体融资企业对此方面亦需要重点关注，以配合国有股东的投后管理义务。

根据《企业国有资产评估管理暂行办法》规定，除上市公司以外的原股东股权比例变动应当对相关国有资产进行评估，允许不进行评估的行为主要是国有资产内部的划转。是否评估的判断依据主要是持股比例的变动，而非股权变动的原因或股权交易行为，就该条而言，国有股东未同比例增资、被动稀释股权属于评估备案的范畴。例如，江苏北人（688218）在上市过程中受到监管问询其国有股东股权被稀释时是否履行评估、备案程序，是否损害国有股东利益或导致国有资产流失，并且是否取得主管部门的批准或确认。江苏北人（688218）披露历史上的国有股权变动已进行资产评估并备案，不存在程序瑕疵。但 2020 年 11 月 6 日，国务院国资委官网发布对于“国有参股企业增资是否进行资产评估及备案?”问题的回复，认为是否评估取决于国有股东内部股东会的决议，按照该回复意见，实际上存在不进行评估备案的可能；微导纳米（688147）上市时，在首轮问询回复中据此认为不要求进行评估备案，但在二轮问询中微导纳米（688147）说明，因当地国资主管部门针对被动稀释开放办理评估备案，上述备案已经补办。

根据《企业国有资产监督管理暂行条例》（国务院令第 709 号，于 2019 年 3 月2 日实施）第 23 条的规定，股权转让导致国有资本不再具有控股地位的，应当报本级人民政府批准。实务中未履行政府批准程序的，属于程序瑕疵。

相较于复杂的投资实践而言，法律制度对国有股东的权利保护是整体性的、概括性的，而不是具体的、准确的，国有股东的股东权利以及后续管理需要进一步适用国有企业所在地关于国有企业投资的内部管理规定，也更多取决于投资占比、被投资公司运营的实际情况、投资入股的商业谈判、股东协议以及公司章程的规定，国有股东不必然需要通过委派人员、参与董事会或监事会决策的方式实现对发行人的投后管理。例如，泰凌微（688591）的国有股东包括国家大基金（持股 8.95%）、浦东新兴产业投资（持股 2.61%）、昆山开发区国投（持股 2.01%），其中仅国家大基金委派一名董事。

在国有股东依据投资入股的相关协议约定向发行人委派董事、监事的情况下，董事、监事作为国有股东的员工或其他相关人员在被投资企业履行职务，应当以维护国有股东利益、国有资产权益以及被投资企业的正常运行为职责。鉴于上述职责以及劳动关系归属，外部董事、监事履行职责更多需要遵守国有股东的内部管理制度和决策审批程序，因此很可能导致被投资企业决策流程的延长。具体决策流程和所需时间则应当遵守国有股东的内部管理制度以及章程等文件的规定。发行人在引入国有股东时，也应当充分考虑到国有股东的投资管理以及决策程序的特殊性。

五、国有股东标识

现行法律法规通过36号文、《关于实施〈上市公司国有股东标识管理暂行规定〉有关问题的函》《〈关于进一步明确非上市股份有限公司国有股权管理有关事项的通知〉的问题解答》等文件对国有股东标识问题进行了规定。

国有股东标识分为“SS”标识和“CS”标识，符合定义的国有股东应当在其证券账户标注相应的标识，并说明标识的依据、含义，发行人应当披露国有股东的名称、持股数量和比例。其中“SS”标识适用于以下主体：（1）政府部门、机构、事业单位、境内国有独资或全资企业；（2）第1款中所述单位或企业独家持股比例超过50%，或合计持股比例超过50%，且其中之一为第一大股东的境内企业；（3）第2款中所述企业直接或间接持股的各级境内独资或全资企业，也就是本节所述的国有股东概念。“CS”标识适用于上述主体以外、政府部门、机构、事业单位和国有独资或全资企业通过投资关系、协议或者其他安排，能够实际支配其行为的境内外企业，该标识不仅适用于境内主体，还适用于境外主体。

股份公司存在多个国有股东时，并不要求所有国有股东都进行标识申报，而是由持股比例最大的国有股东牵头申报，其他国有股东配合提供材料。

此外，在办理国有股东标识的实践中，国有股东一般会向发行人就国有股东标识问题出具说明，国有股东还会取得国有资产监督管理部门对国有股东标识事项的确认意见和批复。已经失效的《上市公司国有股东标识管理暂行规定》① 曾规定国有资产监督管理部门的批复意见是股票发行上市的必备要件，该规定废止之后取得批复的时间要求也有所变化。现行法律对于完成标识办理的时点并无明确的规定，实践中部分企业在上市申报时仍然未办理完毕国有股东标识，如金宏气体（688106）、优刻得（688158）、国科微（300672）、吉大通信（300597）、蕊源科技（上会通过）、方大智源（终止）、珠海赛纬（上会通过）、中航上大（上会通过）等，但这一情况可能引起监管问询，监管主要关注国有股东标识办理的进展、未办理完成的原因以及办理是否存在障碍。这表明，发行人在申报时应当对国有股东标识办理的事宜有良好预期，但并不要求在申报前完成。

部分上市案例中国有股东标识办理以及论证说明依据如表11－3所示。

① 国资发产权〔2007〕108号，2007年6月30日实施，2019年11月12日废止。

表 11－3　国有股东标识办理及论证说明依据

发行人	涉及国有股东	标识	相关文件说明
民爆光电、骏鼎达（注册生效）、凝思软件（上会通过）、森峰科技（上会通过）、美信科技（注册生效）	深圳市创新投资集团有限公司	CS	深圳市创新投资集团有限公司出具的说明
蕊源科技（上会通过）	北京智芯微电子科技有限公司	SS	尚未获得批复意见
京仪装备	北京京仪集团有限责任公司	SS	北京市国资委出具的批复（京国资产权〔2022〕15 号）
方大智源（终止）	深圳市高新投创业投资有限公司	SS	已启动国有股权管理方案报批的申请程序，预计上市前取得批复
逸飞激光	中国—比利时直接股权投资基金	SS	中华人民共和国财政部出具的函（财金函〔2022〕69 号）
盛科通信	中国振华、产业基金、中新创投、中国电子	SS	国务院国资委批复（国资产权〔2023〕234 号）

六、国有股东背景的投资人穿透核查的注意事项

根据上海证券交易所和深圳证券交易所于 2021 年 4 月 25 日分别发布的《关于股东信息核查中“最终持有人”的理解与适用》，国有控股或管理主体属于股东穿透核查中的最终持有人。因此，国有股东的穿透核查首先应当理解“国有控股或管理主体”的定义和界定。根据国家统计局《关于对国有公司企业认定意见的函》（国统函〔2003〕44 号），除了国有全资企业之外，国有控股企业包括绝对控股企业和相对控股企业，绝对控股企业即国有资产持股数超过 50% 的企业，虽然相对控股企业中国有资产持股数低于 50%，但高于其他类型资产，或形成协议控制的企业。如本节第一点所述，最终持有人中的国有控股或管理主体概念范围大于或等于国有股东，本节所述的国有股东都可以作为最终持有人。

实务中，科创板上市公司思特威（688213）在 IPO 审核中被问询到国有股东穿透的相关事项，这一案例认为国有控股或管理主体应当被理解为政府部门、机构、事业单位等控股的企业，具体可能表现为以上主体 100% 持股的企业，也可能表现为以上主体持股超过 50% 且为第一大股东的主体，思特威（688213）中涉及的国有控股主体主要包括国家集成电路基金二期、中网投、国家集成电路产业投资基金股份有限公司、湖北省长江经济带产业引导基金合伙企业等。由此可以看出，虽然国家统计局《关于对国有公司企业认定意见的函》认定的国有控股企业范围有所扩大，但实践中仍然有部分案例遵循本节范围较小的国有股东概念。

另外，鉴于本节所述 IPO 前引入国有股东一般指的是国有股东在直接股东层面入股，因此向上穿透相对简单、透明，发行人只需要在 IPO 申报和问询中对穿透的情况和依据进行报告即可。

第二节 引入境外股东的关注要点

一、外商投资半导体行业的政策导向与投资现状

我国半导体行业起步较晚且增长迅速，近年来才开始国产替代化的进程，从全球范围来看，境外半导体企业的技术更加成熟、市场占有率更高，尤其美国、日本、新加坡都是半导体产业发展比较完备的地区。因此，除少量国有特别项目工程对外资比例存在限制之外，半导体行业不但不存在外商进入的限制，还是外商投资目录中的鼓励领域。根据《商务部有关负责人就〈鼓励外商投资产业目录（2022 年版）〉答记者问》，外商投资鼓励领域将会获得税收和土地方面的优惠政策，具体包括：（1）在投资总额内进口自用设备，除国家规定不予免税的产品，免征关税；（2）在西部地区和海南省投资，还可进一步减按 15% 税率缴纳企业所得税；（3）对于集约用地的鼓励类工业项目优先供应土地，并且可以按不低于所在地等别相对应全国工业用地出让最低价标准的 70% 确定出让底价。

由于行业发展的特点及利好的行业政策，半导体行业的外商投资非常普遍，数量较多的企业由外商全资设立、合营，或者为注册地在境外的红筹架构公司，

实践中部分上市公司或拟上市公司包含外资的情况如表11－4所示。

表11－4 境外资本入股（拟）上市公司案例

发行人	涉及境外股东	持股情况	境外股东/红筹公司注册地
晶合集成	STIC	通过全资子公司WWIC间接持有发行人控股股东89.26%的权益	中国台湾地区上市公司
柏承科技（终止）	柏承开曼	发行人控股股东，持有发行人90.8465%股份	开曼群岛
	柏承BVI	柏承开曼的唯一股东，持有发行人90.8465%股份	英属维尔京群岛
	柏承台湾	柏承BVI的唯一股东，发行人实际控股股东	中国台湾地区上市公司
中芯国际	—	发行人为香港上市公司，注册地在开曼群岛	中国香港地区/开曼群岛
中颖电子	威朗国际、诚威国际、Win Channel、广运投资、Wealth Smith	发行人前四大股东，5名境外法人合计持股超过90%	中国香港地区、英属维尔京群岛

二、境外股东投资入股所涉外商投资程序

虽然境外股东进入半导体行业不存在政策壁垒，但仍然需要遵守《外商投资法》① 等法律法规规定的一般外商投资程序和管理规定，IPO审核中也将关注投资入股的合规性。本节所述的外商投资指的是境外企业或个人对境内企业的投资行为，注册地在境外的企业或红筹公司不在讨论范围之内。

根据《外商投资信息报告办法》②《外商投资法》《中国外商投资指引》的规定，外国投资者投资境内企业需要进行信息报告，信息报告的渠道为企业登记系统以及企业信用信息公示系统，境外投资者可以在申请工商信息变更登记的同

① 主席令第26号，2020年1月1日实施。
② 商务部、国家市场监督管理总局令2019年第2号，2020年1月1日实施。

时报送境外股东入股的相关事宜，在行政系统内部由市场监管部门和商务部门实现信息共享，避免企业的重复报送。在2020年以前，根据《外商投资企业设立及变更备案管理暂行办法》规定①，外商投资实行审批或备案制度，根据投资行业的不同，外商入股的行为需要获得商务部门的备案凭证或核准文件。发行人历史上的外商入股行为应当遵守当时的有效法律，因此在2020年以前还需要上述商务部门的文件。目前的IPO申报案例中，对于历史的入股行为仍然需要根据该管理暂行办法查验外商投资的审核或备案文件。

此外，境外股东投资涉及固定资产的，还需要履行备案或批准程序。具体内容可参考本节第四部分“公司特别项目对外资股东的限制或禁止性要求”。

根据《外汇管理条例》（2008年修订）等外汇管理制度的相关规定，国家对外国投资者境内直接投资实行外汇登记管理，境外机构、境外个人在境内直接投资，经有关主管部门批准后，应当到外汇管理机关办理登记。境外投资者可以在拟投资企业所在地的银行办理外汇登记业务并获得业务登记凭证。

根据境外股东入股的方式不同，可能涉及税务申报与缴纳。采用增资方式入股一般不涉及税务缴纳；采用股权转让方式入股的，需要根据公司的财务资产状况缴纳税款。历史上的税务瑕疵可能成为上市进程中的合规障碍，为了减少对于IPO进程的影响，需要加以补正并取得税务主管部门相关证明。

IPO监管实践关注外资股东投资入股的程序合规性及完备性，历史上存在红筹架构的，还将关注红筹架构搭建与拆除的情况。红筹架构搭建主要关注的是设立境外主体过程中投资和外汇的审批、备案程序；存在红筹架构拆除的，需要关注拆除前后股东及持股比例的变动情况，并解释变动的原因。如前文所述，境外股东入股可能涉及的主要程序包括根据过往法律法规应当办理的外商投资的审批/备案、外汇登记管理、税务申报以及缴纳。披露案例中基本上所有的拟上市公司都已经完成外商股东投资入股的备案程序并获得商务部门的批复，该程序的合规风险较小。2020年1月1日以来，商务部门不再受理外商投资的备案资料，而是通过市场监督管理部门统一报送企业信息，商务部门不再通过审批/备案的方式加以监管，外商投资不必再获得商务部门的备案回执等批复文件，因此境外股东的入股程序合规主要表现为对市场监督管理部门的信息报送。相关问询案例如表11－5所示。

① 2018年6月30日实施，2020年1月1日废止。

表 11－5　境外股东入股合规性问询案例

公司简称	板块	答复时间	问询内容	答复要点
安凯微	科创板	2022－12－29	入股合规性； 税收、外汇管理	说明境外股东历次出资/股权转让相关外汇登记、税务缴纳情况； 说明部分交易不涉及外汇的原因
聚威新材（终止）	科创板	2022－11－22	境内自然人通过境外股东持股的合理性、合规性	境外股东的投资行为符合外汇管理以及外商投资的规定； 保留境外股东的原因是转让税务负担较高
金山办公	科创板	2019－07－15	境外股东的简要情况； 关联关系； 外汇及税务合规； 红筹架构拆除前后的股权变动	虽未纳税申报但不存在严重后果、不会对本次上市构成重大影响； 红筹架构拆除前后差异的原因在于部分主体持股的集中或分散
格灵深瞳	科创板	2021－10－20	红筹架构搭建、存续及拆除过程在外资、外汇、税务方面的合规性	分别列举已履行的审批程序以及不涉及的具体原因； 具体程序包括外资审批、外汇登记、境内自然人返程投资登记等
易来智能（终止）	科创板	2021－04－26	境外股东投资入股的合规性	履行程序包括外商投资备案、工商变更； 说明已纳税的情况、不需要纳税的原因

三、境外股东退出环节所涉外商程序

境外股东退出被投资企业与投资入股一样，受到信息报送、外汇以及税收等方面的合规监管。

在内部决策方面，境外股东退出的内部决策程序根据企业性质、退出方式的不同存在差异。采用转让方式退出的，内部转让、股份有限公司的外部转让不需要履行特别程序，有限责任公司的外部转让需要其他过半数股东的同意，在实践中通常采用股东会的形式一次性获得过半数股东的同意。境外股东依据其内部管理制度和注册地的法律规定履行投资股权的处置转让，IPO过程中也会对其决策文件进行适当查验，或者获得其注册地境外律师的法律意见。

在信息报送层面，境外股东在投资入股时已经向市场监督管理部门报送外商投资企业的信息，境外股东的退出将导致原报送信息变更。若涉及企业登记信息的变更，则外商投资企业应当在办理工商登记变更时提交变更报告；若不涉及登记信息变更，则外商投资企业应当在变更事项发生后20个工作日通过登记系统提交变更报告。

其中，若境外股东向境外企业/个人转让所持有的股权，其税务处理与向境内企业/个人转让有所不同，因受让方不属于中国纳税居民，不适用《企业所得税法》第37条之源泉扣缴规定，并适用较为优惠的所得税率。若境外股东向境内企业/个人转让所持股权，可能导致发行人外商投资的性质发生变化，则需要进一步变更登记，并需要考虑境外股东注册地的监管规定。

同时，境外股东的退出将导致外汇登记信息的变更，在有实际对价转让且非平价转让的情况下还涉及纳税申报和税款缴纳。

四、公司特别项目对外资股东的限制或禁止性要求

根据《外商投资项目核准和备案管理办法》（2014年修正）规定，境外资本投资入股的审批程序分为核准和备案两种；《外商投资产业指导目录》① 中有中方控股（含相对控股）要求的鼓励类投资项目视投资金额分别由中央及地方核准，《外商投资产业指导目录》已失效，现行有效的《鼓励外商投资产业目录（2022年版）》② 并未设置中方控股的要求，因此境外资本投资鼓励类投资项目不需要履行核准程序，仅由地方政府投资主管部门备案。申请备案的信息包括：（1）项目和投资方基本情况等信息；（2）中外投资各方的企业注册证明材料；（3）投资意向书；（4）增资、并购项目的公司董事会决议等其他相关材料，并填写企业投资项目备案申请报告，项目完成备案之后将获得备案表。

---

① 国家发展和改革委员会、商务部令第4号，2017年7月28日实施，2018年7月28日后逐渐废止。
② 国家发展和改革委员会、商务部令第52号，2023年1月1日实施。

就行业性质而言，半导体行业属于外商投资鼓励的行业和领域，半导体企业大部分的行业项目不存在对外资股东的限制或禁止性要求，也并无准入资质的要求。但半导体行业的范围和应用领域较广，境外股东鼓励投资半导体相关产业，但这种鼓励并不是从行业层面概括的，而是从具体的业务和项目领域列举的，如《鼓励外商投资产业目录》（2022年版）中包括“集成电路设计，线宽28纳米及以下大规模数字集成电路制造，0.11微米及以下模拟、数模集成电路制造，掩膜版制造，MEMS和化合物半导体集成电路制造及BGA、PGA、CSP、MCM、LGA、SIP、FC、WLP等先进封装与测试”“集成电路材料、装备、芯片制造及化合物半导体材料、器件研发、制造”等，部分半导体行业领域可能并不囊括在上述列举之中，尤其终端的环节可能与我国对外资股东限制或禁止的领域产生部分重合，主要发生在信息技术应用创新产业领域。

信息技术应用创新产业涵盖半导体、计算机、消费电子等多领域，其产业链的下游贴近终端消费者，更涉及数据信息、云计算和互联网服务等环节，可能涉及以下关于境外股东的特殊要求。

（一）军工及涉密行业[①]对股东的特殊要求

根据《涉密信息系统集成资质管理办法》第14条第1款的规定：“申请单位应当无外国投资者直接投资，且通过间接方式投资的外国投资者在申请单位中的出资比例最终不得超过20%；申请单位及其股东的实际控制人不得为外国投资者，外国投资者在申请单位母公司中的出资比例最终不得超过20%。”如公司业务和经营活动涉及涉密信息系统集成资质，则公司的股权结构应符合《涉密信息系统集成资质管理办法》的要求。

根据《武器装备科研生产单位保密资格认定办法》第13条的规定：“申请保密资格的单位应当具备以下基本条件……（三）无境外（含港澳台）控股和直接投资，且通过间接方式投资的外方投资者及其一致行动人的出资比例最终不得超过20%；（四）法定代表人、主要负责人、实际控制人、董（监）事会人员、高级管理人员以及承担或者拟承担涉密武器装备科研生产任务的人员，具有中华人民共和国国籍，无境外永久居留权或者长期居留许可，与境外人员（含港澳台）无婚姻关系……”

---

① 国家保密局令2020年第1号，2021年3月1日实施。

（二）信息技术应用创新产品目录的相关规定

信息技术应用创新产品目录（以下简称信创产品目录）包括无人驾驶技术、人工智能技术、区块链技术、物联网技术、云计算技术、虚拟现实技术、大数据技术、智能家居技术等内容，若公司的相关产品被列入信创产品目录，则需要关注信创产品目录对公司股权结构的特殊要求。因相关信创产品目录具体认定政策暂无法通过网络公开查询获取，拟发行人应当在信创产品认定和与相关负责部门的对接中关注相关政策中的股权结构限制条款，包括对外资股东和国有股东的限制。

（三）大数据处理的相关规定

半导体行业的终端客户包括多种信息服务和数据服务，若半导体企业进一步向下游延伸，或终端企业向上游延伸，则半导体企业也可能同时涉及数据处理问题，如华为等电子设备企业很可能涉及云服务和数据处理；部分半导体企业的业务模块涉及智能家居等终端领域，如凌思微电子（杭州）有限公司。

根据《外商投资电信企业管理规定》（2022 年修订）第 6 条的要求，经营基础电信业务（无线寻呼业务除外）的外商投资电信企业的外方投资者在企业中的出资比例，最终不得超过 49%，国家另有规定的除外；经营增值电信业务（包括基础电信业务中的无线寻呼业务）的外商投资电信企业的外方投资者在企业中的出资比例，最终不得超过 50%，国家另有规定的除外。

根据《武器装备科研生产单位保密资格认定办法》，申请保密资格的单位应当“无境外（含港澳台）控股或直接投资，且通过间接方式投资的外方投资者及其一致行动人的出资比例最终不得超过 20%”。

另外，引入境外股东并不代表掌握个人数据的企业将发生数据的跨境传输，但若在特殊情况下涉及跨境传输，则需要遵守《个人信息保护法》（国家主席令第 91 号）等法律法规关于数据跨境传输的规定。

五、境外股东在 IPO 中的股东穿透核查中的注意事项

由于难以获得公开登记信息且沟通成本较高，境外股东是股东穿透核查中的难点问题。监管机构在境外股东的穿透核查中主要关注中介机构是否穿透至最终持有人及依据、外资股东上层的股权结构是否复杂、对股东穿透核查的配合度如何等内容。根据《监管规则适用指引——关于申请首发上市企业股东信息披露》规定，无实际经营业务的股东在股东穿透方面相对宽松，而入股价格存在异常的

股东是重点核查对象。根据2021年4月上海证券交易所、深圳证券交易所发布的《关于股东信息核查中“最终持有人”的理解与适用》，外资股东上层不存在境内主体、入股价格无异常的，可以认定为最终持有人不继续穿透。两地交易所发布的《关于进一步规范股东穿透核查的通知》为股东穿透核查设定了红线，基于重要性原则可以终止对持股数量较低的股东的核查，具体的数量标准为10万股或者持股比例0.01%。因此，在认定最终持有人方面，需要关注外资股东上层是否有境内自然人主体、持股数量、入股价格是否正常公允，上述因素可作为停止穿透的依据。

IPO实践中境外股东穿透核查是监管机构的主要关注内容之一，相关问询案例比较常见（见表11-6）。

表11-6　境外股东穿透核查问询案例

发行人	板块	答复时间	问询内容	答复要点
新相微	科创板	2022-09-30	通过平台间接持股的境外股东身份	简单列举境外股东姓名/名称、持股情况、股东之间相互关系、自然人的国籍及身份信息； 说明平台境外股东的历史变化
金山办公	科创板	2019-07-15	境外股东的简要情况； 关联关系； 外汇及税务合规； 红筹架构拆除前后的股权变动	虽未纳税申报但不存在严重后果、不会对本次上市构成重大影响； 红筹架构拆除前后差异的原因在于部分主体持股的集中或分散
龙迅股份	科创板	2022-09-14	上层境外股东未完全穿透是否合规	根据交易所规则，境外股东持股较少且不存在境内主体且入股价格公允，可视为最终持有人； 补充穿透核查及更新至最终持有人
翱捷科技	科创板	2021-07-01	上层境外股东穿透； 利益关系	列举最终权益持有主体及主要管理人员，说明入股资金自有，无代持等情形
炬芯科技	科创板	2021-03-23	境外股东的简要情况； 关联关系	分别列示，部分境外股东信息不详

第三节

投资合同的主要条款解读

如前所述，半导体企业基于其高投入、长周期的特点，在发展的过程中，通常需要进行多轮次的股权融资。同时，投资人的类型也多种多样。从类型上区分，不单有财务投资人、产业投资人，还有政府主体投资人；从投资阶段而言，有专注于初创期的 VC 投资人，也有偏好中后期的 PE 投资人；从其他类型来看，也区分国资投资人、外资投资人、以募集资金为主的私募基金投资人、以自有资金为主的 CVC 投资人及高净值个人投资者。不同投资人对投资半导体企业的意图与定位既有相同，又有不同，通常这些差异在投资条款上或多或少会有某种程度的体现，对于富有经验的投融资行业的从业者而言，往往能从看似千篇一律的投资条款中嗅到不同投资人千人千面的风格和偏好特点。

投资合同（实践中往往体现为“投资”“合资”“增资”“转让”等协议或合同）本质是各方利益博弈的过程，首先应当明白投融资双方各自的意图和定位，如属于产业投资还是财务投资；其次是人合，不论是谈判、签订协议、履行协议还是未来的运作，根本上都取决于人合；最后是巧妙设计的投资合同条款，能够在不违反法律强制性规定的前提下，最大限度地实现投融资双方利益的平衡。

在一次投资的商业谈判完成确定投资定位、商业谈判达成合意等阶段后，参与该次投资的各方均不可避免地关注投资合同的具体措辞，毕竟书面合同的存在即为在争议发生之时能够最大限度地还原合同签署当时各方的意思表示，并在此基础上保障不同诉求主体的权益，而投资合同也是各方保护自己最坚实的后盾。本节拟从如下几个角度对半导体产业中的投资合同条款进行简要分析。

一、意图与定位——解析投资人投资的初衷与本意

半导体公司在寻求外部融资时往往会遇到三类投资人。按照投资目的，相关投资人可以分为政府投资人、产业投资人和财务投资人。三者的主要区分点如表 11－7 所示。

表 11－7　相关投资人主要区分点

主要区分点	相关投资人		
	政府投资人	产业投资人	财务投资人
投资人主体类型	国家战略型基金和央企层面国有资本投资、运营公司； 地方政府直接出资发起或参与的基金或金融控股平台； 国家或地方国资国企	半导体上市公司或其关联方； 半导体（集团）公司或其关联方	公司制或有限合伙制私募基金； 非私募基金类财务投资主体
投资人行业背景	各级党政机关、国资委、财政部门等	与目标公司业务相关行业龙头	金融业或追求财务回报的高净值主体
投资本意及目的	地方政府资金支持当地半导体产业发展、寻求纳税、人才等方面落地	业务协同与战略发展、延伸及整合产业链、绑定供应商、客户资源等长期深度合作	通过参与股权投资追求财务投资增值收益最大化
是否谋求控制权	★★☆☆☆	★★★☆☆	★☆☆☆☆
特殊权利侧重	侧重于项目落地及实缴税金等业绩承诺的实现	侧重于标的公司业务合作及竞争关系管理	侧重于对标的公司财务支出和投资人优先权方面的细致要求
对标的公司带来的正面作用	提供资金支持； 提供项目落地、土建、设备、研发费用、量产、生产性水电煤等方面财政补贴； 提供用地支持及配套设施建设； 协助公司完成环评、能评、发改等各类合规报批手续； 提供产业人才优惠政策及产业配套政策	为标的公司业务管理及发展等方面提供经验； 作为产业链上下游降低标的公司成本； 作为产业链上下游提高标的公司营收及技术水平	提供资金支持； 提供资本运作类人才引进； 完善标的公司治理结构； 督促标的公司合规经营

续表

主要区分点	相关投资人		
	政府投资人	产业投资人	财务投资人
对标的公司带来的潜在风险	国资控股情况较多，亦存在谋求公司控制权的可能性； 深度链接标的公司业务，因与标的公司存在业务往来可能存在利益冲突； 因与标的公司存在业务往来可能存在上下游涉及的潜在同业竞争关系	存在谋求公司控制权的可能性； 深度链接标的公司业务，因与标的公司存在业务往来可能存在利益冲突； 因与标的公司存在业务往来可能存在上下游涉及的潜在同业竞争关系	根据合格上市时间、公司业绩承诺作出的对赌/回购和财务类优先权对标的公司、创始团队造成压力； 股权穿透难度较大，上层存在出现资产管理产品、契约型私募投资基金投资的风险

二、人合——理解产业/财务投资人的不同侧重

如表 11－7 所示内容政府投资人具有强大的赋能作用，但一个半导体行业标的公司是否能够引入政府投资人、是否必要引入政府投资人是需要根据项目初创团队的商业决策及各地政府对半导体产业的支持力度或侧重点不同而发生变化的，并非适用于每一标的公司。除此之外，标的公司融资的核心是为其发展助力，无论是接洽带来业务助力的产业投资人，还是带来资金支持、资本运作的财务投资人，故而产业/财务投资人能广泛见于众多标的公司的投资项目中。在半导体行业融资标的普遍存在未来资本市场运作计划的大环境下，根据融资的阶段的不同，亦可再区分为天使轮、A 轮引入的早期投资人，以及公司进入市场化融资直至 Pre－IPO 轮融资阶段引进的中后期投资人。产业投资人、财务投资人投资标的公司的时间段并没有公式化的时间表，投资方的投资目的及投资时点必然是根据标的公司主营业务、主要资产及发展阶段的不同而进行变化的，但常规上，产业投资人往往在公司早期融资时扮演较为重要的角色，而到标的公司步入正轨发展后，在公司需要大量资金的注入以支持其高速发展的时期，财务投资人提供资金帮助、资本运作支持等强有力的作用则会更明显地得以体现。如前文所述，政府投资人的参与严格意义上不具备市场融资之常规属性，下文将试图分析常见的产业投资人、财务投资人在投资谈判中的对己方诉求的不同侧重以更好、更为高效地把握融资尺度及进度。

产业投资人的投资往往带有业务协同与战略发展、延伸及整合产业链、绑定供应商、客户资源等长期深度合作之目的。根据实操经验，为实现前述目的，产业投资人在投资及投资条款设计时会重点关注以下方面。

（一）股权结构设置

通过初创企业合资形式聚集产业资源以快速形成规模效应，在某一新兴市场或利基市场抢占市场空间以形成先发优势，此类合资公司往往以某一方或几方作为牵头公司，以上下游产业链相关公司、财务投资人作为跟投公司合资组建，由特定方牵头时会形成有控股股东的股权结构，而由多方牵头时则可能形成无实际控制之结构。例如，2022 年丰田汽车（7203. TYO/TM. NYSE）、株式会社电装、索尼集团（6758. TYO/SONY. NYSE）、NTT、NEC、软银、铠侠、三菱日联银行共同出资 73 亿日元合资成立高端芯片公司 Rapidus（Rapidus 株式会社），意在瞄准中美半导体产业竞争窗口机遇，恢复日本半导体强国地位；英特尔（INTC. NASDAQ）通过股权投资收购高塔半导体以使英特尔代工事业正式与高特整合并进入前十大晶圆代工排名。

（二）业务合作绑定

通过股权投资获得锁定与标的公司的业务合作机会，常规上表现为附随洽谈的产销框架合作、产能供给等方面。例如，芯联集成（688469. SH）作为 Foundry 企业与一众车企、车规级芯片制造商共同投资 5 亿元人民币设立某化合物半导体公司，各方在化合物半导体 MOS 芯片的制造领域开展合作，并在合作领域内加强各方的业务合作并形成最惠战略合作伙伴关系。再如，盛美上海（688082. SH）作为半导体设备厂商在 2023 年 2 月发布公告以自有资金 1, 673. 73 万美元收购韩国 Ninebell（Ninebell Co. , Ltd. ）公司 20% 股权，Ninebell 系盛美上海关键零部件机器人手臂的主要供应商，本次股权投资增强了上下游之间的协同效应。

（三）知识产权归属及衍进

通过股权投资获取知识产权等优质无形资产或是衍生知识产权改进权及技术合作研发机会，就研发技术的商业成果转化获得优先购买权、独家代理权等特殊权益。例如，2023 年 7 月、9 月，楷登电子（Cadence，CDNS. NASDAQ）分别通过股权投资方式入股收购 EDA 公司 Pulsic、智能系统公司 Rambus、航空航天及国防工程 IC 设计公司 Intrinsix 获得其研发团队及 IP 资产，为楷登电子扩展

EDA/IP 业务提供助力。再如，AMD（AMD. NASDAQ）2022 年 3 月通过股权投资完成对赛灵思的收购以获取其领先的 FPGA、自适应 SoC 和人工智能引擎和软件方面的专业知识。又如，晶丰明源（688368. SH）于 2023 年 3 月发布公告收购南京凌欧创芯电子有限公司约 39% 股权，本次股权投资有利于其进一步扩充完善产品线，同时达成双方能够联合研发 IPM 等电机驱动芯片等目的。

（四）优先购买权/优先认购权/并购权

一方面，通过股权投资获取持续增资及并购机会，获取优先购买权、优先认购权等股东特殊权利以期在未来对标的公司进行并购，如长电科技（600584. SH）于 2016 年启动以 7. 8 亿美元收购金科星朋以获取标的公司控制权扩大其在封测领域的生产及销售规模。此外，通过股权投资亦可以获取优质资产及其附带的重要业务经营所必须但重新申请具有较大难度的稀缺资质，如小鹏汽车（XPEV. NYSE）以 2. 5 亿元人民币收购江苏智途科技有限公司 100% 的股权以获得其甲级地图测绘资质，布局高精地图资质。无独有偶，上汽集团亦有布局投资武汉光庭信息技术股份有限公司、武汉中海庭数据技术有限公司、自动驾驶公司 MOMENTA。

另一方面，财务投资人投资的根本目的是通过参与股权投资追求财务投资增值收益最大化，此类投资人常规来说不具有业务合作绑定或是取得优质资产、未来并购权之目的，而在股权结构设置上也较为宽松，通常来说不具有取得控制权之目的，部分知名投资机构也常限于取得标的公司 3%、5% 或其他某一比例以上的公司股权以便于其获得部分股东会表决权、董事会席位等，而此类知情权、表决权的取得本质上也服务于财务投资人完善标的公司治理结构、监督公司合规经营之目的，进而实现其财务增值收益最大化之本意。此外，为财务增值目的之实现，与产业投资人相比，财务投资人更加侧重关注。

（五）创始股东股权转让限制/对外投资限制/竞业限制/全职工作

早期财务投资人更加关注绑定创始团队。初创企业的业务发展刚刚起步甚至只有业务蓝图而并未实际开展业务，标的公司亦不存在累计一定会计年度的财务数据、业务数据及基于市场研判得出的行研数据支持，因而早期财务投资的本质实则是对创始股东（基于其从业履历及行业认可度）的投资，因此出于对“人”的投资，早期财务投资人更加注重：未经投资人同意，创始团队不得进行一定比例以上或者全部的股权转让、除小额市场行为的股权财务投资外不得投资竞争方、不得投资竞争企业或是将全部精力投入公司经营等。

（六）合格上市时间要求/对赌、股权回购/反稀释/共售与随售/优先清算权

根据实操经验，对“人”的投资往往具有一定盲信成分，投资人基于对团队、对业务未来发展规划的认可投资公司，但公司的发展具有不确定性，而中后期财务投资人更为直接地关注投资回报的确定性，这两者的权衡势必会产生确定投资回报、保障退出安全的条款，其主要关切点包括了财务投资人自身退出的确定性和对标的公司未来经营不善作出的预案。囿于篇幅限制，在本节中此类股东特殊权利的具体内容不作展开，在市场上不乏相对成熟的条款格式及整体操作可供读者参考。

三、投资条款设置——实现投融资双方利益的平衡

以上论述了一家半导体企业在成长过程中较易遇见的投资人类型及各类投资人不同的投资初衷及本意。根据个案不同，各投资人的不同，其核心主诉会有显著差异。然而，如果一次投资明确了投资人的定位，确定了各方基于“人合”达成的一致意见，那么这一次投资将不可避免地进入细节的投资合同条款谈判阶段。严谨及针对性设计的投资合同条款，能够在不违反法律强制性规定的前提下，最大限度地实现投融资双方利益的平衡，我们摘取部分常见于投资合同条款中却又容易被人忽视的条款类型进行分析如下。

（一）交割与交割日

交割的本质是股权作为标的财产与投资款作为交易对价之间完成买卖手续并结清。需要注意的是，交割虽非常重要，但其并非严格意义上的法定概念，即交割作为一个“约定概念”定义为投资合同签署日、投资款首期缴付日、投资款完全缴清日、标的公司为本次投融资进行工商变更并取得营业执照日都是可以的。

常规理解上，各方往往认为交割后投资人获得股东资格并承担相关权利、义务。各方若对交割及交割日的理解存在偏差，则可能导致实际履行中的重大问题。举例而言，若约定全部投资款完全缴清日是交割日，并把完成工商变更登记约定为先决条件之一，则可以发现投资人付款时已经是工商登记的股东。从投资人的角度可能认为直至投资款支付完毕前自己都不是公司股东，如果融资方出现根本违约行为，则投资人应可以解除合同并拿回投资款。然而，司法实践中往往认为投资人一经工商登记，对外部债权人而言就是公司股东，此时投资人拿回投

资款的行为除非经股东会决议通过并走减资程序，否则可能会被认定为抽逃出资。因此，我们建议在审阅任一份投资合同时必须首先明确交割与取得股东身份的时点，并在此基础上拆解分析投资合同的其他条款。

（二）陈述与保证、承诺

我们试着从投资人的角度观察一份常规的半导体行业股权投资类交易文件的陈述与保证、承诺类条款通常会包含哪些方面的基础内容，此类分析亦可帮助作为融资方的标的公司从自己的角度看待条款设置的尺度，如哪些是投资人所必须的，即能够确保收回投资本金或实现基础的财务投资增值收益，哪些是投资人所额外追求的，即意在保障公司发展的同时获取信息知情权以达到监督合规经营之目的。在此列举如下几个常见维度以供参考。

1. 适当履行投资合同条款。该等条款通常约定为在协议解除前，创始股东和标的公司承诺不得从事、允许或促成任何会构成或导致在该协议所作出的陈述、保证、承诺或应履行的义务不真实、不准确、被违反或不被履行的作为或者不作为。

2. 其他促成交易条款。该等条款通常包括全力促成该协议项下交易；为交割目的采取所有必要行动等内容，目的是防止融资方拖延交割进程而寻求兜底救济。

3. 保障投资人知情权条款。从逻辑周延性方面考虑，在半导体产业私募股权投资盛行的场景下，知情权一般体现在《股东协议》（常常被作为投资合同的附件）里而被投资合同所忽略，但是其中也存在协议间的衔接问题值得被投公司关注，也会存在部分投资人要求在投资合同中增加知情权条款或协议间索引的要求。需要提示的是，在合资公司场景下，当被投公司属于上市公司合并财务报表范围内的企业时亦需注意信息权设定的提交时限必须与上市规则相匹配。此外，接触权在实操中也比较重要，如遇到疑似财务造假的情况，可以允许投资人的审计师进场进行查账。但在一些疑似情况下，投资人的审计师能够自由对公司进行审计往往也带来了公司正常经营外的财务工作压力，故而此类条款往往可以约定各方在缔约初期即约定以上市时标准（或其他一个较高标准）要求公司聘请适格的审计师。

4. 业务运营类条款。此类条款包括尽早取得所有必要批准、登记及备案，如半导体企业常见需要做到的固定资产投资项目备案、环境评价、节能审查及主要资质和许可（如 ISO、IATF、IECQ QC 等）；保持一贯正常经营等内容。这些条款的目的主要是确保公司的经营正常稳定。但这里需要注意，如果标的公司存在资质证照方面的瑕疵，需要对这些承诺提高关注度，或者限定资质证书的重要性，或者主动在披露函中予以披露以避免后续出现纠纷的情况发生。

5. 实际控制人全职服务公司、避免同业竞争等条款。关于实际控制人全职服务公司比较好理解，为了防止实际控制人有太多板块的工作分散所投资板块的精力，对此标的公司和投资人需要把握的底线即相关兼职不得影响公司合格上市。同时，我们理解，实际控制人肯定也会有投资的需求，对于常规合理的投资需求通常是可以接受的，但往往投资人会关注其是否投向了具有竞争关系的公司。

6. 员工遵守竞业限制的承诺。半导体行业属于人才密集型、高技术壁垒行业，故而相关员工及他们拥有的技术、能力亦属于支持企业发展的重要资产。由于员工不作为相关投资合同的缔约主体，如果在该类协议中约定了员工个人的义务实际意义不大，除非员工出具承诺文件表示自愿受相关协议的约束，并自愿承担相关赔偿责任，此类条款的设定亦需要关注标的公司所在地的劳动仲裁部门如何从劳动法律法规的角度界定相关约定是否可行。

7. 知识产权相关承诺。知识产权相关承诺通常包括完善、规范和保护知识产权（保护好自己的知识产权）；确保知识产权免受第三方追索（确保不侵犯其他企业的知识产权）。这两个承诺条款看似常规，但稍不注意也会遗漏投资人、标的公司对知识产权相关风险点的把控，在企业运营过程中受限于行业惯性难免存在知识产权的侵权情况。例如，以 MEMS 传感器研发与销售为主的敏芯股份（688286. SH）受理后被歌尔股份（002241. SZ）连续 3 次起诉专利无效，后又被歌尔股份起诉不正当竞争，此类情况较易导致投资人对公司经营的质疑，更有甚者以违反相关承诺为由主张股权回购。再如，在晶晨股份（688099. SH）首轮问询中监管即对其集成电路设计所有权问题进行问询，布图设计属于芯片设计公司的核心知识产权，一旦产生纠纷将导致设计需要进行颠覆性调整，无论最终所有权归属都将导致设计、流片环节的时间及经济成本增加，产能减少，更有甚者直接导致产能不足进而面临高额赔偿问题，影响拟上市企业的主营业务稳定。因此，各方在审阅该条款时应结合实际情况判断是否存在知识产权相关事件及触发风险以调整措辞，类似“重大”等定性措辞应尤为关注并应以明确的定量指标或金额指标作为责任承担的准绳。

8. 投资绑定与退股相关承诺。投资绑定与退股承诺统筹包括标的公司对投资人早期投资义务的确定，以按比例投资（pro rata）方式为例，部分标的公司在融资管理时会与投资人连续磋商多轮投资的投资意向，并确保在第一轮融资完成后进入公司的投资人（老股东）会在新一轮投资中通过行使股东协议中约定得到优先认购权追加投资，以保证投资人在企业中的股权比例不变，此行为对标的公司来说可以确保公司运营能够获得一定时间段内的连续融资保障，同时由于溢价增资的情况较为普遍，投资人往往持股比例不高，在以该方式进行追加融资后亦不会导致创始股东承诺给付过多的股东权利导致标的公司实际控制权的转移，属于公司多轮次立体融资的谈判策略之一。与此同时，在投资绑定承诺的基础上，部分公司和投资人亦可能达成一致认可，因为新老两轮融资的不同谈判时点导致谈判结果具有不确定性，若新一轮公司融资无法与投资人达成一致，则该投资人应当退回包括老股在内的全部股权，以便于标的公司转而寻求更具吸引力的其他投资人来达成公司多轮次融资之目的。此处值得提示的是，在退股承诺中投资人和公司可能会经磋商确定，双方在谈判不及预期时均可以进行退股，而此时需要一个退股的指向主体以回购此部分投资人所持股权。对该回购主体而言，此处较易出现金融负债风险且较为隐蔽，因为在承诺条款中可能并不会明示股权的“回购”“购回”字样，而是以“退出”“退回”“收购”“收回”等文字体现双方基于谈判不及预期这类小概率事件作出的兜底与预防，然而对该回购主体而言，此类兜底表述属于涉及计提金融负债的权利负担，尤其对于标的公司、控股股东或创始团队所架设的特殊目的公司而言，在此类回购主体的选择上应当更为审慎。

（三）终止与退出

在合同生效后的很长一段时间里，投资人都将作为标的公司的股东伴随标的公司的经营发展，而公司经营往往晴雨不测，故而退出条款也是投资人最为关心的条款。退出条款虽然作为所有合同都存在的格式条款，但亦不宜被简单粗暴地理解为模板化的内容。在《民法典》中，对于合同的解除分为两个层面，一是双方达成意思合意解除所签署的合同；二是单方面通知解除合同。除双方一致同意解除合同外，亦存在两大类单方面解除合同的情况，一是根据当事人一方的通知解除合同，二是以提起诉讼或仲裁的方式解除合同。落实到投融资的语境里，公司及投资人均应当关注以下逻辑是否能在“终止与退出”条款中被满足：(1）是否基于合意约定了明确的解除条件，如约定解除条件则能基于单方面通知解除合同；(2）如没有约定解除条件或者约定较为梗概或模糊，则需要判断是否满足法定条件；（3）避免既没有约定又没有法定的解除事由导致协议解除阶段需要各方再次从头谈判；（4）除退还投资本金外还可能被追究违约责任，从违约责任的角度需要关注“可得利益损失”空间，当然从投融资双方来看，此类“可得利益损失”都有一定偏向于己方的争取空间。

（四）公司治理类保护性条款

公司治理类保护性条款往往是投资合同中的主要投资人（如同一轮投资中的领投方或将要合计持股大于5%的股东等）的必争之地，其核心本意在于在保障投资人的知情权的大前提下，享有对禁止同业竞争、限制关联交易、关键人士的竞业限制、重大事件否决等方面的决策权。常见于主要股东与标的公司控股股东、实际控制人就境内公司制企业惯用的分级分层表决机制和措施进行约定。

在目前境内资本市场非聘请专业经营管理人的情况下，投资人主要以公司治理类条款约定保障己方能够知晓并规范或约束标的公司及其原股东在董事会、股东会层面的行为，例如，（1）特别决议表决条款，即将某些类别的表决事项的通过比例提高，如将普通表决事项升级为表决权2/3以上决议通过；或将特殊表决事项升级为表决权3/4以上（或更高比例）决议通过。由此衍生，亦存在一票否决条款，即投资人及/或其委派/提名的董事或监事对于标的公司大额资金的使用和分配、公司股权或组织架构变动等重大事项享有一票否决权等诸如此类，其核心意在保证投资人注入资金的合理使用和投资后标的公司的规范运行。（2）分红权条款，根据《公司法》（2023年修订）第210条的规定，股东之间可以约定或通过公司章程规定不按持股比例分配红利，常见需要注意的分红权条款在于表决权与分红权对股权比例的计算方式是否有差异，如存在部分项目以认缴注册资本作为享有有效表决权的计算基础，而以认缴注册资本中实缴的部分作为享有分红权的计算基础。

（五）持续经营能力保障类条款

在一次成功的投资中，实际控制人或创始团队往往是投资人考察的首要因素，投资人通常希望在投资合同中规定相关持续经营能力保障类条款，此类条款往往与员工、关联交易、同业竞争等关键词相关，如员工条款以激励和约束创业团队的核心员工为标的公司提供长期服务，同时吸引适合的人才加入；关联交易条款以确保标的公司的采购及销售量、价格等要素正常、公允；同业竞争条款以保障公司获得公正的商业机会。以员工条款为例，员工条款通常包含下述内容：

对核心员工的明确界定、核心员工的服务期限（在标的公司至少持续服务一个较长的约定期限）、保密（也包括根据标的公司的业务性质要求的，标的公司与研发人员之间就知识产权归属进行的约定）、竞业禁止（在投资合同中一般体现为对实际控制人或创始团队对投资人作出的相关竞业禁止/限制安排承诺）等方面进行约定。

此外，标的公司近期未来拟进行的股权激励类条款也是投资人长期关注的重要问题。站在标的公司的角度，股权激励的核心在于捆绑人才，对于有发展前景和技术壁垒的半导体企业市场似乎是势在必行的举措及行业惯例，否则公司将会面临人才吸引力低下的窘境；站在投资人的角度，一般要求标的公司的股权激励安排不应影响投资人的权益，否则投资人可能相应调低公司估值，双方的主要切合点在于在不损害投资人利益的情况下实施一份行之有效的激励计划，故而涉及在投资合同中设计相应的条款。

需要明确的是，该等条款的设置原则上应当具有概括性，一份常规的投资合同在通常情况下不会明确股权激励的具体激励方案、价格、份额、对象等要素，因为该等要素在投资合同签订时尚不能明确，所以会把股权激励的具体实施规定由公司的权力机关（股东会、董事会或其下设委员会、总经理办公会等）决定。

对于不在投资合同中能够作出明确约定的未来的激励计划，投资人往往聚焦于能够具有相应的投票权或否决权，避免其持有的公司权益被不合理稀释，此过程亦会伴随实际控制人、高级管理人员团队等或有关联方的回避以强化投资人的决策力度。同时，参照上市规则、上市公司章程指引等后 IPO 时期法律法规指引体现的要素，投资人也往往会要求股权激励计划在表决层级上与上市公司治理保持相对的一致。因此，对于股权激励类条款，各方应当注意其有效表决权的计算方式及表决层级，在符合法律法规规定的前提下，此条款亦属于存在商业谈判空间的保障条款。

第三篇

路在何方：半导体企业的资本市场路径规划

第十二章 常规境内A股IPO路径

第一节 我国资本市场的注册制改革综述

我国资本市场的注册制改革采取初步试点、逐步推广直至全面施行的策略，在摸索中前行，从酝酿到全面落地，历经10余年。

2013年11月，中共十八届三中全会在《中共中央关于全面深化改革若干重大问题的决定》中提出“健全多层次资本市场体系，推进股票发行注册制改革，多渠道推动股权融资，发展并规范债券市场，提高直接融资比重”，中国资本市场首次迎来“注册制”一词。

2013年12月，全国人大财经委员会会同国务院有关部门组成起草组，开展《证券法》的修改工作，在广泛征求意见的基础上形成了《证券法（修订草案）》。

2015年4月，第十二届全国人大常委会第十四次会议对《证券法（修订草案）》进行了初次审议，该修订草案明确规定股票发行实行注册制，明确了注册程序，修改了发行条件，细化了各方责任，建立了公开发行豁免注册和股票转售限制制度。正当市场期待《证券法》的修订工作进一步推进时，资本市场风云变幻，2015年6月股市剧烈震荡、2016年熔断机制导致的一系列问题，迫使《证券法》的修订工作向后推迟。

2017年4月，第十二届全国人大常委会第二十七次会议对《证券法（修订草案二次审议稿）》进行分组审议，受2015年、2016年资本市场震荡的影响，

《证券法（修订草案二次审议稿）》与一审稿相比，体现了更为保守的监管态势。

2019 年 4 月，第十三届全国人大常委会第十次会议对《证券法（修订草案三次审议稿）》进行分组审议。2019 年 12 月 28 日，第十三届全国人大常委会第十五次会议最终审议通过了《证券法》，修订后的《证券法》于 2020 年 3 月 1 日正式施行。至此，历时 4 年多、历经 4 次审议的《证券法》修订工作最终完结。

除上述制度层面的建设，实践层面，资本市场亦不断探索注册制改革之路。

2019 年 7 月，上海证券交易所科创板开板率先实行注册制，发挥注册制改革试验田作用，正式拉开注册制施行的帷幕；经过一年的注册制改革摸索，2020 年 6 月，深圳证券交易所创业板实行注册制；2021 年 11 月，北京证券交易所成立并实行注册制。

2023 年 2 月 17 日，证监会、上海证券交易所、深圳证券交易所以及北京证券交易所等相关部门同步发布实施有关全面注册制的 165 部制度规则，我国实行全面注册制。与此同时，我国证监会完成了由事业单位改革为国务院直属机构的职能变更，全面下放审核权力于上海证券交易所、深圳证券交易所及北京证券交易所。

至此，我国完成全面注册制改革，推动中国深化金融供给侧结构性改革，增强资本市场服务实体经济功能。

注册制改革及三个交易所的错位竞争，可有效利用资本市场对风险偏好的多样性，使处于各个发展阶段的高科技企业和创新企业募集到足够的资本，支撑中国经济在下一个经济长周期中获得增长动力。注册制改革构建了多层次资本市场，提高直接融资比重，改善融资结构，使资本市场可以更有效服务实体经济。

第二节 全面注册制下境内各板块的主要上市条件与审核近况

一、各板块的主要上市条件

（一）上市条件

在全面实行注册制后，主板突出“大盘蓝筹”特色，主要服务于成熟期大型企业，科创板突出“硬科技”特色，发挥资本市场改革“试验田”作用，创业板主要服务成长型创新创业企业，北京证券交易所主要打造服务创新型中小企业主阵地。

1. 主板

上海证券交易所及深圳证券交易所主板定位于“大盘蓝筹”特色，重点支持业务模式成熟、经营业绩稳定、规模较大、具有行业代表性的优质企业。交易所对主板设置多元包容的上市条件，与科创板、创业板有所区别，并将主板审核注册规则与科创板、创业板对齐。具体如表12－1所示。

表12－1　主板的主要上市条件

主板	要求
行业定位	盈利规模较大、相对成熟企业
行业范围[1]	**禁止类**：一是明显不符合板块定位，主板应属于“大盘蓝筹”、业务模式成熟、经营业绩稳定的优质企业；二是控股股东、实际控制人或第一大股东涉及敏感股东；三是从事学科类培训、白酒、类金融、殡葬、宗教等产业政策明确禁止上市的业务；四是从事银行、证券、保险、期货、金融控股、互联网平台、图书出版、影视、军工等业务需行业主管部门审查同意上市，申报时未取得相关批复的；五是业务为简单模式创新尚不成熟、烧钱补贴主业、爆发式加盟扩张，持续盈利或经营能力较难判断。 **限制类**：一是产品为食品、家电、家具、服装鞋帽等相对传统、行业壁垒较低的大众消费类企业；二是从事快销餐饮连锁业务企业，综合考虑经营期限、企业规模、品牌知名度、大众口碑、运营规范等因素审慎掌握；三是经营稳健但没有多少成长空间的“小老树”[2]；四是股东或业务已经引发重大舆情的。 **允许类**：申报企业不存在“禁止类”或“限制类”情形的，原则上都可以正常受理。 **支持类**：符合国家重大战略需求，属于高水平科技自立自强、关键核心技术攻关、实现进口替代等领域的高科技企业，即报即审、审过即发，主要包括集成电路、先进生物医药研发生产等服务国家重大发展战略的企业
上市条件	（1）最近3年净利润均为正，且最近3年净利润累计不低于1.5亿元，最近一年净利润不低于6000万元，最近3年经营活动产生的现金流量净额累计不低于1亿元或营业收入累计不低于10亿元； （2）预计市值不低于50亿元，且最近一年净利润为正，最近一年营业收入不低于6亿元，最近3年经营活动产生的现金流量净额累计不低于1.5亿元； （3）预计市值不低于80亿元，且最近一年净利润为正，最近一年营业收入不低于8亿元
发行规模	发行后股份≥5000万股；发行后股份≤4亿股，公开发行比例＞25%；发行后股份＞4亿股，公开发行比例＞10%

续表

主板	要求
其他条件	**持续经营时间：**持续经营 3 年以上的股份有限公司；有限责任公司按原账面净资产值折股整体变更为股份有限公司的，持续经营时间可以从有限责任公司成立之日起计算； **规范性：**会计基础工作规范，最近 3 年财务会计报告由注册会计师出具无保留意见的审计报告；内控制度健全且被有效执行，由注册会计师出具无保留结论的内部控制鉴证报告； **五独立：**资产、业务、人员、财务、机构独立； **同业竞争：**与控股股东、实际控制人及其控制的其他企业间不存在对发行人构成重大不利影响的同业竞争
	关联交易：与控股股东、实际控制人及其控制的其他企业间不存在严重影响独立性或者显失公平的关联交易； **业务、人员稳定：**最近 3 年主营业务、董事、高级管理人员均没有发生重大不利变化； **控制权稳定、清晰：**最近 3 年实际控制人没有发生变更，发行人的股份权属清晰，不存在导致控制权可能变更的重大权属纠纷； **持续经营能力：**不存在涉及主要资产、核心技术、商标等重大权属纠纷，重大偿债风险，重大担保、诉讼、仲裁等或有事项，经营环境已经或者将要发生重大变化等对持续经营有重大不利影响的事项； **发行人、控股股东、实际控制人合法合规：**最近 3 年不存在贪污、贿赂、侵占财产、挪用财产或者破坏社会主义市场经济秩序的刑事犯罪，不存在欺诈发行、重大信息披露违法或者其他涉及国家安全、公共安全、生态安全、生产安全、公众健康安全等领域的重大违法行为； **董事、监事、高级管理人员合法合规（证监会行政处罚、证监会或司法机关立案无结论）：**最近 3 年不存在受到证监会行政处罚，或者因涉嫌犯罪正在被司法机关立案侦查或者涉嫌违法违规正在被证监会立案调查且尚未有明确结论意见等情形

〔1〕针对主板的行业范围要求，《首次公开发行股票注册管理办法》仅在第 13 条笼统规定，“发行人生产经营符合法律、行政法规的规定，符合国家产业政策”，未进一步作出明确。本文中所提“禁止类”、“限制类”、“允许类”以及“支持类”的划分，系业界流传之“内部资料”，列示仅供参考，特此为注。

〔2〕系指成立时间长，但规模始终维持在一定体量，经济增长停滞，企业活力衰减的企业。

2. 科创板

科创板面向世界科技前沿、面向经济主战场、面向国家重大需求。优先支持符合国家战略，拥有关键核心技术，科技创新能力突出，主要依靠核心技术开展生产经营，具有稳定的商业模式，市场认可度高，社会形象良好，具有较强成长性的企业。具体如表 12 –2 所示。

表 12 –2　科创板的主要上市条件

科创板	要求
行业定位	硬科技科创企业
行业范围	**鼓励类：一是新一代信息技术领域，**主要包括半导体和集成电路、电子信息、下一代信息网络、人工智能、大数据、云计算、软件、互联网、物联网和智能硬件等；**二是高端装备领域，**主要包括智能制造、航空航天、先进轨道交通、海洋工程装备及相关服务等；**三是新材料领域，**主要包括先进钢铁材料、先进有色金属材料、先进石化化工新材料、先进无机非金属材料、高性能复合材料、前沿新材料及相关服务等；**四是新能源领域，**主要包括先进核电、大型风电、高效光电光热、高效储能及相关服务等；**五是节能环保领域，**主要包括高效节能产品及设备、先进环保技术装备、先进环保产品、资源循环利用、新能源汽车整车、新能源汽车关键零部件、动力电池及相关服务等；**六是生物医药领域，**主要包括生物制品、高端化学药、高端医疗设备与器械及相关服务。 **限制类：**金融科技、模式创新企业。 **禁止类：**房地产和主要从事金融、投资类业务的企业
上市条件	(1) 预计市值不低于人民币 10 亿元，最近两年净利润均为正且累计净利润不低于人民币 5000 万元，或者预计市值不低于人民币 10 亿元，最近一年净利润为正且营业收入不低于人民币 1 亿元； (2) 预计市值不低于人民币 15 亿元，最近一年营业收入不低于人民币 2 亿元，且最近 3 年累计研发投入占最近 3 年累计营业收入的比例不低于 15%； (3) 预计市值不低于人民币 20 亿元，最近一年营业收入不低于人民币 3 亿元，且最近 3 年经营活动产生的现金流量净额累计不低于人民币 1 亿元； (4) 预计市值不低于人民币 30 亿元，且最近一年营业收入不低于人民币 3 亿元； (5) 预计市值不低于人民币 40 亿元，主要业务或产品需经国家有关部门批准，市场空间大，目前已取得阶段性成果。医药行业企业需至少有一项核心产品获准开展二期临床试验，其他符合科创板定位的企业需具备明显的技术优势并满足相应条件
发行规模	发行后股本≥3000 万元；发行后股本≤4 亿元，公开发行比例 >25%；发行后股本 >4 亿股，公开发行比例 >10%
其他条件	为便于区分，此处仅列示科创板区别于主板的条件要求： (1) **业务、人员稳定**。最近 2 年主营业务、董事、高级管理人员、核心技术人员均没有发生重大不利变化。 (2) **控制权稳定、清晰**。最近 2 年实际控制人没有发生变更，发行人的股份权属清晰，不存在导致控制权可能变更的重大权属纠纷

科创板关于科创属性的量化指标（“4+5”）如表12-3所示。

表12-3 科创板关于科创属性的量化指标

科创属性	要求	备注
必备要件	**研发投入**：最近3年研发投入占营业收入比例5%以上或最近3年研发投入金额累计在6000万元以上； **发明专利**：应用于公司主营业务的发明专利5项以上； **营业收入**：最近3年营业收入复合增长率达到20%或最近1年营业收入金额达到3亿元； **研发人员占比**：研发人员占比不低于10%	同时满足
补救措施	**国家认可**[1]：发行人拥有的核心技术经国家主管部门认定具有国际领先、引领作用或者对于国家战略具有重大意义； **重大奖项**[2]：发行人作为主要参与单位或者发行人的核心技术人员作为主要参与人员，获得国家科技进步奖、国家自然科学奖、国家技术发明奖，并将相关技术运用于公司主营业务； **科技专项**[3]：发行人独立或者牵头承担与主营业务和核心技术相关的“国家重大科技专项”项目； **进口替代**[4]：发行人依靠核心技术形成的主要产品（服务），属于国家鼓励、支持和推动的关键设备、关键产品、关键零部件、关键材料等，并实现了进口替代； **发明专利**[5]：形成核心技术和应用于主营业务的发明专利（含国防专利）合计50项以上	若无法满足必备要件，则需至少满足其中一项补救措施

〔1〕经检索，截至2023年12月31日，未发现有半导体企业单独以“国家认可”作为申报标准进行科创板申报，而多为在满足4项必要条件的基础之上，论证企业一并满足“国家认可”等其他标准。

〔2〕国芯科技（688262）不满足4项必要条件中的“营业收入”条件，而在申报时论证其满足“重大奖项”的条件（同时也论证了其满足“科技专项”及“发明专利”的条件）。

〔3〕宏微科技（688711）不满足4项必要条件中的“营业收入”及“研发人员占比”条件，而在申报时论证其满足“科技专项”的条件。

〔4〕宏微科技（688711）不满足4项必要条件中的“营业收入”及“研发人员占比”条件，而在申报时论证其满足“进口替代”的条件。

〔5〕中感微（IPO申报终止）不满足4项必要条件中的“营业收入”的要求，而在申报时论证其满足“发明专利”的条件。

3. 创业板

创业板深入贯彻创新驱动发展战略，适应发展更多依靠创新、创造、创意的大趋势，主要服务成长型创新创业企业，支持传统产业与新技术、新产业、新业态、新模式深度融合。具体如表 12－4 所示。

表 12－4　创业板的主要上市条件

创业板	要求
行业定位	“三创四新”成长型创新创业企业
行业范围	**鼓励类：**符合“三创四新”量化指标之一的成长型创新创业企业。 **限制类：“负面清单原则”（传统行业）：**（1）农林牧渔业；（2）采矿业；（3）酒、饮料和精制茶制造业；（4）纺织业；（5）黑色金属冶炼和压延加工业；（6）电力、热力、燃气及水生产和供应业；（7）建筑业；（8）交通运输、仓储和邮政业；（9）住宿和餐饮业；（10）金融业；（11）房地产业；（12）居民服务、修理和其他服务业。**例外的传统行业：**与互联网、大数据、云计算、自动化、人工智能、新能源等新技术、新产业、新业态、新模式深度融合的创新创业企业。 **禁止类：**产能过剩行业、《产业结构调整指导目录》中的淘汰类行业，以及从事学前教育、学科类培训、类金融业务的企业
上市条件	（1）最近两年净利润均为正，且累计净利润不低于 5000 万元。 （2）预计市值不低于 10 亿元，最近一年净利润为正且营业收入不低于 1 亿元。 （3）预计市值不低于 50 亿元，且最近一年营业收入不低于 3 亿元。属于先进制造、互联网、大数据、云计算、人工智能、生物医药等高新技术产业和战略性新兴产业的创新创业企业可适用该规定
发行规模	发行后股本≥3000 万股；发行后股本≤4 亿股，公开发行比例＞25%；发行后股本＞4 亿股，公开发行比例＞10%
其他条件	为便于区分，此处仅列示创业板区别于主板的条件要求： （1）**业务、人员稳定**。最近 2 年主营业务、董事、高级管理人员均没有发生重大不利变化。 （2）**控制权稳定、清晰**。最近 2 年实际控制人没有发生变更，发行人的股份权属清晰，不存在导致控制权可能变更的重大权属纠纷

创业板关于“三创四新”的量化指标如表 12－5 所示。

表 12－5　创业板关于“三创四新”的量化指标

创新属性	要求	备注
必备要件	**研发投入复合增长率＋研发投入＋营业收入复合增长率：**最近 3 年研发投入复合增长率不低于 15%，最近 1 年研发投入金额不低于 1000 万元，且最近 3 年营业收入复合增长率不低于 20%； **累计研发投入＋营业收入复合增长率：**最近 3 年累计研发投入金额不低于 5000 万元，且最近 3 年营业收入复合增长率不低于 20%； **现代产业体系＋营业收入复合增长率：**属于制造业优化升级、现代服务业或者数字经济等现代产业体系领域，且最近 3 年营业收入复合增长率不低于 30%	3 项符合其一
例外	若最近 1 年营业收入金额达到 3 亿元的企业，或者按照《关于开展创新企业境内发行股票或存托凭证试点的若干意见》等相关规则申报创业板的已境外上市红筹企业，不适用前款规定的营业收入复合增长率要求	—

4. 北京证券交易所

北京证券交易所主要服务创新型中小企业，重点支持先进制造业和现代服务业等领域的企业，与科创板聚焦“硬科技”的定位和创业板“三创四新”的定位形成错位发展，共同为企业的融资、发展提供更有力的支持。具体如表 12－6 所示。

表 12－6　北京证券交易所的主要上市条件

北京证券交易所	要求
行业定位	创新型中小企业
行业范围	主要定位于专精特新、“小巨人”企业。 “专”即专业化，产品及服务专注于细分市场、生产工艺的专业性、技术的专有性； “精”即精细化，产品质量的精良性、工艺技术的精深性和企业的精细化管理； “特”即特色化，产品或服务采用独特的工艺、技术、配方研制生产； “新”即新颖化，创新能力强，产品具有较高的技术含量，较高的附加值和显著的经济、社会效益

续表

北京证券交易所	要求
上市条件	(1) 市值不低于 2 亿元，最近 2 年净利润均不低于 1500 万元且加权平均净资产收益率平均不低于 8% 或者最近 1 年净利润不低于 2500 万元且加权平均净资产收益率不低于 8%； (2) 市值不低于 4 亿元，最近 2 年营业收入平均不低于 1 亿元且最近 1 年增长率不低于 30%，最近 1 年经营活动产生的现金流量净额为正； (3) 市值不低于 8 亿元，最近 1 年营业收入不低于 2 亿元，最近 2 年研发投入合计占最近 2 年营业收入合计比例不低于 8%； (4) 市值不低于 15 亿元，最近 2 年研发投入合计不低于 5000 万元
发行规模	最近 1 年期末净资产不低于 5000 万元；向不特定合格投资者公开发行的股份不少于 100 万股，发行对象不少于 100 人；公开发行后，公司股本总额≥3000 万元；公开发行后，公司股东人数不少于 200 人，公众股东持股比例不低于公司股本总额的 25%；公司股本总额超过 4 亿元的，公众股东持股比例不低于公司股本总额的 10%
其他条件	为便于区分，此处仅列示北京证券交易所区别于主板的条件要求。 **主体资格：**需在新三板创新层连续挂牌满 12 个月。 **规范性：**最近 3 年财务会计报告无虚假记载，被出具无保留意见审计报告；建立健全内部控制制度，公司董事会负责内部控制制度的有效实施。 **业务、人员稳定：**最近 2 年主营业务、董事、高级管理人员均没有发生重大不利变化。 **控制权稳定、清晰：**最近 2 年实际控制人没有发生变更，发行人股份不存在重大权属纠纷。 **持续经营能力：**发行人或其控股股东、实际控制人、对发行人主营业务收入或净利润占比超过 10% 的重要子公司在申报受理后至上市前不存在被列入失信被执行人名单且尚未消除的情形；不存在其他对发行人持续经营能力构成重大不利影响的情形。 **发行人、控股股东、实际控制人合法合规：**最近 3 年不存在贪污、贿赂、侵占财产、挪用财产或者破坏社会主义市场经济秩序的刑事犯罪，不存在欺诈发行、重大信息披露违法或者其他涉及国家安全、公共安全、生态安全、生产安全、公众健康安全等领域的重大违法行为；不存在最近 1 年内受到证监会行政处罚的情形；最近 1 年不存在受到证监会及其派出机构行政处罚，或因证券市场违法违规行为受到全国股转公司、证券交易所等自律监管机构公开谴责；不存在发行人及其控股股东、实际控制人、董事、监事、高级管理人员因涉嫌犯罪正被司法机关立案侦查或涉嫌违法违规正被证监会及其派出机构立案调查，尚未有明确结论意见；不存在发行人及其控股股东、实际控制人被列入失信被执行人名单且情形尚未消除

（二）审核关注重点

尽管关于全面注册制实施理念的两个普遍共识是“以信息披露为核心”和“坚持市场化原则”，但这并不意味着企业上市的门槛降低，对于如下论及的重点问题，监管机构在审核过程中仍然秉持强披露、严把关的审核口径。具体如表 12 –7 所示。

表 12 –7　监管机构审核关注重点

关注重点	要求发行人披露/说明的内容
申报企业的板块定位	**上海证券交易所、深圳证券交易所申报企业**均要求发行人以投资者需求为导向，基于板块定位，结合所属行业及发展趋势，充分披露业务模式、公司治理、发展战略、经营政策、会计政策、财务状况分析等相关信息。 **主板申报企业**还应披露其业务发展过程和模式成熟度，披露经营稳定性和行业地位。 **科创板申报企业**还应披露其科研水平、科研人员、科研资金投入等相关信息。 **创业板申报企业**还应充分披露自身的创新、创造、创意特征，针对性披露科技创新、模式创新或者业态创新情况
是否符合国家产业政策	**上海证券交易所申报企业**应当结合主要产品和业务，披露符合产业政策和国家经济发展战略的情况
研发人员相关情况	**科创板申报企业**应披露核心技术人员、研发人员占员工总数的比例，核心技术人员的学历背景构成，取得的专业资质及重要科研成果和获得奖项情况，对公司研发的具体贡献，发行人对核心技术人员实施的约束激励措施，报告期内核心技术人员的主要变动情况及对发行人的影响
研发投入相关情况	**科创板申报企业**应按重要性原则披露正在从事对发行人目前或未来经营有重大影响的研发项目、进展情况或拟达到目标，最近 3 年研发费用占营业收入的比例等；应披露报告期内研发费用的主要构成及变动原因，与同行业可比公司存在显著差异的，应结合业务特点和经营模式分析原因
发明专利相关情况	**科创板申报企业**应披露：（1）核心技术是否取得专利；（2）发行人的专利与所提供产品或服务的内在联系，专利对生产经营的重要程度，是否存在瑕疵及瑕疵资产占比，是否存在纠纷或潜在纠纷，是否对发行人持续经营存在重大不利影响
营业收入相关情况	**科创板申报企业**应披露是否符合营业收入科创属性指标要求

续表

关注重点	要求发行人披露/说明的内容
核心技术与知识产权	IPO审核过程中，对于核心技术的关注点主要集中在两个方面：一是核心技术的先进性，该关注点常与“科创属性”结合，是审核过程中的常规关注事项；二是核心技术的来源，该关注点相关问题包括企业核心技术、相关知识产权是否源于自主研发，企业是否具备持续研发能力，相关知识产权取得是否合规，是否存在纠纷、诉讼、侵权等争议事项，是否会对公司持续稳定经营造成重大不利影响
是否存在构成重大不利影响的同业竞争	发行人应披露与控股股东、实际控制人及其控制的其他企业从事相同、相似业务的情况（如控股股东、实际控制人是自然人，其配偶及夫妻双方的父母、子女控制的企业与发行人存在竞争关系的，应当认定为构成同业竞争并按要求披露，其他亲属控制的企业如存在竞争关系，亦需充分披露），并论证是否对发行人构成重大不利影响，披露发行人防范利益输送、利益冲突及保持独立性的具体安排等
实际控制人的认定	发行人应当真实、准确、完整地披露公司控制权或者股权及控制结构可能存在的不稳定性及其对公司的持续经营能力的潜在影响和风险。涉及共同控制人或无实际控制人的，应结合实际情况充分论证理由
锁定期安排	控股股东、实际控制人及其亲属（依据《民法典》相关规定认定[1]）、一致行动人所持股份是否按要求锁定[2]； 发行人没有或者难以认定实际控制人的，发行人股东所持股份是否按要求锁定[3]； 发行人申报前6个月内进行增资扩股的新增股份的持有人、申报前6个月内从控股股东或者实际控制人处受让的股份，是否按照要求锁定[4]
股东信息披露的核查要求	股东信息核查涉及多个关注重点： 第一，发行人应当真实、准确、完整地披露股东信息，发行人历史沿革中存在股份代持等情形的，应当在提交申请前依法解除，并披露形成原因、演变情况、解除过程、是否存在纠纷或潜在纠纷等。 第二，发行人提交申请前12个月内新增股东的，应当充分披露新增股东的基本情况、入股原因、入股价格及定价依据，新增股东与发行人其他股东、董事、监事、高级管理人员是否存在关联关系，新增股东与本次发行的中介机构及其负责人、高级管理人员、经办人员是否存在关联关系，新增股东是否存在股份代持情形。属于战略投资者的，应予注明并说明具体战略关系。上述新增股东应当承诺所持新增股份自取得之日起36个月内不得转让。 第三，私募投资基金等金融产品持有发行人股份的，发行人应当披露金融产品纳入监管情况

续表

关注重点	要求发行人披露/说明的内容
对赌协议	涉及对赌协议，监管机构重点关注几个问题：（1）发行人是否作为对赌协议当事人；（2）对赌协议是否存在可能导致公司控制权变化的约定；（3）对赌协议是否与发行人市值挂钩；（4）对赌协议是否存在严重影响发行人持续经营能力或者其他严重影响投资者权益的情形。 存在上述情形的，应当审慎论证是否符合股权清晰稳定、会计处理规范等方面的要求，不符合相关要求的对赌协议原则上应在申报前清理。 另外，监管机构亦会关注解除对赌协议的约定中是否约定“自始无效”，并根据《监管规则适用指引——发行类第4号》第3条的要求进行分类处理
关联方[5]和关联交易	关联方及关联交易应当完整披露：发行人应当按照《公司法》《企业会计准则》和证监会、证券交易所的相关规定认定并披露关联方、关联关系和关联交易。 关联交易公允性的论证：发行人应披露关联交易的交易内容、交易金额、交易背景以及相关交易与发行人主营业务之间的关系；还应结合可比市场公允价格、第三方市场价格、关联方与其他交易方的价格等，说明并摘要披露关联交易的公允性，是否存在对发行人或关联方的利益输送。 关联交易比例过高情况下的关注重点：对于控股股东、实际控制人与发行人之间关联交易对应的营业收入、成本费用或利润总额占发行人相应指标的比例较高（如达到30%）的，发行人应结合相关关联方的财务状况和经营情况、关联交易产生的营业收入、利润总额合理性等，充分说明并摘要披露关联交易是否影响发行人的经营独立性，是否构成对控股股东或实际控制人的依赖，是否存在通过关联交易调节发行人收入利润或成本费用、对发行人利益输送的情形；此外，发行人还应披露未来减少与控股股东、实际控制人发生关联交易的具体措施。 关联交易决策程序：发行人应当披露章程对关联交易决策程序的规定，已发生关联交易的决策过程是否与章程相符，关联股东或董事在审议相关交易时是否回避，以及独立董事和监事会成员是否发表不同意见等
技术来源及独立性问题	如涉及合作研发，监管机构重点关注以下事项：（1）合作研发的内容和范围；（2）合作各方的权利和义务；（3）风险责任的承担方式；（4）合作研发的成果分配和收益分成约定；（5）合作研发的保密措施。 如涉及继受取得或与他人共用专利、技术许可，监管机构重点关注以下事项：（1）继受取得或与他人共有专利、技术许可的重要性，与所提供产品或服务的内在联系；（2）继受取得或与他人共有专利、技术许可的背景、过程，是否存在瑕疵、纠纷和潜在纠纷；（3）原权利人、共有人的基本信息，共有人使用或许可专利的具体情况，是否存在收益分成等约定；（4）发行人存在技术许可情形的，是否明确约定技术使用的范围、

续表

关注重点	要求发行人披露/说明的内容
	期限、费用等内容，是否能够长期稳定使用相关技术，基于技术许可后续改进的技术成果归属是否清晰
诉讼或仲裁	发行人应当按照要求披露诉讼或仲裁事项，如诉讼或仲裁事项可能对发行人产生重大影响，应当充分披露发行人涉及诉讼或仲裁的有关风险。涉及主要产品、核心商标、专利、技术等方面的诉讼或仲裁可能对发行人生产经营造成重大影响，或者诉讼、仲裁有可能导致发行人实际控制人变更，或者其他可能导致发行人不符合发行条件的情形，需要充分论证该等诉讼、仲裁事项是否构成对发行人IPO的法律障碍

〔1〕《民法典》第1045条第1、2款规定，亲属包括配偶、血亲和姻亲，其中配偶、父母、子女、兄弟姐妹、祖父母、外祖父母、孙子女、外孙子女为近亲属。

〔2〕各交易所的《股票上市规则》规定，控股股东、实际控制人及其一致行动人自上市之日起36个月内（主板、创业板、科创板）或12个月内（北京证券交易所）不得转让其直接及间接持有的首发前股份，控股股东和实际控制人的亲属所持股份应比照该股东本人进行锁定。

〔3〕针对主板、创业板、科创板：《证券期货法律适用意见第17号》等规定，为确保发行人股权结构稳定、正常生产经营不因发行人控制权发生变化而受到影响，发行人没有或者难以认定实际控制人的，发行人股东应当按持股比例从高到低依次承诺其所持股份自上市之日起锁定36个月，直至锁定股份的总数不低于发行前股份总数的51%。对于具有一致行动关系的股东，应当合并后计算持股比例再进行排序锁定。符合下列情形之一的，可不适用上述锁定36个月的规定：（1）员工持股计划；（2）持股5%以下的股东；（3）非发行人第一大股东且符合一定条件的创业投资基金股东，具体条件参照创投基金的监管规定。
针对北京证券交易所：北京证券交易所的《股票上市规则》规定，发行人无控股股东、实际控制人时，第一大股东及其最终控制人应当参照适用关于控股股东、实际控制人的规定（锁定12个月）。

〔4〕对于突击入股股东，不同情形项下的锁定期存在不同规定，且实务中对于各类情形的锁定期要求存在争议，需根据具体情况具体判断。关于突击入股的锁定期规定如下：《证券期货法律适用意见第17号》规定，发行人申报前6个月内进行增资扩股的，新增股份的持有人应当承诺新增股份自发行人完成增资扩股工商变更登记手续之日起锁定36个月。在申报前6个月内从控股股东或者实际控制人处受让的股份，应当比照控股股东或者实际控制人所持股份进行锁定。相关股东刻意规避股份锁定期要求的，应当按照相关规定进行股份锁定。

〔5〕关联方，系指一方控制、共同控制另一方或对另一方施加重大影响，以及两方或两方以上同受一方控制、共同控制或重大影响的，构成关联方。实务中，不同规则对关联方的认定存在不同的认定标准，如《企业会计准则第36号——关联方披露》、各板块的《股票上市规则》等，IPO申报时，一般依照各板块的《股票上市规则》对关联方进行认定。

二、各板块的审核近况

（一）各板块审核流程介绍

全面实行注册制后，A 股审核流程主要如图 12－1 所示。

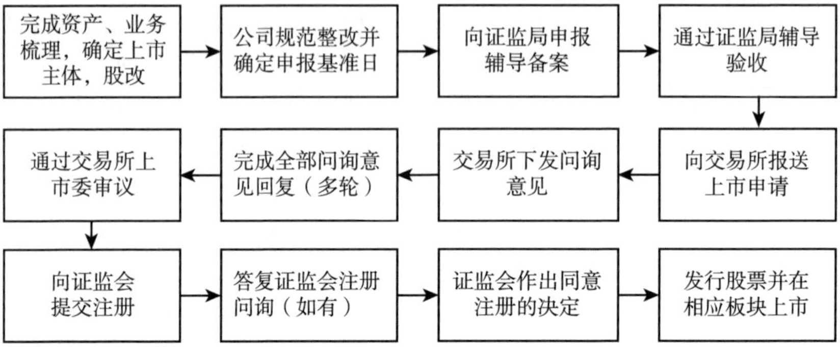

图 12－1　全面注册制后 A 股审核流程

（二）审核速度

2021—2023 年，A 股不同板块的平均审核速度（从 IPO 受理日到取得证监会审核批文日）如表 12－8 所示。

表 12－8　A 股不同板块的平均审核速度　　单位：天

板块	2023 年度		2022 年度		2021 年度	
	中位数	平均数	中位数	平均数	中位数	平均数
主板	170	245	381	409	456	505
科创板	304	328	267	308	278	288
创业板	563	627	469	503	341	338
北京证券交易所	200	220	150	162	179	190

数据来源于 Wind 金融终端。

由表 12－8 可见，自 2023 年 2 月主板实行注册制以来，主板的审核速度明显提升，不过，审核速度“明显提升”系因注册制改革，原来拟主板上市的证监会在审企业向交易所进行平移申报，使交易所的审核时间大大缩短。随着注册制项下主板 IPO 排队企业的增多，后期主板 IPO 排队时间也会逐步延长。

科创板每年度审核时长均较为稳定，平均审核周期在 10 个月左右。

创业板系目前总审核期最长的板块，每年度的审核周期均明显长于主板、科创板及北京证券交易所，主要是因为创业板排队企业最多，与之相应的总审核周期也被拉长。2022 年度，创业板平均审核周期在 16—17 个月；2023 年度，创业板平均审核周期在 20 个月左右。

北京证券交易所正式开市以来，整体审核周期较之于主板、科创板及创业板短，2022 年度平均审核周期在 5—6 个月，2023 年度平均审核周期在 7—8 个月。

2023 年 7 月起，IPO 申报、审核、注册出现明显放缓迹象，市场风声鹤唳。2023 年 8 月 27 日，证监会发布《证监会统筹一二级市场平衡优化 IPO、再融资监管安排》的公告，提出证监会充分考虑当前市场形势，完善一、二级市场逆周期调节机制，围绕合理把握 IPO、再融资节奏，决定根据近期市场情况，阶段性收紧 IPO 节奏，促进投融资两端的动态平衡。截至 2023 年 12 月 31 日，IPO 申报、审核、注册仍处于相对收紧阶段，结合现阶段市场形势及经济发展态势，监管机构阶段性收紧 IPO 节奏系符合市场变化的合理之举。短期内，在市场资源有限的情况下，监管机构将更倾向于选择高科技、战略新兴产业入场，同时也将更加青睐具备较强盈利前景的企业，而产能过剩行业、周期性强及天花板过低行业的企业，将受到较大的影响。

（三）审核通过率

2021—2023 年，A 股不同板块的审核通过数量如表 12 – 9 所示。

表 12 – 9　A 股不同板块的审核通过数量　　单位：个

板块	2023 年度			2022 年度			2021 年度		
	上会数	通过数	终止数	上会数	通过数	终止数	上会数	通过数	终止数
主板	91	85	73	97	87	76	84	71	27
科创板	36	30	60	124	122	34	152	140	86
创业板	110	100	106	224	208	132	205	196	103
北京证券交易所	69	64	39	112	109	48	37	36	30
合计	306	279	278	557	526	290	478	443	246

2021—2023 年，A 股不同板块的审核通过率如表 12 – 10 所示，其中，名义通

过率=通过数÷上会数；真实通过率=通过数÷（上会数+终止数）（见表12-10）。

表12-10　A股不同板块的审核通过率　　单位：%

年度	名义通过率				实际通过率			
	科创板	创业板	北京证券交易所	主板	科创板	创业板	北京证券交易所	主板
2021	92.11	95.61	97.30	84.52	58.82	63.63	53.73	63.96
2022	98.39	92.86	98.39	89.69	77.22	58.43	68.13	50.29
2023	83.33	90.91	92.75	93.41	31.25	46.30	59.26	51.83
平均通过率	91.28	93.13	96.15	89.21	55.76	56.12	60.37	55.36

由表12-10可见，四大板块名义通过率都较高，但有较多的企业因现场检查等原因在上会前撤材料导致IPO实际通过率相对较低。此外，2023年审核收紧的态势明显，尤其是科创板，实际通过率骤降。

（四）净利润水平

2021—2023年，A股不同板块上市企业净利润水平如表12-11所示。

表12-11　A股不同板块上市企业的净利润水平

上市板块	项目	扣非后净利润/万元		
		2023年	2022年	2021年
沪深主板	平均数	35,032.13	269,500.81	62,196.31
	中位数	15,806.49	13,410.36	15,099.85
创业板	平均数	15,575.23	14,939.47	15,356.65
	中位数	8964.19	9588.27	8648.23
科创板	平均数	13,773.33	10,285.55	10,606.59
	中位数	6654.27	8336.74	8116.56
北京证券交易所	平均数	6046.76	4734.84	5537.04
	中位数	4365.67	3691.67	4156.97

由表12-11可见，2021—2023年来A股主板和创业板IPO的实际整体盈利门槛相当高，科创板相比主板和创业板对盈利要求相对稍低但强调科创属性，北

京证券交易所则相对更加包容中型企业。

前文提到，2023年7月起，IPO申报、审核、注册出现明显放缓迹象。IPO收紧，紧跟着的就是各板块对净利润底线的要求提升，实务中，监管机构对采用未盈利的上市标准递交材料申报的企业采取更加严格的审核态度，未盈利企业的IPO难度将提升。

第三节 半导体企业如何选择A股IPO上市板块/不同板块上市半导体企业分析

一、2020—2023年半导体企业IPO申报板块的选择

根据统计，2020—2023年半导体企业IPO申报板块情况如表12－12所示。

表12－12　2020—2023年半导体企业IPO申报板块情况

年度	申报板块	企业数量/家	占比/%
2020	主板	2	4.44
	科创板	37	82.22
	创业板	6	13.33
	北京证券交易所	0	0.00
	合计	45	100.00
2021	主板	6	7.79
	科创板	56	72.73
	创业板	15	19.48
	北京证券交易所	0	0.00
	合计	77	100.00

续表

年度	申报板块	企业数量/家	占比/%
2022	主板	0	0.00
	科创板	51	67.10
	创业板	20	26.32
	北京证券交易所	5	6.58
	合计	76	100.00
2023	主板	8	21.05
	科创板	23	60.53
	创业板	7	18.42
	北京证券交易所	0	0.00
	合计	38	100.00

根据不完全统计，2023年度共有38家半导体企业提交了招股书并获得受理，涵盖半导体产业链的各个环节，其中包括设计、制造、封测、IDM、设备、材料等细分领域企业，其具体情况如表12－13所示。

表12－13　2023年度半导体企业申请上市情况

序号	受理时间	企业名称	主营业务	细分行业	板块选择	上市标准
1	2023－02－27	华宇电子	集成电路封装和测试业务	封测	主板	标准一
2	2023－03－01	盛景微	电子控制模块	设计	主板	标准一
3	2023－03－02	高泰电子	半导体封装材料	材料	主板	标准一
4	2023－03－04	康美特	电子封装材料	材料	科创板	标准一
5	2023－04－04	海谱润斯	OLED材料	材料	创业板	标准一
6	2023－05－05	海创光电	激光光学元器件及激光模组	设备	科创板	标准一
7	2023－05－05	芯谷微	半导体微波毫米波芯片	设计	科创板	标准一
8	2023－05－09	凯普林	半导体激光器	设备	科创板	标准四

续表

序号	受理时间	企业名称	主营业务	细分行业	板块选择	上市标准
9	2023-05-09	兴福电子	湿电子化学品	材料	科创板	标准一
10	2023-05-25	辉芒微	MCU、EEPROM、PMIC	设计	创业板	标准一
11	2023-05-26	龙图光罩	半导体掩膜版	设备	科创板	标准一
12	2023-05-30	尚阳通	半导体功率器件	设计	科创板	标准四
13	2023-05-31	硅数股份	TCON 芯片、智能高速互联芯片	设计	科创板	标准二
14	2023-06-01	大普技术	时钟芯片	设计	科创板	标准一
15	2023-06-05	飞仕得	功率半导体检测设备	设备	科创板	标准一
16	2023-06-07	毅兴智能	滤波器和精密结构件产品	设备	创业板	标准一
17	2023-06-08	先锋精科	半导体刻蚀和薄膜沉积设备零部件	设备	科创板	标准一
18	2023-06-12	信芯微	显示芯片、AIOT 智能控制芯片	设计	科创板	标准一
19	2023-06-15	朝微电子	半导体分立器件	IDM	主板	标准一
20	2023-06-15	科利德	电子特种气体及半导体前驱体材料	材料	科创板	标准一
21	2023-06-19	拉普拉斯	半导体分立器件设备	设备	科创板	标准一
22	2023-06-20	维安股份	电子元件、功率半导体分立器件与模拟集成电路	部分制造+部分设计	主板	标准一
23	2023-06-20	芯旺微	车规级和工业级 MCU 产品	设计	科创板	标准一
24	2023-06-21	株洲科能	镓、铟、铋、碲等稀散金属元素	材料	科创板	标准一
25	2023-06-26	志橙股份	半导体设备零部件产品	设备	创业板	标准一

续表

序号	受理时间	企业名称	主营业务	细分行业	板块选择	上市标准
26	2023-06-28	汉桐集成	军用集成电路封装	封测	创业板	标准一
27	2023-06-29	华光光电	半导体激光器外延片、芯片	IDM	科创板	标准一
28	2023-06-29	芯邦科技	存储控制芯片、智能家电控制芯片	设计	科创板	标准一
29	2023-06-29	兆讯科技	安全 SOC、周边外接芯片、MCU 等	设计	科创板	标准一
30	2023-06-29	精实测控	测控装备与测控数据分析协作工具	设备	创业板	标准一
31	2023-06-30	明皜传感	MEMS 传感器	设计	科创板	标准一
32	2023-06-30	长光辰芯	CMOS 图像传感器	设计	科创板	标准四
33	2023-06-30	华羿微电	SGT MOSFET 以及 Trench MOSFET	设计+封测	科创板	标准四
34	2023-06-30	晶亦精微	CMP 设备及其配件	设备	科创板	标准四
35	2023-06-30	福建德尔	半导体湿电子化学品	材料	主板	标准二
36	2023-06-30	盾源聚芯	半导体设备用硅部件产品	材料	主板	标准一
37	2023-06-30	深蕾科技	电子元器件分销	—	主板	标准一
38	2023-09-06	优邦科技	电子装联材料及其配套自动化设备	材料+设备	创业板	标准一

由此可见，2021 年度、2022 年度 IPO 获受理的半导体企业中，鲜有企业选择在高门槛的主板上市，而主要倾向于选择在科创板申报上市。随着 2023 年全面注册制的落地，2023 年已有约 20% 的企业选择主板上市，不过，科创板上市仍为大多数半导体企业的首选。

进一步而言，不同半导体企业的板块选择亦存在特点。设计类企业首选科创板作为申报板块，且主要以科创板财务指标的标准一作为上市标准进行申报，个别设计类企业选择主板上市，该等设计类企业一般成立较早、企业体量较大且可能存在多项主营业务。制造、封测、IDM、设备、材料类企业，根据其科技创新属性、企业规模体量等，选择主板、科创板或创业板申报上市的情况均存在，且主要选择各板块财务指标的标准一作为上市标准进行申报。值得注意的是，越来越多的设备和材料企业，因其身处产业链上游国产化率低的“卡脖子”领域，选择资本化并首选科创板作为申报上市板块。

二、规则与政策导向

我国施行多层次资本市场结构，为了理解多层次资本市场结构，可将其形容为一个分为若干层级的三角形，最底层是非公众公司，之后向上递进到新三板的基础层、创新层，而后再到北京证券交易所、科创板、创业板和主板。半导体企业在选择上市板块时，在充分衡量其财务指标等是否满足各板块硬性指标外，亦需要结合我国多层次资本市场的宏观政策导向，充分论证各板块的定位，结合半导体企业自身规模、盈利状况、发展阶段等，选择合适的板块。

第十三章 差异化的 A 股 IPO 路径

第一节 上市公司分拆

完成自身登陆资本市场之后，分拆部分资产或业务并以子公司的形式独立上市的资本运作手段成为多元化公司提升主业集中度、运营效率及估值的重要手段。从 2019 年年底分拆上市试点启动以来，截至 2023 年 12 月 31 日，共有超过 115 家 A 股上市公司发布公告，计划分拆超过 131 家子公司登陆 A 股。① 一般来说，上市公司寻求分拆上市的利益和动因包括多方面的因素，首先是为子公司获取资金和融资，拓宽融资渠道，实现对子公司核心员工的激励，同时使母公司获得资产增值收益；其次能够使上市公司进一步实现业务聚焦，将与主业相关性不强的业务作为单独主体进行经营，梳理业务结构层次。

一、上市公司分拆的历史演变

梳理 A 股上市公司分拆上市的历史，主要可以分为四个阶段。

---

① 参见陈丽娜：《数说“拆 A 潮”：126 家分拆子公司勇闯 A 股，近两成已无缘 IPO》，载微信公众号“时代投研”2023 年 8 月 28 日，https://mp.weixin.qq.com/s/SLjpM0V4bVnsL_46B9KHyg，2023 年 10 月 1 日访问，并结合后续统计。

（一）第一阶段（2000—2004年）

2000年同仁堂（600085. SH）分拆子公司同仁堂科技（1666. HK）至香港联交所上市成为A股上市公司分拆上市的第一股。此阶段我们资本市场对分拆上市的监管探索仍处于发展初期，相关监管并无成文的规定可以参照。

（二）第二阶段（2004—2010年）

2004年7月21日，证监会发布《关于规范境内上市公司所属企业到境外上市有关问题的通知》（证监发〔2004〕67号，已失效）（以下简称《境外分拆通知》），正式允许A股上市公司分拆其所属企业至境外上市，明确分拆子公司境外上市的八大条件①，这也是A股上市公司分拆上市的第一份正式规范性文件。

（三）第三阶段（2010—2019年）

在《境外分拆通知》出台之后，A股上市公司分拆子公司到港交所上市的实践明显增多。但对于A股上市公司分拆子公司至A股上市，监管仍然持较为审慎的态度，虽然2010年中兴通讯（000063. SZ）在证监会窗口指导下对国民技术（300077. SZ）拆分成为A拆A的第一个案例，但是由于没有成文的规定，争议较大，因此也不具有普适性。

（四）第四阶段（2019年至今）

2019年1月，证监会发布《关于在上海证券交易所设立科创板并试点注册制的实施意见》，提出"达到一定规模的上市公司，可以依法分拆其业务独立、符合条件的子公司在科创板上市"。

2019年3月，证监会出台《科创板上市公司持续监管办法（试行）》再次明确了该表述，即"达到一定规模的上市公司，可以依据法律法规、中国证监会和交易所有关规定，分拆业务独立、符合条件的子公司在科创板上市"。

2019年12月，证监会发布《上市公司分拆所属子公司境内上市试点若干规

---

① 八大条件具体包括：上市公司最近3年连续盈利；上市公司最近3个会计年度内发行股份及募集资金投向的业务和资产不得作为对所属企业的出资申请境外上市；上市公司最近1个会计年度合并报表中按权益享有的所属企业的净利润不得超过上市公司合并报表净利润的50%；上市公司最近1个会计年度合并报表中按权益享有的所属企业净资产不得超过上市公司合并报表净资产的30%；上市公司与所属企业不存在同业竞争，且资产、财务独立，经理人员不存在交叉任职；上市公司及所属企业董事、高级管理人员及其关联人员持有所属企业的股份，不得超过所属企业到境外上市前总股本的10%；上市公司不存在资金、资产被具有实际控制权的个人、法人或其他组织及其关联人占用的情形，或其他损害公司利益的重大关联交易；上市公司最近3年无重大违法违规行为。

定》（以下简称《境内分拆规定》）（证监会公告〔2019〕27号，已失效）正式允许A股公司进行A拆A的操作。该规定对于A股上市公司拆分子公司至A股的七大条件、信息披露和决策程序进行了规定，也对交易中的正当性、必要性、独立性作出了要求。至此，A股上市公司分拆子公司在A股上市监管规则的空白被填补，A股上市公司分拆上市活动日趋活跃。半导体行业上市公司的分拆运作也随之兴旺起来。

2022年1月，证监会公布《上市公司分拆规则（试行）》，对《境内分拆规定》和《境外分拆通知》进行修改、整合，以两个规定的内容和框架为基础形成一项规则，推动建设体例科学、层次分明、规范合理且协调一致的上市公司分拆监管法规体系。

二、基本条件及其他要求

根据《上市公司分拆规则（试行）》，境内上市公司分拆基本条件如表13－1所示。

表13－1　境内上市公司分拆的基本条件

分类	序号	内容
积极条件（应当同时符合）	1	上市公司股票境内上市已满3年
	2	上市公司最近3个会计年度连续盈利
	3	上市公司最近3个会计年度扣除按权益享有的拟分拆所属子公司的净利润后，归属上市公司股东的净利润累计不低于人民币6亿元（以扣除非经常性损益后孰低值为依据）
	4	上市公司最近1个会计年度合并报表中按权益享有的分拆所属子公司的净利润不得超过归属上市公司股东的净利润的50%；上市公司最近1个会计年度合并报表中按权益享有的拟分拆所属子公司的净资产不超过归属上市公司股东的净资产的30%
消极条件——上市公司（存在相关情形之一则不得分拆）	1	上市公司资金、资产被控股股东、实际控制人及其关联方占用或者上市公司权益被控股股东、实际控制人及其关联方严重损害
	2	上市公司或其控股股东、实际控制人最近36个月内受到过证监会的行政处罚
	3	上市公司或其控股股东、实际控制人最近12个月内受到过证券交易所的公开谴责

续表

分类	序号	内容
消极条件——上市公司（存在相关情形之一则不得分拆）	4	上市公司最近 1 年或 1 期财务会计报告被注册会计师出具保留意见、否定意见或者无法表示意见的审计报告
	5	上市公司董事、高级管理人员及其关联方持有拟分拆所属子公司股份，合计超过所属子公司分拆上市前总股本的 10%，但董事、高级管理人员及其关联方通过该上市公司间接持有的除外
消极条件——所属子公司（存在相关情形之一则不得分拆）	1	主要业务或资产是上市公司最近 3 个会计年度内发行股份及募集资金投向的，但子公司最近 3 个会计年度使用募集资金合计不超过子公司净资产 10% 的除外
	2	主要业务或资产是上市公司最近 3 个会计年度内通过重大资产重组购买的
	3	主要业务或资产是上市公司首次公开发行股票并上市时的主要业务或资产
	4	主要从事金融业务的
	5	子公司董事、高级管理人员及其关联方持有分拆所属子公司股份，合计超过该子公司分拆上市前总股本的 30%，但董事、高级管理人员及其关联方通过该上市公司间接持有的除外
披露要求	1	上市公司分拆，应当就以下事项作出充分说明并披露： （1）有利于上市公司突出主业、增强独立性。 （2）本次分拆后，上市公司与拟分拆所属子公司均符合证监会、证券交易所关于同业竞争、关联交易的监管要求；分拆到境外上市的，上市公司与拟分拆所属子公司不存在同业竞争。 （3）本次分拆后，上市公司与拟分拆所属子公司的资产、财务、机构方面相互独立，高级管理人员、财务人员不存在交叉任职。 （4）本次分拆后，上市公司与拟分拆所属子公司在独立性方面不存在其他严重缺陷
	2	上市公司分拆，应当参照证监会、证券交易所关于上市公司重大资产重组的有关规定，充分披露对投资者投资决策和上市公司证券及其衍生品种交易价格可能产生较大影响的所有信息，包括但不限于：分拆的目的、商业合理性、必要性、可行性；分拆对各方股东特别是中小股东、债权人和其他利益相关方的影响；分拆预计和实际的进展过程、各阶段可能面临的有关风险，以及应对风险的具体措施、方案等

续表

分类	序号	内容
审议程序	1	需由上市公司董事会依法作出决议，并提交股东会批准。 上市公司董事会应当就所属子公司分拆是否符合相关法律法规和本规则、是否有利于维护股东和债权人合法权益，上市公司分拆后是否保持独立性及持续经营能力，分拆形成的新公司是否具备相应的规范运作能力等作出决议。 上市公司股东大会应当就董事会提案中有关所属子公司分拆是否有利于维护股东和债权人合法权益、上市公司分拆后能否保持独立性及持续经营能力等进行逐项审议并表决。 上市公司股东大会就分拆事项作出决议，必须经出席会议的股东所持表决权的 2/3 以上通过，且须经出席会议的中小股东所持表决权的 2/3 以上通过。 上市公司董事、高级管理人员在拟分拆所属子公司安排持股计划的，该事项应当由独立董事发表独立意见，作为独立议案提交股东会表决，并须经出席会议的中小股东所持表决权的半数以上通过
被分拆的子公司	1	还需满足证监会、证券交易所关于拟上市板块证券发行上市的相关条件、信息披露要求并履行相应的审议程序

三、审核关注要点与案例

（一）生益科技（600183）分拆生益电子（688183）——独立性问题

1. 母公司与子公司主营业务

母公司生益科技主要从事设计、生产和销售覆铜板和粘接片、印制线路板。分拆子公司生益电子主要从事主营各类印制电路板的研发、生产与销售业务。

母子公司分别处于电子信息产业链的上下游。

2. 报告期内财务指标

生益电子报告期内的财务指标如表 13 – 2 所示。

表 13 – 2　生益电子报告期内的财务指标　　单位：万元

项目	2020 年 6 月 30 日	2019 年 12 月 31 日	2018 年 12 月 31 日	2017 年 12 月 31 日
资产总额	457, 327. 95	375, 145. 19	230, 587. 79	214, 671. 93

续表

项目	2020上半年度	2019年度	2018年度	2017年度
归属母公司所有者权益	179,982.23	172,210.71	140,121.73	127,453.80
营业收入	190,615.70	309,624.58	205,352.47	171,126.00
净利润	29,698.60	44,118.31	21,318.87	13,846.98

3. 上市周期

生益科技于1998年上市。

生益电子于2020年5月28日披露申报文件，2021年2月25日上市。

4. 股权结构

A股上市前生益电子的主要股东及股权结构如表13－3所示。

表13－3 A股上市前生益电子的主要股东及股权结构 单位:%

序号	股东名称	股权比例
1	生益科技	78.67
2	投资方	9.71
3	员工持股平台	8.54

5. 关注要点与分析

由于在分拆前，分拆子公司在上市公司报表范围内，难免存在共用资产、人员或资金拆借等情况，分拆子公司在“独立性”问题上有先天的瑕疵。因此，分拆子公司的独立性问题一直是监管关注的重点，分拆上市中，对于独立性的要求包括5个方面，即分拆后母子公司资产、业务、财务、机构、人员独立，尤其是高级管理人员、财务人员不存在交叉任职。

在生益科技分拆生益电子中，监管机构在反馈中要求充分说明本次分拆是否有利于上市公司突出主业、增强独立性，是否符合同业竞争、关联交易的监管要求，且资产、财务、机构方面相互独立，高级管理人员、财务人员不存在交叉任职，独立性方面不存在其他严重缺陷。除此之外，监管机构还对共用商号的事宜进行了问询，主要关注点在于是否存在业务产品的混淆，是否存在供应商、客户的重合及依赖等，根本还是关注分拆子公司是否有独立经营和独立开展业务的能力。

针对监管机构关注的上述独立性问题，我们建议发行人可以通过以下角度来论述。

（1）资产独立：说明发行人已取得权属证书，土地、生产用房权属清晰，均为发行人所有，与上市公司不存在关联或纠纷。若存在资产共用的情况，则进一步披露涉及共用的具体情况，如授权商标销售占比较低，共用房产占发行人全部房产的面积较小，对应营收贡献金额较小等，以此来论证对发行人生产经营影响较低。如存在租赁上市公司资产情况，则可以通过签署长期租赁合同并约定优先续租权等方式，确保发行人能够长期使用相关资产。发行人已经按照一定方式进行了有效区分隔离，共有或者租赁资产对公司主要生产经营资产的完整性和独立性无实质性影响。结合业务实际，尽可能由发行人独立拥有主要的生产场所、生产设备并自主进行生产。

（2）人员独立：发行人与员工直接签订合同，在发行人处专职工作，不在上市公司或者其他公司兼职等。

（3）财务独立：建立独立的财务部门和财务管理制度，并对其全部资产进行独立登记、建账、核算、管理等。

（二）天钰科技（4961，台交所上市公司）分拆天德钰（688252）——同业竞争问题

1. 母公司与子公司主营业务

天钰科技主要从事分离型驱动芯片及电源管理芯片等产品的研发及销售工作。天德钰主要从事手机、平板等移动智能终端整合型单芯片的研发和销售工作，主要产品为显示驱动芯片的封装测试。

二者的业务都属于驱动芯片的范畴，可以看作一个大的产品分类。从应用场景看，天钰科技的产品用于电脑、显示器等终端产品，天德钰的产品主要用于手机、平板等移动终端。

2. 报告期内的财务表现

天德钰报告期内的财务表现如表 13－4 所示。

表 13－4　天德钰报告期内的财务表现　　单位：万元

项目	2021 年 12 月 31 日	2020 年 12 月 31 日	2019 年 12 月 31 日
资产总额	110,789.85	67,862.95	31,232.33

续表

项目	2021年度	2020年度	2019年度
归属母公司所有者权益	88,096.74	54,640.15	8171.01
营业收入	111,571.24	56,094.68	46,423.04
净利润	32,931.85	6074.57	1727.77

3. 上市周期

天钰科技于2010年上市，天钰科技于2021年5月审议通过分拆子公司上市议案，天德钰于2022年9月上市。

4. 股权结构情况

天德钰的股权结构情况见表13－5。

表13－5　天德钰的股权结构情况　　单位：%

序号	股东名称	股权比例
1	恒丰有限	62.9700
2	境内员工持股平台	0.8829
3	境外员工持股平台	10.5786
4	其他投资人	25.5685

5. 审核关注与分析

由于拟分拆的子公司与上市公司往往处于同一行业，且子公司与其实际控制人控制的其他企业可能存在相似业务，因此同业竞争问题也成为监管机构关注的重中之重，几乎所有的分拆项目的第一轮监管反馈问题中均包含对同业竞争的问询，甚至会持续到第二轮、第三轮。

天钰科技分拆天德钰体现了监管机构对同业竞争的把握尺度，天钰科技的分离式芯片与天德钰的整合型芯片工作原理近似，有着共同的基础技术，在主流的应用场景上，两种芯片存在应用交叉。监管机构重点问询了应用领域的细分市场划分是否合理、能否有效区分，天德钰与天钰科技是否实质在同一市场范围内销售。天德钰从技术细节、技术路径、未来发展趋势等解释了二者业务的区别，并借用反垄断法中关于“同一市场”的概念，论述了天德钰与上市公司产品不具有替代性，实质上不处于同一市场，不构成竞争关系。

针对监管机构关注的同业竞争问题，发行人可以从以下两个思路来解释论证。

（1）虽然发行人与上市公司所处行业大类相同，但是相互不存在替代性或竞争性，不存在利益冲突等，如从细分行业不同（生益科技分拆生益电子）、主要产品不存在竞争（大族数控分拆大族激光）、主要客户和供应商不重叠等角度来进行论述不构成同业竞争。

（2）即使在构成同业竞争的情形下，发行人也可以论述该等同业竞争不构成重大不利影响，如在萤石网络分拆上市项目中，萤石网络说明母公司海康威视中小企业事业群的行业专用视频设备存在与萤石网络智能家居摄像机产品实现相同或相似用途的可能性，构成同业竞争，但该部分产品产生的营业收入及毛利占萤石网络同类产品及业务的营收和毛利比例不足10%，因此该同业竞争情形对萤石网络不构成重大不利影响。

（三）巨化股份（600160）分拆中巨芯（688549）——受让上市公司募投项目

1. 第一大股东和发行人业务

巨化股份主要从事基本化工原料、食品包装材料、氟化工原料及后续产品的研发、生产与销售。

中巨芯主要从事电子湿化学品、电子特种气体和前驱体材料的研发、生产和销售。

2. 报告期内财务指标

中巨芯报告期内的财务指标如表13－6所示。

表13－6　中巨芯报告期内的财务指标　　单位：万元

项目	2022年12月31日	2021年12月31日	2020年12月31日
资产总额	219,698.26	173,977.70	139,059.16
项目	2022年度	2021年度	2020年度
归属母公司所有者权益	119,496.87	117,188.60	100,745.17
营业收入	79,899.58	56,579.56	40,018.19
净利润	347.31	2,965.42	2,360.76

3. 上市周期

巨化股份于1998年上市。

中巨芯的股权架构和资产收购在2018年完成，于2023年9月8日上市。

4. 股权结构

中巨芯的股权结构如表13－7所示。

表13－7　中巨芯的股权结构　　单位：%

序号	股东名称	股权比例
1	巨化股份	35.1999
2	产业投资基金	35.1999
3	员工持股平台	9.7438
4	远致富海	19.8563

5. 审核关注与分析

该案例发行人中巨芯主体为控股型公司，主要盈利来自下属两个子公司，两个子公司都曾是巨化股份100%持股，发行人自巨化股份收购而来，即发行人资产100%来源于上市公司巨化股份。尽管由于发行人的无实际控制人架构，发行人强调上市公司收购子公司构成重大资产重组但不构成分拆上市，但监管机构除了要求对此加以说明外，还进一步要求公司对照分拆上市的标准，逐一论证公司的满足情况。对于中巨芯的资产来源，监管机构详细询问了资产转让的过程、作价以及信息披露过程，是否损害上市公司及其中小投资者合法权益。

由于发行人最重要的资产即为上市公司的三个募投项目，发行人主要论述了募投项目因为各种原因没有进行，募集资金已经收回；上市公司转让子公司的股权转让价格公允、程序履行完备，以此来论述不存在损害上市公司利益的情况。

对于资产来源于上市公司的案例，监管机构关注的问题主要集中在资产来源是否合法合规，是否依法履行相应法律程序和信息披露义务，是否损害上市公司及其中小投资者合法权益，发行人可以从以下思路来解释论证。

（1）相关程序均完备合规，包括但不限于资产评估、国资部门备案、上市公司决策、发行人决策程序、进场交易等程序，对于中小投资者合法权益的保护履行了有关上市公司监管和信息披露的要求，决策程序中关联方回避义务有效履行。

（2）相关资产在上市公司资产总额、营业收入、资产净额比较低，不会影响上市公司的正常经营。

（四）小结

随着中国经济迅猛发展，企业战略调整和多元化经营已成为常态。在这种大背景下，半导体行业上市公司也往往包括多个子公司和业务板块。然而，整体上市过程中，由于信息披露和监管等原因，各业务之间的价值可能没有充分体现出来。因此，分拆子公司并单独上市的做法可以释放子公司的成长潜力，同时也让母公司获得更大的投资回报。但随着分拆上市增多，风险隐患也逐渐浮出水面，无论是独立性、分拆的合理性还是母子公司间涉嫌关联交易进行利益输送等问题都成为了监管部门关注的重点，而这些也是中介机构开展业务中的难点。

半导体行业上市公司分拆的浪潮随着制度完善的一缕微风而逐渐升腾。毫无疑问，这股潮流如清泉涓涓，滋养着科技创新的花朵，助力着经济的高质量发展。本章的分析若能为读者（无论是中介机构从业人员还是公司经营者）展示半导体行业公司分拆上市的些许内涵，便达到我们的初衷了。

第二节 红筹架构企业A股上市——一条具有挑战性的路径

自2018年国务院办公厅发布了《关于开展创新企业境内发行股票或存托凭证试点若干意见》即从制度上开启了A股上市公司的“红筹时代”，但首家以红筹架构（未在境外上市）上市的公司华润微电子直到2020年2月才借着科创板的东风登陆A股市场，而紧随其后的2020年7月，同时在香港联交所上市的中芯国际以532亿元的募集资金总额上演了A股市场的“王者归来”，作为首例以红筹架构实现香港联交所与A股同步上市的案例，该项目为后续的红筹回A项目奠定了可供参照的标准。

一、基本条件

目前红筹公司申报IPO项目已覆盖了上海证券交易所主板、科创板、创业板等多个板块（北京证券交易所尚未开通红筹公司上市的机制）。

在红筹公司回A的条件中，比较重要的就是行业类别，对于主板上市公司而言，所处行业必须为《关于开展创新企业境内发行股票或存托凭证试点若干意见》和《试点创新企业境内发行股票或存托凭证并上市监管工作实施办法》所列举的行业范围，具体如下：

试点企业应当是符合国家战略、科技创新能力突出并掌握核心技术、市场认可度高，属于互联网、大数据、云计算、人工智能、软件和集成电路、高端装备制造、生物医药等高新技术产业和战略性新兴产业，达到相当规模，社会形象良好，具有稳定的商业模式和盈利模式，对经济社会发展有突出贡献，能够引领实体经济转型升级的创新企业。

试点企业既可以是已境外上市的红筹企业，也可以是尚未境外上市的企业（包括红筹企业和境内注册企业）。

除前述规定范围内的红筹企业外，属于新一代信息技术、新能源、新材料、新能源汽车、绿色环保、航空航天、海洋装备等高新技术产业和战略性新兴产业，或者具有国家重大战略意义的红筹企业，纳入试点范围。

需要注意的是，在上述行业类别中，除了列举式的行业概括外，还新增了“具有国家重大战略意义”的条件，该等条款不能仅以中介论证为准，证券审核部门会征求相关国家主管部门意见。

估值/市值也是红筹公司回A的重要上市条件之一，对于红筹上市公司而言，需要具备2000亿元的市值，但对于很多在美股、港股上市的公司而言，2000亿元的市值具备一定的难度，为了不把更多优质的科创类型企业挡在A股市场的大门之外，全面注册制规则中设定了200亿元市值的门槛，但需要满足“拥有自主研发、国际领先技术，科技创新能力较强，同行业竞争中处于相对优势地位”的技术优势条件。对于红筹非上市公司而言，如最近一年经审计的主营业务收入不低于30亿元人民币则需要具备200亿元的估值；或者在营业收入快速增长，拥有自主研发、国际领先技术、同行业竞争中处于相对优势地位的前提下，预期市值不低于人民币100亿元或者预期市值不低于人民币50亿元、最近一年营业收入不低于人民币5亿元。

对于红筹公司而言，无论是《关于开展创新企业境内发行股票或存托凭证试点若干意见》还是《试点创新企业境内发行股票或存托凭证并上市监管工作实施办法》都明确规定对投资者的保护水平不得低于境内要求。在实操中，未在境外上市的红筹公司的治理机制可以更为贴近A股的规定，但由于境外上市红筹公司的公司制度需要融合境外交易所的相关要求和注册地的相关法律要求，会存在一些与境内A股制度的差异，对此等差异，境外上市红筹公司需要充分论证不会导致对投资者的保护水平低于境内保护标准。不同的境外上市红筹公司会基于其自身业务需要以及境外上市期间所形成的历史习惯，希望在A股上市后继续在一定程度上延续在境外上市期间的治理制度，对此，其需要对所存在的差异予以论证，论证相关条款虽与A股要求存在差异，但仍可以起到保护投资者权利的作用。

二、相关案例

（一）华虹半导体——已境外上市红筹公司

华虹半导体，注册地为中国香港地区，为全球领先的特色工艺晶圆代工企业，也是行业内特色工艺平台覆盖最全面的晶圆代工企业。华虹半导体立足于先进“特色IC+功率器件”的战略目标，以拓展特色工艺技术为基础，提供包括嵌入式/独立式非易失性存储器、功率器件、模拟与电源管理、逻辑与射频等多元化特色工艺平台的晶圆代工及配套服务。

1997年7月，上海华虹NEC电子有限公司（以下简称华虹NEC）成立并作为承担909工程的项目建设；2005年1月21日，华虹半导体成立并于当年完成了对华虹NEC的收购。华虹半导体系上海市国资委控制的企业，于2014年10月在香港联交所挂牌上市。

华虹半导体选取的上市标准：市值200亿元人民币以上，且拥有自主研发、国际领先技术，科技创新能力较强，同行业竞争中处于相对优势地位。

审核周期：2022年11月4日获上海证券交易所科创板IPO审核受理，2023年6月6日完成证监会注册程序。

华虹半导体于IPO报告期内的财务表现如表13－8所示。

表13－8　华虹半导体IPO报告期内的财务表现　　单位：万元

项目	2022年12月31日	2021年12月31日	2020年12月31日
资产总额	4, 787, 661. 43	3, 833, 790. 97	2, 857, 640. 15
项目	2022年度	2021年度	2020年度
归属母公司所有者权益	1, 984, 479. 37	1, 708, 137. 66	1, 530, 223. 83
营业收入	1, 678, 571. 80	1, 062, 967. 75	673, 702. 63
净利润	272, 545. 62	146, 313. 14	4680. 50

由上述财务数据表现情况可知，华虹半导体报告期内持续盈利，且呈现明显的上升趋势，这与报告期内半导体行业的持续扩张相关。此外，华虹半导体申报板块为上海证券交易所科创板，该公司具有 4200 余项授权发明专利，具有较强的技术研发实力。

（二）格科微——未境外上市红筹公司

格科微注册于开曼群岛，主营业务为 CMOS 图像传感器和显示驱动芯片的研发、设计和销售。截至上市时，公司主要采用 Fabless 经营模式，专注于产品的研发、设计和销售环节，并参与部分产品的封装与测试环节，根据《招股说明书》披露，该公司将通过自建部分 12 英寸 BSI 晶圆后道产线、12 英寸晶圆制造中试线、部分 OCF 制造及背磨切割产线的方式，实现向 Fab - Lite 模式的转变。该公司产品主要应用于手机领域，同时广泛应用于包括平板电脑、笔记本电脑、可穿戴设备、移动支付、汽车电子等在内的消费电子和工业应用领域。

在申报 A 股 IPO 前，格科微未曾在境外证券交易所上市。

格科微选取的上市标准：预计市值不低于人民币 50 亿元，且最近一年营业收入不低于人民币 5 亿元。

审核周期：2020 年 7 月 27 日获上海证券交易所科创板 IPO 审核受理，2021 年 6 月 16 日完成证监会注册程序。

格科微于报告期内的财务表现如表 13 – 9 所示。

表 13 – 9　格科微报告期内的财务表现　　单位：万元

项目	2020 年 12 月 31 日	2019 年 12 月 31 日	2018 年 12 月 31 日
资产总额	571, 619. 48	296, 105. 67	205, 165. 53
项目	2020 年度	2019 年度	2018 年度
归属母公司所有者权益	271, 900. 98	26, 622. 16	110, 645. 82
营业收入	645, 593. 22	369, 018. 36	219, 347. 97
净利润	77, 323. 02	35, 937. 12	49, 974. 81

对于格科微而言，其所选取的上市标准要求其论证报告期内营业收入快速增长，得益于行业的整体发展，报告期内发行人营业收入分别为 219, 347. 97 万元、369, 018. 36 万元和 645, 593. 22 万元，2018 年至 2020 年的年均复合增长率达到 71. 56%，达到了“最近 3 年营业收入复合增长率 10% 以上”所规定的营业收入

快速增长的要求。

三、红筹架构 A 股上市的主要关注要点

（一）境外上市红筹公司 A 股 IPO 的主要前置程序

红筹上市公司所增发的同种类股份原则上亦需要遵守《香港联交所上市规则》的规定，在《香港联交所上市规则》中存在部分与增发人民币股份相冲突的条款。因此，肇始于首家回 A 股上市的红筹上市公司中芯国际，每家在香港联交所上市的红筹公司回 A 都会涉及与香港联交所沟通取得豁免函，在申请豁免函的过程中，香港联交所会给予 1—2 轮次的反馈问题。

在获得香港联交所出具的豁免函后，公司可以召开审议 A 股发行的董事会和股东会。在发行人召开股东会并审议通过本次 A 股发行的相关议案并完成常规 A 股辅导验收程序之后，公司可以向证券主管部门递交 A 股 IPO 申请材料。

（二）公司治理制度的融合

1. 与境外交易所既有章程的融合

在制度融合方面，境外上市红筹公司相较于非上市的红筹公司而言，难度之一即为公司治理制度的融合。对于境外上市红筹公司而言，其既有的公司治理制度不能完全推翻并按照 A 股的要求重构，如果这样，则将不再满足香港联交所或其他境外证券交易所的制度要求。但也不能全盘保留香港联交所的既有治理制度，否则不但难以协调与 A 股制度之间的关系，也无法达到保护境内投资者权益的目的。

比如，在关联交易管理制度中，除了涵盖常规的 A 股规则外，也会纳入香港联交所上市规则的相关内容，主要体现为将香港联交所上市规则 14A 章节的相关内容纳入关联交易管理制度，纳入关联交易管理制度的主要内容包括关联人士的界定、关联交易的范畴、持续性关联交易的审核要求、关联交易审核“五项测试”指标标准等内容。

2. 对境内投资者的保护水平不低于境内标准

《试点创新企业境内发行股票或存托凭证并上市监管工作实施办法》中明确了投资者保护的三项主要投资者权利的维度，分别是“资产收益、参与重大决策、剩余财产分配”。因此，在相关红筹 IPO 项目招股书论及公司治理制度差异时，这三项也是必备论述内容。反映在公司制度的修订中，资产收益指的是利润

如何分配，在这方面，红筹公司通常会按照A股的要求出具3年分红规划，并且制定相应的利润分配政策；参与重大决策指的主要是股东参与决策的权利，反映在公司章程中主要是股东会在决策方面的权利；剩余财产分配主要指的是公司清算时的财产分配。

以注册地为我国香港地区的公司为例：

在利润分配机制的差异方面，香港《公司条例》中不存在"法定公积金"及"任意公积金"的概念，根据香港《公司条例》第297条规定，公司只可从可供分派的利润中拨款作出分派。公司可供分派的利润是将公司以往尚未透过分派或资本化运用的累积已实现利润，减去以往尚未因股本减少或股本重组而冲销的累积已实现亏损的款项。在利润分配机制与境内A股上市公司存在差异的基础上，相关拟IPO的红筹公司会比照A股的规则出具关于利润分配政策的承诺函并制定《首次公开发行人民币普通股（A股）上市后三年股东分红回报规划》，前述文件有利于保障公司A股股东的资产收益权。

在重大事项决策程序的差异方面，对于香港联交所上市公司而言，根据公司适用的法律（视注册地区分开曼群岛法律或者香港公司条例）、证券交易所规则和《公司章程》的规定，除应当由股东会批准的事项外，其他重大事项主要由董事会负责决策。与在境内注册A股上市公司相比，公司董事会通常有权审议批准部分应由A股上市公司股东会审议批准的事项（通常香港联交所上市公司发债由董事会审议即可），在论证该方面对境内投资者保护标准不低于境内标准时，主要强调与公司存续、股本变动、董事选举等相关的重大事项的审议权限仍归属股东会。

在投资者获取剩余财产分配的权利方面，根据《公司法》及《上市公司章程指引》等相关规定，公司财产在分别支付清算费用、职工的工资、社会保险费用和法定补偿金，缴纳所欠税款，清偿公司债务后的剩余财产，应按照股东持有的股份比例进行分配。

根据香港《公司（清盘及杂项条文）条例》等相关规定，公司资产在按先后次序拨付完固定押记持有人及相关接管人费用（如有）、清盘的费用及开支、全体债权人费用后，剩余资产（如有）按照股东所享有的权利及权益予以分配派发。

（三）开曼群岛经济实质法相关问题

目前已申报的红筹项目注册地主要以开曼群岛和我国香港地区为主，注册在境外的公司亦需要适用当地的相关法律，以下简要对IPO申报过程中涉及的开曼群岛相关法律予以介绍。

开曼群岛于2018年颁布了《开曼群岛经济实质法》及相关指引，按照该等规定，公司被要求向开曼群岛公司注册处提供经济实质信息的首次时间为2020年年报注册时间。发行人如果从事《开曼群岛经济实质法》所述“相关活动”，就需要于2020年9月30日前向开曼群岛公司注册处提交进一步通知，并于2019年1月1日之后的第一个财年结束后的12个月内，即2020年12月31日前，向开曼群岛税务机关（Cayman Islands Tax Information Authority）提交报告。

根据2019年1月1日生效的《开曼群岛经济实质法》及相关指引规定，发行人如果在开曼群岛仅开展“控股业务”，即仅持有其他主体的股权，并仅收取股息及资本利得，没有进行其他业务活动（该等主体成为“纯控股业务主体”），则需要满足简化的经济实质测试，即满足《开曼群岛公司法》规定的备案要求；在开曼群岛配备足够的员工及办公场所以持有、管理其他主体的股权。《开曼群岛经济实质法》及相关指引亦明确表示纯控股业务主体可以通过其注册办公地址提供者（注册代理人）来满足前述简化的经济实质测试。

注册在开曼群岛的红筹公司多为未实际开展经营业务的持股平台公司，在此种情况下，公司应向开曼群岛公司注册处申报为“纯控股业务主体”，并提供经济实质信息。公司应当取得良好存续证明并在开曼群岛委聘注册代理人，从而符合《开曼群岛经济实质法》的简化的经济实质测试要求。

目前注册在开曼群岛，申报IPO的红筹公司在反馈时也时常被问到是否符合简化经济实质测试标准，通常有两种解决思路，一是论证公司符合上述两项简化经济测试的要求，并在风险因素部分披露可能因开曼群岛法律变动而被要求履行复杂经济实质测试标准的可能性［要求公司“总部业务”下的核心创收活动（core income generating activities）必须在开曼群岛发生，包括管理决策行为，为集团内其他主体承担费用开销的行为，统筹协调集团的业务活动行为］；二是论证公司为其他国家或地区的税收居民，如公司为我国香港地区税务居民的，则不再适用《开曼群岛经济实质法》的要求。

对于注册在其他国家或地区的税收居民，公司虽然不需要进行经济实质测试，但是仍应当履行一定的信息披露义务，如每年向开曼群岛的税务信息管理当局履行信息披露义务，包括：（1）是否从事“相关活动”；（2）如有从事“相关活动”，则是否构成“相关实体”；（3）如果有从事“相关活动”并且是开曼群岛之外的税务居民，则应披露直接股东的名称和地址、最终实际控制人等信息和每一会计年度的截止日期以及属于哪个国家/地区的税务居民等信息。

公司如果未能依法履行该等信息披露义务，则将无法向开曼群岛公司注册处缴纳年费以及提交年报，从而成为非正常运营公司。开曼群岛公司注册处有权根据《开曼群岛公司法》将公司吊销。

自2021年6月30日起，经济实质申报要求已扩展至开曼群岛豁免有限合伙企业，以及在开曼群岛注册的外国有限合伙企业。新要求规定所有合伙企业，不论每年是否进行相关活动，必须每年年审时提交经济实质通知以申报其是否正在开展相关活动。

（四）红筹公司募集资金如何调入境内

境外发行人在境内发行股票所涉的外汇登记、账户、资金收付及汇兑等事宜目前主要参照适用中国人民银行和国家外汇管理局共同制定的《存托凭证跨境资金管理办法（试行）》（中国人民银行、国家外汇管理局公告〔2019〕第8号）。

根据该试行办法，公司在获得证监会核准发行后10个工作日内，应委托主承销商到其上市境内证券交易所所在地国家外汇管理局分局（在本项目中即上海外管局）办理登记。所在地外汇局审核上述材料无误后，在资本项目信息系统为境外发行人办理登记，并通过系统打印业务登记凭证，加盖业务印章后交至主承销商。

然后，公司自行或委托主承销商凭所在地外汇局打印并加盖业务印章的业务登记凭证，选择一家境内商业银行（以下简称开户行），以公司的名义开立募集资金专用账户（人民币或/和外汇）。募集资金大致可以通过增资和股东借款两种路径提供给具体实施募投项目的子公司使用。

公司以募集资金向外商投资企业性质的境内子公司增资的，需向市场监督管理部门申请办理变更登记（备案）手续，于办理变更登记（备案）时通过企业登记系统向商务部门提交变更报告。同时，被投资的境内子公司应向主管外汇管理部门就增资事宜申请办理登记变更。境内子公司在使用增资的资金时，还应当遵守外汇管理部门关于境内机构使用资本项目外汇收入的相关规定。

公司以募集资金向境内子公司提供股东借款的，对境内子公司而言构成借入外债，其应当遵守跨境融资风险加权余额上限的限制，并应当向国家外汇管理部门申请办理备案。

（五）IPO 中的特殊承诺函

1. 适用法律和诉讼管辖承诺

适用法律和诉讼管辖承诺是红筹公司一项特有的承诺，对于注册在开曼群岛的公司而言，由于中国目前并未与开曼群岛订立双边司法互助的协议或安排，该等判决在中国的执行先例很少，境内股东通过诉讼手段寻求保护股东权利面临一定的不确定性。因此，需要由发行人、控股股东、实际控制人、董事、高级管理人员出具适用法律和诉讼管辖的承诺。该承诺函的措辞有以下两种差异化的表述方式。

（1）中国移动的表述

适用境内管辖的范畴：本次发行上市以及公司在上海证券交易所上市期间发生纠纷。

同时明确“纠纷”的范畴：①公司董事、高级管理人员等出现欺诈、疏忽或违反责任等不当行为给公司造成损失，人民币普通股的股东依据公司组织章程细则等规定提起的派生诉讼；②因公司未按照规定披露信息，或者公告的证券发行文件、定期报告、临时报告及其他信息披露资料存在虚假记载、误导性陈述或者重大遗漏，致使人民币普通股的股东在证券交易中遭受损失的，人民币普通股的股东针对公司及其他相关责任人提起的民事赔偿诉讼。

（2）百济神州的表述

适用境内管辖的范畴：在境内发行股票并在科创板上市以及公司在科创板上市期间发生的证券纠纷。

同时明确“证券纠纷”的范畴：系指最高人民法院印发的《民事案件案由规定》（包括其后续修订）所规定的下列纠纷：“股票权利确认纠纷、股票交易纠纷、股票回购合同纠纷、证券上市合同纠纷、证券上市保荐合同纠纷、证券认购纠纷、证券发行失败纠纷、证券内幕交易责任纠纷、操纵证券交易市场责任纠纷、证券虚假陈述责任纠纷、欺诈客户责任纠纷、证券托管纠纷、证券登记、存管、结算纠纷、融资融券交易纠纷。”

2. 锁定及减持承诺

对于已在境外上市的红筹公司而言，其存量股均为在境外上市的流通股，且老股东不持有本次新增的人民币普通股股票。

因此，对于已上市的红筹公司而言，其可无须出具锁定及减持承诺，有的项目出具了不放弃控制权的承诺，也有公司未出具相关承诺。

第三节

境外上市公司私有化

一、境外上市公司私有化的主要方式概述

由于港股上市公司的整体市值水平普遍低于A股，自A股注册制“开闸”以来，随着上市包容性的增强，不少在境外上市的公司选择实施私有化退市，转而选择估值水平更高的A股谋求IPO。

2021年全年，港股共有24家公司完成私有化退市，其中不乏交易规模达到164亿港币的大型私有化项目——中国物流资产控股有限公司。2022年，港股私有化规模有所放缓，平均交易规模相较于2021年亦有所下降，但基本与2020年总体水平持平。

（一）要约收购

以私有化为目的的要约收购，系指要约人向上市公司的独立股东（除要约人及其一致行动人以外的其他股东）发出股份收购要约，在满足私有化条件后完成该等收购，并在收购完成后向香港联交所申请撤销上市地位。根据香港《公司收购、合并及股份回购守则》，要约收购分为自愿要约和强制要约两种。

要约人可以在实际操作中根据自身需求和商业判断对要约条件设置不同的条件，但基本要件需要同时满足上市公司注册地法律的规定以及香港《公司收购、合并及股份回购守则》的相关要求。

（二）协议安排

协议安排系指控股股东及其一致行动人要求上市公司依照其注册地公司法的规定，向独立股东提出以协议安排的方式将上市公司私有化的建议。协议安排经股东会议表决通过后对全体股东具有约束力，独立股东持有的股份将被注销，控股股东将获得上市公司100%的表决权。

（三）吸收合并

吸收合并系指要约人根据上市公司注册地法律之规定，要约人或要约人指定的

第三方公司在吸收上市公司后，要约人与上市公司合并为一家公司。吸收合并完成后，上市公司将失去独立的法律实体地位并注销，其资产和负债将由要约人承接。

二、相关案例

（一）积塔半导体私有化香港联交所上市公司先进半导体

先进半导体于1988年由中荷双方合资成立，1995年更名为上海先进半导体制造有限公司，2004年改制为上海先进半导体制造股份有限公司。2006年4月7日，先进半导体H股于香港联交所成功上市。在2018年私有化退市前，先进半导体主要厂区包括3个主要晶圆制造厂，分别生产5英寸、6英寸和8英寸的晶圆。

截至2018年6月30日，电子信息产业集团下属的华大半导体及其子公司上海贝岭合计持有先进半导体31.22%的股权。收购方积塔半导体成立于2017年11月，是华大半导体旗下全资子公司。

2018年10月30日，积塔半导体与先进半导体发布《联合公告》，两者订立合并协议，先进半导体董事同意向先进半导体股东提出建议，并决定注销全部先进半导体股份。根据合并协议，积塔半导体将以每股先进半导体H股及每股先进半导体非上市外资股1.50港元或每股先进半导体内资股人民币1.33元分别向上述股份的持有人支付注销价。注销价为于2018年10月25日在香港联交所报出的收市价每股先进H股0.90港元溢价约66.67%。

2019年1月25日，积塔半导体与先进半导体共同发布《联合公告》，于该日期全部实施合并条件均已达成。

（二）美股上市公司澜起科技私有化回归科创板

1. 境外上市过程

2004年3月29日，发行人原间接股东Montage Group（以下简称蒙太奇集团）在维京群岛注册成立。2006年4月24日，蒙太奇集团将注册地从维京群岛变更至开曼群岛，蒙太奇集团在维京群岛终止运营；同日，蒙太奇集团在开曼群岛注册并继续经营，作为后续公司境外架构的资本运作的主体。

蒙太奇集团于2013年9月26日在Nasdaq股票交易市场挂牌上市。

2. 私有化过程

2014年3月10日，蒙太奇集团宣布其董事会接到上海浦东科技投资有限公司（以下简称浦东科投）初步的非约束性私有化要约。根据该要约，浦东科投将以每股21.5美元的现金收购蒙太奇集团全部股份。

2014年6月11日，蒙太奇集团发布公告，蒙太奇集团同浦东科投签署合并计划与协议，该协议已经公司董事会通过，协议约定私有化交易价格为每股普通股22.60美元，总交易金额约6.93亿美元。

2014年8月1日，蒙太奇集团发布公告，蒙太奇集团于2014年7月31日召开股东大会，审议通过了公司同浦东科投签署合并计划与协议，批准了蒙太奇集团交易的实施。

2014年11月19日，蒙太奇集团发布公告，蒙太奇集团完成对蒙太奇集团的收购，交易规模约为6.93亿美元，股票于Nasdaq退市。

就上述私有化收购，相关实施主体于2014年10月24日取得了商务部出具的编号为境外投资证第N1000201400012号的《企业境外投资证书》，于2014年10月28日取得了国家发改委出具的编号为发改办外资备〔2014〕108号的《项目备案通知书》。

三、IPO中的重点关注问题

（一）境外上市的合规性

根据《监管规则适用指引——发行类第4号》的规定，发行人曾为或现为新三板挂牌公司、境外上市公司的，应说明并简要披露其在挂牌或上市过程中，以及挂牌或上市期间在信息披露、股权交易、董事会或股东大会决策等方面的合法合规性，披露摘牌或退市程序的合法合规性（如有），是否存在受到处罚的情形。涉及境外退市或境外上市公司资产出售的，发行人还应披露相关外汇流转及使用的合法合规性。

因此，对于曾经在境外证券交易所挂牌上市的公司，IPO审核问题中通常会关注其在境外上市期间的合规性，如在澜起科技的IPO问询问题中，曾问询了如下问题：蒙太奇集团在纳斯达克上市期间是否存在诉讼，是否受到纳斯达克的处罚。

此处需注意，上述对合规性发表意见的区间不仅仅局限于IPO的报告期，而是扩展至了整个上市期间的合规性，如果该企业上市时间较早，覆盖周期较久，则要针对该等期间内的合规性发表整体性意见。通常在应对措施方面，需由境外律师出具法律意见书或者备忘录，至于这两种出具的文本形式，目前的IPO审核案例中均有实践。对于境外律师而言，出于严谨，法律意见书只会对某种情况的合规性发表法律意见，往往寥寥数语，法律意见书中不能陈述大量的事实情况，如果需要对事实情况进行阐述，则需要以备忘录的形式出具。

（二）私有化中的合理性问题

在IPO审核中一个较为核心的关注方向是合理性问题，即如果一个交易行为或事项不符合常规的逻辑，IPO审核则会重点关注在该等事项背后是否存在其他特殊安排，是否存在影响发行实质条件的情节。因此，对于一些看似与常规逻辑不相符合的逻辑，则需要预先准备一套关于合理性的应对口径。

1. 上市后短时间内私有化的合理性

在既有的IPO审核案例中，存在境外上市后较短时间内完成私有化的情况。常规而言，如果较短时间内完成私有化退市，则很容易联想到是否涉及某些重大违规事件而触发了不符合持续上市条件的事件。

对于境外上市后较短时间内完成私有化的情况，通常可以解释为由于境外上市后股价波动（通常为股价持续下行偏离合理估值水平）以及对未来发展战略作出的决策（如拟回归A股市场），由此形成上市后短时间内完成私有化退市的情况。

2. 私有化收购价格高于发行价格的合理性

在既有的IPO审核案例中，存在短时间内私有化收购价格远高于IPO发行价格的情况。基于此，IPO审核部门往往会关注短期内存在大额价差的原因及合理性，以及收购的实施主体是否存在大额借款及是否偿还完毕，是否在筹措资金的过程中涉及发行人股份的质押，借款各方是否存在纠纷争议，并进一步关注是否存在影响发行人股权结构稳定性的可能。

在境外上市公司私有化的过程中，由于所实施的是私有化的全面收购，相较于公开市场价格存在溢价，该等溢价符合市场惯例。例如，在澜起科技实施境外上市股份私有化的过程中，协议约定私有化交易价格为每股22.60美元，相比私有化要约发布前一天公开市场价格溢价31.70%。因此，私有化价格相较于IPO发行价以及公开市场价格存在溢价属于相对常规的市场惯例，亦可以向IPO审核部门解释其合理性。

以下为部分中概股公司私有化所涉及的交易价格统计如表13－10所示。

表13－10　部分中概股公司私有化所涉及的交易价格统计

证券简称	私有化公告日	私有化价格	私有化前一日股价	前一日股价的溢价率/%	前90个交易日均价	前90个交易均价的溢价率/%
晶澳控股	2017－11－17	7.55	6.96	8.48	7.08	6.70
去哪儿	2016－06－23	30.39	26.83	13.27	36.69	－17.17
斯凯网络	2016－06－23	2.20	1.79	22.91	1.98	10.89
智联招聘	2016－01－19	18.20	14.35	26.83	14.41	26.33
迈瑞医疗	2015－12－20	28.00	26.65	5.07	25.08	11.66
天合光能	2015－12－15	11.60	9.55	21.47	9.65	20.26
明阳风电	2015－11－01	2.51	2.27	10.57	2.29	9.61
当当网	2015－07－09	6.70	6.68	0.30	9.12	－26.57
空中网	2015－06－29	7.55	7.53	0.27	6.22	21.33
奇虎360	2015－06－17	77.00	66.00	16.67	55.39	39.02
博纳影业	2015－06－12	13.70	12.18	12.48	9.05	51.46
如家快捷	2015－06－11	35.80	26.97	32.74	26.22	36.56
易居中国	2015－06－09	6.85	5.93	15.51	6.28	9.02
完美世界	2015－01－02	20.20	15.76	28.17	19.20	5.23
盛大游戏	2014－01－27	7.10	5.40	31.48	4.34	63.68

资料来源：《关于天合光能股份有限公司首次公开发行股票并在科创板上市的发行注册环节反馈意见落实函之回复》。

（三）私有化退市的合规性

1. 是否存在异议股东

在私有化过程中存在的异议股东通常有两种可能性，一种是在私有化方案表决时投反对票，但在收到相关交易价款后并未提出进一步主张，这种情形总体上较为容易论证；另一种则是在私有化方案表决时投反对票，在方案审议通过后提起诉讼，要求远高于交易价款的请求。

对于上述第二种情况，需要结合境外主体注册地法律的规定予以论证。以开曼群岛的法规为例，根据《开曼群岛公司法》的规定，根据《开曼群岛公司法》成立的公司的股东有权在反对该公司合并或兼并时（反对该公司合并或兼并的股东以下简称异议股东）按其股份的公允价值获得偿付。除就其股份的公允价值获得偿付的权利、全面参与所有诉讼直至法院就公允价值作出裁定的权利以及以合并或兼并无效或非法为理由提起诉讼的权利外，异议股东不再享有任何其他股东权利。因此，如果异议股东提出过高的交易对价要求，则其主张将缺乏获得支持的可能性。

境外律师通常会结合当地法律法规、类似判例以及大法官所述的观点就异议股东获得支持的可能性予以充分论证。

2. 私有化涉及的相关审批

私有化交易的审批及合规程序通常涉及境内及境外两个层次。

对于境内层面而言，涉及收购实施主体资金出境的 ODI 程序（包括发改委、商委和外汇管理等层面）或者返程投资登记（如收购实施主体为境内自然人搭建的境外平台，即需要根据国家外汇管理局《关于境内居民通过特殊目的公司境外投融资及返程投资外汇管理有关问题的通知》办理返程投资登记），且涉及的收购体量往往较大，需要结合项目情况向商务部报送关于经营者集中审查；再者由于涉及股权收购与境内标的公司，因此往往涉及转让的所得税。

对于境外层面，常规的程序反映为在境外证券市场履行必要的公告义务、足额支付所涉及的私有化实施款项、履行其他境外上市规则及证券法律法规项下关于摘牌和私有化的相关要求，就境外层面，通常需由境外律师出具专项的法律意见。

第四节 境外企业拆红筹架构 A 股上市

一、两种红筹架构模式

红筹架构从外在形式上包含两个层次。

其一，以股权作为控制纽带的红筹架构，即遵循开曼/BVI——中国香港地区——境内运营主体的股权控制链条，这种红筹架构逻辑上较为清晰，股东可以通过层层的股权关系控制境内运营主体。

其二，在外资限制行业采用的 VIE（Variable Interest Entities，“可变利益实体”）协议控制。

从外观上VIE有如下几个主要特征：

（1）股权链条关系：开曼/BVI——中国香港地区——境内WFOE（外商投资企业），再由境内WFOE与境内运营主体签署一系列协议，从而实现对没有直接股权关系的境内运营主体的控制并实现财务层面的合并报表。

（2）境内运营实体公司的股东基本为境内自然人，并将所持境内运营公司的股权质押给境内WFOE。

（3）主要资质证照由自然人持股的境内运营平台持有。

VIE协议控制模式起源于新浪美股上市，其诞生的主要目的是解决外资股东投资中国境内外资限制类行业的问题。最典型的如互联网科技类公司，该类公司常常涉及增值电信许可证，而在增值电信许可证书的审查核发环节，对外资股东的限制较为严格，因此如果相关企业赴境外上市，则势必通过证券交易所公开市场交易或引入基石投资者形成境外股东持有公司股权的情况。为了保证境内运营主体不因存在外资股东而影响继续持有相关资质文件，VIE协议控制这一“曲线救国”的工具应运而生。境内的WFOE通过与境内运营主体签署一系列协议实现对境内运营主体的实质控制，以满足合并财务报表的需求。

VIE架构中所涉及签署的主要协议如表13－11所示。

表13－11　VIE架构中所涉及签署的主要协议

协议种类	具体文件	核心目的
可以确保控制的协议	授权委托书	让出境内运营主体的表决权/管理权
	确认和保证书	境内运营主体股东承诺其所持公司股权不受限制、个人不从事竞争业务等
	配偶同意书	限制配偶离婚分割财产，声明不享有任何权利
	股权质押协议	境内运营主体股东将股权质押以担保其他协议的履行
可以掌控经济收益的协议	独家服务协议	通过提供名义服务，协议控制主体获取境内运营主体100%的利润
	业务合作协议	境内运营主体不经过协议控制主体的同意，不能将自身的实质性业务予以出售
可以提供购买资产选择权的协议	独家购买权协议	如果政策不限制，协议控制主体就可以收购境内运营主体的资产

二、拆除红筹架构中的主要关注问题

参考《监管规则适用指引——上市类第 1 号》及 A 股 IPO 监管审核反馈，境外架构调整核心关注点包括以下 6 个方面。

（一）实际控制人、管理层及主营业务是否发生重大变化

在 A 股 IPO 审核规则中，对于主板，实际控制人最近 3 年不得发生变动；对于创业板及科创板，实际控制人最近 2 年不得发生变动。在前述周期内，管理层及主营业务不得发生重大变化，这些也是 A 股 IPO 发行的实质条件。因为拆除红筹架构涉及在境外持股的股东回落到境内主体持股，涉及境内外主体间的股权转让，所以 IPO 审核会重点关注是否因为红筹架构的拆除导致违反上述 IPO 实质条件的情况。

由于 VIE 架构本身就是为了规避境内关于外资比例限制而形成的持股架构，在 IPO 审核中会重点关注，VIE 架构拆除前后，公司的主营业务是否因此受到影响，是否影响公司的持续经营能力。

（二）境内外架构是否存在股权未平移的情况

对于拆除红筹架构而言，其涉及境外平台回购股东所持境外公司的股权，又涉及将境内运营主体的股权转让给相关股东，理想状态下，境外平台的股东应当以“镜像”的方式平移至境内运营主体并由其自身或关联方持股。因此，IPO 审核会重点关注在此过程中是否存在境外平台与境内运营主体股东或所控制表决权比例发生变化，如果发生变动，则其中是否存在纠纷争议。

（三）公司是否曾存在境外上市计划

由于通常搭建红筹架构系赴境外上市的需要，IPO 审核亦希望了解红筹架构完成后是否实质启动了境外上市的程序，是否存在与部分投资人签署了认股协议导致股权结构潜在不清晰或者潜在纠纷争议的情形，最终并未在境外上市的背景是什么，是否涉及部分重大经营变动或者重大处罚。从上述问题也可看出 A 股 IPO 的审核思路，即从不具有合理性或潜在“嫌疑”之细节入手，进一步追根究底了解具体背景，详细了解是否存在不合规或纠纷争议。

（四）红筹架构的搭建、存续和拆除过程是否符合外资、外汇、税收等有关规定，是否存在行政处罚风险

合规性问题，是 IPO 审核中的常规问题。A 股 IPO 的主要问题如果按照大类

划分可以分为如下几类：信息披露类（需要根据IPO审核的要求补充披露更完整的细节）、合规类问题（是否存在违反相关规定的情形，是否存在被处以重大行政处罚的风险）、合理性问题（某事项是否具有商业及逻辑合理性，如果在IPO审核看来不具有合理性，则会被审核重点关注真实背景）。

红筹架构搭建与拆除过程中的合规性问题是一个基本问题，因为无论是搭建红筹架构还是拆除红筹架构，都涉及资金出入境/债权债务抵消、税务、内资企业变更为外商投资企业，在上述过程中都可能出现一些程序瑕疵。

在部分A股IPO项目中，搭建红筹架构时根据《关于外国投资者并购境内企业的规定》第11条第1款的规定：境内公司、企业或自然人以其在境外合法设立或控制的公司名义并购与其有关联关系的境内的公司，应报商务部审批（“关联并购”规定），如构成前述“关联并购”应履行商务部的审批程序，但有些公司在架构搭建时未及时履行商务部审批程序，该等违规瑕疵事项构成A股IPO的重点关注问题。

例如，三一重能（688349）申报A股IPO时披露：“2015年，15名自然人股东通过其在境外控制的特殊目的公司搭建红筹架构并收购三一重能，应报商务部审批，但未履行相关程序，不符合《关于外国投资者并购境内企业的规定》（以下简称10号令）第十一条的规定。但鉴于（1）未履行10号令第十一条审批的法律瑕疵已在2020年6月予以消除；（2）发行人主营业务符合外资投资产业目录，且未造成不利后果或影响；（3）发行人及其控股股东、实际控制人不存在因未办理商务部审批程序而受到行政处罚的情形；（4）发行人及三一重能的商务主管部门已出具合规证明；（5）发行人控股股东、实际控制人已出具承诺函，上述情况非本次发行的法律障碍。”

所以，如果早期的程序存在瑕疵，并非一定构成A股IPO的障碍，但需要重点论证不存在因此而受到行政处罚，并且相关不合规情形已经消除。如果已经因此而受到了行政处罚，则需要阐述相关行政处罚不属于IPO申报所禁止的“重大行政处罚”的情形，最直接也最具有说服力的方法即获取相关主管部门开具的专项证明，说明该等处罚不属于“重大行政处罚”。

（五）拆除红筹架构时，价款支付情况及资金来源的合法合规情况

拆除红筹架构时，涉及由境外平台公司回购投资人所持的股权，同时将境内运营实体的股权转让给原先在境外层面持股的股东或其关联方，实现股东下沉和红筹架构拆除的目的。

在这一过程中，境外平台公司往往没有充足的现金，因此往往不会实际支付回购款项，而是形成一笔对境外股东的债务，其后将债务转移给境内运营主体的股东，在其将境内运营主体的股权转让给“下沉”的投资方过程中，会形成对相关投资方的债权，由此一来便形成了法律上可以予以抵消的债权债务关系。如果债权方、债务方均为境外主体，则通常可以采用直接抵销的方式避免资金流出入境。但如果涉及债权人是境外主体，债务人是境内主体，则境外主管部门在认定相关债权债务关系抵消方面相对审慎，直接实现债权债务抵消的方案或存在一定的挑战。

（六）VIE 协议控制架构是否彻底拆除，拆除后公司的股权权属是否清晰，是否存在诉讼等法律风险

因为 VIE 架构是一套主要依靠协议而形成的控制关系，所以在 VIE 架构解除阶段，主要关注上述协议是否被适当终止，是否存在未决事项或者纠纷争议；在 VIE 协议控制架构拆除后，主要关注境内运营主体的股权是否清晰，原先持股的自然人股东是否存在主张相关股东权利的可能性，是否存在纠纷争议等诉讼风险。

第十四章 境外资本市场路径

第一节 港股18C——一种新的可能性

一、港股的上市条件

（一）常规上市条件

对于常规的拟于香港联交所主板上市的公司而言，有三套差异化的上市标准（利润标准、市值/收入/现金流标准、市值/收入标准），主要如表14－1所示。

表14－1 香港联交所主板上市条件

分类	内容		
财务状况要满足1—3项其中一个标准	（1）利润标准 年利润在3500万港币以上，最近两年合并净利润不低于4500万港币（3年累计盈利不低于8000万港币）	（2）市值/收入/现金流要求 上市市值应不少于20亿港币，最近一年收入至少5亿港币，过去3年总的正现金流至少1亿港币	（3）市值/收入 上市市值应为40亿港币，过去一年收入不低于5亿港币，上市后至少有1000位股东
业务、管理层及股东	业务被认为合适上市； 连续3年营业记录； 上市公司管理层至少最近3个年度、控股股东至少最近1个年度保持连续性		

续表

分类	内容
最低资本	上市时市值不低于2亿港币（如果通过利润标准要求）； 上市时至少应有5000万港币的市值由公众持有
公众持股量	一般要求公众持股量达到25%。 对于市值超过100亿元的发行人，香港联交所可能会同意其公众持股量降低到15%—25%。 分散的股东基础：（1）至少有300名股东；（2）最大的3家公众股东在上市时持有不超过50%的公众持股量。 上市公司中非关联人士所控股份若在10%以下，则该部分股份根据主板定义，为公众持有股份
股东数量	市值/收入测试：至少1000名股东； 盈利测试或市值/收入/现金流量测试：至少300名股东
发行锁定	申请售股时指定为控股人的一方（持有已发行股份30%以上者）不得在上市后的前6个月内出售或转让其持有任何股份。 锁定解除后的前6个月内，控股人所能出售的股份份额不能使其丧失控股人地位。 除非有例外情况，上市条例禁止在上市后的前6个月内出售新股份。上市前已签署的协议中规定的售股，必须在上市申请给予披露
会计准则	经审计后财务报表不得超过招股书刊发日期6个月

（二）18C规则的相关规定

2022年10月19日，香港联交所刊发咨询文件，就允许“特专科技公司”在香港联交所主板上市征询市场意见（《香港联交所上市规则》拟设置第18. C章节，以下简称18C规则），在为期两个月的咨询周期内，香港联交所共计收到了90份来自各界人士的非重复意见，这也反映出市场对18C规则的热切关注，毕竟在数年前的《香港联交所上市规则》第18A章“生物科技公司”（以下简称18A规则）曾掀起了一股生物医药企业大规模登陆香港联交所的热潮，并助力香港联交所于2019年登顶全球证券交易市场募集资金之冠。

最终，香港联交所在2023年3月刊发18C规则咨询总结，并正式宣告18C规则将于2023年3月31日正式生效。

在香港联交所刊发的18C规则咨询总结中，将“特专科技公司”定义为“主要从事（不论直接或透过其附属公司）特专科技行业可接纳领域内的一个或以上的特专科技产品的研发，以及其商业化及/或销售的公司”，从上文的定义可知在描述行业范围的定语方面颇下了一番心思，其中的“可接纳领域”则会根据香港联交所网站刊发并不时更新的指引予以调整，使该行业目录具有一定的灵活性。

18C 规则的特殊性体现在以下几个方面。

（1）报告期：在常规港股上市公司的上市条件中，需要拟申请上市的申请人具有 3 年的营业记录期。在早先的 18A 规则中则要求 2 个会计年度的业务经营期限。而在本次的 18C 规则中，又将拟 IPO 企业的业务经营期限由 18A 规则中的 2 个会计年度又调整为了 3 个会计年度。

（2）市值要求：在 2022 年 10 月的 18C 规则咨询意见文件所设置的预计上市后市值要求为，已商业化的公司，上市后市值至少需达到 80 亿港币；而未达到商业化的公司，上市后市值至少需要达到 150 亿港币。而在 2023 年 3 月发布的正式规则中，大幅降低了相关市值标准，已商业化的公司，上市后市值至少需达到 60 亿港币；而未达到商业化的公司，上市后市值至少需要达到 100 亿港币。这两项规则对于市值的要求均远超 18A 规则项下的 15 亿港币市值条件。

（3）收入标准：在 18C 规则项下，对于已商业化公司，要求最近一个会计年度特专科技业务分部所产生的收益应达到 2. 5 亿港币，而对未商业化公司则不适用该条件。

（4）研发支出标准：①对于已商业化的公司而言，就特专科技产品已产生的开支应占总营运开支至少 15%；②（就经审计的最近一个会计年度的收益至少达 150, 000, 000 港元但少于 250, 000, 000 港元的未商业化公司而言）占总营运开支至少 30%；③（就经审计的最近一个会计年度的收益少于 150, 000, 000 港元的未商业化公司而言）占总营运开支至少 50%。对于上述百分比比例要求，上市前三个会计年度中有至少两个会计年度的每一年达到适用的百分比门槛；上市前三个会计年度合并计算达到适用的百分比门槛。

（5）对于未商业化公司的特殊要求：未商业化公司必须确保其有充足的营运资金（包括计入新申请人首次上市的所得款项），足可应付集团由上市文件刊发日期起计至少 12 个月所需开支的至少 125%。该等开支应主要包括：①一般、行政及营运开支（包括任何生产成本）；②研发开支。

（6）禁售期：对于常规的联交所上市公司及 18A 规则而言，上市后控股股东的禁售期为 6 个月。而在 18C 规则项下，对于已商业化公司，控股股东和关键人士在上市后 12 个月内不得减持所持公司股票，所有资深独立投资者在上市后 6 个月内不得减持所持公司股票；对于未商业化的公司，控股和关键人士在上市后24个月内不得减持所持公司股票，所有资深独立投资者在上市后12个月内不得减持所持公司股票。上市规则中的“关键人士”包括：①创办人（包括特专科技公司的主要经营附属公司的创办成员）；②不同投票权受益人（如特专科技公司将以不同投票权架构上市）；③执行董事及高级管理人员；④负责特专科技公司技术营运及/或特专科技产品研发的主要人员。

二、港股半导体上市公司概览

港股半导体上市公司概览如表14－2所示。

表14－2　港股半导体上市公司概览

证券简称	主营业务	港股上市/申报时间	发行人是否注册在境外
黑芝麻智能	车规级智能汽车计算SoC及基于SoC的解决方案供货商	申报时间：2023年6月30日，截至2023年12月31日尚未完成发行	是
江苏贝克微	仿真IC图案晶圆提供商	上市日期：2023年12月28日	否
骏码半导体	开发、制造及销售键合线及封装胶的半导体封装材料企业	上市日期：2018年5月30日	是
宏光半导体	设计、开发、制造、分包服务及销售半导体产品，包括发光二极管（LED）灯珠、氮化镓芯片、GaN器件及其相关应用产品以及快速电池充电产品	上市日期：2016年12月30日	是
晶门半导体	专门设计、开发及销售集成电路芯片产品及系统解决方案	上市日期：2004年4月8日	是
ASMPT Limited（新加坡）	半导体和电子产品制造的硬件和软件解决方案供货商	上市日期：1989年1月3日	是
芯成科技（紫光控股）	提供整线SMT及半导体装备制造解决方案	上市日期：2000年10月16日	是

续表

证券简称	主营业务	港股上市/申报时间	发行人是否注册在境外
复旦微电子	芯片设计类企业	上市日期：2000 年 8 月 4 日	否
芯智控股	集成电路及其他电子元器件全能型分销商及技术增值服务商	上市日期：2016 年 10 月 7 日	是
康特隆科技	无晶圆厂半导体应用解决方案供货商，专业从事提供、设计及开发 IC 应用解决方案以及销售用于消费及工业产品的 IC	上市日期：2019 年 7 月 16 日	是
靖洋集团（GEM 板）	位于我国台湾地区的二手半导体制造设备及零件的统包解决方案供货商及出口商	上市日期：2017 年 7 月 14 日	是
捷芯隆	向高技术半导体客户提供先进的无尘室墙壁、天花板系统及无尘室设备	上市日期：2020 年 10 月 15 日	是
中芯国际	晶圆制造	上市日期：2004 年 3 月 18 日	是
华虹半导体	晶圆制造	上市日期：2014 年 10 月 15 日	是
先进半导体	晶圆制造	上市日期：2006 年 4 月 7 日，已私有化退市	是

半导体企业在近年的港股资本市场无疑是小众群体。从早些年大红大紫的消费类行业到 2018 年之后的生物医药齐涌香江，再到各类提供云计算服务的平台公司，各行各业你方唱罢我登场，共同打造也一同分享着互联互通的大市场格局。

由于2019年7月科创板的开板及美国对华半导体行业制裁的步步紧逼，激发了空前的半导体行业上市浪潮，大量中国“芯”蜂拥科创板。近年已经罕有中国境内的重磅半导体企业登陆港股资本市场，似乎上一个港股市场半导体行业的里程碑项目还是2014年10月登陆香港联交所主板挂牌上市的华虹半导体（01347. HK），只是当时绝大多数的普通股民都不知道光刻机为何物，因此自然也不会关注这一个普通的融资项目。

在其后的数年间，登陆港股的境内半导体企业都规模甚小。例如，2018年5月上市的骏码半导体（08490. HK），主要从事开发、制造及销售键合线及封装胶的半导体封装材料，截至2023年12月31日收盘市值仅为0.98亿元。再如，2019年7月上市的康特隆科技（01912. HK），主要从事提供、设计及开发IC应用解决方案以及销售用于消费及工业产品的IC，截至2023年12月31日收盘市值为0.54亿元。

但从行业类别上，港股上市的半导体公司基本形成了一道相对完整的“产业链”，港股的半导体上市公司既包括耳熟能详的大型Foundry中芯国际（00981. HK）、华虹半导体（01347. HK），也包括从事设计类服务的复旦微（01385. HK）、晶门半导体（02878. HK），还包括从事二手半导体设备的靖洋集团（08257. HK）、从事半导体封测装备制造的芯成科技（原紫光控股）（00365. HK），以及从事无尘室建设的提供商捷芯隆（02115. HK）。

因此，港股市场并不排斥半导体企业；相反，半导体行业作为特专科技的典型代表，是港股市场相对稀缺的投资标的，而近年的港股市场缺乏如定海神针一般的半导体行业标杆IPO项目。

三、近期申报港股IPO的企业概况一览

（一）18C规则下首单申报企业——黑芝麻智能

黑芝麻智能是一家车规级智能汽车计算芯片及基于芯片的解决方案提供商，公司先后推出了用于自动驾驶的华山系列高算力芯片以及跨域计算的武当系列芯片，公司自有的车规级产品及技术为智能汽车配备关键任务能力，包括自动驾驶、智能座舱、先进成像及互联等。

公司为18C规则生效后，首家适用18C规则报送香港联交所的拟IPO企业。

根据公司的招股说明书，黑芝麻智能于报告期内的财务表现如表14－3所示。

表 14-3 黑芝麻智能于报告期内的财务表现 单位：千元

科目	2020 年	2021 年	2022 年
收入	53,021	60,504	165,442
公司权益持有人应占年度全面亏损总额	-683,110	-2,305,477	-3,160,698

根据黑芝麻智能的财务表现，其报告期最后一年的营业收入约为 1.65 亿元，亏损则达到了约 31.61 亿元。根据目前科创板上市规则所设置的 5 条上市标准，黑芝麻智能暂未能达到任意一条上市指标。基于此，黑芝麻智能选择港股作为融资渠道也符合其自身经营情况。

（二）苏州贝克微

根据公司披露的招股说明书，苏州贝克微是中国领先的仿真 IC 图案晶圆提供商。不同于传统 IC 设计公司，该公司可交付的产品是附着完整电路、下游客户通过简便易行的封装测试后即可制成单个 IC 芯片的仿真 IC 图案晶圆。该公司已推出约 300 款多样化工业级仿真 IC 图案晶圆产品，覆盖电源管理板块及信号链板块的七大类，即开关稳压器、多信道 IC 和电源管理 IC、线性稳压器、电池管理 IC、监控和调制解调 IC、驱动器 IC 及线性产品。

苏州贝克微建立了中国首个且唯一的全栈式模拟 IC 设计平台，提供模拟 IC 设计的一站式解决方案，使公司能够有效开发产品并交付标准化的高性能图案晶圆。该公司的平台实现了 EDA 软件及 IP 模块化设计两大技术突破，赋能仿真 IC 产品高效标准化流程设计。

苏州贝克微于报告期内的财务表现如表 14-4 所示。

表 14-4 苏州贝克微于报告期内的财务表现 单位：千元

科目	2020 年	2021 年	2022 年
收入	88,720	212,711	352,510
年内利润	13,995	56,969	95,262

根据公司公开披露，在 2021 年及以后年份，该公司分销商共有两家，这两家合计销售总额分别占 2020—2022 年当期收入的比重分别为 83.7%、90.4%、

80.2%，苏州贝克微对这两家分销商呈现一定程度的依赖性。前述问题也在证监会国际部的反馈问题中被重点关注，在证监会国际部对苏州贝克微出具的反馈问题中明确询问："报告期内你公司向第一大供应商的采购额占比超过75%，来自前两大客户的收入超过80%，请说明销售和采购集中度较高的原因及合理性，是否构成对经营独立性的重大不利影响。"

四、18C规则、科创板与香港联交所其他上市规则的比较

（一）市值条件

如果将18C规则和18A规则进行横向对比，则会发现18C规则对预计上市后市值进行了大幅提升，在18A规则项下，预计上市后市值设定为15亿港币，而18C规则则区分已商业化公司和未商业化公司设置了两档预计市值标准，分别为60亿港币（针对已商业化的公司）和100亿港币（针对尚未商业化的公司）。

反观A股科创板的上市市值要求，在上海证券交易所、深圳证券交易所《科创板股票上市规则》中分别设置了五档市值标准，分别为10亿元、15亿元、20亿元、30亿元、40亿元，即便是对预计上市后市值要求最高的科创板"第五套上市标准"所要求的40亿元人民币的门槛要求，从金额上亦远低于香港联交所的18C规则要求，由此可见18C规则设置的预计上市后市值门槛着实不算低。

再看香港联交所主板规则，在主板规则项下，区分盈利与否设置了三个档次的上市市值标准，分别为5亿港币、20亿港币、40亿港币，前述市值金额标准与科创板板块的要求相近，同样低于18C规则的要求。

按照上述估值阶梯推演，如果特专科技公司市值达到了18C规则的标准，那么在其营业收入达到一定条件的基础上可以选择估值水平更高的A股科创板市场，除非其受限于既有的红筹架构（A股IPO对红筹架构公司有更高的门槛条件）。

（二）研发投入占比

既然18C规则的主角是特专科技类公司，自然对研发投入有严格的要求，在2022年10月香港联交所刊发的18C规则咨询文件中要求已商业化公司，在最近3个会计年度的研发费用占总营运开支的至少15%；未商业化公司，在最近3个会计年度每年研发投资金额占总营运开支的至少50%，而在2023年3月发布的正式规则中基本延续了上述思路。

这也就要求未商业化的公司控制除研发之外的其他成本，对该类公司非研发投入，如购置物业等需要予以限制，以避免使研发投入未达到总营运成本的特定比例，影响公司符合相关上市条件。而18C规则设置如此高研发投入门槛的逻辑则是为了避免过多非研发投入消耗公司的运营资金，尤其对于尚未商业化的公司而言，如果钱“烧”得太快，项目没有办法完全“落地”，那么投资人的投资便荡然无存。因此，需要以该等方式严格控制公司的成本支出。

而在2018年香港联交所修订的18A规则中，其也要求申请人应确保有足够的营运资金，虽具体条款内容有所差异，但与上述逻辑如出一辙。

科创板对研发费用的要求主要包括，最近3年累计研发投入占最近3年累计营业收入比例5%以上，或者最近3年研发投入金额累计在6000万元以上；其中，软件企业最近3年累计研发投入占最近3年累计营业收入比例10%以上。科创板的研发费用测算逻辑将研发费用与营业收入挂钩，但为了避免收入过高影响研发费用占营业收入的比例，科创板又设置了一个固定金额标准，即上文提及的6000万元标准。

除了研发费用，科创板相较于18C规则更注重科创属性的论证，如额外要求研发人员比例、发明专利的数量等来论证公司的科创属性。

（三）关于禁售期的规定

18A规则及18C规则项下的禁售期要求详见上文“18C规则的相关规定”。

对于科创板而言，控股股东、实际控制人及其一致行动人所持的公司股份应于公司上市36个月后解禁流通，对于其他董事、监事、高级管理人员的锁定期通常为12个月。但是公司上市时未盈利的，在公司实现盈利前，控股股东、实际控制人自公司股票上市之日起3个完整会计年度内，不得减持首发前股份；自公司股票上市之日起第4个会计年度和第5个会计年度内，每年减持的首发前股份不得超过公司股份总数的2%，并应当符合减持相关规则关于减持股份的相关规定。公司上市时未盈利的，在公司实现盈利前，董事、监事、高级管理人员及核心技术人员自公司股票上市之日起3个完整会计年度内，不得减持首发前股份；在前述期间内离职的，应当继续遵守前述规定。

由此可见，科创板IPO中的锁定期相较于香港联交所的相关规则仍然较为严格。

第二节

美股 IPO

一、美股的证券市场概况

美股证券市场以纽约证券交易所（NYSE）和纳斯达克证券交易市场（NASDAQ）为主体，形成了多层次的资本市场格局。

纽约证券交易所的前身于1792年成立，其成立的标志是1792年5月17日，美国24名经纪人在华尔街的一棵梧桐树下聚会，商订的一项协议，约定每日在梧桐树下聚会从事证券交易并订出了交易佣金的最低标准及其他交易条款。此事件被视为纽约证券交易所的肇始。纽约证券交易所的代表公司包括汇丰银行、阿里巴巴、伯克希尔－哈撒韦、埃克森美孚、强生、壳牌、沃尔玛等国际巨头公司。

纳斯达克证券交易市场是由美国全国证券交易商协会为了规范场外交易和为小企业提供融资平台于1971年2月8日创建的。纳斯达克证券交易市场的代表公司包括苹果公司、亚马逊、微软、谷歌、英特尔、思科、英伟达等高科技公司。在上述公司在纳斯达克挂牌早期均属于体量较小的初创科技公司，经过资本市场的助力及自身技术的演进，目前已成为世界范围内闻名遐迩的行业翘楚。

由此可以看出在宏观层面，美股市场分别为大型企业和中小型企业准备了差异化的证券交易市场。

从微观层面来看，纽约证券交易所和纳斯达克证券交易市场又分别细分为了不同的市场板块。例如，纽约证券交易所目前的市场板块分为NYSE、NYSE American、NYSE Arca Equities、NYSE Arca Options、NYSE American Options、NYSE National（2018年4月开板）、NYSE Chicago。纳斯达克证券交易市场目前的市场板块分为北欧第一北方市场（Nasdaq First North Growth Market）、北欧第一北方主要市场（Nasdaq First North Premier Growth Market）、北欧主要市场（Nordic Main Market）、纳斯达克全球精选市场（The Nasdaq Global Select Market）、纳斯达克全球市场（Nasdaq Global Market）、纳斯达克资本市场（The Nasdaq Capital Market）、波罗的海交易所（Nasdaq Baltic exchanges）。

在美股市场的历史上还有一些其他的主要交易市场，如美国证券交易所（AMEX），AMEX 成立于 1921 年，曾经是全美第二大证券交易所，在 2008 年被纽约证券交易所收购。

二、美股 IPO 的主要上市条件

对于纳斯达克上市而言，主要的市场板块包括纳斯达克全球精选市场、纳斯达克全球市场、纳斯达克资本市场，前述证券交易市场存在一些具体的条件差异，具体如表 14－5 所示。

表 14－5　美股 IPO 的主要上市条件

指标	纳斯达克全球精选市场	纳斯达克全球市场	纳斯达克资本市场
财务要求	符合以下四个标准之一： **收益标准：** （1）税前收益：①最近 3 个财政年度累计不少于 1100 万美元；②最近 3 个财政年度每年不少于 0 美元；③最近 2 个财政年度每年不少于 220 万美元。 **市值和现金流标准：** （1）现金流：①最近 3 个财政年度累计不少于 2750 万美元；②最近 3 个财政年度每年不少于 0 美元。 （2）市值：最近 12 个月平均不低于 5.5 亿美元。 （3）收入：最近 1 个财政年度不低于 1.1 亿美元。 **市值和收入标准：** （1）市值：最近 12 个月平均不低于 8.5 亿美元。 （2）收入：最近 1 个财政年度不低于 9000 万美元。 **资产和权益标准：** （1）市值：不低于 1.6 亿美元。 （2）总资产：不低于 8000 万美元。 （3）股东权益：不低于 5500 万美元	符合以下四个标准之一： **收益标准：** （1）税前收益：最近 1 个财政年度或最近 3 个财政年度中的 2 个不低于 100 万美元。 （2）股权权益：不低于 1500 万美元。 **权益标准：** 股东权益：不低于 3000 万美元 **市值标准：** 上市证券市值：不低于 7500 万元 **总资产/总收入标准：** 总资产：最近 1 个财政年度或最近 3 个财政年度中的 2 个不低于 7500 万美元	符合以下三个标准之一： **权益标准：** 股东权益：不低于 500 万美元。 **上市证券市值标准：** （1）上市证券市值：不低于 5000 万美元。 （2）股东权益：不低于 400 万美元。 **净收益标准：** （1）净收益：最近 1 个财政年度或最近 3 个财政年度中的 2 个不低于 75 万美元。 （2）股东权益：不低于 400 万美元

续表

指标	纳斯达克全球精选市场	纳斯达克全球市场	纳斯达克资本市场
最低招股价	4 美元	4 美元	4 美元
最低股东数量	450 名持有 100 股以上股东；或 2200 名股东	400 名持有 100 股以上股东	300 名持有 100 股以上股东
最低公众持股数量	1, 250, 000 股	1, 100, 000 股	1, 000, 000 股
最低公众持股市值	4500 万美元	800 万美元（收益标准）或者 1800 万美元（权益标准）或者 2000 万美元（市值标准或者总资产/总收入标准）	N/A
做市商数量	N/A	3 个（收益标准或权益标准）或者 4 个（市值标准或者总资产/总收入标准）	3 个
运营历史	N/A	N/A 或 2 年（权益标准）	N/A 或 2 年（权益标准）

对于纽约证券交易所上市而言，区分美国公司与非美国公司设置了差异化的门槛条件如表 14 – 6 所示。

表 14 – 6　美国公司与非美国公司的美股 IPO 条件差异

指标	美国公司（U. S. Companies）	非美国公司（Non – U. S. Companies）
财务要求	符合以下两个标准之一： 收益测试： 税前收益：（1）最近 3 个财政年度累计不少于 1000 万美元；（2）最近 3 个财政年度每年不少于 0 美元；（3）最近 2 个财政年度每年不少于 200 万美元。 全球市值测试： 全球市值：不低于 2 亿美元	符合以下三个标准之一： 收益测试： 税前收益：（1）最近 3 个财政年度累计不少于 1 亿美元（JOBS 法案下为 2 年）；（2）最近 2 个财政年度每年不少于 2500 万美元。 估值/收入和现金流测试： （1）现金流：①最近 3 个财政年度累计不少于 1 亿美元（JOBS 法案下为 2

续表

指标	美国公司（U. S. Companies）	非美国公司（Non - U. S. Companies）
		年）；②最近2个财政年度每年不少于2500万美元。 （2）全球市值：不低于5亿美元。 （3）收入：最近12个月累计不低于1亿美元。 纯估值/收入测试： （1）全球市值：不低于7.5亿美元。 （2）收入：最近1个财政年度不低于7500万美元
最低股东数量	400名持有100股以上股东	5000名持有100股以上股东
最低公众持股数量	1,100,000股	2,500,000股
最低公众持股市值	4000万美元	10,000万美元
做市商数最低招股价	4美元	4美元

三、登陆美股的基本流程

对于常规的美股IPO项目而言，项目执行工作主要分为四个主要阶段。

1. 启动阶段：本阶段的主要工作通常包括委任中介机构、组建工作团队、项目启动大会、确定重组方案（如需）等内容，主要起到前期的项目准备工作。其中对于重组方案，主要指是否涉及红筹架构搭建或者整合各个板块企业，确定将哪些企业纳入发行人主体，将不打算纳入上市主体的子公司予以对外剥离。

2. 尽职调查及材料撰写阶段：本阶段的主要工作通常包括尽职调查、审计、实施重组方案（如涉及）、分析师演示、撰写F-1及招股书、向SEC秘密递交F-1、准备递交证监会国际部的申请文件等事项。本阶段属于项目的实质推进阶段，在本阶段中，各方中介机构将会相应启动尽职调查工作，同时开始撰写秘密递交F-1的招股说明书等文件。需要注意的是，在2023年2月证监会新规发布后，以红筹架构登陆美股市场亦需要对证监会国际部履行申报程序，需要撰写备案报告并准备相关材料。证监会国际部会下发反馈问题，要求发行人予以答复。相较于早先“路条”时代的模板化问题，目前的国际部反馈问题越发结合项目实际情况发问，如询问引入特定投资人的背景及股权代持解除的具体情况。此外，数据使用的合规性越发频繁地出现在国际部针对境外上市项目所下发的反馈问题中。在本阶段准备工作完成后，发行人可以向 SEC 进行首次秘密递交材料，与 A 股和港股不同，在美股 IPO 首次秘密递交材料后，SEC 并不会立即披露相关申报文件，而是在答复 SEC 反馈问题并公开递交 F－1 后才会将相关文件予以公开。

3. 准备公开递交 F－1 阶段：本阶段涉及的主要工作包括加期审计（如需）、回复 SEC 反馈意见、修改 F－1 及招股书、试水会议、向 SEC 公开递交 F－1。本阶段较为实质的工作为答复 SEC 的反馈意见，如果推进速度较快，从首次秘密递交 F－1 到公开递交 F－1 大概 1—2 个月时间即可完成。

4. 路演发行阶段：本阶段涉及的主要工作包括投资者教育、路演、定价、挂牌上市。本阶段主要以发行相关工作为主。如项目推进情况较为顺利，从首次公开递交 F－1 到发行上市大约在 1 个月。

第四篇

拨云见日：半导体企业IPO审核中重点关注的问题

第十五章 控制权

第一节 监管关注控制权认定的底层逻辑

关于“控制权”的相关规则及顶层设计等前文已有论述，在此不再赘述。对实际控制权的认定、是否变更的关注与论证，其背后深含的是立法者、监管部门与市场参与主体对IPO这一资本运作本身助力实体经济的期许。纵使股权与结构呈现各种演变，市场、行业与企业经营情况的千差万别，公司经营与资本运作的层层面纱之下，是用资本市场的活水滋润实体经营的美好愿景，以种种规则结合审核监管，看好资本市场的大门的守则。我们理解，不变。实际控制权相关的规则规定与审核监管的关注，主要基于两个方面的考虑，公司自身的持续经营保障、社会公众投资者权益的保护。

一、实际控制权与持续独立经营

即便脱离IPO的语境，“实际控制人是谁?”“创始或经营管理层团队是否稳定?”上到企业经营方针与计划，下到日常经营的治理与决策路径，这一议题在投融资的尽调中，也是常规投资人重点关注点之一。半导体行业的企业基于主营业务与产品、经营模式的不同，在行业演变中，分化为典型的晶圆封测厂、设备材料制造厂商等重资产型企业与设计、软件等轻资产型企业。实际控制人的认定对不同类型的半导体企业在资金的持续投入、日常经营的持续等方面的影响，导致审核监管关注的重点也不同。该等关注重点进一步表现为两个层次：治理结构与实际经营。治理体现在“三会一层”的组成与运行情况，经营体现在公司管理、业务开展、同业竞争、关联交易、独立与规范等，由此衍生出审核中围绕着前述事项各种角度的关注和问询。针对不同半导体企业的经营情况，审核的角度、关注的重点不同，但实质仍是在考证其持续独立经营的能力，规则本身也强调“在确定公司控制权归属时，应当本着实事求是的原则，尊重企业的实际情况，以发行人自身的认定为主，由发行人股东予以确认”。半导体企业持续高研发投入的属性，往往需经多次外部融资，股权结构的演变与治理结构的安排会导致实际控制人的认定相对复杂，但最终不能脱离发行人及股东自身认定的实事求是原则。

二、实际控制权与投资者权益保护

全面注册制下，伴随迭代更新的规则与各路监管问答，市场的活力、风险共担与利益的共享、资本与产业的循环等词汇频频涌现。为了避免进了资本市场的大门就“卷款跑路”的情况，资本市场欢迎的是进入市场后，与市场风险共担、利益共享，长期与资本良性循环的好的产业与企业。朴素地说，IPO 的市场不是让企业募集了社会公众资金后就短期套利的地方，频频出现的巨大募资额的半导体企业在上市公司中不免惹眼。只有既让企业有良好的融资渠道，也让社会公众投资者权益得到适当的保护，才能保障活水源源不断。高额募资面前，提到利益与责任最大的相关者，通常会想到实际控制人或大股东，保护投资者权益，压实监管责任，保障企业上市后的稳定经营，总得有的放矢，实际控制人或大股东是重点对象。

三、无实际控制人

无实际控制人认定的企业，会受到相对更高的关注度。不难理解，无实际控制人，给人的感觉好比“群龙无首”，朴素地会让人产生“经营治理是否持续稳定有效”“上市后万一都套利跑了，企业经营谁来保障”的疑虑。实践来看，无实际控制人的认定，通常会关注股权结构（存在单一大股东、制衡型、分散型）及其变化、公司治理结构（管理层团队发挥的作用）与有效性、第一大股东的投资入股与业务端的情况等。此外，更突出的是，关注股东是否通过无实际控制人认定规避发行条件及监管，进而要求扩大股份锁定的主体，在一定程度上实现压实原应由实际控制人承担与配合的监管责任；无实际控制人企业的公司治理的有效性以及上市后的稳定持续经营的措施关乎其是否仍能长期向好经营、与投资者实现共赢，是比有实际控制人企业要花更多功夫解释和说明的重点。

由上述可见，纵有不同控制权的架构，无论是规则还是监管的审核实践中的关注点，仍然是围绕着相应的该等架构认定背后股权与治理结构项下，企业实际控制人的认定在对企业上市前后的持续经营、投资者权益保护（监管责任的承担）方面，是否是有利、有效且持续的，背后秉持的仍旧是能够实现企业与资本市场的互利共赢的美好期许。

第二节 不同控制权架构下，半导体企业审核关注要点

虽然控制权认定无非有、无、共同控制三个大类，但实践中演变出来的企业自身的情况不尽相同、监管重点有别。我们对不同实际控制权架构下的审核关注要点予以梳理，以期能够给企业在投融资、IPO 的过程中，就自身实际控制权的认定早作安排提供更多参考。

一、单一实际控制人

通常，芯片设计类等创业型半导体企业对单一实际控制人的认定比较常见，尤以历经多轮融资，股权结构分散或复杂、公司治理有特殊安排的半导体企业为典型，监管会关注单一实际控制人认定的准确性、是否有协议控制等特殊安排及其影响、分散结构下其他股东是否有规避监管和谋求控制权的意图等。

（一）单一实际控制人半导体企业的关注要点概览（见表15－1）

表15－1　单一实际控制人半导体企业问询案例

示例企业	关注主要方面	常见问询问题	要点概述
佰维存储	持股比例、控制表决权	结合持股比例说明认定实际控制人的依据	在持股分散、实控人持股比例不足30%或股东持股比例接近的情况下，论证实际控制人认定依据主要从对董事会、管理层的影响（如董事、高级管理人员提名权）、履历背景与任职情况、参与经营管理的实际情况出发来论证
翱捷科技	一致行动安排	实际控制人及其他股东的一致行动关系是否影响控股权的稳定性	实际控制人及其一致行动人的表决权作用； 其他股东之间一致行动关系存在对实际控制人认定的影响
龙旗科技	一票否决权	一票否决权或类似安排对实际控制人有效控制的影响	结合公司治理决策机制、董事会构成，说明“一票否决权”的约定系出于外部投资方权利实现被动保护的考虑，并非为谋求实际控制权而设置，不存在影响实际控制人地位的约定
杰普特	对赌协议	披露对赌协议的内容、执行情况及对发行人可能存在的影响，是否存在触发对赌协议执行的情形，对赌各方是否存在纠纷或潜在纠纷，对赌协议是否符合相关规定的要求，发行人的控制权是否稳定	说明和论证对赌协议的具体情况及对发行人控制权稳定的影响
源杰科技	是否规避监管要求与发行上市后的控制权稳定措施	是否通过实际控制人认定而规避发行条件或监管要求，发行上市后如何保持控制权稳定	一致行动人适用与实际控制人相同的监管标准和要求，打消监管疑虑； 需论述通过一定的保障措施巩固实际控制人在“三会一层”的控制权或影响力

（二）单一实际控制人半导体企业实际控制权问询之典型案例分析

1. 典型案例之股权结构分散型企业

（1）案例概览

股权结构分散型企业且存在实际控制人持股比例较低、其他有相近持股比例的股东情形下，会更关注实际控制认定是否准确，部分半导体企业案例如表15－2所示。

表15－2 股权结构分散型半导体企业案例

公司简称	披露内容	问询问题
英集芯	发行人实际控制人黄某伟直接持有公司1.21%股份，并通过珠海英集、珠海英芯、成都英集芯企管三家员工持股平台间接控制发行人33.28%股份，合计控制公司34.49%的股权。珠海英集为发行人第一大股东，持股比例为27.66%，上海武岳峰为第二大股东，持股比例为27.61%	①结合珠海英集、珠海英芯上层持股平台宁波皓昂、宁波才烁层面普通合伙人的变动情况、有限合伙企业所支配的发行人股份比例、合伙人的出资份额、合伙协议的相关约定以及该合伙企业的控制权安排与治理机制的历史演变情况等，说明上述控制形式对发行人控制权清晰、稳定以及上市后持续监管的影响；②结合第二大股东上海武岳峰与第一大股东持股比例极为接近以及上海武岳峰的对外投资情况，进一步说明是否存在通过实际控制人认定而规避发行条件或监管的情形
杭州国芯	黄某杰通过直接、间接持有公司股权及《一致行动协议》的约定，实际控制发行人36.98%的股份。黄某杰直接持有公司1.05%的股份，并持有慧芯投资90%的股权，为慧芯投资的实际控制人。慧芯投资为芯扬投资、耐迅奇投资、腾芯投资、凌芯投资的执行事务合伙人。因此，黄某杰通过慧芯投资分别控制芯扬投资、耐迅奇投资、腾芯投资、凌芯投资持有的发行人13.81%、5.89%、2.12%、1.85%的股份。黄某杰直接持有和间接控制发行人合计24.72%的股份	说明黄某杰能够对发行人实施有效控制、实际控制人认定结论是否准确，芯扬投资、腾芯投资、凌芯投资和耐迅奇投资合伙协议关于表决权的约定以及执行事务合伙人的约定，能否确保表决权归属清晰稳定。从黄某杰对发行人董事会决议、日常经营决策方面的重大影响、在公司的任职与日常经营管理的参与进一步论证实际控制权稳定

（2）案例回复总结

英集芯公开披露的回复中，主要从员工持股平台合伙协议的约定、执行事务合伙人的权限、控制权安排与治理机制的历史演变情况论证平台的实际控制权始终归实际控制人所有，凭借对平台的有效控制，所持表决权比例始终大于第二大股东且具有较大的优势。针对是否存在规避监管情形，主要从实际控制人已严格落实各项监管要求、第二大股东不存在同业竞争并出具了不谋求实际控制人地位的承诺予以回复。杭州国芯公开披露的回复中，还进一步从董事会、日常经营管理等发行人公司治理结构层面作了论证回复。

（3）相关分析

在股权结构相对分散，尤其是存在与实际控制人股权比例相近的股东存在的结构下，该等认定需结合实际控制人能够实际控制的表决权数量、董事会组成与决策机制、经营管理层的职权范围与聘任、其他股东的类型及权利范围、主营业务情况进一步论证。

①实际控制人持股比例低于30%时的表决权

基于规则层面的“30%”持股比例定义，当实际控制人持股比例低于30%，通常需结合实际控制人控制的表决权比例来论证。

第一，控制员工持股平台的表决权。半导体企业常见多轮的投融资和实施股权激励，创始股东的直接股权比例逐步被稀释，低于30%的情况比较常见，此种情形下，为保障创始股东的实际控制权，一如前述案例英集芯，在股权激励的制定与实施时，通常采用搭建合伙企业平台的方式进行，同时由实际控制人担任执行事务合伙人，并于股权激励方案、与激励对象的授予协议、平台的合伙协议等激励实施相关的文件中，设计实际控制人对合伙企业平台的控制权以激励计划的管理者、执行事务合伙人的身份及其所拥有的权限范围，取得对平台的控制权（进而控制平台所持企业股权对应的表决权），依构建法定一致行动关系的路径实现扩大实际控制人的表决权比例的目的。

第二，其他股东与其一致行动以扩大表决权比例等特殊安排。在实际控制人持股比例较低的情形下，实践中可以通过与投资人或员工持股平台签署一致行动协议扩大创始股东的表决权，保障其作为实际控制人能够实现控制表决权比例超过30%或者达到最高表决权比例。例如，翱捷科技实际控制人戴某家前期通过与投资人签署一致行动协议、后期与员工持股平台签署一致行动协议，实现了持续成为实际控制表决权最大的股东。

②董事会组成与职权范围

除表决权层面的论证外，基于《公司法》所规定的股份公司的治理结构，结合《上市公司收购管理办法》第84条第3项“投资者通过实际支配上市公司股份表决权能够决定公司董事会半数以上成员选任”的规定以及投融资实践中常见的对公司治理的安排，并结合董事会的组成、职权范围与表决机制等对实际控制权作进一步夯实的论证，具体如下：

第一，董事会席位的1/2。虽然董事的选任系法定的股东会的职权之一，仍旧与表决权比例及股东会的表决机制相挂钩，但通常在融资过程中的增资协议、股东协议等交易文件中，会对董事会成员人数及组成（提名/委派权）作出安排。为支持论证董事会层面的控制权或重大影响力，结合前述规则要求，在公司历次融资及股份制改造后，需保障实际控制人能够决定的席位在半数以上，且具有排他性（不存在另一方同样控制半数的极端情形出现）。

第二，董事会的职权范围与表决机制。通常，在融资的相关交易文件中，于公司治理方面，投资人会主张一定的董事席位，并对董事会的职权范围以及表决机制提出相应的要求，对董事会的职权范围进行区分采不同的表决机制。为支持实际控制人的论证，在职权范围方面，需结合“投资人对公司治理方面的权利诉求系立足于投资人权益保护而非对公司日常经营管理的干预”这一立意，通过设置“重大”的标准、“非日常经营事项”的定性，划定董事会职权范围及对应2/3或更高比例（涉及投资人董事）同意的表决机制。

③其他股东的地位、互相之间的关联关系、一票否决权的设置及行使

第一，第一大股东或持股比例相近。对于单一实际控制权认定架构且股权结构相对分散的半导体企业，需要关注直接持股比例第一大股东与其他股东之间是否存在一致行动关系等特殊安排所致与实际控制人持股比例相近，即实际控制人所持并不高的表决权比例，是否有潜在被超越的风险，进而导致实际控制权不稳定。实践中，可以通过明确股东的性质（一般宜明确为财务投资人，系规则明确的主张非共同控制的合理理由）、排查其他股东之间的关联关系（确认法定/约定一致行动关系等会导致共同表决权比例扩大的情形）及不存在谋求控制权的安排，排除在表决权上对实际控制人论证的不利影响。

第二，公司的日常经营管理的参与度与一票否决权的影响。如前所述，基于投资人通常会主张公司治理结构方面的权利，甚至有设置“一票否决权”，进而引发对投资人是否有实际参与过公司日常经营管理这一本应属于实际控制人权限范围内的事项的疑虑。对此，需结合公司过往经营管理实际情况、管理层团队的

人员（包括高级管理人员）的聘任、一票否决权的具体范围、设置目的与实际行使的情况及其清理的程度来论证，作为外部投资人，在公司治理方面的权利并未实际构成对公司日常经营管理的干预。

2. 典型案例之存在一致行动等安排企业

（1）案例概览

针对存在一致行动等特殊安排的情形，通常监管机构会关注一致行动却不作实际控制认定的合理原因、是否存在规避发行条件或监管要求的情形，部分半导体企业案例如表15－3所示。

表15－3　存在一致行动等安排的半导体企业案例

公司简称	披露内容	问询问题
歌尔微	发行人的实际控制人为姜某1、胡某美，两人为夫妻关系，通过间接持股方式控制发行人合计86.87%的股权。此外，发行人董事长姜某2系姜某1的弟弟，直接持有公司1.85%的股权，为公司实际控制人之一致行动人	结合姜某2与实际控制人的亲属关系、姜某2在发行人处担任的职务及对发行人经营决策的作用等，说明未将姜某2认定为共同实际控制人的原因及合理性。说明姜某2是否与实际控制人签署一致行动协议；若是，请披露一致行动协议的具体情况，包括但不限于签订时间、有效期、发生意见分歧或纠纷时的解决机制等主要内容
敏芯股份	截至本招股说明书签署日，李某直接持有公司10,745,026股股份，占公司股本总额26.93%，为公司控股股东，作为苏州昶恒的执行事务合伙人控制发行人2.35%的股份；作为苏州昶众的执行事务合伙人控制发行人4.64%的股份。李某通过上述方式合计控制发行人33.92%股份，系发行人实际控制人	李某、胡某及梅某欣签署的《一致行动协议》及其他相关协议（如有）的主要内容；根据《一致行动协议》的相关约定，分析说明认定李某一人为发行人的实际控制人而非共同控制的依据是否充分

（2）案例回复总结

歌尔微公开披露的回复中，结合实际控制人对股东大会、董事会决议的实质影响、对董事和高级管理人员的提名及任免所起的作用等因素进行分析判断，论证一致行动人不构成共同控制的合理性。敏芯股份公开披露的回复中，从一致行动协议的具体内容、由实际控制人通过一致行动协议掌握最终决策权及其在发行人的经营决策和日常管理中的突出职能、一致行动人参照实际控制人遵守监管要求执行对实际控制人认定的依据作了充分的阐述。

结合更多此类半导体企业的案例，在与实际控制人主体存在亲属关系、一致行动关系等情形下，通常企业会被关注未将该等自然人认定为共同实际控制人的原因及合理性，是否存在规避监管如同业竞争、锁定等要求的情形。诚如规则所言，“法定或约定的一致行动关系并不必然导致多人共同拥有公司控制权的情况，发行人及中介机构不应为扩大履行实际控制人义务的主体范围或满足发行条件而作出违背事实的认定”。所谓事实，需结合未认定为共同实际控制人的人员的任职兼职情况、薪酬领取情况、在公司治理和日常经营中发挥的作用，来说明未认定共同实际控制人的原因及合理性。

二、共同实际控制人

共同实际控制人认定相比较其余两种认定，反而因“人多”而生出来“稳定性”“公司僵局”的疑虑，其所受的监管关注度是相对中度的，更多的是在“共同”这一多主体控制的情形下，对稳定性的担忧。在半导体企业中，与团队创业的底色相映衬的，是企业较自然地形成了共同实际控制的安排，监管对此类要求更多体现在股权结构方面的持股、共同控制下的公司规范运作和有效治理、控制权的稳定、在一致行动关系的特殊安排中的意见分歧或发生纠纷时的解决机制。尤其是在通过一致行动协议等特殊安排实现共同控制的情形下，只要是通过协议实现的合作，就会有解除或终止的可能，于企业的持续经营及未来上市后的社会公众投资者权益都有着潜在的不确定风险。

（一）共同实际控制人半导体企业的关注要点概览（见表15－4）

表15－4　共同实际控制人半导体企业问询案例

示例企业	关注主要方面	常见问询问题	要点概述
普冉股份	共同控制的认定依据是否充分	结合公司章程、协议或其他安排、报告期内历次股东大会和董事会的提名、表决情况、公司经营管理的实际运作情况等，说明认定共同控制的理由是否充分	共同实际控制的正面论证仍是着眼于公司章程、协议或者其他安排，执行层面着眼于“三会一层”的实际运行情况

续表

示例企业	关注主要方面	常见问询问题	要点概述
杰华特、龙图光罩	一致行动协议对共同实际控制权的影响	《一致行动协议》签订前后控制权是否发生变化，是否符合控制权稳定的要求；新老一致行动协议主要条款的差异情况，争议解决机制的处理方式是否发生变化，是否可能影响控制权的稳定性	从表决权比例、治理方面论述控制权状态的稳定持续； 从决策无纠纷、公司规范运作、上市后的稳定有效阐述控制权的稳定； 一致行动协议在股东权利、董事权利方面的一致行动安排； 在纠纷解决层面，有明确且有效可行的解决机制，避免公司治理僵局的发生
南麟电子、源杰科技	亲属关系的存在对共同实际控制认定的影响	存在亲属关系，未认定共同实际控制人的准确性，是否存在逃避实际控制人监管规则的情况	更多的是对未认定实际控制人的问询关注

（二）共同实际控制人半导体企业实际控制权问询之典型案例分析

1. 正面论证监管要求

（1）案例概览

共同实际控制人的认定依规则予以论述的较为常见，依据相对清晰（见表15－5）。

表15－5　正面论证符合共同实际控制人认定规则案例

公司简称	披露内容	问询问题
希荻微	公司不存在控股股东，第一大股东为戴某渝，持股比例为26.05%。戴某渝、陶某、唐某共同控制公司44.82%股份，为公司共同实际控制人，其中戴某渝和陶某为母子关系；戴某渝和何某珍作为公司设立时的前两大股东，并不参与公司实际经营管理；2021年3月11日，戴某渝、陶某、唐某签订《一致行动协议》	结合戴某渝、何某珍、陶某、唐某及其近亲属之间的家族财产分配方案和股权转让，说明发行人控制权是否清晰稳定；各共同实际控制人签署一致行动协议前公司的控制权情况

续表

公司简称	披露内容	问询问题
智新电子	根据申请材料，赵某福、李某伟系发行人的共同实际控制人，于2020年8月24日进一步签订了《一致行动协议》。赵某福控制发行人41.51%的股份，李某伟控制发行人41.51%的股份，并通过智联管理间接持有发行人4.63%的股份。此外，公司股东赵某芹为赵某福的妹妹，持股0.3%，股东赵某国为赵某福的堂兄弟，持股0.05%	①共同控制的认定依据。请发行人补充披露：报告期内适用的《共同控制协议》和新签订《一致行动协议》的主要内容，并结合公司章程、股东大会（股东大会出席会议情况、表决过程、审议结果、董事提名和任命等）、董事会（重大决策的提议和表决过程等）、发行人经营管理的实际情况，说明将上述两人认定为发行人实际控制人的依据是否充分，共同控制的真实性、合理性。 ②控制权稳定性。请发行人说明在共同实际控制人出现矛盾纠纷情况下，《一致行动协议》约定的纠纷解决机制是否可能导致提案权或提名权无法有效行使的情形，拟采取何种机制防止出现僵局；是否存在关于争议解决相关的未披露协议或约定

（2）案例回复总结

希荻微的公开回复中，结合历次股本演变情况、历次股东（大）会、董事会、监事会会议文件以及公司历次公司章程、股东协议、内部管理制度对发行人经营情况中的共同实际控制情况予以充分论述。同时，进一步详细说明了一致行动协议的安排（包括表决与争议解决的机制）。智新电子的公开回复中，详细披露了《共同控股协议》及新旧《一致行动协议》的内容、股东大会、董事会、监事会运行情况及相关主体的任职与参与经营的情况、争议解决机制。虽然以上两个案例采取的争议解决的机制不同，但均是通过设定的机制导出确定且唯一的表决结果。

主张多人共同控制，结合公司实际情况并依据规则层面的要素予以正面论证，是比较清晰可证的，包括直接或间接的持股关系的存在、多人在公司治理所共同发挥的重要作用及良好的运行情况，且必须“通过公司章程、协议或者其他安排予以明确”多人共同拥有公司控制权的情况。通常可从共同形成的表决权比例、在董事会及经营管理层的董事、管理人员的提名与任命、在公司担任的实际职务与对日常经营决策的参与方式与程度方面来展开。

2. 一致行动相关

案例概览如表 15－6 所示。

表 15－6　一致行动相关案例

公司简称	披露内容	问询问题
杰华特	根据回复材料：（1）自公司成立起至今，周某与黄某亮存在事实上一致行动关系且共同为公司的实际控制人；（2）周某与黄某亮于2021 年3 月15 日签署《一致行动协议》，协议有效期自各方签署协议之日起至各方均不再作为公司直接或间接股东、董事之日止，且共同控制及一致行动关系自公司首次公开发行股票并上市之日起 36 个月内持续有效	（1）《一致行动协议》签订前发行人的控制权状态，事实一致行动关系的具体体现，签订前后控制权是否发生变化，是否符合控制权稳定的要求；（2）进一步明确《一致行动协议》有效期约定

杰华特的公开回复中，对一致行动协议签署前事实一致行动关系的体现从各方确认、历次董事会的席位和表决情况、日常经营管理的任职与职责予以说明，并从表决权比例、提名董事数量、日常经营决策方面说明了一致行动协议签署后的控制权状态，此外一致行动协议明确了首发上市后 36 个月内共同控制与一致行动的期限。

结合市场公开案例，我们理解，通过一致行动协议主张共同控制的，一致行动协议签署的时间与经历的期间，会影响共同实际控制人的认定及该等认定是否构成变更［最近 36 个月（主板）或者 24 个月（科创板、创业板）内］或变更时点的判定，进而涉及是否影响满足发行条件的问题；一致行动协议当中的有效期关系到上市后共同实际控制人的稳定期间，是否能够至少满足上市后 36 个月内（规则层面为“首发后的可预期期限”）的稳定运营的保障。除上述外，“发生意见分歧或纠纷时的解决机制等协议约定内容”系共同实际控制人认定下设置与披露的重点。

3. 亲属关系等身份的影响

案例概览如表 15－7 所示。

表 15－7　亲属关系等身份对共同实际控制人认定影响案例

公司简称	披露内容	问询问题
雷电微力	(1) 发行人认定邓某茹为控股股东和实际控制人。邓某茹直接持有发行人 25.87% 的股权，同时通过武汉研究院间接控制发行人 2.74% 股权。此外，发行人股东吴某（持股 0.14%）为邓某茹配偶桂某的母亲，邓某中（持股 1.92%）为邓某茹父亲的弟弟，均为邓某茹的一致行动人。 (2) 邓某茹配偶桂某担任发行人董事、副董事长、副总经理，并负责指导公司长期发展战略规划、制定公司产业发展路线。桂某 1996 年 7 月至 1999 年 12 月，任职于中国人民解放军驻香港部队；2000 年 1 月至 2017 年 3 月，任职于空军后勤部财务部。桂某的母亲吴某自 2010 年 9 月起成为发行人股东，目前持有发行人 0.14% 股份	披露未认定邓某茹与桂某为共同控制人的合理性；充分说明实际控制人认定相关依据是否充分，是否存在规避实际控制人认定情形，最近 2 年发行人实际控制人是否发生变更
东芯股份	公司的控股股东为东方恒信，其直接持有东芯半导体 43.18% 的股份。公司的实际控制人为蒋某明，其通过东方恒信、东芯科创控制发行人 49.96% 的表决权，且担任发行人的董事长，对发行人的发展和决策有重大影响。东芯科创为发行人员工持股平台。本次公开发行后，东方恒信的持股比例将下降至 32.38%。蒋某明与董事、董事会秘书蒋某舟系父女关系，双方在董事会一致行动	结合东方恒信的股权结构及日常运作机制，蒋某明在发行人生产经营中发挥的具体作用，最近两年内历次股东（大）会、董事会表决情况，对发行人股东（大）会、董事会决议的实质影响，董事、监事、高级管理人员的提名及任免情况等，说明认定蒋某明为实际控制人是否准确，最近两年实际控制人是否发生变更

雷电微力在公开回复中，从共同实际控制人认定的三个规则要点予以回复，即持股关系，能否对股东大会、董事、高级管理人的提名及任免产生重大影响，是否有公司章程或其他特殊约定对共同控制作出相应安排；同时，也以“实事求是原则”强调了全体股东对实际控制人认定的认可。东芯股份的公开回复中，结合蒋某明与蒋某舟系父女关系，且蒋某舟在发行人处担任董事及董事会秘书职

务，在公司经营决策中发挥重要作用，将蒋某明和蒋某舟认定为公司共同实际控制人。

结合市场公开案例，持股比例在5%以上的配偶、直系亲属，持股比例不足5%但任职董事、高级管理人员并在公司经营决策中发挥重要作用的配偶、直系亲属，依据规则认定为共同实际控制人，是受规则相应支持的，未认定，反而需要给出更多的反证依据，即系前述单一实际控制人认定项下的关注点之一。在一致行动关系并不必然导致多人共同拥有公司实际控制权的逻辑前提下，亲属关系的存在也同理。

结合对实践案例的了解，基于“在确定公司控制权归属时，应当本着实事求是的原则，尊重企业的实际情况，以发行人自身的认定为主，由发行人股东予以确认”规则所明确的原则，企业的自身认定具有充分的空间。除了持股关系、亲属关系或一致行动关系外，对于共同实际控制认定，无论是正反论证，其落脚点都在“经营决策有无发挥重要作用”，通常表现为有无担任重要管理职务（如高级管理人员的职务）及对日常经营的参与程度。

三、无实际控制人

依据相关规则对“控制”的认定，即一般需不具备认定控制的条件。参照《上市公司收购管理办法》《上海证券交易所科创板股票上市规则》对控制权的认定，无实际控制权的认定一般需满足：（1）无持股50%以上的控股股东；（2）不存在可以实际支配公司股份表决权超过30%的投资者；（3）无法通过实际支配表决权决定董事会半数以上成员选任的情形；（4）无法依据其所持股份表决权或决定的董事会成员席位等对公司股东大会或董事会的决议产生重大影响；（5）不能实际支配或者决定公司的重大经营决策、重要人事任命等事项。

无实际控制人半导体企业的IPO审核关注要点主要围绕“是否系通过实际控制人认定而规避发行条件或监管”“无实际控制人的情形是否会引致发行人的持续发展、持续盈利能力的重大不确定性”的要旨展开，落脚点在于无实际控制人的认定与论证（股权投资关系与公司治理两个层面、涉及一致行动关系论证）、发行条件与监管义务的载体（最近2年实际控制人未发生变更、主要股东对同业竞争义务、不存在违法行为的适格性以及锁定期安排等）、公司保持生产经营、管理团队持续稳定的措施或安排、公司僵局的解决纠纷机制安排。

关于无实际控制人半导体企业的关注要点概览（见表15－8）。

表15－8　无实际控制人半导体企业问询案例

示例企业	关注主要方面	常见问询问题	要点概述
安集科技、有研硅、芯原股份、安凯微、拓荆科技、海光信息	无实际控制人的认定依据	认定发行人无实际控制人的依据是否充分	结合最近2年内公司章程、协议或其他安排以及发行人历次股东大会（股东出席会议情况、表决权过程、审议结果、董事会提名和任命等）、董事会（重大决策的提议和表决过程等）、监事会及发行人经营管理的实际运作情况来充分说明认定依据
	无实际控制人对生产经营稳定的影响	无实际控制人股权架构下发行人管理团队的运作机制及与股东之间的沟通机制，是否可能影响发行人管理层和生产经营的稳定	结合公司章程约定及“三会一层”运行情况，说明股东之间的运作机制以及股东与管理层之间的沟通机制；以主要股东、核心团队的稳定、内部治理制度规范及有效运行说明管理层与生产经营的稳定
	发行条件或监管要求	是否存在规避发行条件或监管要求的情形	第一大股东就避免同业竞争、规范和减少关联交易等事项作出了承诺，依法履行了第一大股东的义务；前三大股东比照实际控制人出具股份锁定承诺

1. 无实际控制人半导体企业实际控制权问询之典型案例分析有控股股东企业

案例概览如表15－9所示。

表15－9　无实际控制人之有控股股东半导体企业案例

公司简称	披露内容	问询问题
安集科技	发行人控股股东为安集开曼，无实际控制人	（1）安集开曼股东的议事、表决规则，报告期内股东会议的召开与决议情况，是否存在无法形成决议的情形；各股东之间是否存在一致行动或关联关系，是否存在相关股东对安集开曼股东会行使控制权；（2）安集开曼董事提名与选任规则、董事会的议事规则，董事的提名及委任情况，董事会的召开与决议情况，是否存在相关股东对安集开曼董事会行使控制权

安集科技的公开回复中，逐项说明了安集开曼股东的议事、表决规则，报告期内股东会议的召开与决议情况，各股东之间的关系，董事提名与选任规则、董事会的议事规则，董事的提名及委任情况，董事会的召开与决议情况。其论证路径实质与发行人层面的“三会一层”、公司治理运作情况等角度是一致的。

结合市场公开案例，存在控股股东但作无实际控制人认定的企业，实际是将发行人的实际控制权归属论证上升到控股股东的层面，即实质为控股股东的实际控制权问题；同时，如控股股东层面存在创始股东持股或任职的情况，监管机构会重点关注该创始股东是否具有实际控制权，其拥有的权益、任职情况、对重要决策的影响以及在重大事项上是否有决策权等。

2. 典型案例之第一大股东持股高于或接近30%企业（见表15－10）

表15－10　无实际控制人之第一大股东持股高于或接近30%半导体企业案例

公司简称	披露内容	问询问题
海光信息	（1）发行人无控股股东、实际控制人，第一大股东中科曙光持有发行人32.01%的股份，其实际控制人为中科院计算所，2015年12月发行人成为中科曙光并表企业，2016年1月发行人变为其参股公司；（2）第二大股东成都国资（含一致行动人）持有发行人19.53%的股份，报告期内与中科曙光存在股权转让及第一大股东席位的多次变更	结合中科曙光持有发行人32.01%的表决权、与第二大股东持股比例的差距超10%，分析未认定中科曙光实际控制发行人是否符合《上市公司收购管理办法》第84条
安路科技	公司无控股股东、实际控制人。第一大股东华大半导体持股33.34%，并承诺自公司上市之日起5年内且作为第一大股东期间不谋求控制权；第二大股东上海安芯及一致行动人（为创始人及核心管理层等持股平台）合计持股26.10%，并承诺不谋取控制权	华大半导体入股至今，从特殊权利条款执行、公司章程条款、董事及高级管理人员任免等方面，说明发行人控制权状态及认定依据，是否符合公司的实际情况
瑞华泰	航科新世纪在报告期内为发行人第一大股东，2017年至2018年4月持股比例为42.75%，2018年4月发行人由中外合资企业变更为内资企业，2018年9月发行人增资后，航科新世纪的持股比例降至31.17%。发行人其他持股5%以上股东的持股比例较低	在单一股东控制比例达到30%的情况下认定股权分散，无控股股东及实际控制人的合理性

海光信息的公开回复中，结合股东大会与董事会的1/2表决机制，从第一大股东所持比例未超过50%、提名董事未超过1/2说明其对股东大会、董事会的决策均无法形成控制。安路科技的公开回复中，从第一大股东入股后股权结构的稳定、股东大会2/3及1/2的表决机制、任一股东提名董事未超半数、董事及高级管理人员的任免情况来说明发行人无实际控制人。瑞华泰的公开回复中呈现的论证逻辑基本同理。

结合市场公开案例，即便有"发行人股权较为分散但存在单一股东控制比例达到百分之三十的情形的，若无相反的证据，原则上应当将该股东认定为控股股东或者实际控制人"的原则规定，但实践中不乏第一大股东持股比例超过或接近30%，作无实际控制人认定的情况。此种情形下，作无实际控制人认定的论证要点主要有：（1）股东会层面因股权结构分散，任一股东无法单独控制股东会，任一股东无法单独控制董事会（特殊权利条款约定与执行、公司章程条款）；（2）第一大股东系财务投资人的身份及/或并未实际参与公司的日常经营管理（包括董事及高级管理人员任免）；（3）全体股东对于无实际控制人的认定的确认；（4）不存在规避发现条件或监管的情况；（5）股东（第一大股东/主要股东）在发行人的重要商业机会获取、融资渠道等方面发挥的作用；（6）列举市场上存在的案例。

3. 典型案例之主要股东顺位变动企业（见表15－11）

表15－11　无实际控制人之主要股东顺位变动半导体企业案例

公司简称	披露内容	问询问题
山石网科	发行人股权结构较为分散，单个股东单独或者合计持有或控制的股份数量均未超过公司总股本的30%，认定无控股股东、无实际控制人	发行人在报告期内拆除红筹架构，拆除前后股东变化较大，请按红筹架构拆除前后分析无实际控制人的具体状态，股东及股东的股东构成情况，并说明最近2年无实际控制人的状态有无发生变化

山石网科的公开回复中，申报前第二大股东田某、第三大股东苏州元禾、第四大股东国创开元，在近两年内对外转让股权，持股数量及比例发生一定的变化，导致持股顺序发生变化，但仍认定为无实际控制人，该等股东顺位的变更会引起监管以下关注：（1）股东顺位发生变更的原因、背景和合理性；（2）比照《证券期货法律适用意见第17号》的相关规定，该等股东顺位的变更是否对公司的董事会、股东会的决策、经营管理产生了变动影响，认定实控人未发生变更的

依据是否充分。

在上述情形下，对实际控制人情况未发生变更的论证，主要根据《证券期货法律适用意见第17号》所规定的可认定实际控制人未发生变更的情形予以说明，对上述期间内公司在股东大会、董事会、管理层，对应公司的主营业务与日常经营方面的变化，围绕法律规定发行人的股权及控制结构、经营管理层和主营业务没有发生重大变化、发行人的股权及控制结构不影响公司治理有效性、公司股权及控制结构稳定措施的角度重点展开。

4. 其他常规问询重点

在上述列举的典型案例中，除对无实际控制人认定的依据予以问询外，我们对高频出现的配套常规问题也作了概括梳理，具体如下所述。

（1）公司僵局的解决机制

无实际控制人的半导体企业，是否会在股东意见出现分歧时，陷入公司治理僵局，无法作出有效决策，进而影响公司治理和持续经营，问询与反馈回复要点概括如表15－12所示。

表15－12　无实际控制人之半导体企业公司僵局解决机制案例

问询问题概要	回复要点
是否可能出现公司僵局风险以及发行人的应对措施，相关风险披露是否充分	从公司各部门、管理层、董事会、股东大会的公司内部治理结构及内控制度的规范健全和有效来解释说明公司僵局存在的风险较低，且在招股书中进行补充披露处理
决策、治理方面的分歧及相应的解决方式，并结合上述章程规定的分歧解决机制的内容，进一步说明当前约定的分歧解决机制是否有效，是否能保证公司的决策效率、进而保证公司的有效运行和管理	股东大会、董事会、监事会决议的有效性；股东大会、董事会、监事会的规范运行情况；公司章程对分歧解决机制的规定

针对监管对公司僵局出现的风险以及分歧解决机制的问询，一般会从《公司章程》等文件对分歧解决机制的规定、公司的组织结构、内控制度、股东会、董事会、监事会的规范运作等方面，充分说明公司已建立完善、规范且持续有效运行的治理结构，既往未发生公司僵局且未来出现该等情形的风险与概率极低来予以论证和反馈回复。

（2）公司生产经营、管理团队持续稳定的措施与安排（上市后）

发行上市后，审核监管会关注发行人在无实际控制人的情况下是否能够保持公司生产经营、管理团队持续稳定，是否采取相应的保障措施或安排，相关问询问题及反馈要点概览如表15－13所示。

表15－13　无实际控制人之半导体企业上市后稳定措施与安排案例

问询问题概要	回复要点
股东是否存在谋求控制权的安排或计划	主要股东出具不谋求对发行人控制权的声明和承诺函
核实是否存在可能导致控制权变化的重大权属纠纷或潜在控制权争夺风险，以及上市后发行人在无实际控制人的情况下是否存在保持公司生产经营、管理团队持续稳定的措施或安排	发行人股东出具关于股份权属清晰，不存在重大权属纠纷，不会主动争夺发行人的控制权的书面确认；在其持有发行人股份期间，无意且保证不会主动争夺发行人的控制权。发行人与管理层团队的劳动合同以及相关人员的已任职期限；员工持股安排；主要股东以及员工持股平台的锁定安排

“是否存在可能导致控制权变化的重大权属纠纷或潜在控制权争夺风险，以及上市后发行人在无实际控制人的情况下是否存在保持公司生产经营、管理团队持续稳定的措施或安排”系审核监管在反馈中会问及的常规问题之一，一般从以下角度予以回复：①通过网络核查以及股东出具的说明或承诺，股东所持股权不存在纠纷，股东不存在谋求控制的安排或计划（以问题含有“实际控制人”关键词、回复含有“不谋求”关键词，所得出具该等承诺或者其他类似安排的占比在50%左右）；②管理层团队已签署长期劳动合同且在公司任职已久；③员工持股安排以及锁定承诺的出具，相应保障了管理层团队及其经营的稳定；④股东关于股份锁定及减持出具的承诺，能够稳定股权结构，确保发行人经营的稳定。

（3）无实际控制人认定下监管要求义务的履行

由于无实际控制人，在规则层面对控股股东、实际控制人的要求就相应落到了主要股东（尤其第一大股东、第二大股东）以及管理层团队主体上。

①锁定期安排（《证券期货法律适用意见第17号》第2条第5项）

主要股东所持股份的锁定期安排主要与两个方面的监管要求相关联，一是“实际控制人未发生变更”的发行条件，需通过股份锁定的措施保证股权结构及控制权的稳定；二是依据证监会《关于进一步推进新股发行体制改革的意见》等规定中对控股股东、实际控制人所持股份的锁定规定，需由主要股东履行相关义务。针对此项监管规则要求的落实，通常需对前序合计持股比例51%的主体予以关注并注意股份锁定的合理安排，该等安排需结合公司实际情况、股东方意愿以及未来融资安排，在公司融资及IPO计划中提前就股份锁定事宜与股东方展开沟通，部分参考案例如表5－14所示。

表15－14　锁定期安排案例

公司简称	承诺出具情况
芯联集成	按持股比例从高到低排列，前四大股东（合计持股51.0638%）均已出具了关于股票锁定期的承诺
颀中科技	公司前三大股东（合计持股83.22%）均已出具关于股份锁定、持股意向、减持意向及其约束措施的承诺函

②同业竞争要求的落实

在规则层面，应由控股股东及实际控制人出具关于避免同业竞争进行承诺，以及对实际控制人相关同业竞争进行核查，通常需由发行人第一大股东或主要股东履行相应的义务，满足审核监管的要求，部分参考案例如表15－15所示。

表15－15　同业竞争核查案例

公司简称	承诺出具情况
中芯国际	第一大股东及其股东与第二大股东及其股东共同出具关于避免同业竞争的承诺函
海光信息	持股5%以上股东出具关于避免同业竞争的承诺函
长光华芯	第一大股东出具关于避免同业竞争的承诺
神工股份	持有公司63.87%股份的股东及其一致行动人就避免同业竞争、减少和规范关联交易、欺诈发行上市的股份购回和赔偿、上市后3年内稳定股价的措施等事项出具了相应承诺
芯源微	第一大股东出具关于避免同业竞争的承诺函
力合微	持股5%以上股东出具关于避免同业竞争的承诺函
思瑞浦	持股前51%股东出具关于避免同业竞争的承诺函
澜起科技	主要股东及其关联方出具关于避免同业竞争的承诺函
复旦微电	第一大股东、第二大股东出具关于避免同业竞争的承诺函

实践中，避免同业竞争承诺函的主体主要由第一大股东或主要股东出具，相应地，原应核查的实际控制人对外控制的企业，该等同业竞争的核查主体及范围需调整为对第一大股东或主要股东对外直间接控制的企业。

③主要股东的合法合规性要求

《首次公开发行股票注册管理办法》第13条第2款规定的控股股东、实际控制人无重大违法行为系发行条件之一，无实际控制人企业仍需就该发行条件的满足予以说明，明确是否存在规避上述发行条件的情形，部分参考案例如表15－16所示。

表15－16　合法合规性要求落实案例

公司简称	承诺出具情况
思瑞浦	持股前51%股东不存在重大违法行为
芯源微	持股前5%以上股东不存在重大违法行为
沪硅产业	第一大股东不存在重大违法行为
芯原股份	持股前5%以上股东不存在重大违法行为
复旦微电	第一大股东、第二大股东不存在重大违法行为

在无控股股东、实际控制人的情况下，一般至少需由发行人第一大股东是否存在重大违法行为、是否满足发行条件进行核查并进行说明。

第十六章 创始团队与股东

第一节 半导体企业创始团队相关审核要点

一、半导体企业与创始团队之缘起

随着半导体行业“国产替代”的浪潮，在科创板强调“科创属性”、坚守“硬科技”定位的背景与原则之下，有着科技与人才的基底、技术与产业的转化融合的强实力，一批批半导体大厂出身的创始团队带领着创业企业走上了科创板的资本市场之路，也使在半导体企业的投资、IPO的运作中，无论是投资人还是监管，都格外地注重“人与技术”。在拟IPO的半导体企业中，比较常见的为两类技术人才的创业之路，一类是多年半导体大厂即行业头部单位从业经历的人才，另一类是具备高校科研院所背景的教职人员。

（一）创始团队（或核心技术人员）来自半导体行业头部单位的关注要点

来自半导体行业头部单位的离职创业行为，先天地与人和技术紧密相连；通常此类大厂离职的，以掌握相当的技术经验为特征。围绕着“离职、技术、人”这样的要素，在拟IPO的过程中，半导体企业与创始团队均不可避免地需面对和回答创始人员与前任职单位的竞业限制及保密义务的情况以及职务发明的问题。

1. 竞业限制与保密义务的规则渊源分析

竞业限制义务的产生依托《劳动合同法》、竞业限制协议以及相应的补偿金，具体如下：

（1）主体（保密与竞业限制的关系）

根据《劳动合同法》第23条规定，“用人单位与劳动者可以在劳动合同中约定保守用人单位的商业秘密和与知识产权相关的保密事项。对负有保密义务的劳动者，用人单位可以在劳动合同或者保密协议中与劳动者约定竞业限制条款”。其第24条规定，“竞业限制的人员限于用人单位的高级管理人员、高级技术人员和其他负有保密义务的人员”。由此，核查中可以从创始团队在前任职单位担任的具体职务、负责的工作内容确定是否为高级管理人员、高级技术人员，如否，还需结合保密义务与竞业限制义务的关系，核查是否有签署保密协议等文件导致负有保密义务，是否具备成为竞业限制的对象的前提；确定主体后，需进一步排查是否存在以劳动合同中的条款、保密协议或竞业限制协议约定竞业限制义务的情形。

（2）竞业限制期限

根据《劳动合同法》第24条的规定，竞业限制期限最长不得超过两年。

（3）竞业限制补偿金

根据最高人民法院《关于审理劳动争议案件适用法律问题的解释（一）》的规定，在约定了竞业限制条款（劳动合同、保密协议或单独的竞业限制协议等形式不限）前提下，用人单位有义务支付经济补偿金，而劳动者也有权向用人单位主张“劳动合同解除或者终止前十二个月平均工资的30%”的标准按月支付的经济补偿。同时，该解释也明确，用人单位的原因导致3个月未支付经济补偿，劳动者请求解除约定的，人民法院应予支持。据此，通常中介机构需调取创始团队前任职单位工资卡离职时点后3—6个月的银行流水，核查是否有收到过竞业限制补偿金的情况，来进一步判定是否负有竞业限制的义务。

2. 职务发明风险的规则渊源分析

除前述提到的竞业限制与保密义务的核查外，另一个较常见的风险项为“职务发明”。根据《专利法实施细则》第13条第1款的规定：“专利法第六条所称执行本单位的任务所完成的职务发明创造，是指……（三）退休、调离原单位后或者劳动、人事关系终止后1年内作出的，与其在原单位承担的本职工作或者原单位分配的任务有关的发明创造。”基于此，职务发明风险的判定要素在“1年”的期间与“与其在原单位承担的本职工作、任务是否有关”。

3. 审核实践之关注要点及相关建议

在带有明显的团队创业底色的半导体企业 IPO 审核过程中，无论是监管的问询还是常见的举报信事件抑或知识产权纠纷，创始人或核心技术人员与前任职单位问询都比较高频，我们对此类情形下的关注要点予以梳理，部分参考案例如表 16 – 1 至表 16 – 3 所示。

（1）竞业限制与保密义务相关

表 16 – 1　竞业限制与保密义务相关问询案例

公司简称	基本情况	问询问题	回复思路
甬矽电子	包括董事、监事、高级管理人员、专利发明人、研发人员在内的多名人员来自长电科技	全面分析发行人从长电科技离职人员因保密义务、竞业限制义务被追诉的可能性及对发行人经营稳定性的影响	关于保密义务的核查：①证明论证相关技术系自主研发取得（从基础设施构建、技术研发、生产过程要素、具体产品等多个维度着手）；②依据第三方机构出具的专项报告说明不存在侵犯商业秘密的情形；③核查对象进行自查并出具情况核实和承诺函；④说明发行人已采取的保密措施。 关于竞业限制义务的核查：①核查与原任职单位的竞业限制约定情况；②与原任职单位的工作人员以访谈形式确认其竞业限制的管理制度与执行情况；③调取银行卡流水核查竞业限制补偿金的收取情况，说明未收取补偿金且竞业限制期限已过 2 年
澜起科技	发行人董事长及核心技术人员均在 IDT 担任过职务，常某元于 2010 年至 2013 年任上海贝岭首席技术官。IDT 是发行人主要竞争对手之一，上海贝岭主营业务中包括集成电路设计	杨某和及各位核心技术人员从 IDT 离职并创立或加入发行人的背景情况，与 IDT、上海贝岭之间是否存在竞业禁止、保密协议等约定，上述人员是否违反了相关约定，与 IDT、上海贝岭是否存在纠纷或潜在纠纷	①详细说明相关人员的任职经历、工作岗位与内容、与现任职单位的差异、保密与竞业限制协议签署和履行情况；②详细说明相关人员参与研发的产品、技术等同公司目前产品、技术的不同、管理层团队、研发团队、主要技术等与 IDT 的具体联系，核心技术与 IDT 的差异

续表

公司简称	基本情况	问询问题	回复思路
珂玛科技	实际控制人及核心技术人员刘某兵、研发部负责人施建中、研发部项目总监、首席材料学家王某以及黎某（关键人员）在加入发行人之前，均有在境内外同行业企业任职的经历	结合核心技术形成过程，核心技术人员构成和任职经历，说明发行人核心技术权属是否清晰，是否存在违反竞业限制或者侵权第三方知识产权情形，是否存在纠纷或潜在纠纷	①依据核心技术人员的确认，说明相关技术系利用公司物质条件形成；②依据核心技术人员的银行流水、离职证明材料、对前任职单位的相关领导或前同事的访谈，说明不负有竞业限制义务、未收取竞业限制补偿金；③通过外部网络核查公开信息说明不存在相关争议纠纷；④依据第三方出具的报告说明公司核心技术不存在侵权风险
芯天下	董事、副总经理王某、艾某林入职发行人之前均有其他半导体公司的从业经历，主要负责市场销售工作；副总经理、首席技术官苏某强入职发行人前在同行业公司兆易创新工作	说明王某、艾某林与原任职单位是否存在竞业禁止或竞业限制的约定；说明苏某强与兆易创新是否存在竞业限制等约定，发行人与兆易创新是否存在纠纷	①根据相关人员提供的劳动合同及出具的承诺，确认其与前任职单位不存在竞业禁止或竞业限制的约定；②根据签署的《不竞争协议》并结合未收取竞业限制补偿金的确认文件，说明不负有竞业限制义务且已过 2 年的竞业限制期间；③通过外部网络核查公开信息说明不存在相关争议纠纷

（2）职务发明相关（见表 16－2）

表 16－2　职务发明相关问询案例

公司简称	基本情况	问询问题	回复思路
安芯电子	实际控制人汪某恩于 2009 年加入扬杰科技下属公司杰利半导体并曾持股 12%，同时作为发明人之一申报多项专利权人为扬杰科技、杰利半导体的	结合汪某恩在原任职单位的职责及专利申请情况、加入发行人后申请专利的技术研发路径，说明认定上述专利不属于职务发明的	①详细说明汪某恩的工作经历及在原任职单位的专利申请情况；②说明汪某恩加入发行人申请相关专利的时间与技术研发路径；③结合汪某恩在原任职单位的任职情况、行业背景经历与经验积累情况、研发技

续表

公司简称	基本情况	问询问题	回复思路
	专利。汪某恩于2013年6月底离开杰利半导体，发行人于2014年7月之前陆续提出申请4项专利	依据是否充分，是否存在纠纷或潜在纠纷	术对发行人物质技术条件的利用情况，说明不存在利用前任职单位物质技术条件的情形，不构成职务发明
敏芯股份	发行人的主要创始人与核心技术人员李某、胡某及梅某欣曾在同一时间段就职于芯锐微电子技术（上海）有限公司	相关发明与技术是否来自该公司或属于职务发明；发行人的技术是否为创始团队自主研发形成，自主研发的主要过程与依据	①说明在原单位任职期间相关技术成果分配的既有约定情况；②取得前任职单位对技术权属的确认文件并详细说明相关核心技术的主要研发过程
裕太微	欧阳某飞、史某及核心技术人员张某棪、刘某欢在加入发行人前，曾在高通企业管理（上海）有限公司、创锐讯通讯技术（上海）有限公司任职	结合主营产品与发明专利的对应情况，说明各发明专利的发明人是否为公司员工，是否为原始创新或利用了发明人原任职单位的技术进行二次创新，是否属于原任职单位的职务发明，是否存在知识产权侵权风险	①详细列示发明人任职与专利申请时间；②从研发团队、投入、场地、设施、体系制度等方面说明独立研发能力；③结合职务发明法律规定及判定原则，针对发明人从原单位离职后一年内入职并申请专利情况逐一详述发明人任职经历、原单位与发行人的主营业务关系、发明人主要负责技术领域及工作内容的差异对比；④由知识产权律师出具关于职务发明的法律意见书；⑤结合外部网络查询说明不存在侵权的相关风险

结合相关案例，针对竞业限制、保密义务以及职务发明方面的审核关注要点，常规回复与核查主要从以下方面着手。

①内部论证相关技术成果的自研取得

第一，从技术取得的客观过程论证自研性。关注竞业限制、保密义务、职务发明风险的实质在核心技术是否属于自主研发取得、是否有权属纠纷，由此从正面论证说明技术取得系自主研发尤为重要，也是保障论证完整性、充分性不可或缺的部分。通常需结合物质技术条件的利用（包括场地设备设施、资金人力等资源的投入）、研发体系的建立及项目立项与研发过程记录存档等研发过程、相应技术产出成果与产品在关键要素及应用领域方面的差异比对等，说明技术系自研取得。

第二，相关主体配合提供原始证明资料及出具确认文件。相关核心技术人员提供前任职单位劳动合同、离职证明、签署的竞业限制或保密协议（如有）、工资卡一定期间银行卡流水、员工手册及规章制度（如有）说明竞业限制、保密义务约定的情况。公司及相关核心技术人员对技术成果的自主研发情况、在前任职单位的工作、参与研发情况及取得技术成果情况、竞业限制与保密义务负担与履行情况、是否涉及利用前任职单位物质技术条件、与前任职工作任务予以说明和确认。

②外部证明不存在违反相关义务及构成侵权或职务发明风险

第一，与外部主体如前单位的相关负责人、人事的主管、前同事等，对创始团队在前单位的任职情况、工作内容、前单位对员工施行的竞业限制政策、前单位的技术产品与主营业务等情况等通过访谈、确认函的形式进一步核查。

第二，聘请第三方机构就是否存在侵权风险、职务发明风险等出具专业报告或意见。

（二）创始团队（或核心技术人员）系离职创业或于科研院校兼职的关注要点

对于具备科研院校背景的半导体企业创业人员，首先需明确的是，非党政干部身份的教职人员的兼职或离岗创业是受相关规定鼓励和支持的，其本身并不构成 IPO 的障碍。这样背景的创始团队，在 IPO 中会面临一些常规问询，我们对此类情形下的关注要点予以梳理，典型案例如表 16－3 所示。

表 16－3　创始团队相关问询案例

公司简称	基本情况	问询问题	回复思路
东微半导	发行人创始人及实际控制人王某飞于 2009 年 7 月至 2021 年 3 月在复旦大学任职期间，同时在东微半导担任董事，	结合相关法律法规、复旦大学等单位对职工兼职及投资等规定，说明王某飞的兼	（1）依据相关规定说明因不具有党政干部身份不受相应限制；（2）依据高校的相关规定及学院、人事处出具的说明、院领导及前同事的访谈确认，

续表

公司简称	基本情况	问询问题	回复思路
	并指导技术研发的相关工作。2021 年 3 月，王某飞已从复旦大学离职，目前正式入职东微半导。在复旦大学任职期间，王某飞与东微半导员工共同完成了多项发明创造并就该等发明创造以公司名义申请并取得了专利，王某飞为多项已获授权专利的共同发明人	职及投资等行为是否符合相关法律法规政策的规定，是否已履行完备程序及取得相关方确认，王某飞在复旦大学任职期间和入职发行人后相关成果是否属于在复旦大学的职务发明创造	说明其兼职及对外投资已履行相关程序，未违反学校及学院的相关规定；（3）结合王某飞的个人简历、调查表及研发经历，比对其在学院及东微半导处的工作；（4）从其利用东微半导物质技术条件的情况、学院出具的确认函，说明相关技术成果不属于复旦大学的职务发明；（5）结合司法机关证明及网络查询信息说明相关主体之间不存在纠纷

结合公开市场案例，半导体企业在创始团队或核心技术人员离职创业或于科研院校兼职所面临的常规问询问题如下：（1）是否符合高校教职人员对外兼职及离岗创业的相关规定；（2）参与的相关技术成果（包括知识产权）是否涉及科研院校的职务发明、是否涉及侵权；（3）相关人员在与科研院校的该等兼职/离职创业的约定期满后的安排是否影响发行人的持续经营。

针对上述问题，通常从以下方面来核查和回复监管：（1）获取科研院校单位对该等兼职及/或离职创业的相关规定，前述规定项下该类人员已履行相关程序的证明性文件；（2）就该等人员参与的发行人的知识产权相关，知识产权归属、使用、收益分配、是否涉及职务发明等事宜，通过协议或由科研院校出具说明的形式予以确认，明确权属、防止纠纷；（3）该等人员在发行人处保障履职投入以及人员的独立性的说明。

二、半导体出口管制新规中对从业人员的身份限制

BIS 于美国时间 2022 年 10 月 7 日宣布其对《美国出口管制条例》（Export Administrative Regulation，EAR）进行了一系列针对性的修订（以下简称 BIS 新规）。BIS 新规主要对涉及先进计算集成电路、超级计算机和半导体制造设备的条款进行了修改与增补，并旨在限制中国获得先进芯片、开发和维护超级计算机以及制造先进半导体的能力；其中新增为中国半导体制造活动提供支持的限制。

BIS 新规对特定条件下美国人从事的特定行为，新增需取得出口许可的限制。主要涉及：(1) 美国主体知晓该出口物项用于在中国的半导体制造设施中开发或生产集成电路且集成电路符合特定标准①，如未获 BIS 出口许可证，美国主体不得进行装运、传输或转移国内物项到中国或促进该等活动等出口行为；(2) 美国主体开展的相关支持行为涉及的物项符合 CCL 中相关 ECCN 编码项下物项的参数要求的，触发 BIS 出口许可证要求。

此项对美国主体的限制在半导体行业不同主营业务企业之间的影响差异较大，其核心仍旧是围绕是否涉及先进制程的用途或管制物项的支持。

出口管制新的相关问询案例如表 16－4 所示。

表 16－4　创始团队相关问询案例

公司简称	披露内容	问询问题
华虹宏力	报告期内，发行人使用的主要生产设备和原材料从境外供应商的采购占比较大，募投项目涉及生产设备购置及安装费达 50 亿美元，发行人存在部分境外或外籍员工	结合美国近期的限制性措施，全面分析对发行人生产经营、产品研发及募投项目建设的具体影响，产品（含服务）采购、员工聘任等是否会受到境外相关规定的限制，相应的应对措施及可行性

针对出口管制，关注要点及回复思路主要如下。

1. Fabless 模式的芯片设计企业

对于设计类企业的美国主体，主要关注其高级管理人员、研发及销售等岗位的相应履职行为是否涉及转移、支持/授权向先进制程提供限制物项的活动，其论证逻辑主要是抓住设计类企业不存在与向中国先进半导体制造厂提供特定物项或为其特定物项提供服务的直接关系，且现有产品及技术不符合 CCL 中相关 ECCN 编码项下物项的参数要求，得出美国主体为企业提供相关支持不会触发 BIS 出口许可证要求的结论。

2. 设备与芯片制造厂商

设备与芯片制造厂商因涉及直接的设备与物项的使用，无论是具体从事研发

① 系指在位于中国的半导体制造设施中开发或生产集成电路且集成电路符合以下任一标准：(1) 采用非平面晶体管结构的逻辑集成电路或其生产技术节点为 16/14 纳米或以下；(2) 具有 128 层或以上的 NAND 存储器集成电路；(3) 动态随机存取存储器（DRAM）集成电路，采用半间距为 18 纳米或更小的生产技术节点。

生产活动还是管理层的美国主体都可能落入被限制的范围。而对创始团队而言，所涉技术与管理两条线，一是具体从事的研发活动，二是对采购、销售等业务端的审批支持活动的核查与判定。

第二节

半导体企业股东相关审核要点

一、股东适格性

近年来，半导体赛道的企业备受知名投资机构的青睐，在拟IPO企业的芯片设计类企业，各种类型的机构股东汇聚一堂的场面并不鲜见，甚至一度会出现有限公司阶段的股东们就占满了50人的名额的情况。此外，《监管规则适用指引——关于申请首发上市企业股东信息披露》等新规也再次强调了对股东适格性的核查与披露要点。结合机构投资者的属性，一般重点关注私募基金股东及三类股东，部分参考案例及总结具体如下。

（一）私募基金股东备案

对于机构股东，首要关注的基础事项为“私募投资基金等金融产品是否持有股份，是否已纳入监管”。《私募投资基金监督管理条例》第2条规定：“在中华人民共和国境内，以非公开方式募集资金，设立投资基金或者以进行投资活动为目的依法设立公司、合伙企业，由私募基金管理人或者普通合伙人管理，为投资者的利益进行投资活动，适用本条例。”基于此，认定机构股东是否应履行私募基金备案程序，应从“募、投、管、退”四个维度予以分析，主要反映为：（1）平台内部是否存在委托管理约定；（2）是否存在超额收益分配、管理费等约定；（3）是否存在非公开募集行为。如存在上述私募基金的行为，应当按照相关规定，及时办理基金备案手续，即纳入监管范围。半导体企业的股东类型丰富，合伙企业类的机构股东适格性是比较高频的问询问题，也是需要企业在融资过程中就需提前予以审查考虑的重点问题，部分案例问询情况如表16-5所示。

表 16－5 股东资格之私募基金备案相关问询案例

公司简称	问询问题
中欣晶圆	发行人股东中未办理备案的机构股东不属于私募投资基金的依据
翱捷科技	直接或间接持有发行人股份的主体是否具备法律、法规规定的股东资格；私募投资基金等金融产品是否持有发行人股份，如是，是否核查并在招股说明书中披露金融产品纳入监管情况

针对此类问询问题的常规回复思路在于，紧扣规则层面所明确的“募、投、管、退”，如不存在该等情况，则利于充分论证不属于应当办理备案的私募基金，进而得出股东具备相应资格的结论。

（二）SPV 与嵌套结构

区别于直投底层资产，私募基金对外投资的方式常见为通过公司、合伙企业等特殊目的载体投资，以有限合伙形式居多。私募基金领域的行业规范并未对 SPV 进行规则层面的明确有效的界定，关于多层嵌套的相关专门规定如表 16－6 所示。

表 16－6 嵌套结构相关问询案例

法规名称	条文内容
《私募投资基金监督管理条例》	第 28 条第 1 款　私募基金管理人应当建立健全关联交易管理制度，不得以私募基金财产与关联方进行不正当交易或者利益输送，不得通过多层嵌套或者其他方式进行隐瞒
《私募投资基金监督管理条例》	第 25 条　私募基金的投资层级应当遵守国务院金融管理部门的规定。但符合国务院证券监督管理机构规定条件，将主要基金财产投资于其他私募基金的私募基金不计入投资层级。 创业投资基金、本条例第 5 条第 2 款规定私募基金的投资层级，由国务院有关部门规定
《关于规范金融机构资产管理业务的指导意见》	资产管理产品可以再投资一层资产管理产品，但所投资的资产管理产品不得再投资公募证券投资基金以外的资产管理产品
《关于进一步明确规范金融机构资产管理产品投资创业投资基金和政府出资产业投资基金有关事项的通知》	符合本通知规定要求的两类基金接受资产管理产品及其他私募投资基金投资时，该两类基金不视为一层资产管理产品

从《关于规范金融机构资产管理业务的指导意见》明确对资管产品的“三层嵌套”限制，到《私募投资基金监督管理条例》明确“私募基金的投资层级应当遵守国务院金融管理部门的规定”。可以看出，私募基金本身亦需遵守资管产品“三层嵌套”限制的要求。

半导体企业的机构股东中，基金搭建 SPV 结构亦属常见，部分案例问询情况如表 16－7 所示。

表 16－7　基金与 SPV 相关问询案例

公司简称	问询问题	回复思路
寒武纪	根据申报材料，中金澔镆之上层出资人已履行相应的备案程序。古生代创投、国科艾熙之上层出资人已履行相应的私募投资基金备案程序。请保荐机构、发行人律师核查上述股东是否属于私募投资基金股东，是否办理完毕备案手续	详细说明股东上层出资人的备案情况与身份，以均系由合伙人自有资金投入，单纯以持有发行人股份为目的，在直接机构股东层面不存在募集行为说明不属于应当办理备案的私募基金
纳芯微	元禾重元优芯无须办理私募基金备案的依据是否充分；“三类股东”通过私募基金元禾重元贰号间接持有元禾重元优芯出资份额，是否符合《关于规范金融机构资产管理业务的指导意见》的相关规定	（1）不具备“非公开募集资金”“以投资活动为目的”“由基金管理人或普通合伙人专业化管理”等三个要素；（2）上层资管计划均已办理备案，逐项（包括嵌套结构等）均符合《关于规范金融机构资产管理业务的指导意见》的规定；（3）资管公司出具关于产品展期的承诺

结合公开市场案例，针对存在 SPV 架构的机构股东的关注要点，核查要点如下。

（1）SPV 上层主体是否存在资管产品，如存在，则需进一步查验其是否遵守嵌套层级不超过 2 层的要求等《关于规范金融机构资产管理业务的指导意见》及相关规定（若 SPV 上层主体为创业投资基金和政府出资产业投资基金，则即便在与资管产品上下嵌套的结构中，也可以豁免一层；私募 FOF 基金即专门以投资于其他投资基金的基金，通过子基金间接投资底层资产，其通过基金间接投资的比例不低于80%）。

（2）非FOF的私募股权投资基金以SPV的形式投资底层资产，在排除嵌套等监管合规问题后，仍需回溯到SPV层面：上层有限合伙人的身份（如为自然人或其他持股平台，则需关注最终持有人主体是否具备跟投等商业合理性安排）、SPV层面是否存在募集行为即应当备案未备案的情形。

（3）常见管理公司设置跟投机制下，跟投的形式多样，具体如：①通过成立跟投平台一并投资设立基金；②个人直接投资被投企业；③管理团队持股平台与管理基金共同设立SPV间接投资被投企业。第1种和第3种情况均会面临前述提及基金股东备案的问询，针对以上情形，应主要从相应跟投是否符合私募基金及其管理人的相关跟投制度的规定，投资价格是否存在异常、是否涉及利益输送的角度予以核查。

（三）"三类股东"的底线

所谓"三类股东"即曾经的审核问答中所述的"契约性基金、信托计划、资产管理计划"，如今的《监管规则适用指引——发行类第4号》中的"资产管理产品、契约型私募投资基金"。依据《监管规则适用指引——发行类第4号》"4-4资产管理产品、契约型私募投资基金投资发行人的核查及披露要求"的规定，可见对"三类股东"的核查是重点显名、界限清晰的。半导体企业基金股东所面临此类问询亦属常见，部分参考案例如表16-8所示。

表16-8 "三类股东"相关问询案例

公司简称	问询问题	回复思路
中巨芯	公司"三类股东"是否存在杠杆、分级、多层嵌套等不符合《关于规范金融机构资产管理业务的指导意见》的情形，相关安排是否符合现行锁定期和减持规则的要求，是否可能影响公司股份权属清晰稳定	（1）资管公司出具说明，逐项说明是否符合《关于规范金融机构资产管理业务的指导意见》关于"杠杆、分级、嵌套"等方面的规定；（2）说明"三类股东"出现在发行人第四层级的间接层面，资管公司同时出具了关于存续期的说明，满足上市股份锁定要求

续表

公司简称	问询问题	回复思路
利扬芯片	保荐机构及发行人律师未按照《上海证券交易所科创板股票发行上市审核问答(二)》的要求就“三类股东”过渡期安排事项对发行人持续经营的影响；控股股东、实际控制人，董事、监事、高级管理人员及其近亲属是否直接或间接在“三类股东”中持有权益核查并发表意见，请保荐机构、发行人律师补充核查及发表意见	(1) 管理人提供基金合同及承诺函文件供核查；(2) 管理人以承诺方式说明不属于“开放式基金产品”，不存在“份额分级”“嵌套”等违反《关于规范金融机构资产管理业务的指导意见》相关要求的情形，如出现违反相关规定情形及时予以整改

结合规定及公开市场案例，针对“三类股东”的关注要点，审查与回复需守住以下几大底线。

1. 层级的底线——直接层面与间接层面存在差异

无论是过去的审核问答，还是现在的《监管规则适用指引——发行类第4号》，IPO的相关规则层面对“三类股东”的明确核查要求仍是框定在发行人直接股东主体的范围。如进一步拓展到股东穿透核查，则主要核查是否满足《关于规范金融机构资产管理业务的指导意见》的相关规范要求。

2. 主体的底线——禁止

控股股东、实际控制人、第一大股东不属于资产管理产品、契约型私募投资基金。

3. 监管的底线——金融监管部门的审批、备案或报告程序的履行

发行人股东为资产管理产品、契约型私募投资基金的，应注意核查确认该股东依法设立并有效存续，已纳入国家金融监管部门有效监管，并已按照规定履行审批、备案或报告程序，其管理人也已依法注册登记。

4. 存续期的底线——满足锁定与减持要求

资产管理产品、契约型私募投资基金已作出合理安排，可确保符合现行锁定期和减持规则要求。合理安排多见管理人作出展期、不清算的承诺等。

5. 关联主体的底线

控股股东、实际控制人、董事、监事、高级管理人员及其近亲属以及本次发行的中介机构及其负责人、高级管理人员、经办人员不得直接或间接在该等资产

管理产品、契约型私募投资基金中持有权益进行核查。

二、股东穿透核查

股东信息披露的相关专门规定如表 16－9 所示。

表 16－9　股东信息披露相关规定

相关规则	主要内容总结
《监管规则适用指引——关于申请首发上市企业股东信息披露》	(1) 发行人做好股东信息披露、股份代持的相关披露; (2) 发行人需出具专项承诺; (3) 申报前 12 个月新增的股东的基本情况，与其他股东、董事、监事、高级管理人员的关联关系，与中介机构等主体的关联关系，是否存在代持的披露，股份锁定承诺的 36 个月; (4) 入股价格异常的核查及自然人股东基本情况的说明; (5) 两层以上无实际经营业务的机构股东的穿透核查; (6) 私募基金股东的纳入监管情况; (7) 发行人及股东的核查配合义务; (8) 中介机构的全面核查义务，不能单纯以承诺作为依据; (9) 除外适用的股东情形
《关于科创板落实首发上市企业股东信息披露监管相关事项的通知》	(1) 明确股东信息披露相关需提交的申报文件即保荐机构与发行人律师均需出具专项核查报告，发行人需出具专项承诺函; (2) 专项核查报告中需回复的问题：①关于股份代持；②关于突击入股；③关于入股价格异常；④关于股东适格性
《关于创业板落实首发上市企业股东信息披露监管相关事项的通知》	
《关于股东信息核查中"最终持有人"的理解与适用》	明确最终持有人的类型
《监管规则适用指引——发行类第 2 号》	(1) 全面核查是否涉及离职人员入股，出具专项说明; (2) 是否存在，存在的主体的情况、出具承诺，清理的要求; (3) 定义离职人员; (4) 除外适用的情形

续表

相关规则	主要内容总结
《关于提供证监会系统离职人员信息查询比对服务的通知》	填列查询表（自然人股东的姓名与身份证号），递交证监局查询
上海证券交易所、深圳证券交易所《关于进一步规范股东穿透核查的通知》	（1）持股较少、不涉及违法违规“造富”等情形的，保荐机构会同发行人律师实事求是发表意见后，可不穿透核查； （2）直接或间接持有发行人股份数量少于10万股或比例低于0.01%的，可认定为持股较少

股东信息披露与核查重点主要分为两个方面，一是股东信息披露的专项核查，二是证监会离职人员的核查。股东穿透核查工作的重点在于：（1）股权代持的规范；（2）股东适格性的核查；（3）突击入股的核查与股份锁定；（4）股东信息的披露。

结合对规则的理解和实践，我们对半导体企业股东穿透核查中的一些处理尺度与边界把握的标准梳理如下。

（一）“最终持有人”与“持股较少”

1. 最终持有人

《关于股东信息核查中“最终持有人”的理解与适用》对最终持有人的概念作了明确。（1）上市公司（含境外上市公司）、新三板挂牌公司等公众公司，或者穿透核查至国有控股或管理主体（含事业单位、国有主体控制的产业基金等）、集体所有制企业、境外政府投资基金、大学捐赠基金、养老基金、公益基金以及公募资产管理产品。（2）入股发行人的价格不存在明显异常且其出资人不存在境内主体的外资股东，也可被视为“最终持有人”。

2. 持股较少

根据上海证券交易所、深圳证券交易所《关于进一步规范股东穿透核查的通知》，原则上，直接或间接持有发行人股份数量少于10万股或持股比例低于0.01%的，可认定为持股较少。对于持股较少、不涉及违法违规“造富”等情形的，保荐机构会同发行人律师实事求是发表意见后，可不穿透核查。

在上述规则背景下，半导体企业在IPO的审核实践所采取的穿透标准情况概览如表16－10所示。

表 16－10　股东穿透标准相关问询案例

公司简称	问询问题	回复思路
天岳先进	结合《监管规则适用指引——关于申请首发上市企业股东信息披露》及相关规则，进一步说明对股东信息核查是否存在未穿透至最终持有人的情况，存在上述情况的，是否涉及利用公司上市进行利益输送、违法违规“造富”等行为	对所有直接或间接持有 10 万股以上股份的股东信息均进行了穿透核查，并已按照前述规定要求穿透至自然人、境内外上市公司、国有控股或管理主体等最终出资主体；除直接或间接持有发行人股份少于 10 万股的股东外，对股东信息核查不存在未穿透至最终持有人的情况，公司股东不存在利用公司上市进行利益输送、违法违规“造富”等行为
思特威	请保荐机构、发行人律师：说明股东穿透核查中国有股东、外资股东、工会持股“最终持有人”的核查依据	按照规则的标准逐项说明认定为最终持有人的依据（包括国有股东、外资股东）以及对“持股较少”的间接外资股东不予穿透核查

一般情况下，采应穿尽穿的原则进行穿透至最终持有人。在穿透工作客观难以进行时，该主体系持股较少、不涉及违法违规造富情形的，可不穿透核查；对于外资股东，如系非持股较少的主体，需进行穿透核查，能以适当形式（如股东出具确认函、提供穿透后的数据——此项非网络核查能够获取的完整信息、境外律师出具法律意见书等文件）确认其上层不存在境内出资人的，认定为最终持有人，停止穿透。需注意的是，以上情形均需详细阐述停止穿透的原因。

股东穿透核查的信息披露中，就股东适格性，一般分为两个维度：其一，穿透至最终持有人的情况（存在外资股东的最终持有人认定的需特别说明），对其逐层股东适格性及其与中介机构等主体的关联关系、亲属关系等进行核查并披露；其二，无法穿透至最终持有人的情形下，其最低原则需对非持股较少主体的股东适格性及其与中介机构等主体的关联关系、亲属关系等进行核查和披露。可以在此将未穿透至最终持有人的股东上层穿透至持股较少主体的支线尽数打开列示并备注停止穿透的原因。

（二）工会、职工持股会的处理

“工会”“职工持股会”是特殊时期的产物，源于 20 世纪八九十年代的企业改制，关于职工持股的相关规定经历了下述变化（见表 16－11）。

表 16-11　工会与职工持股相关规定

相关规则	条文内容	分析
《国务院对〈外经贸股份有限公司内部职工持股试点暂行办法〉的批复》（国函〔1994〕54号）（现行有效）	“经国务院批准，外经贸企业进行股份有限公司内部职工持股试点。”	限定在试点外贸企业实施
《关于外经贸试点企业内部职工持股会登记管理问题的暂行规定》（民社发〔1997〕28号）（已失效/废止）	“职工持股会依法登记后取得社会团体法人资格。依据国家有关法规和职工持股会章程开展活动。”	经登记取得法人资格
《关于暂停对企业内部职工持股会进行社团法人登记的函》（民办函〔2000〕110号）（已失效/废止）	“由于职工持股会属于单位内部团体，不应再由民政部门登记管理”“各地民政部门暂不对企业内部职工持股会进行社团法人登记；此前已登记的职工持股会在这次社团清理整顿中暂不换发社团法人证书”	暂停法人资格登记和换发
证监会《关于职工持股会及工会能否作为上市公司股东的复函》（法律部〔2000〕24号）（现行有效）	“职工持股会将不再具有法人资格。在此种情况改变之前，职工持股会不能成为公司的股东。”“工会作为上市公司的股东，其身份与工会的设立和活动宗旨不一致，可能会对工会正常活动产生不利影响。因此，我会也暂不受理工会作为股东或发起人的公司公开发行股票的申请。”	不具备法人资格的职工持股会不能成为公司的股东，也不受理作为股东或发起人的公司首发申请
证监会法律部《关于职工持股会及工会持股有关问题的法律意见》（法协字〔2002〕第115号）（现行有效）	（1）对已上市公司而言，在受理其再融资申请时，应要求发行人的股东不存在职工持股会及工会，如存在的，应要求其按照法律部〔2000〕24号文要求规范。 （2）对拟上市公司而言，受理其发行申请时，应要求发行人的股东不属于职工持股会及工会持股，同时，应要求发行人的实	再融资与拟上市公司，发行人的股东/实际控制人不属于职工持股会及工会持股

续表

相关规则	条文内容	分析
	际控制人不属于职工持股会及工会持股。 （3）对于工会或职工持股会持有拟上市公司或已上市公司的子公司股份的，可以不要求其清理	
《非上市公众公司监管指引第 4 号——股东人数超过二百人的未上市股份有限公司申请行政许可有关问题的审核指引》（2023 年修改）（现行有效）	关于股份代持及间接持股的处理 （1）一般规定 股份公司股权结构中存在工会代持、职工持股会代持、委托持股或信托持股等股份代持关系，或者存在通过“持股平台”间接持股的安排以致实际股东超过二百人的，在依据本指引申请行政许可时，应当已经将代持股份还原至实际股东、将间接持股转为直接持股，并依法履行了相应的法律程序。 （2）特别规定 以依法设立的员工持股计划以及以已经接受证券监督管理机构监管的私募股权基金、资产管理计划和其他金融计划进行持股，并规范运作的，可不进行股份还原或转为直接持股	对工会代持、职工持股会代持提出了代持还原的要求。并对纳入监管且规范运作的，予以豁免
《证券期货法律适用意见第 17 号》（现行有效）	考虑到发行条件对发行人股权清晰、控制权稳定的要求，发行人控股股东或者实际控制人存在职工持股会或者工会持股情形的，应当予以清理。 对于间接股东存在职工持股会或者工会持股情形的，如不涉及发行人实际控制人控制的各级主体，发行人不需要清理，但应当予以充分披露。 对于职工持股会或者工会持有发行人子公司股份，经保荐机构、发行人律师核查后认为不构成发行人重大违法行为的，发行人不需要清理，但应当予以充分披露	控股股东、实际控制人存在此类情形需清理，间接股东可不清理但需充分披露；子公司层面的，不构成重大违法行为即无须清理，但也需要充分披露

由表16－11可见，规则层面对工会、职工持股会是否具备法人资格历史上有变动，所致实践中此类主体的存在形式也不尽相同（如社团法人、信托等形式），以致对其是否具备股东资格存有疑虑。此外，工会持股、职工持股会的出资人众多，可能构成潜在的私募行为等特殊情形，对发行人股权权属清晰与稳定（包括实际控制主体条线）均有相应的影响，监管规则以及半导体企业的IPO审核实践，对此类情形的清理与披露也比较明确。该等情形的清理、穿透核查与披露要求具体如下。

1. 清理处理

依据《证券期货法律适用意见第17号》，实际控制权条线的向上主体（穿透各层）存在此类情形的，属于应当清理的情形，通常以平移至员工持股平台、还原至员工直接持股或通过股权转让方式予以清理。

2. 不予清理但需充分信息披露

相较于第1种“清理处理”多见于国企改制等情形，职工持股在半导体企业的情形多见于外部投资主体上层。比较常见的职工持股案例有“华为投资控股有限公司工会委员会”“广东欧加控股有限公司工会委员会”“维沃企业管理咨询有限公司工会委员会”等投资人上层的间接股东存在工会持股情况，部分参考案例如表16－12所示。

表16－12　工会与职工持股处理相关案例

公司简称	问询问题	回复思路
源杰科技	请发行人提供华为投资控股有限公司出具的华为投资控股有限公司工会委员会成员是否均为华为员工的专项说明、哈勃投资出具的不存在证监会系统离职人员入股等违法违规“造富”情况的说明。请保荐机构、发行人律师结合上述材料，对哈勃投资入股的合规性进行核查并发表明确意见	（1）华为投资控股有限公司与哈勃投资均出具说明，对出资人的员工身份予以确认，哈勃投资还对间接持股超过10万股的主体非证监会离职人员予以确认，说明股东适格性；（2）结合哈勃投资入股相关资料、调查表及书面承诺文件等，说明其入股合规性

续表

公司简称	问询问题	回复思路
南芯科技	核查并说明将相关工会委员会、“个人股”认定为最终持有人的依据，是否符合股东穿透核查相关规定	(1)“广东欧加控股有限公司工会委员会”“维沃控股有限公司工会委员会”出具上层出资人身份及股东适格性的说明；(2) 国科鼎奕上层相关工会委员会等相关主体出具的承诺函、提供的出资人名单以及股东名册说明持股会员的股东适格性

可见，该等情形并不构成IPO的实质障碍，但基于信息披露等相关要求，需对间接股东层面的工会、职工持股的情形进行充分的核查。实践中，中介机构通常需采取以下核查手段：(1) 针对间接层面的，需获取工会、职工持股会的法人资格证书等基础资料；(2) 上层出资人的明细及身份证号（用于排查是否存在证监会离职人员）；(3) 基于股东穿透核查/信息披露的调查表、承诺函，确认出资人的职工身份，排查是否涉及非公开募资的私募行为、证监会离职人员入股等情形。

（三）证监会离职人员的核查标准

根据《监管规则适用指引——发行类第2号》的规定，证监会离职人员与股东适格性的穿透核查系两个条线的工作，应对穿透至最终持有人主体之间的各层自然人股东均进行核查确认，是否为“离职人员”，半导体企业IPO中对“离职人员”核查的部分参考案例如表16－13所示。

表16－13 证监会离职人员核查相关案例

公司简称	披露情况	问询问题	回复思路
铠威特	股东信息披露专项核查报告中对发行人股东适格性、是否存在证监会系统离职人员的核查结论存在限定性表述	请保荐机构、发行人律师：对上述事项进行核查并发表明确意见，修改完善股东信息披露专项核查报告	结论意见为“发行人不存在《监管规则适用指引——发行类第2号》规定的证监会系统离职人员入股的情形”

续表

公司简称	披露情况	问询问题	回复思路
炬光科技	根据股东信息披露核查报告：持有公司10万股以上的自然人股东（包括直接持股和间接持股）不存在系证监会系统离职人员的情况	请保荐机构、发行人律师结合相关监管要求，说明是否存在重大性原则标准以下、可能涉及证监会系统离职人员不当入股的情形	对发行人是否存在证监会系统离职人员入股的情形进行了充分全面的核查验证，并对股东信息披露专项核查报告进行了更新，回复了1名离职人员的入股情况
得一微	发行人间接股东中存在8名证监会系统离职人员，其中王某、罗某彬、岳某宇3人系首轮问询回复后新增，且岳某宇曾在证监会系统的任职情况尚不明确，回复材料对离职人员入股价格的说明尚不充分	请发行人说明：新增3名证监会系统离职人员的具体原因，首次提交申报材料时的有关核查是否充分，岳某宇曾在证监会系统的任职情况，8名离职人员的入股价格是否存在异常	（1）详细说明核查步骤与程序，区分不同类型的股东执行不同的穿透核查标准；（2）针对沟通能力范围内无法获取信息的，通过见微网站等公开网站检索IPO公开信息中披露的其所在直接机构股东上层出资人的情况；（3）补充说明3名股份数量不足1股、持股比例低于0.000001%的离职人员的持股路径、持股数量并取得相关主体出具的承诺函予以确认

基于上述，针对“离职人员”的审核可采取以下方式进行核查和披露。

1. 关于提交证监会进行查询的查询表，在无法获取完整的身份证号信息的情况下，是可以按照一定的标准去查询和在报告中进行说明的，通常情况下可以按照仅披露持股比例0.01%且持股数量在十万股以上的标准，也有项目采用更低的标准来收集更完整的信息。

2. 关于结论意见的披露，可以区分为两部分，对应的是不同的核查方式/程序：（1）持股比例0.01%且持股数量在十万股以上的，以提交查询获取的结果为准，一般持股比例位于该比例以上的，股东方基本上配合度较高，能够获取完整信息；（2）持股比例较少的主体，一般由股东提供身份证号查询或在承诺函中作出确认的形式。

即便如此，我们建议按照从严口径理解和执行，主要基于以下几点考虑：

①对于离职人员，规则层面并未明确持股较少主体可以豁免核查，在报告的结论意见中需说明是否存在明确意见以及相应的核查方式；②市场上对持股比例0.01%且持股数量在十万股以下的自然人股东予以问询/核查的案例屡见不鲜，常规会被问及“请保荐人、发行人律师按照《监管规则适用指引——发行类第2号》的要求对证监会系统离职人员入股进行全面深入核查，逐条认真落实核查工作，提交专项核查说明”，甚至会提出补充核查的要求（如前述提及的炬光科技、得一微）。

三、股东特殊权利条款的处理

（一）相关规则解析

对于股东特殊权利条款，即使审核规则中明确提及的对赌条款/业绩估值调整机制，实践中亦并不是一个非此即彼的问题。尤其是在监管的审核松紧呈动态变化的当前，处理这一问题处理更多的是需要精准把握处理尺度，在不同权利、不同主体、不同时间节点等方面，都有着差异化处理的空间。

即便《公司法》有着“同股同权”的规定，实践中也并不能以此作为强有力的依据来说服投资人在股改的时点就放弃特殊权利。在股份公司不存在公开发行证券募集资金的前提下，目标公司与股东之间关于所持股份对应的股东权利的约定，更多的是主体之间的合意。

除《公司法》规定外，审核监管的规则与问答，予以明确规定的是对对赌协议/业绩估值调整的相应条款的处理，此类条款可以理解为是会对目标公司股本或者对创始人股权产生负面影响，进而对发行上市条件产生不利影响的条款。从监管规则明确的除外情形也不难看出，其重点关注在于对赌中发行人是否为对赌的当事人、是否影响控制权、是否与市值挂钩、是否严重影响持续经营能力和投资人权益。以上四点，也是在反馈阶段，对于尚未清理的对赌约定/特殊权利等，发行人律师和保荐机构回复监管的依据和结论意见的落脚点。

（二）典型半导体企业问询回复案例分析

除前述规则外，半导体企业申报后的问询回复中的不同实操案例对处理此类问题更具有实际的参考意义，部分参考案例如表16-14所示。

表 16－14 “对赌协议”处理相关问询案例

公司简称	问询问题	处理情况
硅动力	“对赌协议”的执行情况（如存在）及清理是否符合监管要求	全体股东签署增资协议的补充协议，对特殊权益内容相关条款所约定的内容终止，且均确认自始无效（自该等条款签订之日起无效）
塞芯电子	针对“对赌协议”，各方约定特殊权利在补充协议签署之日及公司审核期间单独及全部终止且自始无效，但如撤回上市申请或被否决则自动恢复执行；上述“对赌协议”及补充协议的法律效力、对赌条款是否彻底终止，该等清理方式是否符合监管规定	（1）签署补充协议约定公司作为义务人的相关条款在投资协议补充协议签署之日及公司本次申报及审核过程中单独及全部终止且自始无效，不附恢复条件；（2）公司撤回上市申请或上市申请被证监会、证券交易所等有权审核机构否决或不予注册的，前述公司的义务均由控股股东及实际控制人履行和承担，并且控股股东和实际控制人在《投资协议》项下的特殊义务和责任均立即依原样恢复效力并且不发生任何变化
宏微科技	发行人“对赌协议”终止是否存在附条件或附期限的恢复条件，是否存在“对赌协议”在发行人上市后重新恢复效力的可能性，是否存在其他替代性利益安排，相关对赌方是否出具书面确认	（1）发行人未作为协议当事人的，签署的补充协议中对终止附条件恢复；（2）发行人作为协议当事人的，签署的补充协议中不附恢复条款；（3）终止自补充协议签署之日生效
昀冢科技	发行人实际控制人王某与伊犁苏新、南京道丰、天蝉智造、元禾重元、国发新兴曾签署的对赌条款将在上交所受理发行人首次公开发行并上市申请之日起终止并失效，仅在有限情形下存在恢复效力的可能性；除已披露的“对赌协议”外，发行人是否存在其他“对赌协议”，上市后“对赌协议”是否持续有效；请保荐机构、发行人律师对上述事项进行核查并发表核查意见，并按照《上海	股东与实际控制人之间关于回购条件约定的部分条款附自动恢复条件的约定

续表

公司简称	问询问题	处理情况
	证券交易所科创板股票发行上市审核问答（二）》第2条的要求，对新增股东进行核查并发表明确意见，以及《上海证券交易所科创板股票发行上市审核问答（二）》第10条的规定，对“对赌协议”进行核查并发表专项核查意见	

以上述部分问询的题目为例，在监管的问询问题中，不难看出：（1）对特殊权利的披露要求不仅限于规则层面的对赌条款/协议/业绩估值调整等；（2）对于“抽屉协议”的关注；（3）是否符合不清理的要求（前文提及的四点发表意见的下限，逐项回复）；（4）历史上是否存在触发情形；股份回购义务是否触发；是否存在应履行未履行的违约义务。

（三）处理边界与尺度

结合半导体企业的问询案例，我们对实践中对赌协议的处理实操予以梳理，对相应的处理边界与尺度总结如下。

1. 时点

（1）股改（整体变更为股份有限公司）

对于股东特殊权利条款的处理时点，股改是一个契机，但我们在半导体企业的股改实操中也感受到，基本很难在股改的时点就将所有的股东特殊权利清理完毕。一般情况下，随着股改章程、三会议事规则的建立，可以与投资人沟通将公司治理层面的特殊权利予以终止。即便是这类特殊权利，如目标公司的业绩状况等不佳，能看到IPO的进程尚远，也极有可能无法协商一致，特殊权利继续存在或者可能被个别投资人要求签署抽屉协议。

（2）其他时点

除股改时点外，协议签署时点、辅导备案的时点、申报基准日、上市发行会议董事会/股东会决议日（东微半导为例）、辅导验收的时点、上市发行申请受理之日（炬芯科技为例）、发行上市之日等都是实践中可见的终止/中止时点，尤以后者较为常见。《监管规则适用指引——发行类第4号》则已明确“自始无效”

的约定以及“相关协议签订日在财务报告出具日之前”对金融工具核算与申报期的影响。

2. 区分主体

一般特殊权利约定的义务主体主要为目标公司与创始人，从IPO审核规则层面来说，其仅对与发行人相关的对赌协议作了清理的要求；对于创始人，也仅是对其控制权有影响的条款有着清理的要求。实践中，存在大量的此类特殊权利予以区别处理的案例（差异体现在时点、权利类型、终止/中止等方面，例如前述宏微科技）。

3. 终止/中止

特殊权利的终止或中止（附恢复条款），在义务主体、权利类型交叉重叠之下，有不同的操作实践。总体来说，对于发行人对赌性质（或其他影响股本）的约定一般采终止处理，投资人相对来说能够理解和支持，其他权利存在中止的空间，且被投资人要求保留也是常见的。对于创始人来说，影响其控制权或稳定性的股权，主张终止易被支持，但终止的时点也会被要求区别于发行人，相对延后（上市确定性更高的时点）。而附恢复的约定，在与实际控制人相关的特殊权利的处理中更为常见。

四、产业投资的关注要点

在半导体企业的股东中，越来越多见产业投资人的身影。丰富的产业背景与专业的基金管理团队的结合，让投资人、被投企业在产业投资模式的生态圈双双获益。除基金形式外，也常见大厂专门成立投资运作的实体从事产业投资业务。产业投资模式下，基金背靠“国家级/政府基金、细分行业龙头企业、专业投资机构、头部券商”等产业与资金，融合产业资源，作主线与细分行业的投资布局，重视对被投企业的增值服务，聚焦产业链上下游。对产业上下游资源的掌握与安排，也使产业投资人在半导体企业的IPO审核中，相较于普通财务投资人，有不同的关注要点。

（一）产业投资在半导体企业的审核关注要点

半导体产业投资领域，常见有中芯国际旗下专注于半导体投资的中芯聚源、小米相关的小米长江产业基金与顺为资本、韦尔股份相关的韦豪创芯、TCL创投、联想旗下的联想创投、华勤科技、龙旗科技、OPPO、VIVO等，此类主体在被投半导体企业的部分问询案例如表 16－15 所示。

表 16－15　“对赌协议”处理相关问询案例

公司简称	基本情况	问询问题	回复情况
中科飞测	公司股东聚源载兴、聚源启泰和聚源铸芯同为私募基金管理人中芯聚源管理的私募基金。截至报告期末合计持有发行人4.84%的股份。根据中芯国际2020年年报披露，中芯聚源为中芯国际联营企业	(1) 结合公司产品研发进度、客户验证情况分析聚源载兴、聚源启泰2016年9月入股发行人的原因、定价3元/股的依据及合理性，及2020年9月，聚源铸芯在此时点按照21元/股价格入股发行人的原因、定价依据及合理性；(2) 报告期内中芯国际及关联方采购公司产品的数量、采购其他竞品情况，结合前述情况分析报告期内发行人对中芯国际及其关联方的销售与其新增产能的匹配情况	(1) 详细说明公司不同时点的发展情况，说明定价依据，以同期入股价格与其他投资者相同说明其合理性；(2) 以数据说明报告期内中芯国际及其关联方采购公司产品规模相对不大
昆腾微	中芯国际持有发行人股东聚源聚芯31.63%出资份额，聚源聚芯持有发行人2.33%的股份	说明中芯国际入股前后，发行人向其采购金额情况、采购单价情况，并分析采购价格公允性	详细列示聚源聚芯入股前后各年度、其间的采购数量、采购金额、采购单价数据，说明各期价格差异的原因
帝奥微	关联方小米投资基金、小米产业投资管理有限公司、小米科技有限责任公司、OPPO广东为发行人股东，且小米、OPPO为发行人主要产品的重要终端客户	确定小米、OPPO入股价格的过程、依据及公允性；小米、OPPO入股发行人前后，发行人向上述终端客户销售产品结构、经销商的变化情况及原因	(1) 详细列示小米、OPPO入股的时间过程（包括接洽、协议签署时间等），说明定价依据和合理性；(2) 以产品分类、终端客户名称、经销商、报告期年度的详细数据说明合作变化的过程

续表

公司简称	基本情况	问询问题	回复情况
鑫信腾	发行人报告期内主要客户小米集团、光弘科技、华勤技术及其关联方均为发行人股东	说明小米集团、光弘科技、华勤技术入股发行人前后的采购产品类型以及发行人对其平均销售毛利率是否发生较大变化，小米集团、光弘科技、华勤技术报告期内是否为发行人提供介绍客户、推荐商业机会、技术合作等业务发展便利或其他利益输送行为，相关业务合作是否具有持续性	（1）详细列示采购产品类型及销售毛利率情况（此项申请豁免披露）；（2）详述建立合作至今的背景与历史；（3）列示各期收入情况及说明目前合作情况

（二）基于产业投资审核关注要点的分析与建议

1. 股权比例大小的关注度与影响

因产业投资人掌握上下游产业资源，尤以与半导体的上游供应商、下游客户之间可能存在关联关系为突出特征，其持股比例之大小（尤以是否超过5%构成主要股东为线），关乎相关主体之间的交易是否构成规则层面的关联交易，入股价格的商业合理性、公允性，是否与其他的投资者存在明显差异，有无潜在利益安排。

2. 业务端的关联程度与影响

产业投资人的入股所带来产业资源，通常会使审核监管关注业务的独立性，具体为以下几点：

（1）入股前后，与产业投资人的关联主体的销售、采购业务的价格、数量、信用政策等是否发生明显变化，是否与入股的行为有着直接关系。

（2）入股前后，与产业投资人的关联主体的销售、采购交易与其他第三方主体的交易相比，是否存在重大差异。上述关注的底层逻辑，实质在关注是否存在以入股带动产业资源的同时，被投企业、产业投资人及业务主体之间进行利益输送情形。

（3）结合实践案例，针对监管对产业投资人的上述关注要点，通常从以下方面予以核查及回复：①合理安排产业投资方的入股、业务往来，在商业合理性、入股前后的业务规模与交易定价等，均需统筹考虑。②入股价格需秉持合理公允原则，避免因入股价格低，引起系以低价股权获取业务资源的质疑。③注意控制入股比例，避免因持股超过5%，被划入关联方范围，导致相关交易被认定为关联交易，在审议程序、交易定价等方面会有更多的核查与披露要求；需注意的是，如产业投资方与交易主体的关联紧密，问询中被比照关联交易进行核查披露也是常见的。④在交易的定价、数量、交易条件（如信用政策、返利）等方面核查与第三方的差异情况、入股前后的差异情况。

第十七章 科创属性与核心技术

第一节 半导体企业科创属性审核要点

一、半导体企业科创属性审核要点概述

（一）科创属性审核法规体系

在科创板成立之初，《关于在上海证券交易所设立科创板并试点注册制的实施意见》中明确了科创板“坚持面向世界科技前沿、面向经济主战场、面向国家重大需求，主要服务于符合国家战略、突破关键核心技术、市场认可度高的科技创新企业”。

全面注册制推行后，《首次公开发行股票注册管理办法》第3条对科创板定位进行了进一步强调，即科创板面向世界科技前沿、面向经济主战场、面向国家重大需求。优先支持符合国家战略，拥有关键核心技术，科技创新能力突出，主要依靠核心技术开展生产经营，具有稳定的商业模式，市场认可度高，社会形象良好，具有较强成长性的企业。

2020年3月，证监会正式发布《科创属性评价指引（试行）》，科创属性的审核体系初具雏形，随后上海证券交易所发布了《上海证券交易所科创板企业发行上市申报及推荐暂行规定》，进一步明确了科创板定位的行业要求。

《科创属性评价指引（试行）》和《上海证券交易所科创板企业发行上市申报及推荐暂行规定》经过2021年4月、2022年12月和2023年8月三轮修订，

最终形成了“6+1”行业定位要求（详见图17-1）和“4+5”科创指标要求（见表17-1）的科创属性审核体系。

1. 符合科创板定位的行业领域（“6+1”）

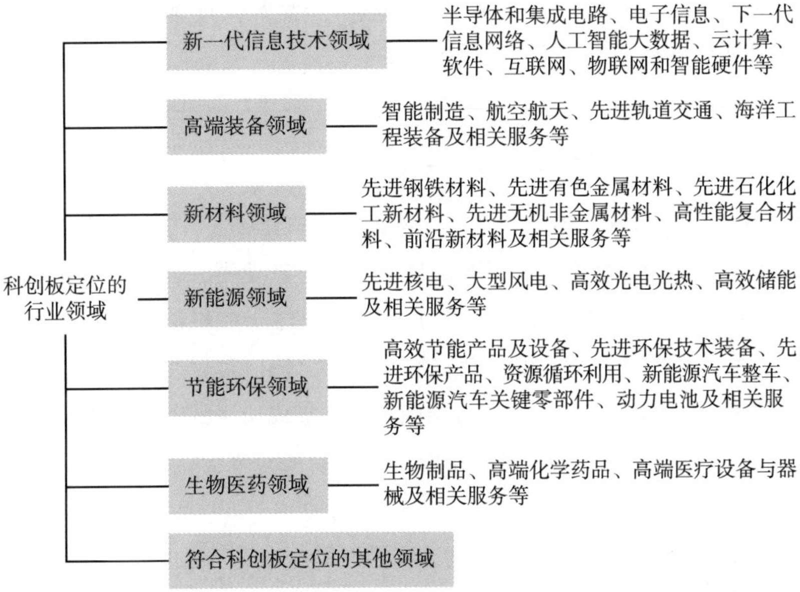

图17-1　科创板定位的行业领域

2. 科创指标要求（“4+5”）

表17-1　科创指标要求

4项常规指标（同时符合）	5项例外指标（符合其一）
最近三年研发投入占营业收入比例5%以上，或最近三年研发投入金额累计在6000万元以上	发行人拥有的核心技术经国家主管部门认定具有国际领先、引领作用或者对于国家战略具有重大意义
	发行人作为主要参与单位或者发行人的核心技术人员作为主要参与人员，获得国家科技进步奖、国家自然科学奖、国家技术发明奖，并将相关技术运用于公司主营业务
研发人员占当年员工总数的比例不低于10%	发行人独立或者牵头承担与主营业务和核心技术相关的国家重大科技专项项目
应用于公司主营业务的发明专利5项以上	发行人依靠核心技术形成的主要产品（服务），属于国家鼓励、支持和推动的关键设备、关键产品、关键零部件、关键材料等，并实现了进口替代

续表

4 项常规指标（同时符合）	5 项例外指标（符合其一）
最近三年营业收入复合增长率达到 20%，或最近一年营业收入金额达到 3 亿元	形成核心技术和应用于主营业务的发明专利（含国防专利）合计 50 项以上

（二）半导体行业科创属性审核实证分析

科创板开市多年来，有近百家半导体企业成功登陆科创板，覆盖了芯片设计和 IDM 企业、晶圆制造企业、封装测试企业等全产业链，也包括半导体新材料以及半导体高端装备制造等企业。为了分析半导体企业科创属性的审核关注要点，我们选取了申报受理日期为《科创属性评价指引（试行）》颁布之日（2020 年 3 月 20 日）至 2023 年 12 月 31 日期间于科创板成功注册生效的 92 家半导体公司进行分析，相关数据主要来源于上海证券交易所科创板官方网站和 iFind 数据的公开披露信息。

本节对上述样本中公司反馈问询涉及科创属性相关问题进行了分类统计。其中，“科创属性”“核心技术”“发明专利”“进口替代”“市场空间”“市场地位”等问题被问询的频次较多，对于拟在科创板上市的半导体企业，上述问题应当是关注的重点。

从板块定位上看，半导体和集成电路行业属于《上海证券交易所科创板企业发行上市申报及推荐暂行规定》规定的新一代信息技术领域，为科创板鼓励和支持的行业。实践中，有能力申报科创板的半导体企业，大部分符合科创属性的常规指标要求，较少被直接问及科创属性问题。以上述 92 家半导体公司为样本，被直接问询关于科创属性的公司为 27 家，约占总数的 29.35%。未被直接问询科创属性的企业，通常监管部门通过问询“核心技术先进性”“专利情况”“市场空间和竞争情况”“市场地位”等因素侧面了解企业是否具备科创属性。

（三）半导体公司关注的科创属性要点

根据我们对被直接问询关于科创属性的 27 家公司的梳理统计，半导体公司被问及的科创属性相关问题类型如下：科创板定位（13）；核心技术先进性（24）、核心技术贡献营业收入（11）、发明专利相关问题（13）、行业地位（15）、市场空间和竞争情况（15）、进口替代（7）（见图 17－2）。

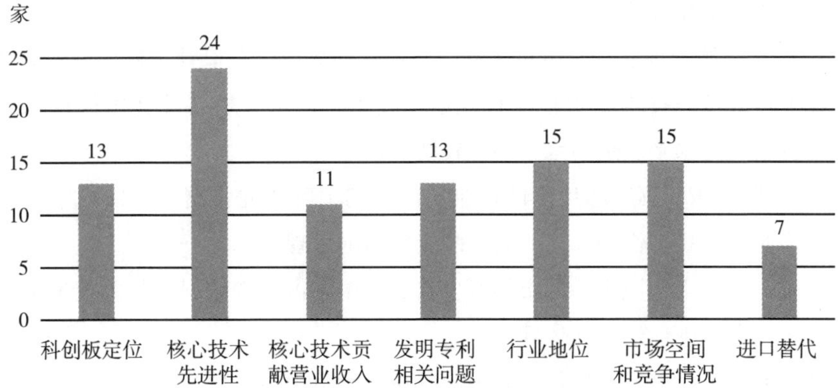

图 17－2　科创属性关注要点

二、核心技术先进性

对科创属性的自查和核查，应当结合企业的技术先进性等情况进行综合判断，不应简单根据相关数量指标得出企业符合科创板定位的结论。根据我们对 92 家半导体公司的统计，其中有 71 家半导体公司被问及核心技术相关问题，约占总数的 77.17%，核心技术及其先进性是半导体企业最常被问及的问题之一。

（一）关注要点

1. 核心技术及其先进性的问询维度

对半导体企业核心技术及其先进性的关注要点主要包括以下几个维度。

（1）公司核心技术在相关领域处于国内/国际领先地位及其表征，从竞争对手、研发团队、技术储备、在研项目、市场地位等角度定量分析核心技术的领先地位；

（2）公司核心技术属于行业共性/通用技术还是公司特有技术，若为特有技术，需说明核心技术的独特性和突破点；

（3）公司核心技术应用于主营业务，贡献营业收入的金额及占比情况；

（4）公司产品及应用领域布局的竞争力、未来市场前景、是否存在向高端领域拓展的技术壁垒。

2. 国产化率较高的半导体企业特殊关注问题

针对某些国产化率较高、技术相对成熟、竞争激烈的半导体细分领域，监管部门对核心技术先进性问题的问询会更加犀利，举例如下：

（1）某电源管理芯片和电机驱动控制芯片的集成电路设计企业反馈问询

①发行人核心技术是否存在行业通用技术，逐项分析各项技术的技术突破点，与行业主流水平、最高水平的比较情况；

②在国内 LED 驱动芯片设计企业均已达到国际领先情况下，国内市场竞争是否较为激烈、趋于饱和，发行人产品竞争力的体现；

③公司各应用领域产品的市场竞争状况、市场占有率情况、相关技术难度以及发行人技术先进性的具体体现；

④产品技术门槛是否较低、公司产品核心竞争力的体现。

（2）某集成电路、计算机软件产品、电子及电子相关产品芯片设计企业反馈问询

①结合 MCU 芯片市场国内外竞争格局、衡量 MCU 芯片产品的主要技术指标、进入下游不同应用领域的难易程度，说明在公司 MCU 芯片主要应用于小家电且以 8 位为主、终端品牌厂商收入占比较低的情况下，公司 MCU 芯片产品的行业技术壁垒、技术难度及技术成熟度，并结合发行人实际情况进一步分析其主要产品是否具有技术先进性、符合科创板定位；

②请发行人进一步说明 32 位 MCU 产品的技术储备情况、该产品的市场格局和公司未来规划。

（3）某集成电路封测企业反馈问询

①测试服务技术成熟度，是否主要依赖人工调试操作外购测试设备平台的通用技术，与封测一体公司及生产测试设备的竞争对手相比，测试服务技术实现路径的差异；

②与封测一体公司以及市场上其他测试模式公司的关系，可比公司的测试能力、测试业务量、测试收入金额，并客观描述提供测试服务的不同类型公司的竞争优劣势；

③发行人核心技术在软、硬件方面的具体体现。上述技术是通用技术还是公司特有技术，并结合三项技术的可比技术指标、三项技术对应的研发投入情况、产品销售情况、行业内同类产品的对比情况，充分说明国内领先的依据是否充分。

（二）论证逻辑

企业在论证核心技术及其先进性时，需要重点说明三个问题：第一，核心技

术本身具有先进性；第二，核心技术应当运用于主营业务且核心技术形成的相关营业收入占比较高；第三，核心技术具有相对竞争优势。

1. 核心技术本身具有先进性

基于半导体行业特点，大部分半导体企业在提炼、披露公司的核心技术时，可以结合先进工艺制程、拥有自主知识产权、较高的研发投入、技术在行业中的地位、产品性能与国际/国内一线厂商的对比、下游应用领域等情况，对核心技术先进性表征进行定量分析。在分析核心技术先进性时，应避免云里雾里、不明觉厉，必须客观充分，有理有据。

（1）公司核心技术及其具体表征

在论证公司的核心技术水平时，需要将每一项核心技术选取客观依据和衡量标准，核心技术对应关键技术指标情况，突破了哪些技术难度，实现了哪些技术效果，与国内外相关技术的差别及领先优势情况。具体而言，可以通过以下几个方面进行阐述：

①在工艺制程方面，公司基于核心技术开发的芯片已实现相关制程成功流片或量产，与同行业龙头企业的工艺制程水平的对比情况，以此论证公司的技术水平达到行业先进水平。

②在技术参数或技术指标方面，公司开发的技术与国际、国内先进厂商水平相当，达到行业领先水平，相关技术指标具有竞争优势。

③在产品方面，公司的产品与国内外主流厂商的竞品相比，在某些性能方面优于同类竞品，在某些性能上的表现优于或相当于竞品水平。

④在行业排名或市场占有率方面，公司核心技术产生的营收在中国名列前茅，在全球排名靠前，全球市场的市场占有率达到一定水平。

（2）公司核心技术的科研实力和科研成果

公司的科研实力和取得的科研成果是核心技术先进性的写照。具体而言，半导体企业可以通过以下几个方面论证：

①半导体企业多次承担国家的重大科研专项，项目涉及的技术均为国内先进水平，且目前已经由国家相关主管部门验收完成，公司在完成国家重大科研专项形成的研究成果方面已经得到了相关部门的认可。

②半导体公司多次获得中华人民共和国工业和信息化部、上海市科学技术委员会、科学技术部等权威机构授予的重要荣誉及奖项。

③半导体企业参与制定了多项行业标准，相关标准得到了相关部门的认可。

④半导体企业在核心学术期刊发表核心技术相关论文。

(3) 公司的研发投入和核心技术人员

在公司研发投入方面，可以论证公司核心技术研发起步较早，是国内较早进行相关领域研发的公司。公司研发投入逐年增长，随着公司规模的不断扩大呈现快速增长趋势，且始终维持在较高水平。

从核心技术人员的角度，可以论证公司核心技术人员有较高的学历以及相关领域的工作经验，同时相关研发人员均已在公司供职多年，具有深厚的研发实践经验等。

2. 核心技术应用于主营业务

科创板不但要求公司核心技术具有先进性，同时还要求该核心技术产生营业收入，且相关营业收入占比较高。经分析 92 家半导体样本公司，其中有 28 家公司问询了核心技术贡献营业收入的情况，占比约为 30.43%。在审核实践中，监管部门关注的主要包括核心技术对应主营业务计算方式、统计口径是否准确，专利、核心技术和产品之间的对应关系，公司突破先进制程芯片的收入及占比情况，结合主要产品的成本构成、外购件采购、外协服务采购及生产流程情况说明核心技术在产品生产过程中的具体应用等。

从具体案例看，核心技术形成主营业务收入被质疑的情形如下：

案例一，某电源管理芯片及信号链芯片在内的模拟集成电路设计企业，该企业拥有 18 项核心技术、12 项发明专利，其中 8 项申请日为 2020 年，4 项申请日早于 2020 年的发明专利中 3 项为继受取得，仅有 1 项为原始取得，形成主营业务收入的专利为 7 项。监管在多轮问询中关注发行人利用技术秘密而非公开申请专利保护自身的核心技术以及在相关研发基本完成或实现量产后，对相关技术进行专利申请是否符合行业惯例，发行人是否存在突击申请专利的情形。发行人只有 7 项专利形成主营业务收入，且 3 项为继受取得，3 项为报告期最后一年申请，对公司核心技术先进性以及核心技术形成主营业务收入均进行了问询。

案例二，某功率半导体企业，该企业在功率器件和功率 IC 工艺设计方面积累了多项核心技术，形成了 29 项授权专利（其中 11 项为发明专利）、34 项集成电路布图设计专有权，报告期内功率器件产品占发行人主营业务收入的比例为 97.83%、95.31%、94.69%，发行人对应功率器件产品的发明专利 4 项。监管在问询中关注发行人功率器件产品对应发明专利数量为 4 项等情况，对发行人功率器件产品的技术先进性、是否符合科创板定位进行了问询。

从上述两个案例可以看出，发行人在申报科创板过程中，需要提前对核心技术进行梳理，而对核心技术的判断上要充分考量核心技术与主营业务之间的对应关系，并通过专利进行提前布局，形成自己的技术壁垒来保障市场开拓。

3. 核心技术具有相对竞争优势

要说明技术的先进性，不仅要充分说明技术本身先进，还需要说明该技术相对竞争对手先进并且暂时不会有被更新迭代的风险。监管部门通常特别关注半导体企业的技术先进性以及技术迭代风险，这其实和整个半导体技术的迅猛发展紧密相关。

技术先进不是自说自话，监管部门要求企业与可比公司进行对标。在对《公开发行证券的公司信息披露内容与格式准则第57号——招股说明书》中，明确提到发行人应结合所处行业基本情况披露其竞争状况，主要包括：（一）所属行业及确定所属行业的依据。（二）结合行业特征及发行人自身情况，针对性、个性化简要披露所属细分行业的行业主管部门、行业监管体制、行业主要法律法规政策；发行人应避免简单重述行业共性法律法规政策，应重点结合报告期初以来新制定或修订、预期近期出台的与发行人生产经营密切相关、对目前或未来经营有重大影响的法律法规、行业政策，披露对发行人经营资质、准入门槛、运营模式、行业竞争格局等方面的主要影响。（三）所属细分行业技术水平及特点、进入本行业主要壁垒、行业发展态势、面临机遇与风险、行业周期性特征，以及上述情况在报告期内的变化和未来可预见的变化趋势；发行人所属行业在产业链中的地位和作用，与上、下游行业之间的关联性。（四）所属细分行业竞争格局、行业内主要企业，发行人产品或服务的市场地位、竞争优势与劣势，发行人与同行业可比公司在经营情况、市场地位、技术实力、衡量核心竞争力的关键业务数据、指标等方面的比较情况；发行人应披露同行业可比公司的选择依据及相关业务可比程度；可以结合不同业务选择不同可比公司，但同一业务可比公司应保持一致。（五）发行人描述竞争状况、市场地位及竞争优劣势应有最新市场数据支持，可从主要产品或服务的生产链、具体架构、产品模块、参数等方面运用图表结合数据，分析披露主要产品或服务竞争优劣势。（六）发行人在披露主要产品或服务特点、业务模式、行业竞争程度、外部市场环境等影响因素时，应说明相关因素如何影响盈利和财务状况。

可见，技术先进性除了需要发行人对技术本身进行说明外，还需要与可比竞争对手的技术进行比对，对包括产品性能、参数等指标进行技术优势说明。

除了与具体的竞争对手情况进行比对外，与行业技术壁垒之间的情况对比也是常用的证明技术先进性的方式。如某些反馈问询要求发行人说明并披露有关行业技术壁垒明显的具体表现和主要特征，以及发行人相对其他竞争对手是否已建立足够的技术壁垒及具体依据。如果竞争对手拥有技术和专利壁垒，则会在一定时间和范围内，限制企业的市场发展，甚至有潜在的侵权风险；反之，如果企业打破竞争对手的束缚，甚至通过完善的专利保护体系形成自身的技术壁垒，那么企业的技术先进性和市场竞争力将更容易得到审核机构的认可。

三、科创属性语境下的核心技术

半导体行业作为技术密集型产业，其核心技术是企业发展的基石，也是企业上市过程中监管问询的重点。经过梳理 92 家半导体样本企业，我们总结出半导体企业核心技术的几个关注要点：针对核心技术的来源，是独立研发还是合作研发，是继受取得还是来源于第三方授权；针对核心技术的表征及权属清晰，主要关注核心技术的形态，是否申请专利或非专利技术形态，核心技术是否申请专利，核心技术是否存在纠纷等（具体如图 17 – 3 所示）。关于核心技术的来源部分，本章第四节至第六节做了较为详细的论述。关于核心技术的表征之非专利技术的内容，可见本章第三节。

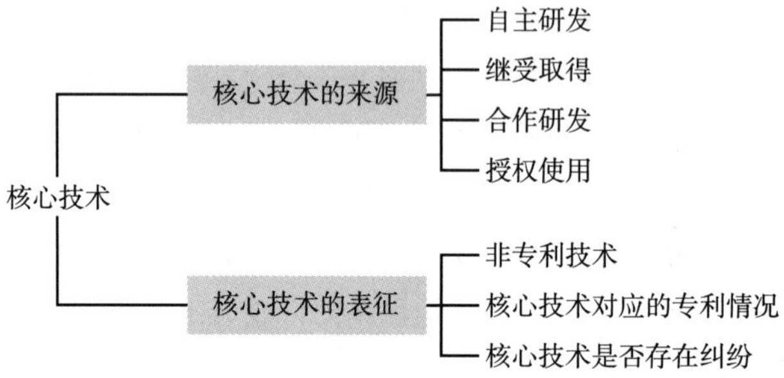

图 17 – 3　核心技术关注要点

在科创属性的大前提下，监管部门关注专利的情形主要包括核心技术对应的发明专利形成主营业务收入的情况、发明专利主要为报告期前取得或申请时间较早，相关专利是否仍具有先进性、发明专利取得时间较晚，是否存在突击申请专利的情形、发行人发明专利数量与可比公司的比较情况，是否具备持续研发能力、发行人继受取得发明专利是否为公司的核心技术，是否具有自主研发能力等。

结合目前半导体公司在回复上述问询的相关回复思路，我们选取了较为典型的几个问题，总结如表 17－2 所示。

表 17－2　发明专利相关问询举例

问询问题	回复思路
发明专利主要为报告期前取得或申请时间较早，相关专利是否仍具有先进性	（1）公司发明专利及对应的技术生命周期较长；（2）结合相关技术对应的产品量产及销售情况，论证应用公司专利及相关技术的产品性能仍处于先进水平；（3）论证公司发明专利及技术具有较高的技术壁垒
发明专利取得时间较晚，是否存在突击申请专利的情形	（1）举例论证通过技术秘密手段保护核心技术系半导体和集成电路行业较为常见的措施；（2）公司的发明专利申请与公司的产品规划及技术创新时点相符
发行人继受取得发明专利是否为公司的核心技术，是否具有自主研发能力	（1）解释专利受让取得的原因；（2）受让取得的专利形成了主营业务收入，但自研专利跟公司主营业务收入相关性更强；（3）发行人具备核心技术独立自主研发能力；（4）发行人符合《科创属性评价指引（试行）》的相关规定等方面论述其自身具备科创属性

四、以例外指标论证符合科创属性

拟在科创板上市的半导体公司，若无法满足 4 项基础指标，发行人通常以 5 项例外指标论证科创属性。在 5 项例外指标中，经我们检索，截至 2023 年 12 月 31 日，半导体企业不存在单独以“国家认可”作为申报标准进行科创板申报，除“国家认可”外，其他 4 项例外指标均有 IPO 申报案例。

（一）重大奖项

国芯科技（688262）不满足 4 项必要条件中的“营业收入”条件，而在申报时论证其满足“重大奖项”的条件（同时也论证了其满足“科技专项”及“发明专利”的条件）。针对“重大奖项”的监管问询，监管机构重点关注：获奖项目情况、获奖项目其他参与方情况、获奖项目参与人员情况、获奖技术与主营业务的关系、获奖技术对应的知识产权情况、获奖技术当前的先进性。

（二）科技专项

宏微科技（688711）不满足 4 项必要条件中的“营业收入”及“研发人员

占比”条件，而在申报时论证其满足“科技专项”的条件。针对“科技专项”的监管问询，监管机构重点关注：参与国家重大专项项目课题的具体情况，包括但不限于：（1）整体项目的名称、时间、任务、角色、主要职责、立项人和主要牵头人员、发行参与的人员和实际工作内容、申报过程、经费预算的执行情况、合作方具体信息及其主要职责、取得的具体成果及各方对取得成果的权属约定；（2）国家重大专项项目课题是否与发行人主营业务和核心技术相关，取得成果的产业化程度，项目成果产品对应的主营业务收入，项目成果的技术指标在国内外的先进水平；（3）结合发行人承担的国家重大专项课题的级别，是否为国家级项目，课题与项目的关系，发行人承担课题在整体项目中的研发难度和重要程度，发行人对该等项目的研发投入及参与人员，专项中各层级项目、课题的数量构成，说明发行人所参与课题是否属于《上海证券交易所科创板企业发行上市申报及推荐暂行规定》第6条第3项规定的“国家重大科技专项”项目。

（三）进口替代

宏微科技（688711）不满足4项必要条件中的“营业收入”及“研发人员占比”条件，而在申报时论证其满足“进口替代”的条件（同时也论证了其满足“科技专项”的条件）。针对“进口替代”的监管问询，监管部门通常关注要点如下：

1. 发行人需要提供属于国际鼓励、支持和推动的关键设备、产品、零部件、材料并实现了进口替代的客观、支撑性政策文件、法律法规依据；

2. 发行人提供了什么设备、产品、零部件、材料，是否属于国家鼓励、支持和推动的关键设备、产品、零部件、材料；

3. 进口替代主要涉及的核心技术及应用情况，发行人在哪些方面、哪些领域实现了进口替代，进口替代的时间、程度，进口替代前后相关方面、领域的竞争情况、市场格局、内资外资及发行人的份额占比变化、发行人市场份额是否实现了部分外资替代，与境内外同行业可比集成电路领先企业在市场份额、销售额、市场地位、财务指标的对比情况；

4. 进口替代相关的收入、净利润及占比、所涉及的主要客户等情况，主要客户的供应商的情况，并对比说明发行人是否存在价格、数量相关的优势及销售占比的变化情况，该等客户是否有外资供应商，发行人是否对外资进行了进口替代或实现了国产替代。

针对上述监管关注要点，《上交所科创板发行上市审核动态》（2021 年第 2 期）曾通过指导案例解构了以“进口替代”作为科创属性的例外条款需论证的核心要点：一是结合相关法律法规、国家产业政策、政府指导文件等资料，论证相关产品是否符合“4 个关键”的要求；二是结合产品与核心技术的对应关系、产品销售收入占比及增长情况，说明相关产品是否属于发行人的主要产品；三是结合技术指标、进口替代实现时间、所处产业链地位等信息，多方面论证相关产品是否具备技术先进性；四是结合相关产品国产化率提升变化情况、发行人市场份额、产品应用领域等信息，说明相关产品市场空间情况等。

通常进口替代论证难度较大，发行人及中介机构在选取该标准时应当审慎判断。如某功率半导体器件企业被问及在替代的进口产品不属于国际领先产品且替代产品占国内市场总需求比例在 1% 左右的情况下，发行人实现了进口替代的结论是否审慎合理。经我们统计，92 家半导体公司样本中，不存在单独以“进口替代”指标论证科创属性且成功上市的企业。

（四）发明专利

中感微（IPO 申报终止）不满足 4 项必要条件中的“营业收入”的要求，而在申报时论证其满足“发明专利”的条件。针对“发明专利”的监管问询，监管机构重点关注：发行人形成核心技术和主营业务收入相关的发明专利情况；“形成核心技术和应用于主营业务的发明专利”数量的计算依据，是否存在不再使用或不再具有先进性的相关发明专利，是否具有自主独立的持续研发能力；相关专利在发行人核心技术、产品中的运用情况及重要程度等，以判断申报企业是否实质满足科创属性的条件。

第二节
因科创属性终止的半导体企业案例分析

一、半导体公司终止案例

前文我们主要分析了成功上市的半导体企业的审核关注要点以及相关论证的

思路和逻辑，本节我们主要选取了在科创板申报后终止的22家半导体企业为样本，其中在5家终止企业的反馈问询中问到了科创属性，这些企业的终止原因是否为科创属性我们不得而知，但可以从终止企业的问询中，分析半导体公司终止案例中监管对科创属性的关注要点，以期获得一些思考。

二、终止案例的科创属性分析

（一）案例一：XYJ

招股书披露，XYJ系一家主要依托自主开发的电子设计自动化（EDA）软件，开展集成电路分析服务和设计服务。XYJ的主营业务收入构成主要由IC分析服务、IC设计服务和EDA软件授权组成，报告期最后一年，三类收入占比分别约为83%、14%和3%，其中IC分析服务主要为IC反向工程分析。反馈问题主要集中在发行人是否符合科创属性的相关要求、发行人核心技术的先进性及其表征、发行人研发人员构成、委外研发的情况、发行人反向工程分析的合法性等，监管部门的关注要点如下。

1. 发行人是否符合科创板定位、符合科创板相关指标的相关情况。

2. 发行人形成主营业务收入的发明专利共5项，其中3项为发行人继受取得，相关专利在发行人核心技术及主营业务中的运用情况、对应收入及重要性程度，结合继受取得专利以及形成主营业务收入的相关情况，论证发行人是否符合科创属性指标要求。

3. 发行人核心技术先进性及其表征，核心技术是否具有竞争优势。发行人披露其核心技术为IC分析技术、EDA软件技术主要服务与IC分析技术，IC设计技术与产业头部企业差距较大。其中IC设计技术是否能够适应芯片制程发展，是否随芯片制程发展存在技术迭代风险。

4. IC反向工程技术是否合法合规，是否存在因反向技术分析利用不当而导致的诉讼或纠纷，是否存在侵权风险等，发行人的IC分析业务是否具有可持续性。

5. 公司的研发人员为54人，公司在研项目参与人员远高于研发人员的人数。员工受教育程度研究生及以上为9人，报告期内发行人研发费用较低，且存在委外研发的情况，监管部门质疑发行人自主研发的能力以及行业是否具有较高的技术门槛。

（二）案例二：SJW

招股书披露，SJW 主要从事电子雷管核心控制组件及其起爆控制系统的研发、生产和销售。发行人主要产品包括电子延期模块及起爆器，主要应用于电子雷管领域，交易所主要对公司的行业分类及科创板定位进行了质疑和问询，具体情况如下：

1. 电子延期模块单价约 5 元/只，该产品的技术壁垒和技术先进性的体现与销售单价是否匹配。

2. 同行业公司在电子雷管领域和电子延期模块的技术布局和应用情况，报告期内，发行人晶圆采购占比较低，与其他同行业公司和 Fabless 模式是否匹配，发行人行业分类属于集成电路设计的依据是否充分。

3. 发行人发明专利数合计 8 项，其中 7 项系受让取得，1 项为收购子公司取得，发行人形成主营业务收入的发明专利为 5 项。发行人专利基本为继受取得，但核心技术为自主研发，上述情形是否存在矛盾。

4. 发行人研发人员为 37 人，报告期内发行人累计研发投入为 2000 多万元，交易所要求发行人解释发行人员工构成与业务规模的匹配性、研发投入与同行业公司的比较情况，技术先进性的体现。

5. 发行人自主研发的物联网通信核心技术和底层算法是否为行业通用，技术突破和创新的具体体现，相关技术的技术难度和先进性的体现。

（三）案例三：ZRKJ

招股书披露，ZRKJ 为一家专注于电源管理芯片领域的数模混合芯片设计企业，主营业务为电源管理芯片的研发、设计和销售。电源管理芯片的市场集中度较高，国内外厂商竞争激烈。ZRKJ 作为一家规模较小的企业，深耕快充供电段设备等细分领域，但在审核中，发行人的解释也受到了一定的怀疑，具体如下：

1. 发行人产品规格种类为 40 余种。同行业可比公司中，国外厂商拥有 80, 000 余款产品，国内可比公司的产品规格亦达千余款，公司的市场占有率情况，公司产品所处细分领域为移动电源领域，是否存在下游行业增长停滞或市场饱和的情况。

2. 发行人下游应用情况，发行人产品对应下游高中低端市场需求的情况及其收入分布，发行人主要终端品牌客户的情况，进入标杆性客户供应链的情况，进入主流终端设备原厂供应链是否存在较大的技术壁垒和进入壁垒。

3. 发行人多协议快充集成技术、功率动态调整技术等核心技术是否为行业通用技术，行业内同行业竞争对手相关产品的技术应用情况，结合解决功率分配和多协议集成的具体实现方式进一步分析发行人产品和技术的先进性。

4. 发行人被对手提起侵权诉讼，公司共有 27 项发明专利，全部被提起宣告无效请求。

5. 发行人中多名核心技术人员有在同行业公司任职的经历，发行人核心技术的形成过程，是否存在与核心技术人员原任职单位存在纠纷的情形。发行人中研发人员和研发费用均较低，交易所主要质疑发行人的研发投入和研发能力。

三、科创属性的审核红线

从终止案例来看，交易所目前的审核实践中，不但关注科创属性指标，而且往往遵循实质重于形式的原则，重点关注发行人的自我评估是否客观，对是否符合科创属性作出综合判断，行业定位、技术先进性、形成主营业务的发明专利情况、研发人员和研发投入都需要得到重视。

对于半导体公司而言，可以从以下几个角度对自身科创属性进行体检（详见图 17－4）。

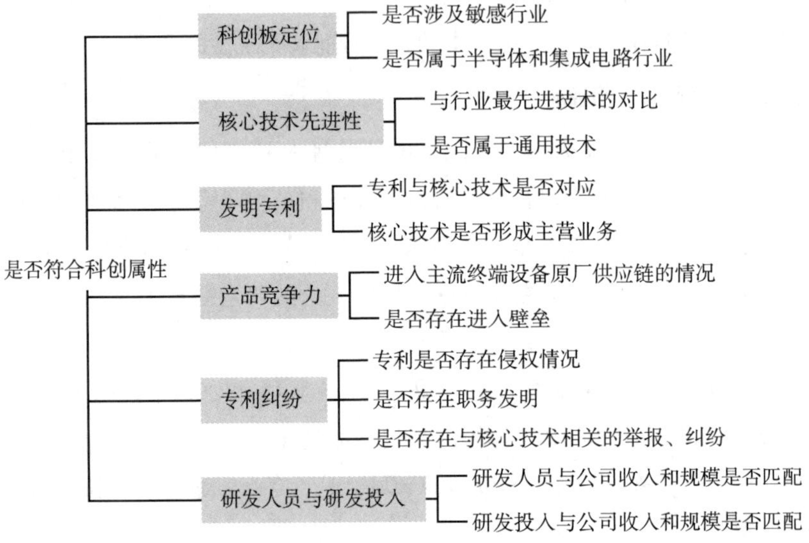

图 17－4　是否符合科创属性

第三节
非专利技术出资

一、非专利技术出资 IPO 关注要点

半导体和集成电路行业通常具有硬科技属性，相关企业在设立以及股权变动的过程中，股东以专利或非专利技术出资的情形较为常见，以我们选取的 92 家半导体样本公司分析，其中有 6 家企业历史上股东曾以非专利技术出资，上述半导体企业非专利技术问询问题主要如表 17－3 所示。

表 17－3　半导体企业非专利技术问询问题概览

公司简称	反馈问题
拓荆科技	(1) 非专利技术出资时的技术先进性，及其在发行人产品中的运用情况和重要程度；(2) 非专利技术出资的真实性；(3) 国资股东是否对非专利技术出资进行相关审批或确认；(4) 非专利技术出资是否符合中外合资法律法规
炬光科技	(1) 专有技术出资是否符合当时有效的《公司法》的规定，包括出资比例、评估/备案、国资审批、验资程序、实际交付的执行情况，是否存在出资不实的情形；(2) 专有技术的主要内容、具体形成过程及技术来源，与公司主营业务的关系，形成的相关专利或产品，是否为职务发明，是否存在技术侵权或权属纠纷；(3) 股东将与公司主营关联度较低的专有技术进行出资的原因及合理性
国芯科技	(1) 用于出资的非专利技术的基本情况，包括研发人员、研发过程、技术概况、出资后及目前的使用情况、与发行人业务的关联程度，是否属于在发行人任职期间研发完成，不属于职务发明的依据及其充分性、合理性；(2) 在两项无形资产与发行人的主营业务存在明显差异的情况下，以相关无形资产进行出资的必要性、合理性，结合入股非专利技术所对应的具体产品及产生的收入、利润情况，与相关评估报告中所采用的收益参数是否存在差异情况等，进一步说明上述两次非专利出资评估作价的公允性，是否存在高估的情形，是否属于出资不实；(3) 上述相关股东用于出资的非专利技术是否与其在摩托罗拉、江苏意源科技任职期间

续表

公司简称	反馈问题
	的工作相关，是否属于上述三人在摩托罗拉、江苏意源科技任职期间的职务发明，与上述单位是否存在纠纷或潜在纠纷；（4）江苏省苏州市吴中公证处曾就上述技术研发事项出具《公证书》，结合相关材料说明用于出资的非专利技术的研发创建于 2001 年至 2003 年的依据是否充分；（5）在研发时间与入职发行人时间存在重合的情形下，认为两项用于出资的非专利技术不属于郑某、肖某楠、匡某和在发行人任职期间的职务发明的依据是否充分，上述出资是否属于瑕疵出资；（6）请发行人补充披露非专利技术出资评估作价的公允性，以及尚未缴纳相关个人所得税的依据和潜在风险
中科飞测	（1）专利出资时的权属状况，如为申请中的专利，后续取得无形资产的时间及出资情况；出资专利权属是否清晰，是否存在纠纷或潜在纠纷；（2）中科院微电子所无形资产出资所履行的决策程序、价格确定依据，追溯评估情况及差额补足情况，是否履行相关程序；（3）前述出资专利技术的具体内容，与发行人现有核心技术、主营产品之间的关系，延续及发展情况；结合前述情况分析发行人核心技术是否主要来源于股东出资
晶升股份	（1）李某用于出资的非专利技术来源于其父亲李某林的无偿赠与，李某林原任职于中国工程物理研究院，2002 年退休。结合李某林退休前从事的具体工作等，分析退休后其研发出蓝宝石相关技术的可行性；退休后去向，是否在相关单位从事研究工作，相关非专利技术与李某林在原单位工作的关系，是否属于职务发明创造或职务作品，是否存在纠纷或潜在纠纷；（2）相关非专利技术在业务产品中的使用情况，与公司现有业务、核心技术、知识产权的关系；（3）李某非专利技术出资采用收益法评估的具体测算过程及主要依据，实际产生收益与评估的差异及原因具体情况；（4）无形资产非专利技术明细及账面价值情况；无形资产使用寿命的合理性，与同行业的比较情况
泰凌微	（1）相关专有技术形成知识产权的情况，与发行人核心技术之间的关系，在公司主营业务中的应用，对应实现的收入及占比；（2）结合专有技术相关出资人的任职经历，说明用于出资的技术是否涉及职务发明成果，是否存在知识产权权属瑕疵或潜在纠纷

总结上述案例情况，针对半导体公司 IPO 主要关注的非专利技术出资问题包括以下几个方面（见图 17－5）。

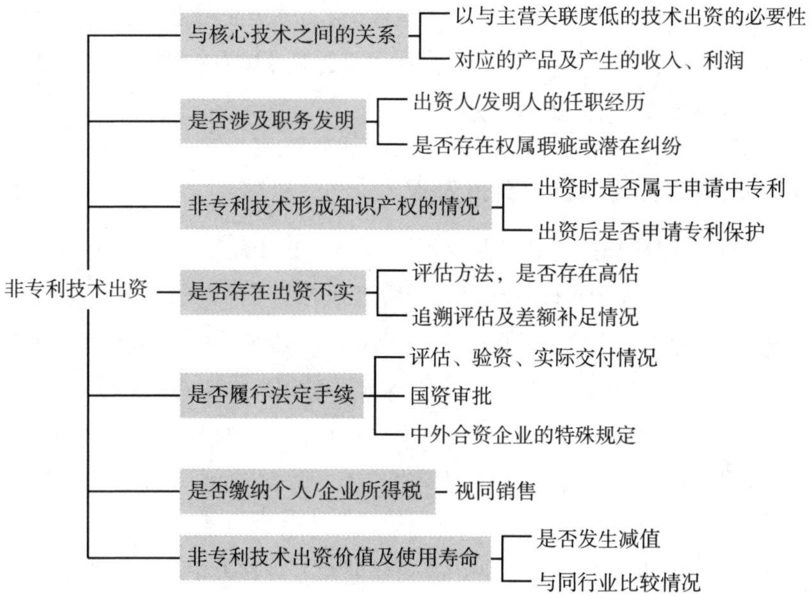

图 17-5　非专利技术出资审核关注要点

二、非专利技术出资需履行的相关手续

（一）非专利技术出资的常规手续

根据《公司法》的相关规定，非专利技术出资应当评估作价，并依法办理财产权的转移手续。对于拟 IPO 企业而言，评估机构应当符合《证券法》的相关规定，即“从事其他证券服务业务，应当报国务院证券监督管理机构和国务院有关主管部门备案”。在实践中，对于以非专利技术出资，办理财产权的转移手续，通常通过非专利技术转让合同、非专利技术交接证明书等文件进行财产权的转移。

（二）中外合资企业外方股东非专利技术出资的特殊手续

若公司为中外合资企业，需注意《中外合资经营企业法》（现已失效）的相关特殊规定。根据《外商投资法》实施前有效的《中外合资经营企业法实施条例》（现已失效）的规定：（1）外国合营者以工业产权或者专有技术作为出资，应当提交该工业产权或者专有技术的有关资料，包括专利证书或者商标注册证书的复制件、有效状况及其技术特性、实用价值、作价的计算根据、与中国合营者签订的作价协议等有关文件，作为合营合同的附件；（2）外国合营者作为出资的机器设备或者其他物料、工业产权或者专有技术，应当报审批机构批准。

在IPO企业的相关案例中，中外合资企业的股东以专有技术出资，通常审批机构为对外贸易经济合作局或商务部门。

三、用于出资的非专利技术交付内容

我国现有法律法规并未对“非专利技术”作出明确定义，但在最高人民法院于1995年颁布的《关于正确处理科技纠纷案件的若干问题的意见》（现已失效）第51条曾对非专利技术成果予以界定，其规定，“非专利技术成果应具备下列条件：（1）包含技术知识、经验和信息的技术方案或技术诀窍；（2）处于秘密状态，即不能从公共渠道直接获得；（3）有实用价值，即能使所有人获得经济利益或竞争优势；（4）拥有者采取了适当保密措施，并且未曾在没有约定保密义务的前提下将其提供给他人。”

从相关案例分析，半导体企业用于出资的非专利技术交付内容通常包括以下几种类别：

1. 相关芯片技术的架构设计和芯片应用规格书、源代码、算法、芯片架构及源码等技术资料，同时需要说明研发的经过以及该技术解决的主要问题；

2. 相关技术的电路材料清单、图纸、代码，相关型号的技术资料，包括设计图、配件、设计说明、使用材料等；

3. 该非专利技术的工艺、方案、设计、流程等方面的技术知识和技术成果；

4. 该非专利技术的专利申请权和专利所有权等权利权益；

5. 若用于出资的非专利技术为基于通用技术的改良或创新，需提供具体的改良以及技术突破点。

四、非专利技术出资价值发生贬损，是否构成出资不实

（一）非专利技术发生减值的相关法律责任

《最高人民法院关于适用〈中华人民共和国公司法〉若干问题的规定（三）》规定，出资人以符合法定条件的非货币财产出资后，因市场变化或者其他客观因素导致出资财产贬值，公司、其他股东或者公司债权人请求该出资人承担补足出资责任的，人民法院不予支持。但是，当事人另有约定的除外。

根据《专利法》等相关规定，专利被宣告无效对于已经履行的专利的出资行为不具有追溯力，除非证明权利人存在主观恶意，否则出资人不需要补足出

资。青海某德生物技术有限公司、北京某德生物科技有限公司公司增资纠纷再审审查与审判监督一案确认了上述审判思路。目前法规对于非专利技术出资发生价值贬损出资人是否需要补足出资尚未进行明确规定，我们认为，对于非专利技术出资发生价值贬损，若在出资时已聘请具有资质的评估机构履行评估手续，那么非专利技术后续的价值贬损不影响出资当时的效力，出资人无须承担补足责任。

（二）非专利技术发生减值的 IPO 案例处理

目前拟 IPO 企业的案例中，针对非专利技术出资发生减值通常有四类处理方式（见表 17－4）。

表 17－4　非专利技术出资发生减值的处理方式

处理方式	代表案例
将无形资产出资部分进行减值	华是科技
以货币资金置换或以货币资金进行补足	晶升股份
聘请评估机构进行追溯评估，评估值高于出资额，论证不存在出资不实	国芯科技、拓荆科技、泰凌微
解释最初用于出资的非专利技术作价合理，评估价值公允，因市场原因导致的非专利技术减值不影响出资时的公允价值，不存在出资不实	新巨丰、晶升股份

五、用于出资的非专利技术是否属于职务发明

半导体企业涉及非专利技术出资的案例中，审核通常重点关注非专利技术的发明人、研发经过，是否属于在发行人任职期间研发完成，是否属于利用发明人前单位的物质技术条件完成的发明创造，不属于职务发明的依据及其充分性、合理性。

发行人在说明用于出资的非专利技术不属于职务发明通常从以下几个方面论证：

1. 发明人入职发行人之前已完成相关非专利技术的发明创造；或发行人从上家单位离职满一年后开始进行相关非专利技术的发明创造；

2. 发明人未利用发行人或上家单位的资金、设备、零部件、原材料或其他技术资料等物质技术条件的情形；

3. 非专利技术与发行人或上家单位的工作不相关，非执行所在单位的工作任务形成的技术。

第四节 职务发明

一、职务发明的构成情形

职务发明制度，是为厘清用人单位和员工的权利义务，明确发明创造权利归属，促进发明创造的研发及应用的制度设计[①]。根据《专利法》（2020 年修正）第 6 条以及《专利法实施细则》（2023 年修订）第 13 条的规定，职务发明是指执行本单位的任务或者主要是利用本单位的物质技术条件所完成的发明创造。其中，“本单位”既包括长期工作单位，亦包括临时工作单位；“物质技术条件”系指工作单位的资金、设备、零部件、原材料或者不对外公开的技术资料等。

具体而言，职务发明主要包括如下几种情形：

（1）在本职工作中作出的发明创造；

（2）履行本单位交付的本职工作之外的任务所作出的发明创造；

（3）退休、调离原单位后或者劳动、人事关系终止后 1 年内作出的，与其在原单位承担的本职工作或者原单位分配的任务有关的发明创造。

符合以上情形之一，即构成职务发明。

职务发明所涉申请专利的权利属于工作单位，申请被批准后，专利权人亦为工作单位，员工仅作为发明人署名。认定某一发明创造是否属于职务发明，对单位与员工的利益影响重大，尤其是半导体企业这一类技术密集型、人才密集型的企业，因此，员工在职期间或离职 1 年内进行的发明创造，各方对该等发明创造是否属于职务发明而产生争议的情况屡见不鲜。

① 参见最高人民法院民事判决书，（2020）最高法知民终 590 号。

二、司法裁判要点

在司法实践中，员工与工作单位就某一发明创造是否属于职务发明的争议层出不穷①，该等争议中，关于“退休、调离原单位后或者劳动、人事关系终止后1年内作出的，与其在原单位承担的本职工作或者原单位分配的任务有关的发明创造”的争议是拟IPO半导体企业中常见的情形，亦是IPO审核中的关注重点。因此，针对与离职人员发明创造相关的争议内容，我们结合司法判例，对争议场景及司法机关裁判要点进行了整理归纳，可总结为如下几点（见表17－5）。

表17－5 职务发明争议场景及司法机关裁判要点

涉及条文	争议场景	司法机关裁判要点
退休、调离原单位后或者劳动、人事关系终止后1年内作出的发明创造	双方就发明创造是否属于“离职1年内”作出存在争议，例如离职员工将实际已完成的发明创造拖延至离职1年后申请专利	（2018）鄂民终714号：雷某于2013年8月入职武汉巨正环保科技有限公司（以下简称巨正公司），参与MEMS气体传感器产品的研发工作，具体负责MEMS芯片的设计、联系代理加工厂。在职期间，巨正公司与武汉工程大学签订技术开发委托合同，委托武汉工程大学开发《微型气敏传感器的研发》项目，并与该大学刘某堂教授合作，该项目最终未研发成功。雷某于2015年4月离职，离职后同月，雷某与刘某堂教授设立武汉微纳传感技术有限公司（以下简称微纳公司）。2015年9月24日，微纳公司向国家知识产权局提交一项发明专利申请，雷某为发明人，后经巨正公司异议后于2016年10月12日撤回该专利申请并又提交了三项专利申请，巨正公司起诉微纳公司侵权。湖北高院经审理认为三项专利与原先撤回专利具有较高的相关性，最终判决要求微纳公司撤回专利申请。 针对该等类型的案件，司法机关在判断发明创造是否为“离职1年内”作出时，并非仅就发明创造的

① 例如：（1）如何定义本职工作？非研发岗位人员私自进行的与公司行业相关的发明创造是否属于本职工作？（2）如何定义“主要”利用本单位的物质技术条件？利用到什么程度可认定为“主要”？（3）如何定义员工？实习生、退休返聘人员、外部顾问等是否属于员工？（4）如果前员工故意规避“离职1年”的限制，将实际已完成的发明创造拖延至离职1年后提交申请，是否可认定该专利系原单位的职务发明？（5）如果前员工故意规避“离职1年”的限制，以不相关第三方作为权利人申请专利，是否可认定该专利系原单位的职务发明？

续表

涉及条文	争议场景	司法机关裁判要点
		作出时间做形式审查，而是结合诉辩双方提出的具体证据进行实质判断，如果原单位能够提供有力证据证明该等发明创造确系在职期间或离职1年内完成，则不论其提交专利申请日是否在离职1年期满后，该发明创造仍会被司法机关认定为属于原单位的职务发明
与其在原单位承担的本职工作或者原单位分配的任务有关的发明创造	双方就发明创造是否与原单位本职工作或分配的任务“有关”产生争议，如离职员工以第三人名义作为专利发明人申请专利等	（2020）最高法知民终1548－1553号：2013年，敦泰科技（深圳）有限公司（以下简称敦泰公司）开始对指纹识别技术进行系统研发，莫某华时任敦泰公司高级副总经理，主管公司的技术研发，主持、参与指纹识别技术相关项目研发。2014年年底，敦泰公司基本完成芯片设计，并决定进行“流片”（即集成电路领域设计完成后为测试设计成功与否而进行试生产）。其间，莫某华将其在敦泰公司所掌握的多项技术交由其大学同学刘某春，并以刘某春名义向国家知识产权局申请专利。其后，刘某春将上述多项技术转让给与莫某华存在利益关系的第三方深圳市亚耕电子科技有限公司（以下简称亚耕公司）。2014年7月，莫某华与敦泰公司签订离职竞业限制协议。2015年3月，莫某华自敦泰公司离职。2015年8月至10月，亚耕公司将涉案专利（申请）陆续转让给由莫某华创设并控制的深圳信炜科技有限公司（以下简称信炜公司）。敦泰公司以涉案专利（申请）为莫某华的职务发明创造、相关权益应归属于敦泰公司为由起诉信炜公司及莫某华侵权。 针对该等类型的案件，司法机关在裁判过程中重点关注讼争专利与原单位本职工作或分配的任务的“有关性”，以及涉案专利的权利人、申请人能否被认定属于真实权利人、申请人而非挂名人。对此，最高人民法院亦在（2019）最高法民申6342号裁定书中明确：在判断涉案发明创造是否属于《专利法实施细则》（2010年修订）第12条第1款第3项规定的“有关的发明创造”时，应注重维护原单位、离职员工以及离职员工新任职单位之间的利益平衡，

续表

涉及条文	争议场景	司法机关裁判要点
		综合考虑以下因素：一是离职员工在原单位承担的本职工作或原单位分配的任务的具体内容，包括工作职责、权限，能够接触、控制、获取的与涉案专利有关的技术信息等。二是涉案专利的具体情况，包括其技术领域，解决的技术问题，发明目的和技术效果，权利要求限定的保护范围，涉案专利相对于现有技术的“实质性特点”等，以及涉案专利与本职工作或原单位分配任务的相互关系。三是原单位是否开展了与涉案专利有关的技术研发活动，或者是否对有关技术具有合法的来源。四是涉案专利（申请）的权利人、发明人能否对于涉案专利的研发过程或者技术来源作出合理解释，相关因素包括涉案专利技术方案的复杂程度，需要的研发投入，以及权利人、发明人是否具有相应的知识、经验、技能或物质技术条件，是否有证据证明其开展了有关研发活动等……

针对离职人员发明创造问题，最高人民法院在“（2020）最高法知民终590号”判决书中指出，实践中，员工在原单位从事相关研发时，基于技术认知和专业素养获得新的研发构思，在离职后进一步研发取得成果的现象比较普遍。《专利法实施细则》（2023年修订）第13条关于员工离职1年内作出的发明创造归属原单位所有的规定，充分考虑技术研发具有的连续性特点，评估了员工离职后利用其在原单位工作期间产生的研发构思进行后续发明创造的情况，一方面支持人员正常流动，保障劳动者的择业权；另一方面保证原单位的合法利益的立法选择。

落实到实务中，司法机关面对不同的职务发明纠纷所确定的裁判依据及作出的裁判结论不尽相同，但我们可以透过表象抓取裁判的主旨，即在动态中维持单位与发明人之间的利益平衡。在掌握前述宗旨的同时，结合离职人员职务发明的四大构成要件，便可窥见司法机关在审理离职人员职务发明争议时的裁判要点：（1）作出发明创造的发明人曾是主张权利的原单位员工；（2）该员工对发明创造的实质性特点作出了创造性贡献；（3）发明创造是员工离职后1年内作出的；（4）发明创造的内容与该员工在原单位承担的本职工作或者原单位分配的任务有关。

三、IPO 审核关注要点

知识产权是监管机构在审核拟 IPO 半导体企业尤其是申请科创板上市的拟 IPO 半导体企业时关注的重点，如果存在其实际控制人、董监高或核心技术人员存在兼职或历史任职情况，或拟 IPO 企业与高校存在合作关系等情形，便会引起监管机构对相关专利的权属清晰性的关注，进一步关注相关专利是否属于职务发明。

具体而言，IPO 审核中，对职务发明的审核关注点及回复思路如表 17－6 所示。

表 17－6　职务发明 IPO 审核关注点及回复思路

关注要点	回复思路
发行人的相关技术是否来自公司高管在原单位任职期间的职务发明；发行人、公司高管与其原单位之间是否存在关于职务发明、商业秘密、专利侵权等方面的纠纷或潜在纠纷	（1）列示申请专利的时间，论证该等专利为离职 1 年后作出； （2）如为离职 1 年内作出，论证该等专利与其在原单位本职工作或分配的任务不具备“有关性”； （3）原单位以出具确认函等方式确认核心技术人员的发明非原任职单位的职务发明； （4）已通过合规证明、网络核查等方式确认不存在诉讼、仲裁等纠纷
如何区分高校教授等人员在发行人处兼职作出的科研成果属于高校职务行为还是公司职务行为或合作研发而取得，是否存在利益冲突和潜在纠纷	（1）相关人员在发行人和高校的工作内容及工作任务有明确的区分界限； （2）相关人员与高校签订的合同的约定以及发行人内部研发项目的立项、开发等事实情况可以区分相关职务行为； （3）在与高校合作研发的情况下，合作协议中工作内容及工作任务已有明确的界定，有明确的区分界限； （4）高校出具的相关说明对属于高校的职务行为进行了认定； （5）已通过合规证明、网络核查等方式确认不存在诉讼、仲裁等纠纷
发行人存在涉及核心技术人员与原单位关于职务发明纠纷的未决诉讼，监管机关关注该专利是否构成侵权，不利的诉讼结果对发行人核心技术、在研技术、产品销售、存货以及财务状况所造成的不利影响	（1）涉诉专利不属于职务发明，不构成侵权； （2）涉诉专利不属于核心技术，不利的诉讼结果对发行人的生产经营影响较小； （3）模拟测算不利的诉讼结果对发行人核心技术、在研技术、产品销售、存货以及财务状况所造成的不利影响，论证该等不利影响不会影响公司的持续经营能力

四、风险预防及应对方式

作为兼具技术密集型、人才密集型特征的半导体企业，其专利的权属清晰性尤为重要，为避免卷入诉讼纠纷，亦为避免专利因权属不清晰导致对 IPO 构成实质障碍，未雨绸缪必不可少。具体而言，风险预防及应对方式如下：

（1）针对离职员工，研发岗位员工尤其是核心技术人员离职的，建议关注前述人员 1 年内的动向，包括其是否创业或是否入职同行业公司、是否作为发明人申请专利、其创业公司或新入职公司是否申请专利等。如存在新申请专利情况，建议进一步关注该等专利是否与该离职员工在本公司的本职工作或分配的任务“有关”，从而进一步判断是否需要通过诉讼等方式维护本公司的知识产权。

（2）针对在职员工，预先了解研发岗位员工特别是核心技术人员的工作经历，确认前述人员入职前是否曾在同行业公司任职、是否参与前单位核心技术的研发、是否在前单位作为发明人申请相关专利，并留存相关资料信息。针对曾在同行业公司任职、参与前单位核心技术研发的人员，建议在其入职第一年避免安排其参与公司核心技术的研发工作，同时避免以其作为发明人申报专利。

（3）梳理研发岗位员工特别是核心技术人员入职 1 年内作为发明人申请的相关专利，并与该人员在原单位参与的技术研发、专利申请内容进行比对，预先判断该等专利是否与原单位本职工作或分配的任务“有关”，结合具体情况（如该人员的离职原因、与原单位的关系是否恶化等）评估涉诉风险。如有实操性，可建议该人员尽量在公司发展早期联系原单位沟通相关事宜，取得原单位对相关专利不属于职务发明出具的确认函，避免后期因公司发展迅速致使原单位态度转变，沟通成本水涨船高。

第五节 技术来源于合作研发

一、合作研发 IPO 关注要点

合作研发既是企业缩短研发周期、节省研发成本的重要手段，也是半导体企业谋求技术突破的常见方式。以我们选取的92家半导体样本公司分析，其中有13家企业的合作研发受到监管机构的问询，上述半导体企业问询问题主要如表17－7所示。

表17－7　半导体企业合作研发问询问题概览

公司简称	反馈问题
龙芯中科	与中科院计算所的合作研发情况，各自在研发中发挥的作用
拓荆科技	与长江存储（大客户）合作研发的原因、各自贡献内容，相关知识产权约定对发行人业务拓展的影响
华海清科	国家科技重大专项和国家级重大项目/课题的主要参与主体
燕东微	核心技术合作研发、技术引进后再创新的具体情况及权利义务划分，发行人发挥的作用、是否进行实质创新
天岳先进	与山东大学的技术合作过程，说明对山东大学或其相关人员是否存在技术、研发等方面的依赖，是否影响发行人的持续经营能力
创耀科技	（1）报告期内境内发明专利较少的原因，是否受制于与公司A合作研发的相关条款，是否存在专利申请的法律障碍。说明向客户A交付的技术开发成果具体内容及相关知识产权的形成和归属情况；结合交付开发成果及其知识产权的归属情况、合作双方权利义务、费用承担分配机制、芯片及其知识产权的形成和归属情况等，说明与客户A的合作模式属于受托开发还是合作研发；（2）结合行业情况，说明与客户A的合作模式是否符合行业惯例
仕佳光子	与中科院半导体所的4项合作项目形成的核心技术及对应产品、收入及占比、合作期限
恒烁股份	区分产品条线，全面梳理并说明与武汉新芯的业务合作模式，相关合作协议签订的背景、原因及主要内容，双方在技术研发、知识产权、产品购销等方面的权利义务约定，相关业务的定价依据及会计处理，相互授权并许可销售是否导致双方直接竞争关系及具体影响
银河微电	合作研发项目涉及的主要产品、在研项目，发行人在合作研发中的资金、人员投入情况、双方各自发挥的具体作用、发行人能否主导研发过程、核心技术是否对高校存在重大依赖
宏微科技	结合合作研发协议说明合作研发的具体技术成果，相关知识产权归属，是否存在纠纷或潜在争议

续表

公司简称	反馈问题
格科微	双方合作研发的起始时间、形成的具体成果、产权归属及销售收入、对产品销售分成约定不一致的原因、是否涉及核心技术
康希通信	合作研发项目的研发成果及产业化情况，各方发挥的主要作用及重要程度
艾森股份	与A公司的合作研发项目与发行人在研项目之间的关系、具体进展，与A公司合作的权利、义务划分、研发相关费用的承担等具体约定情况，A公司在合作研发过程中负责的研发内容，是否参与发行人的研发，发行人是否具有使用A公司合作研发中使用的背景知识产权的权利，并结合上述约定说明合作研发成果归双方所有是否准确，发行人是否可以独立使用研发成果进行产品生产销售，是否受限，除合作研发外发行人与A公司是否存在其他业务往来及具体情况

如表17-7所示，半导体企业合作研发在IPO中的关注要点可以总结为两个维度：一是关注事实情况，即合作研发的原因、背景、协议内容；二是关注合作研发对发行人生产经营的影响，即发行人是否对研发单位存在重大依赖、是否具有独立的自主研发能力等。

二、合作研发原因与合作协议内容

监管部门对于合作研发的关注首先体现在事实维度上，对合作研发原因与合作协议内容的完整披露是监管部门判断是否展开问询的基础。

对合作研发原因及背景的回复属于IPO申报中如何解释“合理性”的问题，特别是当合作研发与行业惯例存在差异时，如何将其必要性与合理性以适当的方式解释成监管所认可的逻辑，就显得尤为重要。常见的回复思路如表17-8所示。

表17-8　合作研发原因之常见回复思路

公司简称	合作研发原因之常见回复思路
拓荆科技	合作研发单位作为牵头单位，承担了国家科技重大专项项目，公司独立负责的课题是该项目的子课题之一
创耀科技	公司作为芯片设计公司，与客户（公司A）共同参与研发芯片，并共同投入技术、人力或者资金，约定知识产权共有，对于合作研发产品结合各自的业务需求约定品牌、制造和销售的权利与义务，具有商业合理性，亦符合行业惯例

续表

公司简称	合作研发原因之常见回复思路
恒烁股份	公司作为芯片设计公司，与下游晶圆代工厂武汉新芯进行合作，有利于公司开拓代工能力、工艺制程、产能情况满足公司需求的代工厂，同时有利于武汉新芯拓展优质代工客户资源、完善和提高代工制造工艺技术，该合作研发符合芯片设计企业通常采用的 Fabless 经营模式

在合作协议内容方面，根据各板块招股说明书的信息披露内容与格式准则等规定，与其他单位合作研发的，应披露合作协议的主要内容、权利义务划分约定及采取的保密措施等。具体而言，其中较为重要的合同条款对应的法律规定包括以下几个方面。

1. 合作研发的成果归属（见表 17－9）

表 17－9　合作研发成果归属的法律规定

合作研发的成果形式	成果归属的法律规定	法律依据
发明创造	有约定从约定，若未约定或约定不明，则申请专利的权利属于合作开发的各方当事人共有	《民法典》第 860 条、《专利法》第 8 条
计算机软件著作权	有约定从约定，若未约定或约定不明： ①若合作开发的软件可以分割使用的，开发者对各自开发的部分可以单独享有著作权； ②若合作开发的软件不能分割使用的，其著作权由各合作开发者共同享有	《计算机软件保护条例》第 10 条
集成电路布图	有约定从约定，若未约定或约定不明，专有权由合作者共同享有	《集成电路布图设计保护条例》第 10 条

2. 合作研发的收益分成

根据《民法典》等法律法规，合作研发的收益分成基本遵循有约定从约定，没有约定或约定不明时适用《民法典》第 510 条类推的确定原则①。

3. 合作研发成果的实施、许可及转让

合作研发成果后续的实施、许可、转让等行为，首先亦依据当事人之间的约定确定。当没有约定或约定不明时，现行相关法律法规的规定如表 17－10 所示。

① 《民法典》第 510 条：合同生效后，当事人就质量、价款或者报酬、履行地点等内容没有约定或者约定不明确的，可以协议补充；不能达成补充协议的，按照合同相关条款或者交易习惯确定。

表 17－10　合作研发成果处分的法律规定

<table>
<tr><th>研发成果处分行为</th><th colspan="2">法律规定</th><th>法律依据</th></tr>
<tr><td>实施</td><td colspan="2">共有人可以单独实施，无须其他方同意</td><td>《民法典》第 860 条、《专利法》第 14 条</td></tr>
<tr><td rowspan="3">许可</td><td>普通许可</td><td>无须其他方同意，但收取的使用费应当在共有人之间分配[1]</td><td rowspan="3">《专利法》第 14 条、《最高人民法院关于审理技术合同纠纷案件适用法律若干问题的解释》第 21 条</td></tr>
<tr><td>排他许可</td><td>应取得全体共有人的同意</td></tr>
<tr><td>独占许可</td><td>应取得全体共有人的同意</td></tr>
<tr><td>转让</td><td colspan="2">应取得全体共有人的同意，且其他各方享有以同等条件优先受让的权利</td><td>《民法典》第 860 条</td></tr>
</table>

〔1〕特别地，根据《民法典》第 861 条及《最高人民法院关于审理技术合同纠纷案件适用法律若干问题的解释》第 20 条，对于技术秘密成果，在没有相同技术方案被授予专利权前，共有人自己使用或者普通许可他人使用时，有权独占由此所获利益。

综上所述，即使合作研发协议中并未约定相关条款，亦可以结合法律规定寻求合理的解释路径。然而，在 IPO 过程中，若未约定相关条款或约定存在模糊，拟上市企业则很可能被监管部门认为核心技术的权属或利益存在纠纷或潜在纠纷，从而对 IPO 构成阻碍。

因此，拟上市企业在申报前应重点梳理相关合作研发协议，关注其中是否已对核心条款作出明确约定，核心条款包括：①合作研发的内容和范围；②合作各方的权利和义务，包括各方的定位及分工，对经费、人员、设备等生产资料的安排等；③合作研发成果（包括二次开发成果）的归属与收益；④合作研发成果的实施、许可及转让；⑤合作研发的风险责任承担，即在合作研发失败的情况下，各方投入的合作研发成本该如何承担；⑥合作研发的保密措施等。对于其中约定不明确的部分，建议通过签署补充协议的方式予以明晰。详实具体的合作协议不仅有利于保护企业的知识成果，还能显著降低产生法律纠纷的可能性，避免影响未来的上市进程。

三、合作研发对发行人生产经营的影响

在事实维度的基础上，监管部门会重点关注合作研发是否涉及发行人的核心技术、相关核心技术对发行人生产经营的重要程度、发行人在合作研发中承担工

作的重要程度、发行人是否会对外部研发产生重大依赖等问题，判断拟上市企业是否具备独立研发能力、是否具备持续经营能力等相关问题。

就该等问题，拟上市企业一般可以从以下几个角度展开论述：

（1）合作研发主要为前瞻理论研究，不涉及具体产品开发，未形成知识产权成果，发行人主要产品主要基于其独立自主研发的专利；

（2）合作研发项目仅涉及发行人研发技术中的部分内容，在发行人生产经营中的贡献和作用较小，因此发行人对外部机构不存在重大依赖；

（3）发行人在合作研发中处于主导地位，研发技术、人力、资金主要由发行人投入；或双方居于平等地位，合作各方之间共同合作，互惠互利；

（4）合作研发模式符合行业惯例，例如上述案例中芯片设计公司与其委托人的合作研发、芯片设计公司与晶圆代工厂基于 Fabless 经营模式的合作研发等。

此外，拟上市企业在进行合作研发规划时，可以在两个方面加以关注，以降低解释难度：一方面，在合作研发的定位及分工中，应当尽可能突出自身的主导性作用。例如，可以在合作研发协议或补充协议中强调自身在关键部件的开发、关键工序的实施等核心环节发挥主导性作用等表述。另一方面，应当尽量减少自身核心技术与合作研发成果的关联性，避免出现合作研发成果在核心技术中占据较大比例、合作研发成果是主营业务的重要组成部分等情形。归根结底，拟上市公司应提高自身独立和持续的研发能力，满足不断提高的上市技术指标要求。

第六节 技术来源于授权许可

一、授权许可类型与审核关注要点

半导体行业属于技术密集型产业，所涉及的知识产权或技术秘密种类众多，通过第三方公司（包括股东或关联公司）授权许可获得专利技术实施或使用权亦是行业屡见不鲜的通行做法。

根据《民法典》第 862 条的规定，技术许可是指合法拥有技术的权利人，将现有特定的专利、技术秘密的相关权利许可他人实施、使用，在实践中亦称为技术授权。具体而言，技术授权许可一般分为以下类型（见表 17－11）。

表 17－11　授权许可的类型及对应限制

许可类型	被许可方是否有权在合同约定的期限和地域范围内，按合同约定的方式实施或使用该技术	许可方是否有权将该项技术的实施或使用权授予其他被许可方	许可方是否有权保留自己实施或使用该项技术制造和销售产品的权利
普通许可	是	是	是
排他许可	是	否	是
独占许可	是	否	否

特别地，根据相关法律法规，专利授权许可合同应当自合同生效之日起 3 个月内向国务院专利行政部门备案。备案虽然并非专利授权许可合同生效的前提条件，但对于排他许可和独占许可而言，可以起到公示并对抗善意第三人的作用。

以我们选取的 92 家半导体样本公司为例进行分析，其中有 12 家企业的合作研发受到监管机构的问询，上述半导体企业问询问题主要如表 17－12 所示。

表 17－12　半导体企业技术授权问询问题概览

公司简称	反馈问题
海光信息	技术授权是否存在纠纷；许可技术是否面临迭代风险，AMD 是否将继续提供更新技术；持续经营能力
龙芯中科	发行人指令系统架构及通用处理器 IP 核授权/被授权的具体情况；技术许可相关诉讼
盛美上海	ACMR 向发行人授权使用的技术是否为发行人核心技术或构成发行人核心技术的底层技术，是否为独家授权。在美国 ACMR 没有实际业务的情况下，采取技术授权而非转让的原因及合理性，对发行人资产完整性和独立性是否构成不利影响
东芯股份	相关技术来源于 Fidelix 公司等情况，进一步说明发行人承接相关技术后是否有技术创新和重大突破
唯捷创芯	EDA 相关授权技术是否与发行人核心技术相关，发行人如何避免及应对 EDA 供应商取消技术授权的风险

续表

公司简称	反馈问题
炬光科技	发行人成立以来取得技术授权的情况、期限、对手方，技术授权对应的产品及收入金额，是否涉及发行人的核心技术，是否能持续使用授权技术
燕东微	发行人与 SilTerra 公司签署技术许可协议的原因、主要权利义务约定，是否存在交叉授权，协议履行情况，相关授权技术在发行人业务开展中的运用情况及收入贡献程度，是否存在重大依赖
华海清科	发行人是否对清华大学构成研发和技术体系依赖，是否具备独立研发的能力
寒武纪	中科院计算所许可使用的知识产权在发行人产品中的具体应用情况，是否涉及核心技术、产品
芯联集成	许可技术的具体用途、对于发行人的重要性，是否构成发行人研发、生产经营的底层技术，发行人是否可以脱离该等技术自主开展研发、生产经营业务
普冉股份	与赛普拉斯技术授权的合作历史
艾森股份	A 公司授权技术合同相关权利、义务划分情况，后续业务合作模式，根据授权技术生产的产品与发行人现有产品之间的关系，是否将降低核心技术收入占比

结合相关案例，在半导体企业 IPO 过程中，监管部门对于发行人技术来源于授权许可这一问题，通常的审核关注要点包括以下方面。

（1）技术来源于授权许可的原因、背景及合理性，为何以授权方式使用而不予纳入发行人体内；

（2）授权许可协议的主要约定（包括许可类型、授权期限、授权范围、许可使用费的确定及支付安排、后续改进成果的归属与利益分配等）是否清晰、完整；

（3）许可人的技术来源、取得方式，相关技术是否合法有效存续，是否存在被终止、宣告无效的情形或侵权等风险；

（4）授权许可协议的变更及终止事由，发行人能否长期使用被授权许可的技术，授权许可事项是否具有稳定性；

（5）授权许可技术对发行人生产经营的贡献及占比情况，发行人是否对该技术存在重大依赖，是否具有自主研发能力及直接面向市场的独立经营能力。

其中，最后两个审核关注要点为授权许可话题项下具有一定特殊性的问题，故本节特选取授权许可的稳定性与依赖性两个问题展开进一步论述。

二、授权许可的稳定性

对于发行人生产经营较为重要的技术，授权许可的稳定性和持续性将直接影响业务稳定性及可持续经营能力。对此，拟上市企业可以从三个维度上对授权许可的稳定性加以维系。

首先，应当在技术授权许可协议中明确许可的类型，且尽可能以独占许可的方式实施或使用该技术，并积极办理实施许可合同备案手续，以便论证授权许可具有独占性和对抗性。

其次，在授权许可协议中应尽量延长对授权期限的约定，可以采用授权期限持续到“授权许可专利权失效日”或“出现与授权许可技术秘密相同的技术方案被授予专利权时”等表述。授权许可协议还可以对授权期限届满后的续期安排作出特别约定，如约定期限届满后自动续期等，确保发行人可以独立、完整、持续地使用该等授权技术。若存在期限届满后无法续期的风险，拟上市企业应当提前准备应对措施，包括提高自身的技术研发能力和寻求技术替代的能力，以减少对生产经营产生的不利影响。

最后，为了避免许可方单方面撤回或停止授权，拟上市企业可以在授权许可协议中约定相关授权具有不可撤销性、不可变更性，从而进一步保障独占许可的确定性。例如，在华海清科 IPO 第二轮审核问询函回复中，公司与许可方清华大学协商签署补充协议，约定先前以独占许可方式使用的专利系不可撤销的许可，许可方在任何情况或条件下均不以任何形式停止授权，被许可方亦不会终止使用上述许可。

三、授权许可的依赖性

在现行审核监管要求下，拟上市企业的主要核心专利技术仍应当为自有专利，否则很有可能构成 IPO 申报的红线问题。例如，在某晶圆制造公司的终止审核案例中，监管机构在问询中多次问及“结合发行人多数主要核心技术均为股东或外部授权的情形、目前的产品结构及未来发展规划，披露主营业务、主要产品是否符合国家产业政策要求，是否属于国家鼓励发展的方向，是否存在落后产能，是否符合科创板定位”。

因此，对于核心专利技术中存在部分授权许可的情况，拟上市企业应当论证其未对该等授权许可存在重大依赖，常见的论证思路有以下几个方面。

1. 授权许可对发行人生产经营的贡献

结合不同类型产品的特点，发行人通常可以选取以下几个指标，论证授权许可对生产经营的贡献较低：①利用授权许可技术形成的产品销售规模占总体产品销售规模的比例；②相关产品占发行人营业收入及净利润的比例；③若授权许可技术并未直接应用于产品，可假设应用该技术的终端产品实现对外销售后，对应的上述指标占比情况。

2. 发行人已对授权许可技术进行改进

部分授权许可虽然较为核心，但其自身并不能单一地发挥利用价值，需要与发行人的其他技术或设备相结合才能应用于生产经营，而对授权许可技术的后续改进环节均依赖于发行人的研发投入。

3. 授权许可仅在业务发展初期使用

若发行人目前产品中并未使用该授权许可技术，则可以在认可授权许可早期价值的基础上，说明目前该技术已被更新后的技术所替代。发行人在授权的技术基础上，经过长期的持续的技术开发、升级和迭代，已经具备申请自身专利技术的能力，并相应形成了自身的核心技术体系。

4. 发行人具有独立研发能力

发行人具备独立的研发场所、研发设备、研发人员、研发技术体系，能够独立开展研发活动并申请主营业务所需的核心技术专利，不依赖于授权许可方的人员、设施和资源对授权许可技术开展实施和更新工作。同时，发行人有计划收购相关授权许可技术和申请新核心专利，确保上市后不会因核心技术专利的权属问题而对企业生产经营造成重大不利影响。

第十八章 典型诉讼

持续经营能力是企业 IPO 的发行条件，持续经营能力受控制权稳定性、股权结构清晰性、资产权属状况等因素影响。其中，控制权和股权结构风险的主要表现形式之一是股权诉讼，资产权属风险的主要表现形式之一是知识产权诉讼。该等诉讼可能对企业持续经营能力造成重大不利影响，被 IPO 审核人员重点关注和持续问询，轻则影响审核进度，重则影响发行条件。从 IPO 实践案例来看，股权诉讼、知识产权诉讼普遍存在，是 IPO 审核中的典型诉讼。本章尝试通过对现行法律法规、准则指引等规范性文件的分析，以及对申报案例的观察，来总结过往申报企业在处理相关诉讼方面的经验，为拟上市企业提供借鉴。

第一节 股权诉讼

一、股权诉讼相关 IPO 审核要求

股权诉讼的审核要求主要规定在法律法规、准则指引等规范性文件中，此外，监管部门也会通过监管动态、窗口指导等方式对股权诉讼的审核标准进行细化和统一。针对上述不同层次的审核要求，我们整理并说明如表 18－1 所示。

表 18－1 股权诉讼 IPO 审核要求

规定层次	规定名称	具体要求	说明
全国人大常委会	《证券法》	公司首次公开发行新股应当具有持续经营能力	从发行条件来看，股权诉讼可能导致控制权和股权结构变动，对持续经营能力造成重大不利影响，构成发行上市的实质性障碍
证监会	《首次公开发行股票注册管理办法》	发行人应当业务完整，具有直接面向市场独立持续经营的能力。发行人的股份权属清晰，不存在导致控制权可能变更的重大权属纠纷	
	《公开发行证券的公司信息披露内容与格式准则第 57 号——招股说明书》	（1）发行人应披露控股股东和实际控制人直接或间接持有发行人的股份是否存在被质押、冻结或发生诉讼纠纷等情形，上述情形产生的原因及对发行人可能产生的影响； （2）发行人应列表披露董事、监事、高级管理人员、其他核心人员及其配偶、父母、配偶的父母、子女、子女的配偶以任何方式直接或间接持有发行人股份的情况，持有人姓名及所持股份被质押、冻结或发生诉讼纠纷的情况。股份被质押、冻结或发生诉讼纠纷的，应披露原因及对发行人可能产生的影响	（1）从信息披露来看，发行人需披露尚未了结的股权诉讼，或已了结但仍产生重大影响的诉讼。 （2）主要披露内容包括：案件受理情况、诉讼请求、判决或裁决结果、执行情况、发行人相关方的清偿能力，以及对发行人的影响等方面。 （3）发表意见要求：保荐机构及发行人律师基于上述情况，谨慎发表意见，判断相关诉讼是否构成发行上市的实质性障碍。 （4）控制权诉讼与非控制权诉讼的差异：控制权诉讼将影响控制权稳定性，需就
	《监管规则适用指引——发行类第 4 号》	（1）对于控股股东、实际控制人支配的发行人股权出现质押、冻结或诉讼仲裁的，发行人应当按照招股说明书准则要求予以充分披露；保荐机构、发行人律师应当充分核查发生上述情形的原因，相关股权比例，质权人、申请人或其他利益相关方的基本情况，约定的质权实现情形，控股股东、实际控制人的财务状况和清偿能力，以及是否存在股份被强制处分的可能性、是否存在影响发行人控制权稳定的情形等。对于被冻结或发生诉讼纠纷的股	

续表

规定层次	规定名称	具体要求	说明
证监会	《监管规则适用指引——发行类第4号》	权达到一定比例或被质押的股权达到一定比例且控股股东、实际控制人明显不具备清偿能力，导致发行人控制权存在不确定性的，保荐机构及发行人律师应充分论证，并就是否符合发行条件审慎发表意见。 (2) 对于发行人的董事、监事及高级管理人员所持股份发生被质押、冻结或发生诉讼纠纷等情形的，发行人应当按照招股说明书准则的要求予以充分披露，并向投资者揭示风险	是否影响控制权发表意见。而非控制权诉讼一般不会影响发行条件，需要充分披露并提示风险。 (5) 股权诉讼核查重点：需查明涉及股权的比例、案件审理进度以及导致控制权变动的可能性等
	《监管规则适用指引——法律类第2号》	(1) 律师应当查验控股股东、实际控制人支配的发行人股份，以及董事、监事、高级管理人员、核心技术人员及其近亲属直接或者间接持有的发行人股份是否存在质押、冻结或者诉讼仲裁纠纷的情形。如存在，应当确认该质押对发行人可能产生的影响。 (2) 对控股股东及实际控制人直接或者间接持有的发行人股份存在质押、冻结或者诉讼仲裁纠纷情形的，律师应当查验上述情形发生的原因，相关股权比例，质权人、申请人或者其他利益相关方的基本情况，约定实现质权的情形，控股股东及实际控制人的财务状况和偿债能力，是否存在股份被强制处分的可能性，执行质押、冻结后发行人控股股东及实际控制人是否会发生变化，是否影响发行人控制权的稳定等	

由表18－1可见，保荐机构及发行人律师在股权诉讼中需要对基本案情、诉讼原因、涉诉股权比例、案件进展以及对发行人的影响等方面进行核查。基于核查结果，保荐机构及发行人律师需要发表审慎、明确的意见，意见内容应包括发行人股份被强制处置的可能性、对发行人控制权稳定性的影响、实际控制人是否

会发生变化等。如果发行人按照规定披露了相关诉讼情况，并且该等诉讼对发行人的股权结构清晰性和控制权稳定性没有实质性影响，那么该等诉讼一般不会影响 IPO 审核进度、不会成为 IPO 过程中的实质性法律障碍。

二、股权诉讼审核关注要点分析

（一）控制权诉讼审核关注要点

控制权诉讼指受实际控制人支配的发行人直接或间接与股权相关的诉讼。在 IPO 审核中，相对于控股股东层面少数股东股权诉讼、中小股东股权诉讼和员工期权诉讼，审核人员通常更加关注控制权诉讼，因为该等诉讼可能对发行人的控制权稳定性产生影响，导致控制权发生变更，进而导致发行人不符合发行条件。我们从申报案例出发，对控制权诉讼审核关注要点分析如表 18－2 所示。

表 18－2　控制权诉讼审核关注要点

发行人	诉讼案情	审核问询	回复要点
龙旗科技（科创板上市委会议通过）	（1）基本案情：葛某燕提起诉讼①，要求撤销与龙旗科技实际控制人杜某红的离婚协议，重新分割包括发行人股权在内的共同财产；葛某燕提起诉讼②，要求杜某红按照离婚协议将其持有的发行人体外公司亚芯科技 50% 股权的折价款支付给葛某燕，起诉后葛某燕将诉讼请求变更为支付赔偿款 2 亿元。葛某燕就本案申请财产保全，冻结了杜某红所持发行人部分股权； （2）诉讼与发行上市进展：2021 年 10 月，葛某燕提起诉讼①；2022 年 8 月，法院一审判决驳回葛某燕的诉讼请求，葛某燕不服提起上诉；2023 年 1 月，葛某燕提起诉讼②；2023 年 2 月，法院就诉讼①作出终审判决，维持原判；2023 年 2 月底，发行人发行上市申请获受理；2023 年 5 月，葛某燕撤回诉讼②，法院解除对杜某红股权的冻结措施；2023 年 8 月，发行上市申请由上市委会议通过	（1）诉讼事项是否可能导致昆山龙旗、昆山龙飞、昆山旗云控制权变更，是否影响公司股权结构清晰、控制权稳定； （2）是否存在财产重新分割或股份被强制处置的可能性，并结合实际控制人清偿能力，说明是否影响发行人控制权稳定； （3）是否对发行人本次发行上市构成实质性障碍，发行人是否符合发行条件	（1）诉讼①已作出终审判决，发行人股份无须重新分割，不会影响控制权稳定性； （2）诉讼②争议标的不涉及发行人的股权，发行人股权本身不存在争议或纠纷，相关诉讼不会影响发行人控制权清晰； （3）诉讼②原告已经撤诉，法院已解除对杜某红所持发行人股权的冻结措施，不会导致控制权变更，不会影响控制权稳定性

续表

发行人	诉讼案情	审核问询	回复要点
慧翰股份（创业板上市委会议通过）	(1) 基本案情：2021年6月，南方贝尔将发行人部分股份转让给发行人实际控制人陈某鹰，南方贝尔少数股东施某秀对本次股权转让提出异议。陈某鹰提起诉讼①，请求确认本次股权转让有效；施某秀提起诉讼②，主张南方贝尔部分股东与陈某鹰及发行人存在关联关系，起诉确认南方贝尔就本次股权转让所作股东会决议不成立； (2) 诉讼与发行上市进展：2022年7月，发行人发行上市申请获受理；2022年8月，施某秀对本次股权转让提出异议，陈某鹰提出第①项诉讼；2022年11月，第①项诉讼判决，支持陈某鹰的诉讼请求，施某秀上诉，被裁定驳回；2023年1月，施某秀提出第②项诉讼，2023年2月，法院判决驳回施某秀诉讼请求，施某秀不服，提出上诉，2023年4月，法院作出终审判决，驳回施某秀上诉；2023年6月，发行上市申请由上市委会议通过	(1) 南方贝尔就相关事项履行的审议程序是否合法有效，关联股东或者董事是否回避表决，是否存在通过未明确交易对手即提交股东会审议方式规避关联交易审议规定； (2) 相关股权纠纷事项是否对实际控制人股份权属清晰造成重大不利影响，是否构成本次发行上市障碍	(1) 案件①已作出终审判决，确认股权转让有效； (2) 案件②已作出终审判决，南方贝尔按照《公司法》及章程规定发出股东会通知，全体股东均投票表决，相关议案获得70%表决权支持。《公司法》及章程没有审议有限公司关联交易的规定，关联股东未回避表决不违反相关规定，且异议股东未在法定期限内提出异议，因此，该决议审议程序合法，且有效
帝奥微	(1) 基本案情：李某、帝奥投资、鞠建宏、帝奥微等达成《民事调解书》解除代持关系，帝奥投资的债权人亚伦置业认为《民事调解书》处分了应属于帝奥投资的财产，侵犯了其合法权益，请求判令案涉发行人实际控制人鞠某宏名下200万股帝奥微公司股权归帝奥投资公司所有； (2) 诉讼与发行上市进展：2021年11月，发行人发行上市申请获受理；2022年1月亚伦置业提起诉讼，2022年2月，法院裁定驳回起诉，亚伦置业上诉；2022年4月，发行上市申请由上市委会议通过；2022年7月注册生效，该案二审未开庭	帝奥投资是否享有上述争议股份	代持方与被代持方签订《民事调解书》进行了确认，法院已作出一审裁定，驳回亚伦置业起诉，因此，帝奥投资不享有相关争议股份

由表 18－2 可见，发行人在 IPO 报告期内、审核期间发生控制权诉讼的情形较为常见，控制权诉讼可能导致发行人实际控制人变更，进而影响发行上市条件。因此，上述案例的审核问询均要求发行人说明相关诉讼进展、对发行人控制权稳定性的影响、是否会导致发行人不符合上市条件。从上述案例审核进展来看，在发行人提交上市申请前，相关控制权诉讼均已取得一审胜诉，在上市委会议审议前，相关控制权诉讼均已审理终结，诉讼结果已确定，由此，相关诉讼对发行人控制权稳定性的影响已消除。

对于未决诉讼，审核部门重点关注相关案件审理进展、受影响的股权比例、实际控制人所持股份被强制处置的可能性、解决纠纷的主要措施、对发行人控制权的影响等。发行人回复重点是对案件预期结果进行分析，并结合可能影响的股权比例，对是否会影响发行人控制权稳定性发表意见。

对于已决诉讼，审核部门重点关注该等诉讼对发行人控制权的影响、是否存在潜在纠纷，发行人回复重点是该等诉讼的判决内容、判决履行情况、相关纠纷的处置情况、发生潜在纠纷的可能性等，建议发行人的回复不局限于诉讼的结果，而是从实质角度分析相关纠纷的处置进展，并就相关纠纷是否可能影响发行人控制权稳定性作出充分论证。

（二）控股股东层面少数股东股权诉讼审核关注要点

控股股东层面少数股东通过控股股东间接持有发行人股权，由于其无法支配控股股东所持发行人股权的表决权，相关股权纠纷通常不会直接影响发行人的控制权稳定性。我们从申报案例出发，对控股股东层面少数股东股权诉讼审核关注要点分析如表 18－3 所示。

表 18－3　控股股东层面少数股东股权诉讼审核关注要点

发行人	诉讼案情	审核问询	回复要点
海科新源	（1）基本案情：艾德诺系发行人控股股东上层的少数股东，艾德诺合伙人曹某东名下的部分合伙份额实际系由 23 名自然人享有，艾德诺、曹某东对该等合伙份额进行了提存公证。该 23 名自然人中有 8 人曾提起	说明发行人目前 23 名间接股东所持发行人股份的历史沿革过程及相关诉讼主要内容，相关股东所持	（1）根据艾德诺出资结构形成原因、23 名自然人实际取得艾德诺合伙份额的过程，说明 23 名自然人持有该等合伙份额权属清晰；

续表

发行人	诉讼案情	审核问询	回复要点
	股东资格确认诉讼，均撤诉或被驳回，其中1人向省高院申请再审，再审申请亦被驳回； （2）诉讼与发行上市进展：2020年12月，省高院裁定驳回再审申请；2021年6月，发行人发行上市申请获受理；2022年4月，发行上市申请由上市委会议通过，2023年3月，注册生效	发行人股份是否存在权属争议或潜在纠纷，目前是否因股权争议等事项对发行人提起诉讼、仲裁，是否存在利益输送的情形	（2）23人持有的合伙份额已进行公证提存，未损害23人的利益； （3）8名自然人提起股东资格确认之诉，均已撤诉或被驳回。不排除未来发生诉讼的风险，截至目前，未发生诉讼、仲裁
鸿星科技（已问询）	（1）基本案情：发行人控股股东H－TEC上层的少数股东存在家族内部的股权分配与继承争议； （2）诉讼与发行上市进展：2023年3月发行人发行上市申请获受理；根据发行人披露的第二轮反馈意见回复，本案尚未判决	控股股东层面的股权争议是否影响控股股东所持发行人股份权属清晰、准确，是否构成本次发行上市障碍	相关诉讼系少数股东家族内部的财产分配纠纷，不涉及发行人实际控制人所持股权，不会影响控股股东持有发行人的股权数量及比例，不会影响控制权的稳定性

参考上述案例，并根据《首次公开发行股票注册管理办法》第12条“……发行人的股份权属清晰，不存在导致控制权可能变更的重大权属纠纷”的规定，我们认为，发行人控股股东上层少数股东存在股权纠纷或潜在纠纷，因相关纠纷不涉及发行人实际控制人控制的各级主体，且未对发行人控股股东的权属清晰、发行人的控制权稳定性造成影响，该等诉讼不会构成IPO的实质性障碍。发行人应披露相关诉讼的形成原因，重点分析该等诉讼对发行人控股股东的股权清晰、控制权稳定性的影响。

（三）中小股东股权诉讼审核关注要点

中小股东股权诉讼与控股股东层面的少数股东股权诉讼类似，两者通常不会影响实际控制人对发行人的控制权，区别点在于中小股东股权诉讼可能导致发行人的股权结构变动，我们从申报案例出发，对中小股东股权诉讼审核关注要点分析如表18－4所示。

表 18－4　中小股东股权诉讼审核关注要点

发行人	诉讼案情	审核问询	回复要点
拓荆科技（科创板注册）	（1）基本案情：2020 年 10 月，拓荆科技中小股东润扬嘉禾认为其有限合伙人共青城盛夏不符合合格投资者的法律规定，将其除名。共青城盛夏提起诉讼①，请求判决润扬嘉禾的除名决议无效。共青城盛夏提起诉讼②，主张润扬嘉禾合伙人的除名决定使其丧失了在润扬嘉禾的财产份额，侵占了其间接持有的拓荆科技股权，请求润扬嘉禾及其出资人向其返还拓荆科技 2.9% 股权； （2）诉讼与发行上市进展：2020 年 11 月，共青城盛夏提起诉讼①；2021 年 1 月，共青城盛夏提起诉讼②；2021 年 7 月，发行人发行上市申请获受理；2021 年 8 月，法院就诉讼①作出一审判决，驳回共青城盛夏的诉讼请求，共青城盛夏不服，提起上诉；2021 年 10 月，发行上市申请由上市委会议通过；2022 年 3 月，注册生效，两项诉讼均在审理中	相关股权纠纷是否涉及 2019 年 12 月对发行人增资对应的直接股权清晰性	拓荆科技无实际控制人，其前五大股东合计持有超过 80% 股份，即便共青城盛夏在侵权纠纷中的诉讼请求得到法院支持，进而导致共青城盛夏和润扬嘉禾的持股比例发生变化，仍不会导致发行人的前五大股东发生变化，不会对发行人股权结构的稳定性产生重大不利影响，不会导致发行人存在控制权变动的风险
盛科通信（科创板注册）	（1）基本案情：上海燊坤系中电鑫安股东，中电鑫安系创新基金合伙人，上海燊坤以创新基金在其不知情的情形下转让盛科有限股权并清算注销，导致其股权权益受损为由，向发行人股东中电发展基金等四名被告提起诉讼，请求中电发展基金将其取得的发行人 1.41% 的股权返还给中电鑫安；	（1）创新基金转让所持发行人股权价格的确定依据，是否公允，是否造成国有资产流失；（2）分析诉讼结果对发行人的影响，说明是否构成本次发行上市障碍	（1）本次转让已履行内部决策程序，通过北京产交所挂牌转让，以评估价作为挂牌底价，且本次转让价格与相同阶段的半导体企业估值相近，因此定价公允，且未造成国有资产流失；

续表

发行人	诉讼案情	审核问询	回复要点
	（2）诉讼与发行上市进展：2022年6月21日，盛科通信发行申请由上市委会议审议通过；2022年7月18日，盛科通信提交注册；2022年7月27日，上海槃坤起诉；2023年7月18日，注册生效，案件尚未开庭审理		（2）根据发行人律师出具的备忘录、代理律师的代理意见，本案涉及股权比例较小，不会导致控制权变动，不会导致申报后新增股东情形

参考上述案例，我们认为，中小股东存在股权纠纷的，因相关纠纷不会对发行人的控制权稳定性造成重大不利影响，相关纠纷不会构成IPO的实质性障碍。发行人应披露相关诉讼的形成原因，重点分析该等诉讼对发行人直接股东股权清晰、控制权清晰的影响。

（四）员工期权诉讼审核关注要点

部分IPO企业为吸引优秀人才，会向员工授予股票期权，在企业早期实施的期权计划，因缺少专业人士介入，普遍存在期权条款简单、规定不完善、宣贯不到位、期权文本遗失等问题，给企业留下期权诉讼风险。IPO审核中，期权诉讼较为常见，我们结合IPO审核案例，就期权诉讼审核关注要点分析如表18－5所示。

表18－5　期权诉讼审核关注要点

发行人	诉讼案情	审核问询	回复要点
龙迅股份（科创板注册）	（1）基本案情：龙迅股份2010年至2018年间实施了“类似期权安排”，有8人未出具不存在纠纷或潜在纠纷的确认函。其中7人离职后未主张相关权利，已超过劳动仲裁诉讼时效；另外1名员工离职后通过发送律师函方式向龙迅股份主张权利，相关争议在仲裁时效内，由于	目前尚存纠纷或潜在争议的相关期权数量及占比，对发行人权属清晰及控制权稳定的影响	（1）该7名员工，因已超过劳动仲裁时效，争议解决机构通常会驳回诉讼或仲裁请求；（2）该1名员工，因其已起诉且法院已作出终审判决，其只能向劳动仲裁机构申请仲裁，在类似劳动争

续表

发行人	诉讼案情	审核问询	回复要点
	该名员工相关案件已经作出终审判决，该名员工未来只能提起劳动仲裁，龙迅股份存在因该等期权事宜被申请仲裁的风险； （2）诉讼与发行上市进展：2022年4月，龙迅股份发行上市申请获受理；2023年1月，注册生效		议案件中，败诉的用人单位可能承担经济性赔偿。由于该员工已签署《经济补偿协议书》，保证不再提出任何劳动仲裁和诉讼请求，仲裁庭可能驳回其申请； （3）尚存纠纷或潜在争议的“类似期权安排”数量较少，占发行人现有股份总数比例较低，不会影响发行人权属清晰及控制权稳定
云天励飞（科创板注册）	（1）基本案情：W先生入职时获得公司授予的10万股股票期权，约定分4年行使，W先生离职时，公司有权以固定价格回购。W先生工作满2年不满3年后离职，公司支付了回购价款。W先生向法院起诉，请求期权行权，获得员工持股平台合伙份额； （2）诉讼与发行上市进展：2019年5月，W先生提起诉讼；2019年7月，一审法院驳回W先生诉讼请求，W先生不服，提起上诉；2020年12月，发行人发行上市申请获受理；2021年3月，法院作出二审判决，驳回W先生上诉，维持原判；2023年1月，注册生效	诉讼的具体内容、原因及目前进展，后续程序及发行人的应对措施，是否影响股权清晰稳定，相关事项对发行人生产经营的具体影响	法院判决驳回原告的诉讼请求，该案已审理终结，不会对发行人的生产经营及股权清晰稳定产生重大不利影响

续表

发行人	诉讼案情	审核问询	回复要点
并行科技（北交所上市委会议暂缓审议）	（1）基本案情：黄某平持有发行人142万股，其中140万股由发行人实际控制人陈某代持。2015年10月，黄某平与陈某约定相关权益为员工股票期权，未明确具体行权条件、行权价格等内容，当月陈某持有的60万股权益转换为黄某平在员工持股平台的合伙份额。剩余82万股权益，至黄某平离职，仍未行权，发行人认为该等股票期权因黄某平离职丧失员工身份而终止。黄某平提起股东资格确认诉讼，请求确认陈某持有的发行人82万股股份系代其持有，要求变更登记至黄某平名下； （2）诉讼与发行上市进展：2022年6月，发行人发行上市申请获受理；2022年7月，黄某平起诉；2023年3月，法院作出一审判决，驳回原告全部诉讼请求，黄某平不服，提起上诉；2023年6月，法院作出终审判决，驳回上诉，维持原判	（1）将82万股股份披露为员工股票期权的依据是否充分，82万股股份是否系陈某代黄某平持有？ （2）披露发行人与黄某平诉讼事项的进展情况，说明发行人控股股东和受控股股东、实际控制人支配的股东所持有的发行人股份是否存在重大权属纠纷	（1）根据《隐名股东协议》、陈某与黄某平的沟通记录，明确82万股“员工股”权益的性质实际为员工股票期权； （2）本案所涉员工股票期权数量占发行人股本总额的比例较低，不会影响陈某控制的发行人股份的表决权，从而不会对陈某的控制权产生重大不利影响。同时，陈某已作出承诺，确认如将来因相关事宜产生争议，陈某将无条件承担责任，保障发行人不会因此遭受损失

由表18－5案例可见，部分IPO企业在创业早期对引入期权安排的设想未形成具体且完善的方案，未明确股权来源、行权程序、考核指标、离职处理等期权方案要素。部分企业实际控制人通过签发期权条款、作出期权承诺等方式参与到企业期权安排中，从而导致企业存在期权诉讼的潜在风险，甚至影响发行人控制权的稳定性，给企业IPO造成实质性障碍。

IPO审核中，审核部门重点关注期权方案的实施情况、是否存在纠纷或潜在争议、对发行人控制权稳定性的影响等。发行人应当披露所履行的核查程序，确保对激励对象、期权数量核查的完整性，在此基础之上，应说明已发生的期权纠纷及潜在纠纷情况，确定存在纠纷或潜在纠纷的股权比例，从而论证相关期权纠纷对发行人控制权稳定性的影响。

三、股权诉讼处置建议

（一）协调规范运行时间、诉讼进程与申报进度

股权诉讼可能导致发行人控制权变更，如诉讼结果导致发行人控制权变更的，按照《首次公开发行股票注册管理办法》要求“首次公开发行股票并在主板上市的，最近三年实际控制人没有发生变更；首次公开发行股票并在科创板、创业板上市的，最近二年实际控制人没有发生变更”，发行人在控制权变更后的两年/三年后才能提交 IPO 申请。如发行人所涉股权诉讼可能导致控制权变动的，建议发行人尽早了结相关诉讼案件，完成股权调整，开始规范运行。

发行人发生控制权诉讼，即使对控制权的稳定性影响较小，但因相关诉讼关系到发行条件，从 IPO 审核实践来看，一般在相关诉讼终结后才能安排上市委会议审核。建议公司在取得一审胜诉判决、达成和解协议等阶段性结果后再申报，降低相关诉讼对 IPO 审核进程造成的不确定性影响。

（二）合理安排股权结构，保障控制权稳定性

股权诉讼的审核关注点主要是股份权属清晰、控制权稳定，公司在设立初期合理安排股权结构，可促进公司的股权清晰，增强公司控制权的稳定性，避免未来发生股权纠纷。我们就股权结构安排提出两点建议：第一，简化控制权架构，建议拟 IPO 企业简化控股股东上层股权架构，减少股东层级和外部股东数量，因为控股股东上层股权结构过于复杂，将增加公司治理成本和控制权变更风险，从而给 IPO 审核造成障碍；第二，预先安排股权、期权激励事宜，建议拟 IPO 企业实际控制人将自身股权与激励股权分割开，以增资或转让方式将用于激励计划的股权登记在持股平台名下，并通过授予持股平台股权/合伙份额方式实施股权激励计划，避免出现实际控制人直接向员工转让股权、签发附期权条款 OFFER、以个人名义作出期权承诺等情形。

（三）注重股权交易文本规范性，避免股权纠纷隐患

拟 IPO 企业普遍存在股权交易文本规范性不足问题，常见情形如未签订书面代持协议、解除代持协议、股权激励条款不完善、员工离职确认函不完善等。就提升股权交易文本规范性，我们提出如下两点建议：第一，聘请专业机构或专业人员对股权交易文本进行审核，专业人士可以根据法律法规要求和 IPO 审核要求，帮助企业规避交易风险和 IPO 审核风险；第二，加强对股权、期权计划的宣贯工作。一方面提升员工对股权激励计划的理解，避免因误解导致的纠纷；另一方面增强高级管理人员对股权激励计划的理解，避免因高级管理人员对激励计划的错误解读和执行给公司造成损失。

（四）加强文档管理，方便核查举证

公司在股权诉讼中需提供股权交易的原始材料，中介机构判断公司股权清晰性、控制权稳定性也需要核查股权交易的原始材料。公司遗失相关材料的，既可能导致公司承担败诉风险，也可能增加核查公司股份权属清晰、控制权稳定的难度，扩大 IPO 审核风险。我们建议拟上市企业加强股权交易文档管理工作，对股权交易相关协议、银行回单、沟通函件、附期权条款的 OFFER、期权激励计划、期权宣传材料等文件指定专人保管，设置文件取用台账，采取保密措施。

第二节 知识产权诉讼

一、知识产权诉讼相关 IPO 审核要求

知识产权诉讼的审核要求主要规定在法律法规、准则指引等规范性文件中，针对上述不同层次的审核要求，我们整理并说明如表 18－6 所示。

表18－6 知识产权诉讼审核要求

<table>
<tr><th>规定层次</th><th>规定名称</th><th>具体要求</th><th>说明</th></tr>
<tr><td>全国人大常委会</td><td>《证券法》</td><td>公司首次公开发行新股应当具有持续经营能力</td><td rowspan="2">从发行条件来看，知识产权诉讼可能导致发行人主要资产权属变动，对持续经营能力造成重大不利影响，构成发行上市的实质性障碍</td></tr>
<tr><td rowspan="3">证监会</td><td>《首次公开发行股票注册管理办法》</td><td>发行人应当不存在涉及主要资产、核心技术、商标等的重大权属纠纷</td></tr>
<tr><td>《公开发行证券的公司信息披露内容与格式准则第57号——招股说明书》</td><td>发行人应披露对主要业务有重大影响的主要无形资产是否存在瑕疵及瑕疵资产占比，是否存在纠纷或潜在纠纷，是否对发行人持续经营存在重大不利影响</td><td rowspan="2">从披露角度来看，发行人需披露知识产权相关纠纷及潜在纠纷，并在提出明确依据的基础上，就是否影响发行人的持续经营能力发表明确意见</td></tr>
<tr><td>《监管规则适用指引——发行类第4号》</td><td>（1）发行人应当在招股说明书中披露对财务状况可能产生较大影响的诉讼或仲裁事项，包括案件受理情况和基本案情，诉讼或仲裁请求，判决、裁决结果及执行情况，诉讼或仲裁事项对发行人的影响等。如诉讼或仲裁事项可能对发行人产生重大影响，应当充分披露发行人涉及诉讼或仲裁的有关风险。
（2）涉及主要产品、核心商标、专利、技术等方面的诉讼或仲裁可能对发行人生产经营造成重大影响，或者诉讼、仲裁有可能导致发行人实际控制人变更，或者其他可能导致发行人不符合发行条件的情形，保荐机构和发行人律师应在提出明确依据的基础上，充分论证该等诉讼、仲裁事项是否构成本次发行的法律障碍并审慎发表意见</td></tr>
</table>

二、知识产权诉讼审核关注要点分析

知识产权诉讼关系到发行人能否继续依托相关知识产权开展业务，可能对发行人的持续经营能力造成重大不利影响。我们从申报案例出发，对知识产权诉讼审核关注要点分析如表18－7所示。

表18－7　知识产权诉讼审核关注要点

发行人	诉讼案情	审核问询	回复要点
云天励飞	（1）基本案情：国家知识产权局作出关于第31316095号“intellifusion”商标驳回复审决定，发行人向法院提起行政诉讼，被法院驳回，公司提起上诉； （2）诉讼与发行上市进展：2020年12月，发行人发行上市申请获受理；2023年1月，注册生效，二审尚未判决	（1）涉诉商标事项是否会影响发行人已有注册商标的使用及有效性，是否存在纠纷或潜在纠纷； （2）针对公司尚无针对涉诉商标拟申请注册的其余核定使用商品或服务项目，是否会影响发行人相关业务拓展	（1）发行人申请涉诉商标是对已注册商标的保护性和延续性注册申请。商标局认为涉诉商标与2项引证商标相同或相似，其中1项引证商标已无效，另1项引证商标与发行人现已注册商标核定使用的商品/服务范围存在部分重叠，因此不会影响发行人已有注册商标的使用及有效性； （2）涉诉商标核定使用商品范围与发行人的业务拓展方向契合度较低，且发行人的主要客户是各类政府机构、大型企事业单位，并非普通消费者，商标在发行人业务拓展中的作用有限
敏芯股份	（1）基本案情：2019年7月至2022年6月，歌尔股份以敏芯股份侵犯专利权、职务发明为由提起多项诉讼； （2）诉讼与发行上市进展：2019年7月，歌尔股份提起诉讼；2019年11月，发行人发行上市申请获受理；2020年7月，注册生效，相关案件未结案	（1）发行人是否构成专利侵权，充分说明依据； （2）合理预计该案件的不利诉讼结果对发行人核心技术、在研技术、产品销售、存货以及财务状况所造成的不利影响	（1）由专利诉讼案件代理人出具法律分析报告论证不构成侵权；从新颖性、创造性等角度论证涉案专利稳定性差，法院认定侵权的概率低；从专利技术时效性角度，论证被认定侵权的概率低； （2）从不涉及发行人核心技术、不涉及在研项目、不会对销售和持续经营能力造成实质性影响、财务受影响有限、实际控制人兜底角度，说明专利诉讼不存在重大不利影响

续表

发行人	诉讼案情	审核问询	回复要点
翱捷科技	(1) 基本案情：翱捷科技申报后，展讯通信、展讯公司提起多项侵害发明专利权纠纷、侵害商业秘密纠纷； (2) 诉讼与发行上市进展：2020 年 12 月，发行人申请上市获受理；申报后，展讯通信、展讯公司提起多项诉讼；2021 年 12 月，注册生效，相关案件未结案	(1) 发行人被控侵权产品是否存在侵犯展讯或第三方知识产权的情形； (2) 涉诉技术是否为核心或必不可少的技术方案； (3) 涉诉产品的替代技术方案或迭代产品的成熟程度，是否能满足客户需求； (4) 进一步合理测算专利诉讼可能给发行人造成的影响等	(1) 结合诉讼案件法律意见书、第三方机构出具的鉴证意见、专利证书、非专利技术文件等资料，论证不存在侵权； (2) 结合访谈、非专利技术文件、产品销售合同等资料，说明涉诉技术不涉及发行人的核心技术，或存在其他技术来源，影响较小； (3) 发行人报告期内生产、销售的产品中涉及或可能涉及使用上述涉诉专利，迭代产品不涉及涉诉专利，产品能够满足客户的需求； (4) 相关案件的赔偿金或许可金额均有限，该等金额对发行人的生产经营不存在重大影响，原告均无侵权的故意，不需要按照惩罚性赔偿的要求测算不利诉讼结果的影响
安芯电子（终止）	(1) 基本案情：杰利半导体主张，汪某恩自杰利半导体离职后即入职发行人，发行人陆续申请了 2 项专利，相关专利申请时间在汪某恩离开杰利半导体 1 年以内，系杰利半导体的职务发明，请求确认该 2 项专利归杰利半导体所有； (2) 诉讼与发行上市进展：2021 年 9 月，发行人发行上市申请获受理；2022 年	(1) 说明认定涉案专利不属于职务发明的依据是否充分； (2) 分析涉诉专利是否涉及发行人的底层核心技术，对发行人财务状况、生产经营、业务发展、核心技术等是否构成重大不利影响	(1) 根据《最高人民法院关于发布第 28 批指导性案例的通知》（法〔2021〕182 号）之指导案例 158 号的要求，逐项分析，论证涉诉专利不属于职务发明； (2) 逐项分析涉诉专利与发行人底层核心技术的关系，确认涉诉专利不影响发行人的底层核心技术的应用； (3) 根据原告的诉讼请求判断可能的损害赔偿金额，可能对经营业绩造成的影响，并结合一审判决结果、公司的替代技术情况，说明对公司生产经营、业务发展、核心技术的影响

续表

发行人	诉讼案情	审核问询	回复要点
	4月，法院作出一审判决，驳回杰利半导体诉讼请求，杰利半导体不服，已提起诉讼；2022年7月，发行上市申请由上市委会议通过；根据披露的第二轮反馈意见的回复，案件尚未判决		
甬矽电子	(1) 基本案情：甬矽电子提交上市申请后，长电科技向甬矽电子提起五项诉讼、纠纷，分别为不正当竞争案、专利申请权及专利权权属纠纷案、劳动仲裁及诉讼案、专利无效案、侵犯技术秘密两案； (2) 诉讼与发行上市进展：2021年6月，发行人发行上市申请获受理；2021年11月起，长电科技向甬矽电子提起五项诉讼、纠纷；2022年8月，发行人与长电科技签署《和解协议》，就纠纷事项达成全面和解；2022年9月，注册生效	(1) 相关诉讼主张/无效宣告请求是否成立； (2) 若败诉可能给发行人带来的不利影响； (3) 本次发行上市是否存在实质性障碍	(1) 依据知识产权律师、劳动法律师、诉讼律师的专业意见，以及国家知识产权局专利检索咨询中心出具的《检索报告》，论证相关请求不成立； (2) 从研发和技术布局、可否继续使用、赔偿责任等角度来看，相关纠纷不会对发行人生产经营造成重大不利影响； (3) 诉讼、仲裁、专利无效申请事项未导致公司主要资产、核心技术、商标等的重大权属纠纷、偿债风险等或有事项，不会对公司本次发行上市构成实质性障碍

由表18－7案例可见，对于知识产权诉讼，审核部门重点关注相关诉讼对发行人现实经营业绩、未来持续经营能力的影响。如发行人因相关诉讼承担的损害赔偿金额风险可控，相关诉讼所涉产品收入占发行人营业收入的比例较小，诉争知识产权不涉及发行人的主要销售模式、核心技术，则相关诉讼不会影响发行人的持续经营能力，不会影响发行人的审核进度，不会构成发行人上市的实质性障碍。

三、知识产权诉讼处置建议

（一）根据案件审理进展，合理安排IPO申报进程

知识产权诉讼具有专业性强、诉讼周期长、损害赔偿金额难以准确预测等特征。IPO审核中，发行人及中介机构需就相关诉讼可能导致的赔偿金额、败诉对发行人持续经营能力的影响程度等事项作出判断，难度较大。因此，建议在取得阶段性诉讼结果后再申报上市，阶段性结果如代理律师对案件结果已作出了积极的预测、法院已作出一审判决等，由此，可提升发行人及中介机构预测诉讼结果及影响的准确性和说服力，降低审核风险。

（二）加强知识产权风险防控，杜绝知识产权侵权

拟IPO企业在日常知识产权管理过程中应加强知识产权风险防控，杜绝知识产权侵权行为，常见风险防控措施如：在技术研发立项前进行现有专利检索、在开发过程中避免涉及研发人员前单位的职务发明、在产品上市前进行知识产权风险检查、在境外销售产品前实施专利风险评估等。知识产权风险防控工作专业性较强，建议企业聘请专业服务机构或专业人员提供相关服务。

（三）提升技术储备，构建完整知识产权保护体系

发行人涉及专利诉讼的，如相对于诉争专利，发行人已掌握下一代专利技术，或持有替代性专利技术的，可显著降低相关诉讼对发行人持续经营能力的影响，降低审核风险。因此，我们建议拟上市企业提升技术储备，大力研发前沿技术、替代性技术，构建完整的知识产权保护体系，降低知识产权诉讼风险。

第三节
小　结

股权诉讼、知识产权诉讼是IPO企业的典型诉讼，该等诉讼可能对发行人的持续经营能力造成重大不利影响，从而构成发行上市的实质性障碍。对于股权诉讼，审核关注重点在于相关诉讼对股份权属清晰、控制权稳定性的影响，发行人及中介机构在信息披露过程中，应当结合诉讼原因、诉讼进展、所涉股权比例等因素充分论证，审慎发表意见。对于知识产权诉讼，审核关注重点在于相关诉讼对发行人现实经营业绩和持续经营能力的影响，发行人及中介机构在信息披露过程中，应当从诉讼进展、赔偿风险、对核心技术的影响等方面展开论证，并发表明确意见。

第十九章 业务合规性

第一节 出口管制

一、对华出口管制的历史变革

中国国家实力的消长实则在很大程度上影响着美国等西方势力对待对华出口管制态度的总基调。自新中国成立伊始至今，对华出口管制的历史沿革经历了全面封锁、松动、趋严的历程。时至今日，随着国家实力的竞争方向逐渐从经济、武装向科技实力变革，对华出口管制的方向已经从军用航空航天设备、核武器、石油等具有战略意义的物项扩大至通信技术、半导体技术、人工智能、超级计算机等核心高科技技术。

以美国为例，特朗普、拜登执政时期，美国对华实施的高科技领域出口限制逐渐升级。自2016年“中兴事件”发生后，美国陆续出台多项立法条例，从出口管制、许可、投资限制、留学签证等多个领域全面升级对华科技的遏制。

一方面，美国当局通过将大量企业、研究机构、高校及个人列入“未经核实实体清单”“实体清单”等方式，限制清单实体获得美国物项的途径。例如，美国当局于2019年4月将37家中国企业、科研机构等实体列入“未经核实实体清单”，当年5月将华为及其68家子公司整体列入“实体清单”，截至2023年12月31日，被列入美国出口管制清单的中国实体（包括科研机构、高校、国家机关、企业、个人等）已达700多家。

另一方面，美国当局亦通过联合欧洲、日、韩等国家、地区，将单边对华出口管制扩大为多边出口管制，进一步限制中国获得核心高科技技术的能力。2022年5月26日，美国国务卿布林肯发布的“拜登政府对华政策总方针”中提出，美国将在对华政策方面与盟友协同，共同构建亚太经济繁荣框架，并且将采用新的出口管制措施以确保“美国关键性创新不会落入敌手”。

以半导体领域为例，2021年，美国联合欧洲和日、韩等国家和地区的企业建立美国半导体联盟（SIAC）。2022年3月，拜登政府向韩国政府建议，与韩国、日本等建立“芯片4”（Chip4）联盟，旨在使美国能够抢占国际半导体供应链话语权。2022年10月，美国商务部工业与安全局宣布修订《美国出口管制条例》，就EAR中涉及先进计算集成电路、超级计算机和半导体设备的条款进行修改与增补，用以限制中国获得先进计算芯片、开发和维护超级计算机以及制造先进半导体的能力，EAR本次修订对中国半导体企业，尤其是制造类企业影响巨大。2023年年中，日本、荷兰等国相继出台半导体出口管制新规。日本政府将涉及14纳米及以下的半导体清洗、成膜、光刻、蚀刻等多项设备及零部件纳入管制，荷兰政府则将重点管制最先进的沉积和浸没式光刻系统。以全球最大的半导体设备制造商之一的ASML为例，荷兰政府的出口管制新规要求ASML在新规生效后需就浸入式DUV光刻系统（TWINSCAN NXT：2000i及后续浸入式系统）的所有发货申请进出口许可证。这意味着中国半导体企业可能无法获得最先进的半导体制造设备。

从历史趋势可以预见，随着中国国家实力的不断提升、半导体技术储备的不断积累，在大国战略博弈的背景下，以美国为首的对华半导体出口管制力度将越发激烈。

二、美国出口管制的管制逻辑与规则简析

EAR的管制体系非常复杂。首先在“出口行为”上，EAR规定了直接出口行为、再出口行为，以及物项的最终用途在同一国家/地区内发生变化时所适用的“境内转移”行为（以属地原则、原产地原则和最小比例原则来确定某一物项是否属于受到美国出口管制限制）。其次在“出口物项”和“出口目的地”、“最终用户”上，EAR设置了物项管制——“商业管制清单”、最终目的地管制——“商业国家列表”、最终用户管制——“实体清单”“未经核实实体清单”

“军事最终用户清单”“被拒绝清单”。最后在前述规则之外，还有一些“通用禁令”，包括外国产品规则、对美国主体的限制等。

诚然EAR的管制体系复杂，但究其本质，美国BIS的出口管制基本逻辑是将特定行为定义为受到美国出口管制规则所约束的行为，同时将特定物项通过创设各类清单的方式定义为受到美国出口管制规则所约束的物项。因此我国半导体企业判断自身经营是否受到美国出口管制体系的约束，核心思路是厘清源自美国供应商的物项是什么、自身产品的目的地、用户和用途是什么，厘清之后再结合美国出口管制条例的具体规定加以分析，这对半导体企业出口合规体系建设而言是一项系统性的工作。

为便于半导体企业初步判断自身业务是否受美国出口管制规则影响，我们梳理了实务中常见的问题，以此为入口引入美国出口管制对企业影响程度的判断方式。

（一）如果半导体企业的股东、董监高中有美籍人员，能否继续持股或提供劳务

1. BIS规则中关于美国主体从事特定行为的限制解析（见表19－1）

表19－1　美国主体从事特定行为的限制解析

内容	具体规定
“美国主体”是谁?	美国公民、美国永久居民、根据美国相关法律建立的法人实体（包括分支机构），或任何无论国籍或居住地而实际身在美国的人
美国主体不能支持的对象	除在中国境内从事核、生化、导弹扩散等活动受到管制外，概括而言，美国主体支持以下在中国境内的半导体开发活动将受到管制： （1）某物项用于在中国境内半导体制造设施中开发或生产：①16/14nm以下制程，非平面晶体管架构的FinFET和GAAFET的逻辑芯片；②128层或以上NAND电路；③半间距≤18nm技术节点的DRAM电路（以下简称先进制造场所）； （2）美国主体帮助运输或者在美国境外从事与特定关键物项相关的支持活动（主要用于半导体制造的沉积设备）。 上述规定主要着眼于半导体生产设施，但由于半导体制造的特点，与制造活动紧密相关的设计、设备、封测、软件等都有可能受到影响

续表

内容	具体规定
什么样的行为属于“支持”?	本表第二项所指的支持活动主要包括: (1) 提供资金支持(包括持股等); (2) 指导、决定、授权; (3) 提供服务,包括维护、修理、大修、翻新等; (4) 将信息、技术等直接用于先进制造场所或分享给中国境内他人用于先进制造场所。 即使企业从事先进制造场所相关的业务,但美国主体在企业内不直接从事该业务的开发及生产,或者从事行政、文秘等非管理、研发岗位工作,美国主体前述情形可能无须取得 BIS 的许可

2. 基于 BIS 规则,具体怎么判断美国主体能不能对公司持股、任职

路径一:从 BIS 规则限制的半导体企业技术节点看。美国出口管制主要会限制美国物项(包括设备、技术、软件、原材料等)最终用于在中国境内制造先进制程的逻辑芯片、特定技术节点的 NAND 和 DRAM 电路。

路径二:从 BIS 规则限制出口物项看。美国出口管制主要关注半导体制造的沉积设备,以及与其相关联的技术、软件等。如果公司采购、生产前述设备,或者使用、研发与该等设备相关联的技术、软件,则美国主体“支持”前述事项,会受到管制。

换言之,如果公司目前的业务和技术、产品最终用途涉及前述两条路径限制的内容(以下简称受限业务),则美国主体在公司任职或持股可能会受到美国出口管制新规的限制,反之,则影响有限。

美国主体违规的法律责任:根据美国出口管制相关规定,美国主体违反相关规定,可能会涉及行政禁令、罚款、刑事处罚等法律责任。

3. 公司现有业务是否属于受限业务

路径一:从 BIS 规则限制的半导体企业技术节点进行判断。企业需要判断自身是否从事半导体制造工作,是否涉及 16/14nm 以下制程非平面晶体管的逻辑芯片,以及特定技术节点的 NAND、DRAM 电路,是否会因该路径而受到 BIS 规则限制。

路径二:从 BIS 规则限制出口物项进行判断。由于美国主体帮助运输或者在美国境外从事与特定关键物项相关的支持活动(主要用于半导体制造的沉积设备)将受到管制,因此除了路径一外,企业需判断自身采购设备是否涉及半导体

制造的沉积设备。根据“商业管制清单”，前述受到管制的半导体沉积设备具体参数如表 19 -2 所示。

表 19 -2　受限制的半导体沉积设备参数

<table>
<tr><th>第一级</th><th>第二级</th><th>第三级</th></tr>
<tr><td rowspan="12">a. 下列半导体制造的沉积设备</td><td colspan="2">a. 1. 通过电镀程序沉积钴的设备</td></tr>
<tr><td colspan="2">a. 2. 能够使用自下而上的填充工艺，在填充金属中沉积空隙/接缝最大尺寸小于或等于 3nm 的钴或钨填充金属的化学蒸气沉积设备</td></tr>
<tr><td rowspan="2">a. 3 能够在一个加工室中通过以下方式制造金属触点的设备</td><td>a. 3. a. 使用有机金属钨化合物沉积一层，同时将晶圆基板的温度保持在 100—500℃</td></tr>
<tr><td>a. 3. b. 进行等离子体工艺，其中化学成分包括氢气（包括 H_2+N_2 和 NH_3）</td></tr>
<tr><td rowspan="3">a. 4. 能够在真空环境下制造金属触点的设备，方法</td><td>a. 4. a. 在化学成分包括氢气（包括 H_2、H_2+N_2 及 NH_3）的等离子体过程中进行表面处理，同时将晶圆基板温度维持在 100—500℃</td></tr>
<tr><td>a. 4. b. 使用由等离子体工艺组成的表面处理，其中的化学成分包括氧气（包括 O_2 和 O_3），同时将晶圆基片的温度保持在 40—500℃</td></tr>
<tr><td>a. 4. c. 沉积钨层，同时将晶圆基板的温度保持在 100—500℃</td></tr>
<tr><td colspan="2">a. 5. 能够在真空环境中选择性地沉积金属钴层的设备，其中第一步使用远程等离子体发生器和离子过滤器，第二步是使用有机金属化合物沉积钴层</td></tr>
<tr><td colspan="2">a. 6. 能够在铜或钴金属互连的顶面沉积厚度为 10nm 或以下的钴层的物理气相沉积设备</td></tr>
<tr><td colspan="2">a. 7. 能够将有机金属铝化合物和卤化钛化合物输送到晶圆基板上，以调整晶体管电气参数为目的而沉积“工作功能金属”的原子层沉积设备</td></tr>
<tr><td rowspan="2">a. 8. 能够在真空环境中通过沉积下列所有材料制造金属触点的设备</td><td>a. 8. a. 使用有机金属化合物的氮化钛（Ti N）或碳化钨（WC）层，同时将晶片基底温度保持在 20—500℃</td></tr>
<tr><td>a. 8. b. 使用物理溅射沉积技术的钴层，其中工艺压力为 1 -100mTorr，同时保持晶圆基板温度低于 500℃</td></tr>
</table>

续表

<table>
<tr><th>第一级</th><th>第二级</th><th>第三级</th></tr>
<tr><td rowspan="5">a. 下列半导体制造的沉积设备</td><td>a. 8. 能够在真空环境中通过沉积下列所有材料制造金属触点的设备</td><td>a. 8. c. 使用有机金属化合物的钴层，其中工艺压力为 1 – 100mTorr，而晶圆基板温度保持在 20—500℃</td></tr>
<tr><td rowspan="2">a. 9. 能够在真空环境下制造铜金属互连的设备，可沉积下列所有材料</td><td>a. 9. a. 使用有机金属化合物的钴或钌层，工艺压力为 1 – 100mTorr，晶圆基板温度保持在 20—500℃</td></tr>
<tr><td>a. 9. b. 采用物理气相沉积技术的铜层，其工艺压力为 1 – 100mTorr，晶圆基板温度保持在 500°C 以下</td></tr>
<tr><td colspan="2">a. 10. 能够使用有机金属化合物对屏障或衬垫进行区域选择性沉积的设备</td></tr>
<tr><td colspan="2">a. 11. 能够生产空隙/无缝隙的钨或钴的填充物的原子层沉积设备，其结构的长宽比大于 5∶1，开口小于 40nm，温度小于 500℃</td></tr>
</table>

4. 假设受限，公司能够相应采取的调整方案

美国出口管制规定所限制的美国主体行为，主要是从是否提供资金支持、是否对企业从事相关行为作出决策、是否参与研发或提供服务等方面限制。具体体现的形式是，美国主体不能对企业有持股（直接或间接层面）、不能担任高管和核心技术人员等。

如果公司从事受限业务，美国主体可从以下方面进行调整：

（1）持股方面。持股行为直接会被认定为“提供资金支持”，包括直接及间接层面持股，为避免美国主体的潜在风险，一般不建议美国主体对公司持股。

（2）调整公司受限业务。在美国主体不对公司持股的前提下，如果受限业务属于公司收入占比或战略布局中非核心的业务，可以考虑将其与公司主营业务剥离。

（3）调整美国主体岗位。将美国主体的岗位调整至不直接参与受限业务决策、研发等工作。

（二）公司业务涉及计算机领域，就会被美国出口管制政策所限制吗

如前所述，企业判断自身供应链是否会被美国出口管制所限制，主要考虑的

内容是现有供应链中含有美国成分的物项（包括流片、EDA），以及最终用户是否涉及被列入管制清单的实体。

所谓“含有美国成分的物项”，可见于 EAR 规则中的“商业管制清单”。BIS 通过制定商业管制清单来管制商品的出口，CCL 包含了商品的管控原因和许可要求。CCL 将所有受管制的物项分成了 10 类和 5 组，并用出口管制分类编码进行编排（以下简称 ECCN 编码）（举例如 3A090），ECCN 编码中的数字和字母分别代表不同内容，第一位数字从 0 到 9 分别代表着核材料、微生物和毒素、加工材料、电子产品等，第二位字母从 A 到 E 分别代表着成品及其组件、测试检验和制造设备、材料、软件、技术。

从 ECCN 编码的编排逻辑上看，A 组代表成品及其组件，而同一编码项下的 B、C、D、E 组，总体上是指用于制造、使用 A 组成品及其组件的设备、材料、软件和技术。以下示例可用于直观地理解 ECCN 编码的管制思路，3A090 即为涉及先进计算芯片的技术性定义编码（见表 19 -3）。

表 19 -3　ECCN 编码编排逻辑示例

ECCN 编码	类别概述	类别说明及物项管控方式示例
3A 组	3A 组主要包括最终产品、设备、配件、附件、零件、组件和系统。 编码具体包括 3A001 ~ 3A003、3A090、3A101、3A201、3A225 ~ 3A234、3A980、3A981、3A991、3A992、3A999 ……	**3A 组主要通过详细罗列参数的方式，将包括达到具体参数的，例如通用集成电路、示波仪、变频机、高速脉冲发生器、中子发生器系统、质谱仪等等产品设备列入美国出口管制的范围。** **示例 1**：3A090（先进计算芯片），指达到如下参数的集成电路。a. 集成电路具有或可编程为具有 600 G byte/s 或更高的所有输入和输出或来自除易失性存储器以外的集成电路的总双向传输速率，以及以下任何一种：一个或多个执行机器指令的数字处理器单元，每个操作的比特长度乘以在所有处理器单元上聚合的 TOPS 中测量的处理性能，为 4800 或更多……（注：即算力达到 4800） **示例 2**：3A002，指通用电子组件模块和设备。包括达到特定参数的记录设备和示波器、信号分析仪、信号发生器……

续表

ECCN 编码	类别概述	类别说明及物项管控方式示例
3B 组	3B 组主要包括测试、检验和生产设备。 编码具体包括 3B001、3B002、3B090、3B611、3B991、3B992……	**3B 组主要通过详细罗列参数的方式，将包括达到具体参数的，例如半导体制造沉积设备、用于测试抛光或未抛光的半导体器件、用于制造光电子管或光学元件等的设备零部件列入美国出口管制的范围。** **示例 1**：3B001，指用于制造半导体器件或材料的设备及其“特殊设计”、“部件”和“附件”，具体包括：a. 设计用于或可延伸用于设备在 75mm 或更大的距离上生产厚度均匀小于 ±2.5% 的除硅以外的任何材料层的设备…… **示例 2**：3B002，指“测试设备专门设计”用于测试抛光或未抛光的半导体器件，以及“专门设计的”、“部件”和“配件”，包括：a. 用于测试 3A001. b. 3 规定项目的 S 参数……

厘清企业供应链是否落入 EAR 管辖之后，企业能够明确采购哪些物项是存在潜在风险和不确定性的。因此，回到题述问题，公司业务涉及计算机领域就会被美国出口管制政策所限制吗？该问题的答案充满着变量，企业自身产品数据是否落入被限制的参数，需结合产品情况判断，如果落入被限制的参数，则需个案分析其他解决路径。

三、IPO 对出口管制的关注点及应对思路

IPO 审核对半导体企业出口管制方面的关注点，主要集中在企业自身供应商是否受到影响、美国主体对企业持股或在企业担任高管的潜在风险等问题，此类问题可以依据前述规则简析并结合企业自身业务情况进行判断论证，总体而言在应对 IPO 审核方面的障碍较小。

相对难以论证的是假设企业在 IPO 审核期间被列入了美国管制清单，应当如何应对 IPO 审核。

在科创板已上市企业中，海光信息、格林深瞳等企业在提交上市申请前已被

列入实体清单，而裕太微的终端主客户中也包括海康威视、大华股份、烽火通信等实体清单企业。由此可见，拟上市企业被列入实体清单，或其主要客户是实体清单企业，并不会直接构成境内上市的实质障碍。

在半导体企业境内上市审核中对外国出口管制政策的关注背后，更深层次的问题在于，目前及可预期的未来企业能否持续开展经营活动，以及企业能否充分应对可能持续恶化的国际局势环境。

以海光信息为例，公司在芯片代工、采购 EDA 工具和 IP 授权等方面均因实体清单而受到不同程度的影响，在芯片代工方面，公司说明代工厂可继续提供流片服务直至原协议履行完毕，且海光信息将保持与多家晶圆代工厂的合作；在采购 EDA 和 IP 授权方面，海光信息也在积极实现国产化替代，因此总体上不构成重大不利影响。

在具体个案中，监管可能会结合企业主营业务情况要求深入量化分析。例如，监管要求某芯片企业量化说明进出口限制政策对发行人业务的实质影响，该企业回复报告期内因“出口限制政策”导致不再与其交易的客户共计 36 家，占报告期发行人收入比例极小，由此论证发行人业务未受实质影响。

四、半导体企业应对出口管制的若干建议

面对持续变化的对华出口管制局势，我们为境内半导体企业提出的建议是：不要过于恐慌，亦不能“头铁”，而是应在合规的框架之下寻求出路。

短期内企业的首要工作是至少了解美国、日本、荷兰等国的出口管制体系及规则，具备自查供应链是否受限的能力，并且充分知悉现阶段的出口管制是否会影响自身持续经营及研发能力。受到限制或被列入清单的企业，亦可积极申请获得进口许可。此外，拟上市企业还需关注核心人员的隐名保护（如通过公开渠道无法查询到其在员工持股平台的持股情况等）、信息披露管控（严格管控公司的融资信息、产品进程、战略合作等信息在互联网上的传播），以及交易协议条款及保密措施的完善，尽早制定中长期的供应商替代方案，从各个方面加强自身应对国际局势风险的屏障。

第二节

外资准入

一、准入前国民待遇及负面清单管理制度概述

《外商投资法》发布实施后，自2020年起，我国对外商投资实行准入前国民待遇加负面清单管理制度。根据《外商投资法》第4条的规定，“准入前国民待遇，是指在投资准入阶段给予外国投资者及其投资不低于本国投资者及其投资的待遇；所称负面清单，是指国家规定在特定领域对外商投资实施的准入特别管理措施。国家对负面清单之外的外商投资，给予国民待遇。负面清单由国务院发布或者批准发布。中华人民共和国缔结或者参加的国际条约、协定对外国投资者准入待遇有更优惠规定的，可以按照相关规定执行”。

自《外商投资产业指导目录》（1995年版）发布及其历次修订以来，半导体产业始终为外商投资鼓励类产业。此后，《鼓励外商投资产业目录》（2019年版）、《鼓励外商投资产业目录》（2020年版）又陆续将多项半导体产业的研发和生产列入鼓励外商投资的名录范围。根据现行有效的《鼓励外商投资产业目录》（2022年版），基本覆盖半导体相关全产业链，其均属于鼓励外商投资范围。

举例而言，《鼓励外商投资产业目录》（2022年版）包括：集成电路设计，线宽28纳米及以下大规模数字集成电路制造，0.11微米及以下模拟、数模集成电路制造，掩膜版制造，MEMS和化合物半导体集成电路制造及BGA、PGA、CSP、MCM、LGA、SIP、FC、WLP等先进封装与测试；集成电路封装及测试设备制造；集成电路材料、装备、芯片制造及化合物半导体材料、器件研发、制造等。

二、中国外商投资安全审查办法概述

（一）涉及外商投资安全审查的具体投资领域

根据《外商投资安全审查办法》（以下简称《安审办法》）的相关规定，下列范围内的外商投资，外国投资者或者境内相关当事人应当在实施投资前主动向

工作机制办公室申报（见表19－4）。

表19－4　应当在实施投资前主动申报的外商投资范围

分类	具体投资领域	是否以取得实际控制权为触发要件
第一类：关系国防安全	• 投资军工、军工配套等关系国防安全的领域 • 在军事设施和军工设施周边地域投资	否
第二类：关系国家安全（除国防安全外）	• 重要农产品 • 重要能源和资源 • 重大装备制造 • 重要基础设施 • 重要运输服务 • 重要文化产品与服务 • 重要信息技术和互联网产品与服务 • 重要金融服务 • 关键技术 • 其他关系国家安全的重要领域	是

《安审办法》适用于全部类型的外商投资行为。所谓“外商投资”，根据《安审办法》第2条的规定，是指外国投资者直接或者间接在中华人民共和国境内（以下简称境内）进行的投资活动，包括下列情形：（1）外国投资者单独或者与其他投资者共同在境内投资新建项目或者设立企业；（2）外国投资者通过并购方式取得境内企业的股权或者资产；（3）外国投资者通过其他方式在境内投资。通常情况下，前述兜底“其他方式”，参考《自由贸易试验区外商投资国家安全审查试行办法》的规定，亦包含外国投资者通过协议控制、代持、信托、再投资、境外交易、租赁、认购可转换债券等方式的投资。

此外，针对前述第二类，除满足具体投资领域的要件外，同时以取得实际控制权为触发要件。取得实际控制权的方式包含外国投资者持股50%以上，持股不足50%但根据表决权能够对董事会、股东（大）会的决议产生重大影响，以及其他导致外国投资者能够对企业的经营决策、人事、财务、技术等产生重大影响的情形。

（二）安全审查的主要流程

经梳理相关规定，安全审查的主要流程如图 19－1 所示。

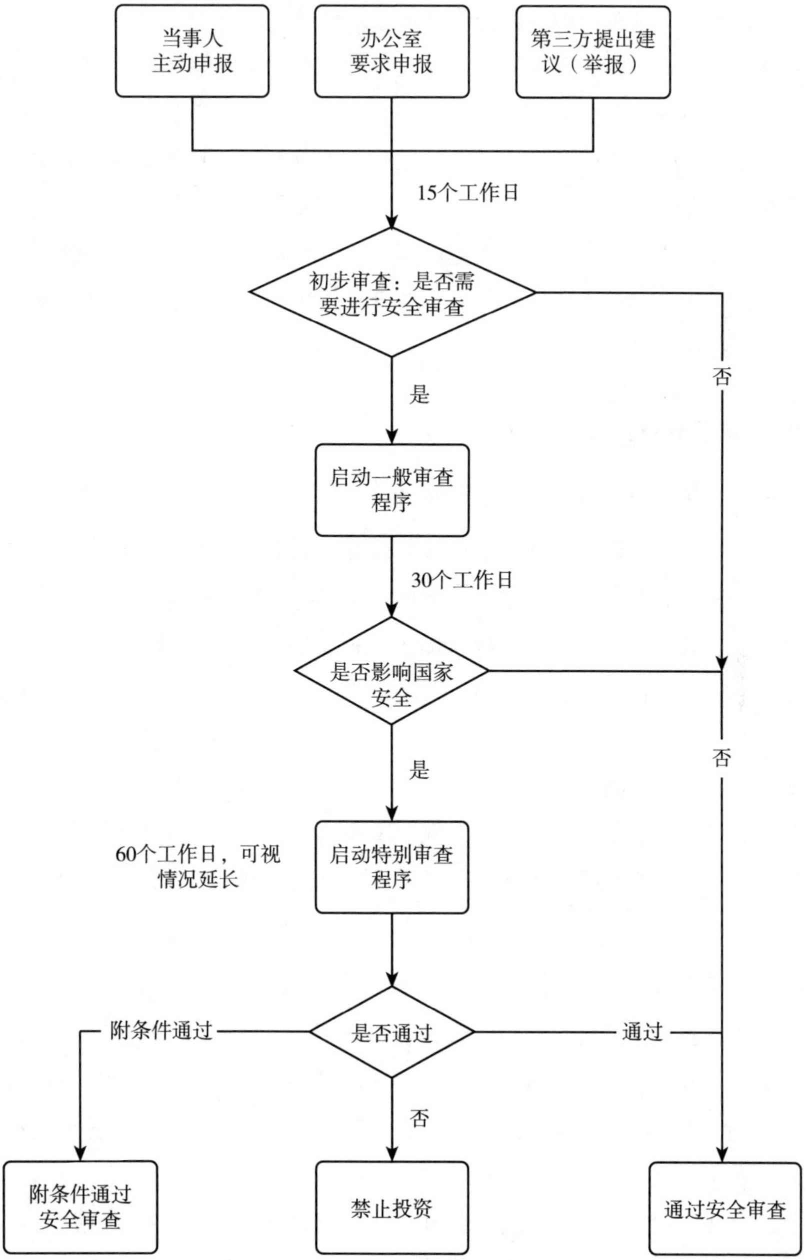

图 19－1　安全审查主要流程

（三）对半导体企业的影响

对于半导体行业企业而言，如拟开展涉及前述领域的外资交易时，尤其对于持有关键技术或提供军工配套服务半导体企业而言，应同时关注外资国家安全审查制度对交易的潜在影响。附加条件通过安全审查要求应能够消除对国家安全的影响，且该附加条件会在决定中列明。

实践中，附加的条件可能包括但不限于以下方面：一是从交易中剥离全部或部分涉及国家安全的敏感资产或业务；二是禁止或限制特定知识产权、商业秘密或专有技术的转让或共享；三是禁止或限制获取特定的敏感信息、数据；四是与特定监管部门达成安全协议；五是通知监管部门所有权的变更、增加或者提前获得监管部门的批准等。

三、外资股东穿透要求

（一）对半导体企业的影响

半导体技术对军事、信创等领域有着重要的意义，信息技术和半导体技术的结合已经成为军事装备的核心之一。例如，军用半导体分立器件是电子设备的基础单元，其应用场景非常广泛，从简单的二极管到复杂的IGBT等，这些器件在军事和民用领域都有着重要的作用。同时，结合军工半导体受宏观经济影响较小的特点，无论是从政府支持，抑或市场需求来看，当前以信息技术为核心的新军事革命正在引起军事领域的深刻变革，如集红外技术、激光技术、半导体及嵌入式技术与虚拟仿真技术为一体的综合性军工技术体系，逐渐成为国防信息化建设的基石。因此，军工市场对半导体产品的需求巨大，为半导体公司提供了广阔的市场空间。

（二）对外资股东持股及穿透要求

根据《武器装备科研生产单位保密资格认定办法》第13条规定："申请保密资格的单位应当具备以下基本条件：……（三）无境外（含港澳台）控股和直接投资，且通过间接方式投资的外方投资者及其一致行动人的出资比例最终不得超过20%；……"

根据《涉密信息系统集成资质管理办法》（2020年）第14条第1款规定："申请单位应当无外国投资者直接投资，且通过间接方式投资的外国投资者在申请单位中的出资比例最终不得超过20%；申请单位及其股东的实际控制人不得为外国投资者，外国投资者在申请单位母公司中的出资比例最终不得超过20%。”

鉴于此，为确保发行人涉密资质（如有）的有效性，在该类半导体公司历轮融资的过程中，应提前对主体进行穿透核查。穿透核查的注意事项包括：

1. 直接投资主体不含境外（含港澳台）投资，其中直接投资除直接拥有股权/股份外，亦包含协议控制等方式，使境外主体拥有管理权、控制权、投票权等；

2. 间接穿透主体外方投资者及其一致行动人的出资比例最终不得超过20%，其中通过协议或者其他安排受同一外方投资者主体控制的投资主体应合并计算；

3. 特别提示，实践过程中，如基金穿透外资比例较高的，建议提前就该等事项与主管单位预沟通，以避免提交材料后审核机构提出进一步要求。

第三节 半导体行业业务资质

与医药等强监管行业不同，半导体行业无共通的业务资质门槛。但根据不同链条环节，半导体公司在其业务开展中也呈现出某些较为共性或普遍的特征。举例而言，半导体制造、封装、设备等公司多涉及境外采购，故需完成对外贸易经营者备案、海关报关注册登记、自理报检注册手续等，且多涉及环保审批或备案，亦有较高要求标准。此外，如半导体公司的终端产品客户涉及军工，则需获得军工及保密资质备案等认证。若产品应用于汽车行业，则在质量管理等认证方面有更为严格的要求。

值得一提的是，国际半导体产业协会（SEMI）国际标准部门内的环境健康和安全（EHS）委员会制定了全球公认的行业标准和指南，以确保最高水平的安全和质量。这也是半导体行业在全球范围内共同遵守和执行的一项重要标准。

参考部分案例，半导体主要细分领域企业资质情况如表19－5所示。

表 19－5　半导体细分领域企业资质摘录

细分领域	股票代码	公司简称	反馈问询	经营资质
芯片设计	300782	卓胜微	请发行人补充说明其是否获得所从事业务内容所必需的全部业务资质，该业务资质的审批主体、资质内容及其有效期，发行人的生产经营业务范围是否超过该资质范围，发行人是否合法取得并维持相关资质；补充说明发行人及其子公司相关人员是否获得从事生产经营活动等所必需的全部业务资质。请保荐机构、发行人律师核查上述问题并发表明确意见	无须取得特殊的业务资质 公司生产、经营资质情况： （1）中华人民共和国海关报关单位注册登记证书 （2）对外贸易经营者备案登记表 （3）出入境检验检疫报检企业备案表 （4）ICP 备案
芯片设计	300474	景嘉微		公司从事高可靠军用电子产品的研发、生产和销售。 公司生产、经营资质情况： （1）高新技术企业证书 （2）软件企业认定证书 （3）二级保密资格单位证书 （4）武器装备质量体系认证证书 （5）装备承制单位注册证书 （6）武器装备科研生产许可证
芯片设计	688728	格科微		公司生产、经营资质情况： （1）高新技术企业证书 （2）管理体系认证：ISO9001：2015；ISO14001：2015；GB/T29490－2013；ISO9001：2015；ISO14001：2015；ISO45001：2018； （3）海关报关单位注册登记证书 （4）对外贸易经营者备案登记表 （5）海关进出口货物收发货人备案回执 （6）城镇污水排入排水管网许可证

续表

细分领域	股票代码	公司简称	反馈问询	经营资质
芯片设计	300223	北京君正		根据公司《招股说明书》的披露，公司所从事的业务及所出售的产品不需要取得业务资质或强制性认证。 公司生产、经营资质情况： （1）高新技术企业证书 （2）集成电路设计企业认定证书 （3）海淀区创新企业证书 （4）中关村国家自主创新示范区创新型试点企业 （5）中关村高新技术企业
半导体设备	688072	拓荆科技		公司生产、经营资质情况： （1）质量管理体系认证（GB/T 19001－2016/ISO 9001：2015） （2）环境管理体系认证（GB/T 24001－2016/ISO14001：2015） （3）职业健康安全管理认证体系（GB/T 45001－2020/ISO 45001：2018） （4）对外贸易经营者备案登记表 （5）高新技术企业 （6）固定污染源排污登记 （7）SEMI S2 认证
	688200	华峰测控	问题19：请保荐机构、发行人律师核查发行人生产经营各个环节需获得的审批、认证（含合格供应商认证）等事项；发行人及其子公司是否具备生产经营所必要的业务资质，相应的审批主体、资质或证书名称及有效期、报告期是否均在有效期内，并发表意见	销售过程所需的相关审批及认证。 （1）境外销售相关审批及认证：海关报关单位注册登记证书、出入境检验检疫报检企业备案表、对外贸易经营者备案登记表、CTI Declaration of Conformity、EMC DIRECTIVE 2004/30/EU EU Type Examination Certificate。 （2）境内销售相关审批及认证：质量管理体系认证证书（GB/T19001－2016/ISO 9001：2015）

续表

细分领域	股票代码	公司简称	反馈问询	经营资质
封测	688362	甬矽电子	—	公司资质与认证证书情况： 1. 资质、许可及备案 （1）海关报关单位注册登记证书 （2）对外贸易经营者备案登记表 （3）高新技术企业证书 2. 管理体系/认证证书 （1）AEO 认证企业证书 （2）IATF 16949：2016 管理体系认证证书 （3）ISO9001：2015 管理体系认证证书 （4）ISO45001：2018 管理体系认证证书 （5）ISO14001：2015 环境管理体系认证证书 （6）IECQ QC 080000：2017 管理体系认证证书 （7）ISO/IEC 27001：2013 信息安全管理体系认证证书 （8）ANSI/ESD S20. 20：2014 管理体系认证证书
	688403	汇成股份	—	公司业务许可或资质情况： 1. 进出口经营权 （1）对外贸易经营者备案登记 （2）出入境检验检疫报检企业备案 （3）海关报关单位注册登记 2. 高新技术企业证书 3. 管理体系认证 （1）ISO14001：2015 环境管理体系认证 （2）ISO9001：2015 质量管理体系认证 4. 排污许可证

续表

细分领域	股票代码	公司简称	反馈问询	经营资质
晶圆代工	688396	华润微	问题21：请发行人披露发行人及其子公司是否已取得业务开展所需的相关资质及业务资质许可的具体内容，是否符合国家相关法律法规及行业标准规定，报告期内是否存在违反相关规定超出资质规定范围开展业务的情形，是否受到相关行政处罚。请保荐机构、发行人律师对上述事项进行核查，并发表明确意见	发行人及其境内子公司取得的业务开展所需的相关经营资质情况如下： 1. 高新技术企业证书 2. 报关单位注册登记证书 3. 出入境检验检疫报检企业备案表 4. 自理报检企业备案登记证明书 5. 对外贸易经营者备案登记表 6. 排污许可证 7. 城镇污水排入排水管网许可证 8. 排水许可证 9. 食品经营许可证（单位食堂） 10. 易制爆危险化学品从业单位备案证明 目前发行人及其子公司开展功率半导体、智能传感器及智能控制产品的设计、生产、销售，以及提供开放式晶圆制造、封装测试等制造服务，无须取得国家主管部门强制性许可或业务资质许可，相关业务亦无强制性质量标准和技术标准
	688249	晶合集成		公司的业务许可资质： 1. 辐射安全许可证 2. 排污许可证 3. 对外贸易经营者备案登记表 4. 海关进出口货物收发货人备案 5. 高新技术企业证书

续表

细分领域	股票代码	公司简称	反馈问询	经营资质
材料	605358	立昂微	问题25：请保荐机构和发行人律师核查并补充披露发行人相关业务许可资质的具体内容、有效期、取得方式及其对发行人生产经营的具体影响和重要程度，发行人是否取得生产经营应当具备的全部资质，并就发行人维持或再次取得相关重要资质是否存在法律风险或障碍发表明确意见，并详细说明理由	根据公司招股说明书的披露，公司的主营业务为半导体硅片和半导体分立器件芯片的研发、生产和销售，以及半导体分立器件成品的生产和销售，凭主管工商行政管理部门核发的涵盖上述业务范围的营业执照即能从事经营活动，无须其他资质或特许经营权
	688409	富创精密		公司的业务许可资质情况： 1. 质量管理体系认证证书：ISO9001：2015、ISO14001：2015、ISO45001：2018 2. 进出口业务资质：海关进出口货物收发货人备案、对外贸易经营者备案登记表 3. 其他：通过了客户A的39项特种工艺认证，取得了向客户B等专用领域客户供货所必要的资质
EDA及软件	301095	广立微		公司经营资质情况： 1. 高新技术企业 2. 海关进出口货物收发货人备案回执 3. 出入境检验检疫报检企业备案表 4. 对外贸易经营者备案登记表 5. ISO9001：2015认证证书 6. Certificate of Conformity EC Council Directive 2014/30/EU Electromagnetic Compatibility 电磁兼容性指令CE认证证书 7. Certificat eof Conformity Low Voltage Directive 2014/35/EU 低压设备

续表

细分领域	股票代码	公司简称	反馈问询	经营资质
EDA及软件	301095	广立微		指令 CE 认证证书 8. Certificate 证书 此外，根据《软件出口管理和统计办法》第 5 条的规定，“软件出口合同正式生效后，软件出口企业应在‘软件出口合同登记管理中心’对软件出口合同进行在线登记。并按属地原则，持生效的软件出口合同正本到当地外经贸厅（委、局）领取《软件出口合同登记证书》”，发行人已根据上述规定就软件出口申领《软件出口合同登记证书》
	301269	华大九天		公司业务许可或资质： 1. EDA（电子设计自动化）国家工程研究中心 2. 质量管理体系认证证书 3. 对外贸易经营者备案登记表 4. 海关进出口货物收发货人备案回执 5. 软件企业认定证书 6. 高新技术企业证书 7. 北京市高新软件出口企业确认书 8. 集成电路设计企业认证证书

据此，通过以上相关案例总结，可以看出就业务资质而言，反馈重点关注：

1. 发行人及其子公司是否获得所从事业务内容所必需的全部业务资质，以及该业务资质的审批主体、资质内容及其有效期；

2. 发行人的生产经营业务范围是否超过该资质范围，以及发行人是否合法取得并维持相关资质；相关资质及业务资质许可的具体内容，是否符合国家相关法律法规及行业标准规定，报告期内是否存在违反相关规定超出资质规定范围开展业务的情形，是否受到相关行政处罚；

3. 发行人及其子公司相关人员是否获得从事生产经营活动等所必需的全部

业务资质；

4. 发行人相关业务许可资质对发行人生产经营的具体影响和重要程度，发行人维持或再次取得相关重要资质是否存在法律风险或障碍。

第四节 研发及采购环节“合理性”问题（以芯片设计公司为例）

合理性问题在A股IPO审核中是一个频繁出现的关键问题，尤其在首轮问询回复中。IPO审核从申报材料中所呈现的现象出发，探寻现象背后是否具有充分的合理性，并以此发现潜在的项目风险。这是合理性问题备受IPO审核关注的原因。

合理性问题会因行业细分赛道的差异而发生变化。每个行业都有其独特的背景情况，甚至不同细分赛道的企业、不同发展阶段都会存在合理性解释逻辑的差异。以芯片设计类企业为例，做存储芯片和电源管理芯片的企业在其产品、技术、发展路线、发展策略及周期上都会存在一些差异。

因此，对于“合理性”的答复不能简单地套用既有案例，而是需要结合企业的实际情况进行针对性的回答。研究合理性问题的价值在于，对于行业新手来说，学习合理性问题的答复就像是获得了一把行业研究的钥匙。尽管IPO反馈的回复可能出于信息披露敏感性的角度而写得不够透彻，但至少可以借此窥见行业的基本生态。

一、研发生产环节的合理性

（一）研发投片成本显著高于生产环节晶圆成本的合理性

流片是指为了验证集成电路设计是否成功所进行的步骤，即从一个电路图到一块芯片，检验每一个工艺步骤是否可行，检验电路是否具备所需要的性能和功能。如果流片成功，就可以大规模地制造芯片；反之，则需找出其中的原因，并进行相应的优化设计——上述过程称为工程试作流片。在工程试作流片成功后进行的大规模批量生产称为量产流片。

芯片从图纸变成实物需要经过流片，而流片则需要使用掩膜（Mask），光刻机的光源照在掩膜上在晶圆上刻画下电路形状。

而在上述过程中，芯片设计公司可以选择 MPW 或者 Full mask 的流片方式，MPW 类似“拼盘子”，即为了节约成本，几家公司或者是一家公司的几款产品共用一个晶圆试制芯片，但搭上 MPW 的车需要恰当的时机，这类似班车，错过了发车时间就需要等待。而 MPW 的“司机”固然是晶圆厂，但“乘务员”却可以是其他企业，有些企业可以借助与晶圆厂密切的互动关系协助其他企业以 MPW 的方式完成早期的验证工作。

而 Full mask 的成本则要高很多，因为全部的掩膜都为了某家公司的产品服务，而掩膜由于其定制化的属性，其成本也非常高昂，因此，企业在支付更高昂成本的同时也承担了更高的风险，因此，做 Full mask 的产品需要对设计产品质量有较高的把握。

在华澜微申报 IPO 的案例中，IPO 审核提出了如下问题：“研发投片晶圆与研发项目的匹配关系，显著高于生产环节晶圆成本的原因及合理性。”

在报告期内，华澜微投片费金额分别为 2317.69 万元、3187.05 万元和 3001.25 万元，占研发费用的比例分别为 21.99%、29.31% 和 28.93%。

公司在研发投片环节晶圆成本主要包括公司在开发新产品时所需的光罩制版费用，新品研发所需的光罩制版费用通常较高，而生产环节晶圆成本主要为批量化产品采购，通常不包含制版费，因此研发投片晶圆成本高于生产环节晶圆成本。

确实，对芯片设计类公司或者 IDM 公司而言，往往投片的费用要高于日后生产环节晶圆的成本，这一逻辑具有合理性。

当然，同样也取决于企业的实际情况，如果在较长一段周期内缺乏新产品的诞生，但财务报告中仍反映出大额的投片费用，除非该等芯片的设计难度极大，否则 IPO 审核可能关注是否存在研发进展缓慢或不利的情形，并进一步影响 IPO 审核对于企业的实质判断。

（二）是否存在将核心环节或主要研发活动外包的情形

SoC 芯片（System on Chip）即片上系统，简单的理解就是把几种不同类型的芯片集成到一块芯片上，在 SoC 芯片中通常会将 CPU、GPU、RAM、ADC/DAC、Modem、高速 DSP 等各个功能模块予以集成。

以恒玄科技的智能 SoC 芯片为例（见图 19－2），即包含了电源管理模块、处理器模块、蓝牙模块、音频模块等。

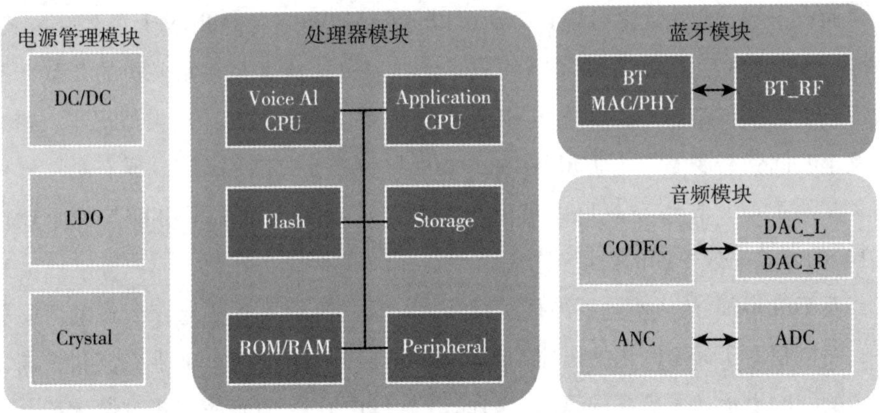

图 19－2　公司智能音频 SoC 芯片

在 SoC 芯片设计的过程中，主要包括前端设计、模拟电路设计及后端设计，后端设计后形成的版图（GDSII）文件经由晶圆代工厂投片及封测厂封装测试后形成样品，并经过后期样品测试后完成产品开发。芯片的硬件部分设计完成后还需开发相应的软件进行驱动运行，主要包括芯片固件及驱动程序。

在上述过程中，为节约设计成本，通常芯片设计公司会将部分研发工作进行外包，例如向 ARM/安谋中国采购 IP 核授权等，而在 IPO 审核中会重点关注是否存在将核心工序予以外包的情形，如果将核心工序外包则将影响 IPO 审核对于科创属性的判断。

SoC 的研发的芯片前端设计环节包括需求分析、芯片规格定义、芯片架构设计、RTL 设计、算法设计、仿真验证（功能验证、前仿真）、逻辑综合、静态时序分析、形式验证、输出门级网表电路、I/O 以及标准单元库、物理层 IP、可测性设计、布局布线、时钟树综合、寄生参数提取和信号完整性分析、静态时序分析、形式验证、后仿真、物理验证、输出版图文件（GDSII）等几十道工序。

在上述工序中常常存在委托研发的情况，如表 19－6 所示。

表 19－6　芯片设计环节委托研发情况

芯片设计具体环节	是否涉及委外研发	主要受托研发单位	对受托研发单位的依赖情况
算法设计	自主研发＋个别算法调优委外	西京学院	算法设计需要完整的算法和算法平台，该部分为公司自主研发。算法调优为在算法平台上对局部算法参数进行反复的调整和验证，以适配指定的产品环境。仅在公司研发人力资源紧张时，会寻求具有算法实践能力的外协团队进行算法调优以加快研发进程。因此不存在公司依赖受托研发单位的情况
仿真验证（功能验证、前仿真）	自主研发＋个别仿真模型委外	西京学院	芯片仿真验证模型主要由公司自建，公司仅将部分通用的、数学逻辑相对清晰验证模型委外，因此不存在公司依赖受托研发单位的情况
物理层 IP	自主研发＋委外	纳能微、上海集成电路研究中心、C公司	该部分主要为公司芯片产品中 SATA、SAS、USB、PCIe 等接口电路中的模拟电路设计，随着工艺制程的变化以及不同晶圆代工厂生产工艺的切换，需要对模拟电路中电阻、电容、晶体管的尺寸、间距等物理层结构进行调整以匹配不同生产工艺及制程。由于物理层结构调整需消耗一定的人力，但不涉及芯片设计的核心部分。公司通常在完成原理设计后，将具体的版图调整和参数调优的工作委外。如国芯科技、富瀚微、芯原股份等诸多半导体公司亦将该部分委外，属于行业惯例，因此不存在公司依赖受托研发单位的情况
布局布线	自主研发＋委外	苏州驷迈、纳能微、嘉栋科技	芯片后端设计中的布局布线与晶圆厂、制程工艺紧密相关，需要经验丰富的专业团队。公司拥有专业工程师团队从事后端设计，在后端设计人员紧张时，为尽快推进项目研发，存在将部分布局布线工作委外的情况。因此不存在公司依赖受托研发单位的情况

在对芯片设计公司的委外研发核查的过程中，应将其具体研发过程予以拆细，明确各个环节是否涉及委外研发，该环节是否构成核心生产环节，重要的是要形成一套论证逻辑体系，进而论证公司不存在将核心研发环节委外研发的情况。

（三）委托第三方提供 IP 服务的合理性

在 IPO 审核中对芯片设计类公司的研发过程的另一个关注要点即采购 IP 核的授权的合理性。

如前文所述，由于 SoC 芯片所具有的“集成”属性，随着芯片行业分工越来越精细，芯片产业链形成了分工协作的成熟商业模式，采购业内第三方 IP 已成为芯片设计企业加快产品研发进度、提升研发效率的重要手段。

SoC 芯片设计企业，通过聚焦于 SoC 的整体架构设计、控制器核心模块设计等核心研发设计环节，针对个别功能相对独立的物理层 IP 搭建自主研发团队将消耗有限的研发资源，降低重点产品的研发效率，因此由第三方提供 IP 授权具有一定的合理性，但也需要结合公司细分赛道的实际需求以及同行业可比公司的惯常操作进行具体分析。

二、采购环节的合理性问题

（一）使用供应链融资的合理性

芯片设计公司需要在境外采购晶圆或其他材料交由晶圆厂进行代加工，由于晶圆的主要供应商常位于境外，因此涉及相关产品的进口，在这一环节中，芯片设计公司常常委托第三方供应链公司进行代理报关进口业务，然而并非所有芯片设计公司都会委托第三方公司代理报关，此外，为何公司在可以自主报关的情况下还要委托供应链公司报关，这也就引发了 IPO 审核对于该等操作合理性的关注。

该等操作的具体模式如下：

公司与供应链公司签订采购合同，委托其向供应商（或注册在境外的子公司）采购原材料，过程中的物流、仓储、报关、税费缴纳等环节由供应链公司负责，最终完成原材料由境外向境内的购销交易。在原材料由境外向境内的购销过程中，存在供应链公司垫付货款的情况，即所谓的“供应链融资”，通过该等模式进行资金周转的期限通常较短，平均为 1—2 个月。

芯片设计类公司采用供应链融资通常具有如下理由：

1. 供应链公司能够提供清关、交付、结算等一系列服务，通关更便捷、快速，此外，供应链公司还提供垫付货款、垫付税金等服务，公司可获得相应账期并在账期内提高资金使用效率，整体提高业务运行效率和资金周转速度；

2. 供应链公司具有专业报关能力，公司可以减少投入进出口和报关的业务人员，将主要精力集中于核心的研发、生产、销售环节。

在 IPO 审核中，常常出现比较思维，即同行业的可比公司是如何操作的，为什么有的公司会这么做，而有的公司没有这么做，IPO 审核的思维是通过现象的比较发现潜在的疑点，并结合疑点进一步突破，试图发现实质性问题。

在这种情况下，就需要结合不同公司的具体差异进行分析。

例如在佰维存储的 IPO 审核案例中问询：结合江波龙等同行业可比公司的具体情况，说明发行人大量采用供应链融资是否符合行业惯例。

江波龙作为国内存储芯片行业知名公司并未采用供应链融资，佰维存储对此的答复为：

江波龙等未使用供应链融资，公司与其存在一定差异主要系公司长期资产投入较大且融资渠道有限，需要通过供应链公司满足公司的临时采购资金的需求，具体情况如下：公司长期资产投资资金需求大、融资渠道有限。公司采用局部一体化经营模式，生产流程包括了芯片封装测试环节。公司自建封测厂需要长期的资金投入。报告期内，公司固定资产和主要在建工程合计新增投资金额为 9369. 31 万元、10, 442. 04 万元和 47, 643. 05 万元，资金需求较大。上述长期资产投资金额均超过当年度供应链加权和期末融资金额，而公司作为未上市公司融资渠道有限。

（二）供应商与客户重叠的合理性

向同一公司既采购又销售是 IPO 审核中的重点关注问题之一，对于这一问题需要结合该行业的具体特点分析该等交易是否具备商业合理性，IPO 审核关注在该等交易中会否存在利益输送的情形。

例如在存储芯片行业，与同一公司既存在采购交易又存在销售交易常常发生在模组厂商之间。

例如华澜微与深圳朗科之间存在大量的销售与采购交易，公司主要向深圳朗科销售 U 盘及主控芯片、固态硬盘、存储介质晶圆、移动存储卡、存储模组等产品，并向其采购固态硬盘、U 盘、定制化存储模组、委托加工服务、存储颗粒等。

对于上述交易，由于两家公司之间来回买卖的基本是同类型产品，如 U 盘、固态硬盘等，IPO 审核会更为关注其交易的合理性与真实性，会不会存在重复买卖彼此增加营业收入的情况。

对此，公司在反馈回复中披露其背景情况：

深圳朗科是国内知名的存储模组企业，其具有独立的存储模组生产线，发行人向其定制化采购部分存储模组；同时发行人向其销售用于其自身存储模组生产所需的主控芯片及根据其需求定制的U盘；双方采购和销售产品不同，交易具有合理性。

根据上述答复，华澜微与深圳朗科之间存在同类产品之间的往来交易主要的背景是虽然交易产品的大类别同为U盘及固态硬盘，但基于产品定制化特点，不能简单地理解为是同类产品，以此作为交易合理性论证的基础逻辑。

（三）晶圆厂收取芯片公司产能保证金的商业合理性

在半导体领域的波峰周期中，半导体行业芯片需求快速上涨，诸多芯片设计公司基于对自身晶圆产能及产品性能的需求，与晶圆代工厂采取战略合作模式并锁定晶圆厂产能。

半导体行业内公司如杰华特、中颖电子、明微电子、捷捷微电、思特威、集创北方、天德钰、南芯科技等与中芯国际、芯联集成、广州粤芯、晶合集成等晶圆代工厂签署产能保证协议，产能保证金或预约金规模为数千万元至数亿元。

该等产能保证金系在晶圆厂产能供不应求的情况下锁定产能供应的一种措施，协议中通常会约定每个固定周期内，芯片公司的最低下单量及违约责任机制。

而在晶圆厂产能供应缓解的情况下，芯片公司则会对相关晶圆采购计划予以调整，部分晶圆厂也对未达到采购指标的客户进行了违约责任豁免。

根据杰华特披露的《第二轮审核问询函的回复》，截至2022年6月末，杰华特向晶圆供应商晶合集成、封装测试供应商苏州固锝电子股份有限公司支付了产能保证金，其中：

杰华特2022年第一季度和第二季度下单量未达到与晶合集成协议约定的订单保证值，主要原因系双方生产线工艺调试进度未达预期。因此双方协商后签订了补充协议，经双方协商同意：杰华特2022年度根据实际可达成数量向其下单投片，并豁免双方2022年度实际投片量未达到原合同项下的承诺量而应承担的违约责任或损失补偿责任。

2022年1—6月，杰华特月下单量未达到与苏州固锝电子股份有限公司协议约定的月最低需求量80%的情形，但根据补充协议约定，苏州固锝电子股份有限公司免除杰华特2022年1—6月下单量不满足承诺采购约定的违约责任。

第五节

销售环节“合理性”问题（以芯片设计公司为例）

销售环节是收入形成的必要环节，是真正实现企业生产经营价值、社会价值的关键步骤。在半导体企业 IPO 进程中，销售业务开展的合理性，包括收入季节性分布、“异常客户”合理性、销售模式的选择和差异、毛利率差异合理性、经销模式合理性、境外销售模式合理性、预付款项合理性等，往往是监管关注的重点。

一、收入季节性分布的合理性

半导体行业的收入结构往往也存在一定的季节性分布特点。以设备类企业为例，基于终端客户的资金运用安排，第四季度是主要的验收节点，在验收完成后，设备类企业可以将相应收款确认为收入。

对于芯片设计类公司而言，也存在类似规律，只是未必如设备公司般明显，而对于季节性收入的解释逻辑在不同细分行业的芯片设计公司之间也存在差异。

以某存储芯片行业公司的解释口径为例：

通常情况下，国庆节、“双十一”、元旦及春节期间消费电子产品需求相对旺盛，存储模组业务客户通常会提前 1 个月左右进行备货，因此存储模组呈现出下半年尤其是第四季度收入占比较高的特点，具备合理性。公司存储控制器芯片业务规模较小，受客户需求及市场环境变动等因素影响更为明显。

就存储控制器芯片服务、存储系统及应用而言，下游客户或终端客户多实行预算制管理，项目验收主要集中于第四季度完成。因此此类业务通常呈现出下半年尤其是第四季度收入占比较高的特点。

对于消费类产品而言，结合密集的节假日、购物节论证第四季度收入占比较高，而相同的逻辑则不能应用于专业行业级的应用领域。

如下为存储模组领域的可比上市公司的季度收入统计（见表 19 – 7）。

表 19－7　存储模组领域可比上市公司季度收入统计　单位：%

公司简称	项目	2022 年度	2021 年度	2020 年度
江波龙	第一季度	27.98	25.37	17.08
	第二季度	30.90	29.02	17.41
	第三季度	20.69	24.38	28.54
	第四季度	20.44	21.23	36.97
	合计	100	100	100
佰维存储	第一季度	23.52	21.58	23.47
	第二季度	22.84	29.64	16.69
	第三季度	26.83	27.06	21.33
	第四季度	26.81	21.72	38.51
	合计	100	100	100
同行业平均	第一季度	25.75	23.47	20.27
	第二季度	26.87	29.33	17.05
	第三季度	23.76	25.72	24.94
	第四季度	23.63	21.48	37.74
	合计	100	100	100

注：以上数据如有尾差，为四舍五入所致。

从表 19－7 中可见，在 2021 年存储模组行业第四季度收入占比并不算高，这就需要进一步探索其中存在的具体原因，结合行业整体发展趋势判断，2021 年是存储芯片行业供需关系发生变动的转折点，因此 2021 年上半年相较于下半年的收入偏高。

二、与“异常客户”交易的合理性

（一）关注重点

在 IPO 审核中，会重点关注“异常客户”的情况，对于“异常”，则重点关注，在交易金额较大的情况下，该主体是否存在如下情况：（1）注册/实缴资本较低；（2）参保人数较少；（3）成立时间较短；（4）合作当年即成为重要客户/供应商。

对于上述异常客户，IPO 审核关注交易的真实性，主要问题如下：针对存在异常情形的客户，依次说明客户情况、经营状况、实际使用或实现终端销售情况，以及业务开展的合理性；全面梳理供应商与客户重叠的基本情况、采购/销售的具体产品、金额及使用情况、交易合理性及真实性。

（二）解释口径

中介机构进行尽职调查时需要筛查异常客户并明确其存在的合理性，对于合理性的解释通常有如下口径：

1. 客户的业务模式不涉及生产加工，而是下游生产商的零部件集成供应商，因此注册资本较低，实际员工及参保人数规模较小；

2. 该客户是某大公司的海外代理商，由于境外注册地法律对注册资本的要求较低，并且主要从事代理类业务，因此规模较小；

3. 对于以线下电子产品市场批发零售为主业的下游客户，其主要的业务开展模式即通过电子市场柜台进行销售，因此对注册资本的要求较低，参保人数少；网上公开查询的参保人数低于实际用工人数。

三、直销与经销模式选择

（一）直销经销模式占比与同行业差异的原因

在芯片设计行业，不同的细分赛道也决定了差异化的经销模式销售收入占比规模，例如对定制化水平较高的存储芯片而言，直销的比例往往较高，而对于具有普遍适用性的电源管理芯片行业，经销的比例通常较高。

在 IPO 审核中，对于直销经销各自占营业收入的占比，通常会要求公司与其他同行业可比公司披露的数据情况进行对比，如果与同行业的主流情况存在一定的偏离，则需要公司解释具体的原因及合理性。

以存储类芯片行业为例，该公司主流厂商的直销、经销占比情况如表 19 – 8 所示。

表 19 – 8　主流厂商的直销、经销占比情况统计

可比公司	销售模式	2022 年度/%	2021 年度/%	2020 年度/%
江波龙	直销	50.50	44.97	50.28
	经销	49.50	55.03	49.72

续表

可比公司	销售模式	2022 年度/%	2021 年度/%	2020 年度/%
佰维存储	直销	23.61	17.57	28.64
	经销	76.84	82.43	71.36
国科微	直销	81.04	58.53	74.64
	代理	18.96	41.47	25.36
得一微	直销	27.24	32.23	36.89
	经销	72.76	67.77	63.11
联芸科技	直销	95.04	91.62	66.48
	经销	4.96	8.38	33.52
同有科技	直销	100	100	100
	经销	—	—	—
中科曙光	直销	92.83	91.18	未披露
	经销	7.17	8.82	未披露
华澜微	直销	84.41	86.95	86.65
	经销	15.59	13.05	13.35

针对表 19－8 所呈现的销售占比情况，既有厂家偏重经销模式，也有厂家更偏重直销模式，因此，需要结合具体的业务模式及业务发展周期予以分析。

芯片公司选择经销模式往往基于如下理由：

1. 经销商可以提供垫资，加速公司现金流的周转；

2. 公司的产品不存在较高的定制化要求或者产品已经较为成熟，与终端客户直接交流对产品赋能调试的需求较低，由经销商销售不影响产品的销售与终端客户对相关产品的使用；

3. 公司的终端客户较为分散，出于降低成本的考虑借助经销商的渠道优势实现销售，并且降低销售成本。

相应地，选择直销的芯片公司则是因为产品的定制化开发要求，以存储模组产品为例，其产品具有一定的定制化属性，直销模式有助于了解具体客户需求，找准产品定位，提升产品盈利能力，在模组业务体量较小的情况下（发展早期），直销符合该阶段的业务发展特点，采取较高比例的直销销售模式具有一定的合理性。

（二）通过不同经销商与同一终端客户发生交易的合理性

根据常规逻辑，同一芯片公司与同一家终端客户发生交易，通过一家经销商交易即可，如果有两家或以上的经销商共同参与和同一终端客户的交易，则需要关注其具体原因，是否存在特殊的利益安排，这也是IPO审核的关注要点。

对此，存在两种可能性。

1. 不同经销商向同一终端客户销售不同型号的产品

经销商项目经验、资金实力等客观条件往往存在差异，各自下游客户资源有时亦可能存在重合，使部分经销商在下游客户开发过程中承接了同一终端客户不同场景或不同需求的项目，从而产生了不同经销商向同一终端客户销售不同型号的产品导致经销商重叠的情况。

2. 更换经销商的过渡期导致经销商重叠

随着公司与终端客户业务规模的扩大，对经销商资金实力亦提出了更高的要求（因为经销商需要承担垫资的职能），若采购周转资金不足则可能导致产品周转变慢，影响公司产品下游市场的渗透。部分经销商为了缓解其资金周转压力，同时公司亦考虑让经销商服务的终端客户更为集中、加快对下游终端客户的响应和支持，经终端客户同意，整体更换或部分产品型号逐步更换经销商，因此在该等过渡时期经销商存在重叠的情况。

四、不同芯片毛利率存在差异的合理性

在IPO审核中，不同芯片产品的毛利率是必然关注的事项，例如公司不同产品之间为何毛利率存在差异，为何公司的芯片产品与其他同行业可比公司的产品存在差异，IPO审核试图从毛利率的差异打开对于实质问题的突破口。

在芯片公司的销售业务中，通常有如下几条规律。

1. 高科技含量的芯片毛利率通常高于低技术含量的芯片

这个逻辑很好理解，因为科技含量本身就是最大的产品附加值，例如在存储芯片销售环节，对技术水平要求较高的行业级产品要比技术要求相对较低的消费级产品毛利率要高，因为两种产品在技术难度上不可等量齐观，所蕴含的技术价值不同。

但这一规律也并非绝对的，尤其对于新入市的高科技含量芯片而言，对于刚刚走入市场的高端芯片产品，尚需经过市场的检验，尤其是对芯片安全性要求极高的车规级芯片行业，在市场推广初期不免采用低价竞争的“战略性亏损”方式

进行产品的推广，以此打入更多大厂的合格供应链体系，也就是所谓的“爬坡”阶段，随着产品成熟度提升，成本控制加强，产品获利且毛利率即可呈上升趋势。

2. 直销产品毛利率通常高于经销产品毛利率

因为直销没有第三方环节，直接对接终端客户，少了中间商赚差价，逻辑上直销业务的毛利率水平会高于经销业务的毛利率水平。因此在IPO的前期尽调中也可以对此规律予以关注，如果存在经销毛利率倒挂的情形，需要予以注意。

但是并非直销的毛利率必然高于经销模式。如果对同一产品，存在根据销量不同确定不同价格策略，因此会产生经销商毛利率与直销业务毛利率倒挂的情况，在衡量两类销售业务毛利率水平合理性时，需要关注是否存在销量上的差异性，是否因销量导致了定价的差异性。

此外，直销毛利率降低也有可能受收入规模影响所致，这从毛利率的计算公式即可得出，毛利率＝（营业收入－营业成本）÷营业收入，如果直销业务的营业收入下降，但人员用工成本尚未降低（尚未完成组织结构的优化或者仍保留相关人员建制），那么相应地，毛利率也将呈现降低的表现。

3. 毛利率随整体行业周期发展规律而动态变化

在半导体行业的波峰周期内，芯片供应货源紧张，由于晶圆代工的价格上涨，芯片公司的销售价格也会水涨船高，从而拉升了产品的毛利率。

因此，毛利率就像水，放在山间则为泉，归入大河则为江，置入瓶中称为矿泉，把毛利率装在不同的容器里，表现形态也会发生一定的变化，因此需要结合该行业的具体特点、行业发展周期等变量去把握底层逻辑，并进一步论证毛利率变动的合理性。

五、经销商直接发货给终端客户的合理性

在经销商业务模式下，公司将产品销售给经销商，经销商支付相关费用，公司完成收入确认，这是经销模式的常规逻辑。

但在芯片公司业务开展过程中，在经销模式下，也存在公司按照经销商的指示直接发货给终端客户的情况。

对于该等情况IPO审核主要关注：

报告期内经销商直接发货至终端客户的具体情况，包括涉及的主要经销商名称、终端客户名称、商品类别、销售金额、直接发货金额占该经销商向相关终端客户总销售金额的比例，直接发货至终端客户占比较高的原因及合理性，经销商在该模式下的具体作用以及该模式的商业合理性。

其主要关注点在于如果直接发货给终端客户，那么与经销商之间所发生的交易是否具有必要，是否真实交易，经销商的背景情况如何，为何需要通过经销商做交易，经销商是否发挥着利益输送渠道的作用。

对这类问题需要首先明确经销商在这单交易中所发挥的作用以及仍然需要维持经销商模式而非直接改为直销模式的合理性，例如可以主要阐述经销商在相关交易中可以为发行人提供终端客户需求沟通、产品交付、售后服务、客户信用风险识别等专业服务，具有一定的辅助作用，并保留相关沟通的证据材料。

另外，需要结合行业特点阐明设置该等交易模式的合理性：

1. 如果公司的芯片产品下游终端应用分散，呈现出批次多、量小的特点，可能会由公司根据经销商的订单直接向终端客户发货，由公司直接发货更加便捷；

2. 经销商综合考虑自身仓储物流安排、下游客户需求的紧急程度、产品的运输成本等因素，发行人根据经销商及终端客户的需求以及订单约定的交货安排，直接将产品发送至经销商指定的签收地址即终端客户签收地，有助于减少产品流通环节的仓储费用和运输成本；

3. 终端客户对产品需求紧急时，部分经销商会选择直接发货至终端客户；

4. 如果公司彻底取消经销商转为直销模式，面对数量众多且采购频次较多的终端客户，公司需建立庞大的销售服务团队，以及时响应客户的各类需求，客户管理及服务将面临较大挑战，且人员投入产出比较低。

在芯片公司中，如下公司亦披露采用如下销售模式（见表19-9）。

表19-9　销售模式披露摘录

公司简称	销售模式
盛科通信	按照经销商协议约定及业务实际执行情况，发行人按照经销商下达的采购订单或临时通知，将产品在约定的时间交付至指定地点，一般情况下为经销商仓库所在地，也存在部分应经销商要求直接发货给终端客户的情况，主要系终端客户对产品的需求较为急切等原因导致，经销商提出产品型号、数量、时间、收货地址等直发需求
映翰通	上述直接发货给终端客户的产品使用的是发行人的品牌，由发行人承担品牌厂商的责任和义务，经销商的销售行为受到发行人的监管和指导，经销商要按发行人制定的市场销售政策进行销售，属于经销模式
佰维存储	报告期内，公司直接发货至终端客户占比分别为30.36%、46.90%、40.78%，直接发货至经销商客户分别为69.64%、53.10%、59.22%

六、境外经销商最终客户为境内企业的合理性

芯片公司的销售与其他行业相比会有一些特殊之处，例如芯片公司将产品销售给境外经销商（通常位于我国香港地区），但境外经销商仍会将相关产品销售给注册在境内的终端客户，产品在境外绕了一圈再回到境内。

这种交易模式的合理性在于我国香港地区为传统的亚太电子元器件交易集散地，下游经销商通常在我国香港地区设立境外采购平台，集中采购包括芯片在内的各类电子元器件，再统一销售给终端客户。许多终端客户基于物流、交易习惯、外币结算等因素，会通过香港经销商在香港采购收货，再与其他元器件一起报关进口进入境内。

这也是很多芯片公司在我国香港地区设立子公司并以此作为销售平台的原因之一。

七、向贸易商、代理商预付款项的合理性

境外大型晶圆厂商给予下游企业的回款周期较短或信用额度较少，下游企业在进行批量采购时，在从全额支付货款到完成货物销售收回现金流的过程中会出现大量资金缺口。

为满足生产及备货对原材料的需求，部分公司会通过贸易商、代理商采购由境外大厂生产的晶圆及芯片。因该等采购一般规模较大，涉及金额较高，同时由于晶圆价格有一定的波动性，一般由买方预先支付一定比例定金后发货，货到后支付尾款，这也就形成了公司需要向贸易商预付款项的情况。

第六节

知识产权合规性（以半导体退役设备再利用过程为例）

由于主导全球半导体设备供应市场的国际龙头企业不断推进先进制程设备

开发、生产，逐步不再生产成熟制程设备，使国内成熟制程半导体设备市场存在较大的供应缺口。在晶圆制造工艺和晶圆产线的代际更迭中会持续产生退役设备，不过这类设备多存在功能性损坏或精度不佳等问题，需求方往往难以直接使用，因此需由再利用企业完成一定的修复适配工作。在退役设备的修复过程中，再利用企业会根据不同型号设备的工作原理查找故障原因、排查潜在修复点，或基于客户的多样化需求进行功能优化与添加，以满足设备的正常使用要求。

基于此，退役设备作为半导体设备供应市场的重要组成部分，有效缓解了成熟制程半导体设备供应紧张的局面，且已逐渐发展为一种成熟的市场模式，再利用企业面临较好的发展机遇。但与此同时，因这一市场模式涉及众多参与者，如按设备流转情况，可分为原厂设备生产厂家、原厂设备使用方、退役设备供应单位、退役设备采购与修复企业即再利用企业，以及修复设备使用方，每一参与主体均可能对该退役设备享有权利并采取一定的知识产权保护措施，故退役设备再利用可能面临较为复杂的知识产权保护和侵权风险防范问题，需谨慎对待潜在的风险并提高知识产权合规意识。

一、再利用企业修复行为的“专利权用尽原则”保护边界

退役设备的再利用有助于缓解成熟制程产线设备的供应缺口局面，且其经修复后可具备不低于原厂同型号设备的性能及稳定性。但是由于退役设备的故障原因多样化、差异化且较为复杂，我们在本节中根据最终实现的功能差异，将再利用企业的修复行为分为“修理”与“再造”两类展开讨论。

（一）我国法律对“专利权用尽原则”的定性标准

《专利法》第75条规定，有下列情形之一的，不视为侵犯专利权：专利产品或者依照专利方法直接获得的产品，由专利权人或者经其许可的单位、个人售出后，使用、许诺销售、销售、进口该产品的。此即我国《专利法》规定的“专利权用尽原则”，亦即“首次销售原则”。

一般而言，专利权用尽原则仅适用于对专利产品进行修理，但如果修理行为超过一定限度，就会构成对专利产品的再造，将会面临侵犯专利权人合法权益的风险。因此，对于再利用企业来说，如何找到合理依据准确界定相关经营行为属于修理行为就变得至关重要。其中，“修理”行为指专利产品的合法使用人为使

专利产品能够正常使用而进行的修理、更换零部件等维护性行为。“再造”行为指“只限于在专利产品作为一个整体报废以后，‘实质上创造一个新产品’的重新制造”。

因此，从法律角度来说，一般而言，“修理”行为适用专利权利用尽原则，不构成侵权；而“再造”行为则可能超出专利权利用尽原则的适用范围，构成侵权。该问题我们将在下文具体展开讨论。

（二）其他国家或地区的区分界限

由于各个国家、地区对于专利权用尽原则的规定不尽相同，修理行为和再造行为的区分界限还需结合相关区域的法律规定或者司法判例进行具体判断，具体说明如表 19 – 10 所示。

表 19 – 10　不同国家及地区对于专利权用尽原则的观点

国家及地区	观点	法律规定或司法判例
日本	适用专利权国际权利用尽原则：若无双方特别约定，则支持平行进口。 平行进口合法性的判定应以双方当事人之间的约定为依据，如果双方对买方取得专利产品之后的使用与再销售作了限制，并且在有关产品上清楚地标明了这种限制，那么就应禁止平行进口；反之，就应允许平行进口	“BBS 铝制车轮”案(1997)
韩国	通常采用专利权的国内耗尽原则，但是也有例外，当韩国的专利权持有人和产品首次投放市场的外国专利权持有人是同一人时，专利权的国际耗尽原则有可能被采用，即由该外国专利权人或经其许可在外国投放市场的专利产品，可被允许向韩国平行进口，不构成对韩国专利权持有人享有的专利独占使用权的侵权。 当韩国的专利权持有人和将产品首次投放市场的外国专利权持有人是属于母子公司或联营公司关系时，专利产品的平行进口是否能够被允许，目前还不明确	FCE（Ildong Pharmacie v. Farmatalia Carlo Erba）

续表

国家及地区	观点	法律规定或司法判例
新加坡	适用专利权国际权利用尽原则。 专利权是否用尽主要取决专利产品是否由专利权人或其被许可人或经其同意制造并投放市场。 只要符合上述条件，专利权人对产品流通或使用所附加的任何限制都不能影响权利用尽的结果。换言之，只要相应的专利产品是真货并合法地投放市场，专利权人对该产品的销售与使用范围等所做的任何限制都是无效的。 即使平行进口的专利产品是在国外经颁发强制许可证而制造并投放市场的，也会导致在新加坡的专利权用尽	专利法第 66 条之（2）(g)，下列行为不视为对专利独占权的侵权：进口、使用、销售、提供销售任何由专利权人或其被许可人制造或经其同意（有条件的或无条件的同意）制造的专利产品或由专利方法直接获得的产品
欧盟	适用专利权区域用尽原则。 产品的首次销售发生在欧盟（EU）或者欧洲经济区（EEA）以外的国家。 在这种情况下，欧盟大多数国家的法律及欧盟的有关原则都规定：凡是在欧盟或欧洲经济区以外的市场首次销售的产品，要输入欧盟或欧洲经济区内专利权人已取得专利的国家，这类平行进口一律都可予以禁止。因为在欧盟或欧洲经济区外的首次销售不会导致在欧盟或欧洲经济区内的专利权用尽；只要在欧盟或欧洲经济区内的国家中享有专利权，该国就有权禁止第三者的平行进口行为 产品的首次销售发生在欧盟或欧洲经济区内的国家。 在这种情况下，所谓专利产品的平行进口，是指专利产品在欧盟或欧洲经济区的国家首次销售后，第三者将该专利产品输入专利权人享有专利权的另一个欧盟或欧洲经济区国家。绝大多数国家认为：这种平行进口是合法的，专利权人不能阻止该专利产品的平行进口，除非专利权人在首次销售时对平行进口已作出明确限制	Merck v. Stephar（1981） Pharmon v. Hoechst（1985）

续表

国家及地区	观点	法律规定或司法判例
	（注：瑞士是其中一个例外。瑞士认为：即使首次销售地发生在欧盟或欧洲经济区内国家，瑞士的专利权人仍有权禁止平行进口，因为在瑞士的专利权并没有用尽）	
美国	修正的国际用尽原则是主流，即对权利人许可的在国外投放市场的专利产品原则上可以自由进口到美国销售，但是权利人可通过合同对专利产品在美国的使用或销售进行禁止或限制。 坚持绝对的国内用尽原则的判例则极少，即认为将在国外合法投入市场的专利产品进口到美国使用或销售，不论何种情况，只要在进口时未经美国专利权人许可，都构成对美国专利权的侵犯	专利产品在国外未附限制条件的销售：Holidays v. Matheson（1885） 对专利产品在美国销售的明确限制：Dickerson v. Matheson（1893） 绝对国内用尽原则：Boesch v. Graff、Griffin v. Keystone

结合前述分析，美国主流的原则为专利权国际用尽原则，而日本和新加坡适用专利权国际权利用尽原则，与我国法律规定一致。韩国通常适用专利权的国内耗尽原则，欧盟适用专利权区域用尽原则。为此，我们建议相关再利用企业在与境外公司合作过程中，需事先了解和关注相关境外公司所在国家、地区的相关法律规定，以免发生侵权行为。

二、已申报 IPO 案例问询要点

经检索相关已申报 IPO 案例的监管问询，监管部门针对退役设备知识产权问题主要关注如下维度（见表 19－11）。

表 19－11　退役设备知识产权问题监管问询情况

公司简称	上市板块	监管问询情况
博蓝特	科创板	招股说明书披露，发行人主要产品还包括光刻机改造设备。问询情况如下： （1）光刻机改造前后主要技术指标及可实现性能的差异，核心技术的体现，是否为行业通用技术、是否主要体现在软件上，发行人的技术突破点、是否具备技术门槛；

续表

公司简称	上市板块	监管问询情况
		(2) 光刻机改造设备业务模式的合法合规性，改造、销售过程是否侵犯第三方知识产权或其他合法权益，是否存在纠纷或潜在纠纷
德冠新材	科创板	公司在自主研发过程中，对德国和日本进口的生产线进行原创性改造。问询情况如下： 设备改造成果是否存在侵犯他人知识产权的风险，是否存在纠纷或潜在纠纷
新益昌	科创板	公司对购买的二手设备不会进行任何调整、维修或更新改造，主要销售给专业二手设备商，由专业二手设备商更新改造后销售给最终使用客户，公司不涉及侵犯设备生产商知识产权等情形。问询情况如下： 针对二手设备发行人出售前是否检修或更新改造二手设备，申报材料相关内容是否存在矛盾
鸿铭股份	创业板	公司采购二手设备后，主要为修理翻新后销售；公司采购客户二手设备定价一般按照原设备成本价，按10年折旧期，根据实际使用年限，计算设备净值，并参考市场价得出
卓海科技	创业板	说明发行人与原厂设备厂商之间是否存在知识产权纠纷或潜在纠纷

结合上述已披露案例中的监管问询及回复角度，监管部门针对退役设备再利用的知识产权问题，通常根据不同阶段分别关注以下内容：

1. 采购阶段，需关注采购来源及是否存在违反前手限制性约定的情形，同时关注供应商的权利取得情况；

2. 修理或再造阶段，如上文对“修理”与“再造”行为的定性分析，需关注其修理或再造的具体内容，如是否存在反向工程破解、伪造更换商标或其他侵犯他人知识产权情形；

3. 销售过程中是否已告知客户退役设备修复/再造情况，退役设备的定价依据以及销售合同中针对风险承担、知识产权等约定。

三、再利用企业不同交易环节的合规建议

结合上述案例监管问询情况，以及基于规则及底层逻辑层面对“修理”与“再造”行为的分析，我们就半导体退役设备再利用企业的知识产权问题，分别从采购、修理或再造、销售三个环节展开讨论，并提出相关合规建议。

（一）采购环节所涉知识产权风险事项

1. 退役设备的采购来源

就退役设备采购来源方面，再利用企业主要从境外 IDM 企业或设备贸易商处采购退役设备。该等产品系已在市场上进行了首次销售后的设备，其因晶圆产线整体升级、工艺革新或设备自身陈旧、老化等原因而退役进入流通市场。

再利用企业在采购过程中应通过合法渠道进行采购，并就采购的设备取得相关介绍与证明文件作为支撑，同时应在采购合同中就设备来源和设备型号、参数等内容进行明确约定。如有相关约定作为依据，无论是在企业日常经营中，还是在 IPO 申报和审核反馈时，再利用企业即可参考相关案例的回复思路，从采购供应商、采购设备以及不存在限制其采购的规定等角度，向主管部门或审核部门分析说明退役设备采购模式的合法合规性。

2. 前手就相关设备所取得的权利情况

除确认退役设备的采购来源外，再利用企业在采购过程中需同步向出售方了解该设备的确权内容，其中权利内容涉及两方面，一是原厂设备厂商是否就退役设备已采取知识产权保护措施，如申请商标、专利等；二是出售方就其获得、使用该等设备是否存在其他授权许可，或者是否存在任何限制性约定。

此外，结合深圳证券交易所近期受理的无锡卓海科技股份有限公司等案例所披露的信息，建议再利用企业在采购过程中需即时关注供应商所在国家或地区的监管政策、贸易政策等是否发生了不利变化，如是否存在限制或禁止相关设备出口的情形，以提前预判和防范相关风险，降低后续对修理/再造及销售过程中的不利影响。如根据美国商务部制定的《美国出口管制条例》，被列入“实体清单”后，供应商不可向该实体清单企业出口、转口或转移任何依据前述规定隶属美国出口管制管辖权内的物品、软件和技术。

3. 采购合同中针对知识产权的条款设计

再利用企业作为退役设备的采购方，除关注上文提及的设备来源、前手就相

关设备所取得的权利情况外，我们建议应当在签署采购合同时注意从以下方面规避潜在的知识产权风险：

如再利用企业使用出售方提供的设备，将对第三方所有的知识产权进行使用和实施，则出售方应在合同中承诺其自行取得该第三方的所有许可（包括关于再利用企业有权使用和实施该第三方的知识产权的许可），并主动提供知识产权来源证明、许可合同复印件及第三方的授权书等文件及承担由此产生的费用；

此外，出售方应在合同中保证，其所提供的设备不得侵犯任何第三方的合法权益，且无论再利用企业以何种方式使用该设备（包括将其与其他产品一起使用的情形），均不会侵犯任何第三方的合法权益，反之出售方应承担再利用企业由此产生的全部费用（包括但不限于第三方的索赔）。

（二）修理或再造环节相关知识产权风险事项

1. 专利侵权风险的核查

根据现有相关司法判例，一般而言，若再利用企业针对退役设备主要是进行维修或更换零部件等维护性行为，不存在对原设备进行实质变动，也未涉及第三方技术，技术主要来源于自主研发或相关领域的基础技术原理及技术人员经验，且客户对设备来源、维修情况均知悉，则适用专利权用尽原则，不会构成专利侵权。

如在（2020）最高法知民终1687号案件中，法院认为安术公司销售的婴儿锁系王某军授权企业菲比公司所生产，属于专利产品；且通过2019年5月菲比公司与安术公司之间的交易，上述专利产品已被菲比公司售出，即经王某军许可的企业投入了市场；安术公司购得该专利产品后，在未经王某军许可的情况下，仅对其实施了销售行为。因此，安术公司就其从菲比公司购得的婴儿锁所实施的销售行为，符合《专利法》（2008年）第69条第1项（2020年已修订为第75条第1项）关于专利权利用尽的规定，依法不视为对涉案专利权的侵害。

与上述案例相对应，如退役设备主要是进行重新制造，创造一个新的产品，则可能会产生侵犯专利权的风险。

如在（2014）豫法知民终字第61号案件中，法院认为本案所涉框架式空气过滤器最初系由毅兴公司为中石化湛江东兴公司生产安装的专利产品。中石化湛江东兴公司在该设备尚能使用的情况下，为扩充净化能力，招标对设备进行改造，且改造的结果是提高了设备的净化能力，故胜达公司与中石化湛江东兴公司签订、履行合同的改造行为属于产品制造行为。胜达公司改造后的设备与毅兴公司生产的改造前的设备及毅兴公司“板框式过滤器滤芯”实用新型专利技术方案的技术特征相同，落入毅兴公司“板框式过滤器滤芯”实用新型专利权利要求保护范围，构成侵权。

除上述针对专利的风险核查外，仍需同步关注退役设备修复过程是否涉及对设备的原生产线、参数、规格等要素更改或调整，从而对修理行为或再造行为的定性进行综合判断。

2. 商标侵权风险的核查

根据相关司法判例，一般而言，对于购置他人生产的退役设备重新进行“一般翻新”（注：“一般翻新”是指经营者对旧设备的翻修，保留了原设备基本面貌和主要零部件，而仅仅是对旧设备的次要零部件进行修理或更换，或者仅仅是对旧设备进行清洗、除尘、打磨；此时旧设备虽经历了上述修造，但其内在品质仍主要取决于原设备的制造者），未去除原有商标或未以其他商标替换、遮掩原有商标并将该设备投入流通，不构成侵犯设备原商标权人的合法权益，因此，在“一般翻新”状态下，相关商标侵权风险较小。

但若去除退役设备原有商标或以其他商标替换、遮掩原有商标并将该设备投入市场，则可能属于切断原有商标与旧设备之间关联的“隐形反向假冒”行为，构成商标侵权。如在最高人民法院公报案例（2004 年第 10 期）如皋印刷机械厂诉轶德公司侵犯商标专用权纠纷案中，南通市中级人民法院认为：在商品流通过程中拆除原有商标的行为，显然割断了商标权人和商品使用者的联系，不仅使商品使用者无从知道商品的实际生产者，从而剥夺公众对商品生产者及商品商标认知的权利，还终结了该商品所具有的市场扩张属性，直接侵犯了商标权人所享有的商标专用权，并最终损害商标权人的经济利益。

因此，建议在对再利用企业进行修理或再造环节的商标侵权风险核查时，需要特别注意“一般翻新”的边界，防止产生“隐形反向假冒”，以免产生商标侵权风险。

（三）销售环节相关风险事项

1. 保障客户的知情权

一般而言，再利用企业主要通过公开招标、多轮考核评估等方式直接销售设备，客户可分为厂商与代理商，其中大多数为国内知名的晶圆制造企业。从销售过程来看，一般在再利用企业与客户签署合同并接受订单后，将依序完成设备修复、装验机等各道工序，再向客户进行交付，客户在收到前述设备后通常会进行试运行，运行通过后，客户出具验收合格单完成销售。

对于退役设备的销售，再利用企业需充分告知客户相关产品系退役设备，并在相关合同中予以明确约定，以确保客户对相关产品来源、改造情况均知悉，同时确保销售模式的合法合规性，如在浙江博蓝特半导体科技股份有限公司上市问询中，发审委问及，“改造、销售过程是否侵犯第三方知识产权或其他合法权益，是否存在纠纷或潜在纠纷”，博蓝特公司回复，“发行人在销售时已明确告知客户该等光刻机是尼康品牌经改造的退役设备，改造系客户提出需求后的定制化改造，贸易商客户在对下游客户销售该等光刻机设备时也已明确告知销售的该等光刻机系经改造的退役设备。发行人不存在伪造、隐瞒商标的情形，不存在致使客户对于产品商标产生误解的情形”。

2. 注重相关知识产权的约定

鉴于客户通常系退役设备的直接使用者，如该设备发生侵权情形，往往与客户直接相关联，故建议在与客户的销售合同中约定相关知识产权的权利义务条款，明确双方的权责，降低潜在的知识产权风险。如再利用企业可在销售合同中明确：鉴于客户知悉产品系经修复的退役设备，客户同意并知悉与设备修复相关的知识产权归属设备提供方所有，客户需以正常、正当、合理的方式使用前述知识产权。

第二十章 销售与客户

第一节 转移定价

半导体企业多存在跨境主体，涉及跨境贸易，或在境内根据业务类型划分，存在研发、生产、销售不同主体，内部主体之间的交易比较常见，这也是客观的业务经营需求。如基于人才招聘的考虑将研发主体设置在境外半导体行业发展更为成熟的国家或地区，或将贸易中心设置在我国香港地区以便利化开展境外销售。对于此种内部交易，转移定价即公司与子公司、子公司与子公司之间提供产品、劳务或技术所采用的定价，系 IPO 审核监管的关注重点。本节旨在结合证券监管法律规定、IPO 审核案例情况，梳理规则的要求与边界、IPO 审核监管动态，并针对监管问询的关注要点提出建议，以期为发行人在面临 IPO 审核问询时提供回复思路，并对企业在日常经营中涉及境外主体的转移定价问题时提供规范思路。

一、转移定价相关案例摘录

如前所述，转移定价一直都是 IPO 审核的重要关注点之一，经我们公开查询梳理，现将部分科创板上市公司的相关案例列示如表 20 - 1 所示。

表 20-1　科创板上市审核中关于转移定价的部分相关案例摘录

公司简称	上市时间	问题	回复/回复要点
慧智微	2023-05-16	招股说明书披露：（1）报告期内，发行人境外收入占比为 99.99%、95.53% 和 95.27%；（2）2021 年发行人收购香港慧智微，香港慧智微原为 VIE 架构下的经营主体，现无实际业务，目前慧智微（香港）承担了发行人的销售职能。 请发行人说明：（1）按最终销售地划分的境内外收入构成；（2）香港慧智微被收购前后与发行人之间的交易及其变化情况，集团内部境内外实体的交易情况以及留存利润的分配情况，是否存在转移定价的风险。 请保荐机构和申报会计师对上述事项进行核查并发表明确意见……	1. 按最终销售地详细披露境内外收入构成及内部交易情况； 2. **通过集团境内外公司均处于亏损状态论证不存在转移利润的风险；** 3. 通过主管税务机关和主管海关部门未对集团境内公司关联交易安排和转移定价提出异议来反向论证不存在相关情况； 4. 获取主管税务部门出具的**合规证明**
思特威	2022-05-20	申请材料显示：（1）发行人 2020 年 8 月收购香港智感微 100% 股权，构成同一控制下企业合并；…… 请发行人进一步补充披露：（1）发行人与香港智感微交易涉及的货物流转过程，相关购销定价是否公允，香港智感微利润是否真实反映其实际水平，企业合并时香港智感微财务报表是否经过审计；…… 请保荐机构和会计师核查并发表明确意见，说明关于江苏芯加及开曼思特威代垫成本费用完成计入发行人财务数据的核查依据、过程	1. 通过适用的税率差（境内 15%、境外 16.5%）论证不存在通过内部转移定价进行税务筹划的情形； 2. 向税务部门**提交关联交易同期资料本地文档等并完成报备**，税务部门对报备的材料未提出异议； 3. 由税务师事务所出具报告，论证利润水平属于行业正常水平，且关联公司间交易符合独立交易原则

续表

公司简称	上市时间	问题	回复/回复要点
华大智造	2020－09－09	报告期内，公司及部分子公司享受的税收优惠政策包括高新技术企业所得税优惠政策、软件和集成电路企业所得税优惠政策及软件产品增值税即征即退优惠政策，2018 年度、2019 年度及 2020 年1—9 月公司因上述两项政策而取得的税收优惠金额分别为 5326.89 万元、3075.43 万元及 1377.78 万元。此外，报告期各期公司确认为当期损益的其他政府补助分别为 4.74 万元、1346.24 万元、2260.80 万元及 2171.89 万元。 请发行人说明：……（2）公司境内主体向境外主体销售的转移定价情况，子公司与子公司或母公司与子公司之间产品交易的定价是否公允、合理，是否具有连贯性和持续性，是否存在利用不同主体之间不同税收优惠政策调节利润的情况，是否符合相关规定；……请申报会计师核查并发表意见	1. 通过分析境内主体与境外主体之间报告期内关联交易毛利率的稳定性论证关联交易定价标准的连贯性、持续性； 2. **通过境内生产主体和境外销售中心之间的企业所得税率差异较小论证不存在通过集团内关联交易降低税负的动机；** 3. 取得了境内主体税务部门出具的**无违法违规证明**
福昕软件	2020－09－08	根据首轮问询回复，发行人设立福昕美国目的是开拓美国市场业务，主要负责管理北美地区的销售与服务，并承担部分研发职能，同时也发挥统筹与支持境外各子公司运营的作用。 请发行人说明：发行人与福昕美国及其他重要境外子公司之间的**转移定价方式和价格确定机制，相关安排是否合规，上市后子公司向母公司分红是否有相关制度安排。** 请发行律师核查并发表明确意见	1. 说明境外子公司的销售功能及具体结算方式； 2. 通过合规证明、向税务部门报送的《企业年度关联业务往来报告表》、**境外律师出具的法律意见书**说明税费缴纳合规情况； 3. 通过《转移定价报告》说明转移定价结果符合当地法律规定

二、IPO中转移定价的审核关注要点及回复思路

（一）审核关注要点

1. 商业模式的合理性与必要性

在企业IPO过程中，如存在转移定价的，首先会问及商业模式的合理性与必要性，具体问题为：母公司与子公司的业务定位与分工，采取离岸贸易方式经营的背景、原因，实施内部转移定价的商业合理性与必要性，是否符合独立交易原则等。

2. 实施方式的合规性

对于转移定价而言，实施方式是否合规主要体现为境外主体的设立是否符合境内主体对外投资的规定，是否履行发改部门备案、商务部门备案（境外在投资报告）等程序以及资金出境是否合规。

除上述外，通常还会被关注是否存在通过转移定价转移利润的情形，是否因此被税务机关稽查或处罚以及进出口海关手续是否合规等。

3. 定价方式和价格机制

对于转移定价方式和价格机制而言，通常会被问及产品交易的定价是否公允、合理，是否存在利用不同国家或地区间的税率差异或是免税条件，将利润从本应缴纳高额税款的地区，转移到低税率，甚至是免税的地区调节利润的等情况。

4. 分红安排

如前文所述，定价方式和价格机制主要关注是否存在利润转移将利润留存在境外的情形，如将利润留存在境外，那么境内拟上市主体在上市后可用于股东分红的金额将减少，不利于中小股东的利益保护，所以在IPO审核中监管也较为关注境外主体的利润是否能通畅地向境内主体分配。

（二）审核回复思路

1. 商业模式具有合理性与必要性

（1）通过明确集团内各主体的业务定位与分工，结合产品特性、客户分布、行业惯例等因素，充分说明境内外主体的商业目的、职责不同，并结合境内主体销往境外的产品或原材料的毛利率等因素来论证商业目的合理性及转移定价的必

要性。

（2）通过各主体的独立核算、交易与结算模式、资金流等，说明交易的真实性与独立性。

2. 实施方式合规

（1）税务合规性：通过境内主体纳税申报的资料、关联交易往来的报告表及相关备案情况、主管部门出具的合规证明、境外法律意见书说明税费缴纳的合规情况、税务风险情况。

（2）境外主体设立与经营的其他合规情况：设立的相关手续文件及主管部门的合规意见、境外法律意见书说明相关的合法合规情况。

3. 定价方式和价格机制合理

（1）通过境内生产主体和境外销售主体之间的企业所得税税率差异较小或境外主体所得税税率较境内更高、各主体的盈利情况论证不存在将利润转移至境外减少境内纳税调节利润的动机。

（2）通过聘请第三方税务咨询机构出具的关于公司跨境关联交易具有独立性且不存在转移定价的税务风险的报告说明转移定价的合理性、价格的公允性。

（3）通过发行人与转移定价相关的各内控制度及报告期内该模式的关联交易趋势论证定价模式的可持续性。

（4）通过经营定位、风险、人员配置、成本、价值率等说明合理利润率的确定以及协商定价的依据。

4. 分红安排具有可执行性

（1）境外主体不存在对分红的特殊限制，通过制度、境外子公司章程中关于利润分配政策的规定或者承诺确认发行人有能力确保境外主体在符合相关法律法规规定的前提下向发行人进行利润分配。

（2）对境外低税率地区留存利润较多、预提递延所得税对财务报表影响比较大的，即使目前未实际分红，出于谨慎性考虑，部分案例中也将境外主体已形成留存收益在未来分配时预计承担的纳税义务作为应纳税暂时性差异，并按照适用税率在当期确认递延所得税负债。

三、企业日常经营中的建议

（一）同期资料和特别申报

公司应当按照《企业所得税法实施条例》（2019 年修订）、《特别纳税调整实施办法（试行）》（国税发〔2009〕2 号）等相关规定，准备、保存与关联交易相关的资料，包括与关联业务往来有关的价格、费用的制定标准、计算方法和说明等同期资料、关联业务往来所涉及的财产、财产使用权、劳务等的再销售（转让）价格或者最终销售（转让）价格的相关资料、与关联业务调查有关的其他企业应当提供的与被调查企业可比的产品价格、定价方式以及利润水平等资料，以备税务机关的核查要求。

转移定价涉及特别纳税事项调整和特别申报程序，在纳税申报的实践中，公司需注意关联企业的认定、关联交易类型的适用、不同交易定价方法的确定、纳税申报资料的报送与备案等，按照规则及当地主管税务部门的要求，按程序履行特别纳税申报义务，规避特别纳税调整风险。

（二）保持合理利润水平

公司通过聘请第三方税务咨询机构获取定价相关建议，采取合理的转移定价方法，通过设定公允的内部定价，谨慎确定合理利润率水平，在境外层面留存合理利润。

针对利润率水平，需结合公司所处行业、产业链及其关联交易的类型与体量等方面具体判断，一般来说，税务机关不会单纯地看每笔交易的利润率，更多是看年度的利润率水平。如果金额或占比较高，那么在 IPO 过程中被问询的可能性较高，需要做充足的材料准备。对于利润率水平的确定方式与具体的安全区间值，建议公司与同行业公司的中位数进行比较后确定，且在报告期内定价原则应保持一致。此外，建议同步与主管税务部门作进一步沟通，以明确实操层面的监管要求。

（三）制定相关内控制度

公司应通过制定转移定价机制、利润水平、同期资料归集以及内部程序等各内控制度，保持规范性。

第二节 经销模式

半导体行业公司重科创属性是其一大特点，先进产品的问世自然会得到市场的认可，一方面，相关产品往往具有应用场景、应用领域广泛，客户数量多、分布地域广，产品交付又常具有小批量、多批次的特点；另一方面，公司与终端客户之间的需求沟通、物流运输、售后服务等成本较高。前述特点对很多主要聚焦于科创研发的半导体行业公司具有较高挑战，相关公司通常会继续以产品需求迭代研发为重点，产品的销售则主要以经销模式开展。

由于经销模式的非终端销售特性和经销商的易于控制性，致使经销模式下发行人的收入真实性和存货准确性存疑，因而，近年来，证监会、交易所注重对经销模式的监管，陆续发布相关法规规定及监管问答、适用指引，明确经销商核查的标准及原则。特别是2023年全面注册制改革后，证监会新发布的《监管规则适用指引——发行类第5号》（2023年2月）① 中，进一步明确了对经销模式的核查要求，要求中介机构出具经销模式专项核查意见，其要求较以往《首发业务若干问题解答》更为细致和严格。

一、经销模式相关案例摘录

经公开查询梳理，现将部分科创板上市公司的相关案例列示如表20－2所示。

① 根据《监管规则适用指引——发行类第5号》，中介机构应按风险导向和重要性原则，对于报告期任意一期经销收入或毛利占比超过30%的发行人，原则上应按照规定做好相关工作并出具专项说明，未达到上述标准的，可参照执行。

表 20－2　科创板上市审核中关于经销模式的部分相关案例摘录

公司简称	相关问题摘录	核查程序摘录
佰维存储（2021 年经销占比 82.43%）	请发行人说明： （1）穿透列示报告期内主要经销商与知名终端客户之间销售产品类别及金额的对应情况，并结合知名客户收入变化，分析**经销收入大幅增长的合理性**，是否存在直销客户转为经销模式下终端客户的情形； （2）报告期内经销商**直接发货至终端客户**的具体情况，包括涉及的主要经销商名称、终端客户名称、商品类别、销售金额、直接发货金额占该经销商向相关终端客户总销售金额的比例，直接发货至终端客户占比较高的原因及合理性，**经销商在该模式下的具体作用以及该模式的商业合理性**； （3）结合报告期各期**新增和退出经销商的销售收入及毛利占比说明经销业务的稳定性**；除主要经销商外，其他经销商是否专门销售发行人产品，是否存在个人等非法人实体，采购频率及单次采购量分布是否合理，终端客户构成情况，期末库存及期后销售情况	1. 获取公司报告期内和 2022 年 1—6 月销售明细，**访谈公司管理层及知名客户**； 2. **访谈经销客户及下游终端客户**，查阅公司销售明细； 3. 通过查阅销售明细、访谈公司经销商客户及下游终端客户，并查阅签收资料，了解公司前十大经销商中直接发货至下游终端客户的情形，并**与同行业上市公司进行对比，了解直接发货至终端客户的原因及合理性**； 4. 通过**查阅经销合同了解相关条款约定**，结合公司实际业务流程，评价经销商在此模式下的具体作用及商业合理性； 5. 获取公司各期经销商客户名单及相关明细情况，对比分析报告期各期新增和退出经销商的具体情况，并**对公司高管、主要新增和退出经销商进行访谈了解其变动原因**； 6. 对公司报告期各期前十五大经销商通过**访谈、查阅公开信息、获取销售明细**等形式，了解其**是否专门销售公司产品、是否存在个人等非法人实体、采购频率及单次采购量、终端客户构成情况、期末库存及期后销售情况**
英集芯（报告期经销收入占比均超过 90%）	请发行人：结合电源管理芯片、快充协议芯片等不同产品类型，列示报告期各期**前十大经销商对应终端客户、最终品牌产品的销售情况**，并说明**经销商是否专门销售发行人产品，终端客户在报告期内各期间是否发生异常变动**	1. 取得报告期各期前十大经销商提供的其向主要终端客户的销售情况资料，并对其所提供的**大部分主要终端客户销售情况进行函证**，分析报告期各期前十大经销商对应终端客户的销售变动情况，了解其变动原因及合理性； 2. 向发行人销售人员了解报告期内其最终客户的主要类型及

续表

公司简称	相关问题摘录	核查程序摘录
		第三方媒体历年发布的成品拆解评测报告情况，取得报告期各期前十大经销商对应最终品牌客户的销售情况并与报告期各期前十大经销商对应终端客户的销售情况相结合得出报告期各期前十大终端客户对应最终品牌产品的销售情况，分析销售变动情况，了解其变动原因及合理性； 3. **访谈报告期各期前十大经销商**，取得访谈记录以及信息确认说明函，确认经销商不存在专门销售发行人产品的情形
东芯股份（问询时报告期经销收入占比分别为34.76%、56.18%、41.80%和45.05%）	关于客户 请发行人披露： （1）按照直销和经销模式分类下的前五大客户名称、销售金额及占比，变动的原因，主要直销和经销客户的基本情况； （2）公司与经销商之间的合作方式，包括**经销商为发行人提供的服务，经销商的获取、拓展、资质评定标准，销售模式和结算模式，销售折扣或返利等条款的约定，经销商是否存在替下游客户垫资的情况**。 请发行人说明： （1）主要直销和经销客户的具体情况、包括但不限于所在区域、成立时间、与发行人的合作历史以及是否与发行人及其关联方存在关联关系，是否专门销售发行人产品，相关交易公允性；	1. 与公司业务部门、财务负责人进行访谈并查阅公司与主要客户签署的业务合同、销售订单等文件，了解公司与主要客户的业务合作情况、交易内容、合同主要条款等相关问题。 2. 取得公司主要客户的工商资料或主要客户关于其股权结构、成立时间、注册资本、营业范围等事项的确认材料及关于其下游终端客户情况、销售公司产品情况的说明、公司自设立以来的员工花名册及公司前员工和前股东的名单，并**与发行人经销商的主要股东、董事、监事和高级管理人员进行匹配核对**。 3. 取得公司报告期内向客户销售情况的明细及公司各期前五大客户情况，统计主要客户的销售情况进行复核，就客户销售金额变动、产品价格和毛利率变动、**经销模式下销售的回款情况和期末存货情况以及其客户的变动等事项向公司业务**

续表

公司简称	相关问题摘录	核查程序摘录
东芯股份（问询时报告期经销收入占比分别为34.76%、56.18%、41.80%和45.05%）	（2）与主要客户的合同签订、相关权利义务、物流、资金流、付款方式的具体约定，并结合上述说明经销和直销的具体流程，业务在发行人及其境内外子公司之间的具体组织方式； （3）结合经销商的**进入、退出及存续情况分析与经销商之间的合作稳定性**；经销商的**终端销售及期末存货情况，销售回款情况，是否存在第三方回款，是否存在个人经销商**； （4）报告期内**新增经销商的基本情况**，对新增经销商销售收入金额及占比，结合相关价格和毛利率说明销售价格是否公允，回款是否正常，报告期内经销商**是否存在发行人的员工、前员工、前股东及其关联方持股、任职等情况**。	**部门、财务负责人进行询问**。 4. 向报告期内公司客户进行函证，以核实公司对客户销售收入入账的真实性、准确性。 5. 通过现场走访、视频访谈及其他方式对公司报告期内主要客户进行访谈，了解公司客户与公司的业务合作情况、业务模式、交易金额变动的原因、**经销商客户向下游终端客户销售公司产品的情况、公司产品在经销商客户同类产品中的占比、客户与公司的关联关系**。 6. 取得公司提供的第三方回款明细，抽样比对报告期内收入客户名称与银行资金流水回款单位的匹配性，并进一步了解和查验**第三方与收入客户的关联关系、第三方回款的业务背景及相应的外部证据**等
	关于经销商 请发行人披露：经销商模式下收入变动较大的原因。 请发行人说明： （1）发行人**采用经销商的必要性**，经销商在发行人客户开拓过程中的具体作用； （2）经销商采购公司产品的**期后销售情况和存货情况**； （3）按照 Fidelix 与东芯股份划分的销售模式，各自主要的客户、主要经销商、**经销商交叉情况**以及各销售模式下收入变动情况	1. 了解报告期内公司采用的销售模式及经销模式中经销商在公司业务中发挥的作用，通过**公开资料查询同行业可比公司所采用的销售模式**及不同销售模式各自的收入占比情况。 2. 获取报告期内公司客户清单及相应的收入明细，了解报告期内公司直销及经销模式下收入变动原因，与公司业务部门、财务负责人**进行访谈并查阅公司与境外主要客户签署的业务合同、销售订单**等文件，并核对主要经销商交叉情况及业务原因。

续表

公司简称	相关问题摘录	核查程序摘录
东芯股份（问询时报告期经销收入占比分别为34.76%、56.18%、41.80%和45.05%）		3. 获取公司报告期内按照销售模式各期前五大主要客户情况，对主要客户的销售情况进行统计复核并了解公司变化原因。 4. 采用**分层抽样方法对主要经销商的最终销售情况实行穿透核查**，获取经其确认的2018年年末至2020年年末的各期期末库存明细、报告期内公司对其销售及其对外销售的最终销售情况
普冉股份（报告期最后一年经销占比59.61%）	关于直销和经销模式 请发行人披露： （1）发行人通过经销商模式实现的销售比例和毛利率与同行业可比上市公司是否存在显著差异； （2）报告期各期不同销售模式各类产品的销售数量、销售收入及其占比、不同销售模式各类产品的销售价格和毛利率情况以及是否存在显著差异； （3）报告期各期经销商家数的增减变动及收入贡献情况，是否存在**大量新增和退出**，并结合市场开拓、最终客户变化及其需求变化等因素分析**收入的可持续性**； （4）是否存在**直销客户和经销模式下最终客户重合或不同经销商客户的最终客户重合的情况**，如有请补充披露原因及商业合理性； （5）是否存在**第三方回款**的情况，如存在请详细披露。 请发行人说明： （1）结合相关协议及订单的条款，说明发行人与经销	1. 针对发行人经销商模式实现的销售比例和毛利率与同行业可比上市公司进行比较，分析是否存在显著差异及原因； 2. 分析发行人报告期各期不同销售模式各类产品的销售数量、销售收入及其占比、不同销售模式各类产品的销售价格和毛利率等是否存在显著差异及原因； 3. 对报告期各期经销商家数的增减变动及收入贡献情况进行分析，是否存在大量新增和退出，并结合市场开拓、最终客户变化及其需求变化等因素分析收入的可持续性； 4. 对发行人是否存在直销客户和经销模式下最终客户重合或不同经销商客户的最终客户重合的情况进行分析核查； 5. 对发行人是否存在第三方回款情况进行核实； 6. 获取发行人**与主要经销商签订的相关协议或订单**，查看主要交易内容、合同中的权利和义务约定、信用政策等条款，核查收入确认政策是否符合企业会计准则的约定。检查了主

续表

公司简称	相关问题摘录	核查程序摘录
普冉股份（报告期最后一年经销占比 59.61%）	商的**具体合作模式，属于买断式销售的依据及合理性**，明确说明具体的收入确认时点、依据和取得的凭证，是否与合同约定和实际销售过程一致，是否符合企业会计准则的规定； （2）发行人生产并销售的两类产品是否为**定制化产品**，说明标准化和定制化产品的销售结构； （3）不同销售模式客户所采用的**信用政策、结算政策和定价机制**是否存在显著差异以及对报告期内的变动情况进行分析； （4）**经销商选取标准、日常管理、销售指标、定价机制、物流、退换货机制、销售存货信息系统等方面的内部控制**是否健全并有效执行，对经销商客户履行的背景调查和信用评价等相关内部控制执行情况，与经销商客户的销售指标约定及完成情况，是否存在最低订货量等约定； （5）结合经销商的备货模式和产品销售周期，分析对经销商的**信用政策是否具有商业合理性**； （6）是否存在采用**多层经销架构**完成产品销售的情况，如有请补充采用多层经销架构的商业合理性； （7）经销商客户的**最终销售实现情况、各期末库存变化以及期后实现销售的情况**和相关统计数据的来源，是否存在经销商期末渠道压货、突击进货的情况；	要客户收入确认相关的业务单据，包括**订单、发货单、发票、物流单据、第三方发货证明、海关报关单据、出口发票**； 7. 检查主要经销商的**合同、收款记录**，获取发行人关于主要经销商实际执行信用期的说明； 8. **对公司相关负责人进行了访谈**，了解发行人销售模式、回款情况等，对公司的销售及收款实施控制测试； 9. 获取发行人**经销商管理制度及销售管理制度**等资料； 10. 选取报告期内主要经销商客户，执行函证程序并取得确认回函； 11. **对主要经销商客户进行实地走访或视频访谈**，了解客户的注册资本、股东构成、主营业务、经营情况、信用政策、下游客户、与公司的合作情况等； 12. 对主要经销商进行穿透核查，获取经其盖章确认的 2017 年末至 2020 年 3 月末的年度**期末库存明细和对外销售明细表**、2020 年 4—8 月销售明细表； 13. 对主要经销商客户的终端客户进行实地走访或视频访谈，了解**终端客户注册资本、股东构成、主营业务、经营情况等背景资料**； 14. 取得了报告期内主要经销商关于期末库存情况的说明，并对库存情况进行了核查

续表

公司简称	相关问题摘录	核查程序摘录
普冉股份（报告期最后一年经销占比 59.61%）	(8) 报告期各期及期后主要经销客户的**最终实现销售的客户名称、销售内容和销售数量**，与发行人销售量及其期末库存的**钩稽关系**； (9) 结合发行人销售额占报告期各期主要经销商当期同类产品采购额的比重，说明是否存在**经销商客户专门或主要销售发行人产品的情形**并说明原因，分析该等经销商客户的信用和返利政策等、同类型产品的销售价格和毛利率是否与其他客户之间存在显著差异	
	关于退换货 请发行人补充披露：**发行人销售产品的退换货情况及会计处理**。 请发行人说明： (1) 产品质量问题导致**退货金额大幅上升的原因，涉及质量问题的各类型存货的期末结存数量、账面原值、存货跌价准备及其计提的充分性**； (2) 发行人对杰理科技涉及退货相关产品销售和退回的**业务沟通过程、订单和物流记录，销售合同对退货的具体约定，前述退货事项的会计处理、涉及的会计科目及金额，是否符合企业会计准则的规定**； (3) 退货产品是否为通用产品，报告期各期该等产品的销售情况，发行人**认定退货产品符合技术标准的原因及依据**，截至目前**退货产品的销售和结存情况**，退货	1. 获取发行人报告期内**退货清单及退货原因**，获取涉及质量问题的各类型存货的期末结存数量、账面原值、存货跌价准备计提表，**复核其存货跌价准备计提的充分性**； 2. 项目组对杰理科技进行了访谈，并向杰理科技发送函证，已取得确认回函，函证回函确认了相关退货事项； 3. 取得了发行人与杰理科技之间涉及退货产品销售和退回的**业务沟通邮件**，取得了退货相关产品的**销售订单和退回物流记录**； 4. 对杰理科技的退货产品进行**实地监盘**； 5. 取得发行人与杰理科技的**销售合同**，查阅相关条款约定；检查退货事项的会计处理、涉及的会计科目及金额，是否符合企业会计准则的规定； 6. 取得了发行人关于退货产品的说明，了解**退货产品的相关技术标准以及保证产品符合技术标准的具体措施**；

续表

公司简称	相关问题摘录	核查程序摘录
普冉股份 （报告期最后一年经销占比 59.61%）	产品是否存在减值风险以及存货跌价准备计提是否充分； （4）除上述情况外，发行人对杰理科技销售的其他产品存在退换货的情形； （5）发行人与杰理科技的上述退货事项是否存在**纠纷或潜在纠纷**，发行人是否存在未披露的产品质量纠纷	7. 取得发行人报告期向杰理科技的销售记录，查阅报告期各期**相同产品的销售情况**，以及**其他产品退换货情况**； 8. 取得**第三方出具的关于退货产品的检测报告**； 9. 检查了截至目前退货产品的销售情况，包括**相关合同订单**、**发票**、**物流记录**等业务单据； 10. 查阅了杰理科技的确认函，杰理科技确认其与发行人之间已就上述事宜达成妥善的处理方案，不存在分歧、争议或纠纷事项，确认其与发行人之间未发生产品质量纠纷； 11. 登录中国裁判文书网、中国审判流程信息公开网及中国执行信息公开网等网站，检索了发行人的涉诉情况
	关于杰理科技 招股说明书披露，2018 年度、2019 年度和 2020 年第一季度发行人**第一大客户**为杰理科技。 请发行人说明： （1）发行人与杰理科技的合作建立过程，报告期各期发行人对杰理科技的销售收入和毛利率情况，**销售收入大幅上升的原因，同类型产品的销售价格和毛利率与其他客户之间是否存在显著差异**； （2）结合下游市场需求、杰理科技产品的产销情况和杰理科技采购同类产品的份额等情况，说明发行人对杰理科技的**销售收入是否具有可持续性，是否存在被替代的风险**	1. 对发行人相关负责人进行访谈，了解与杰理科技合作建立过程，**相关销售的可持续性**； 2. 获取发行人与杰理科技之间的**业务沟通记录**、**邮件沟通记录**，发行人与杰理科技之间的销售订单真实有效； 3. 获取发行人与杰理科技签订的合同以及报告期内的所有订单，并与各期销售收入进行对比，订单数量和金额与账面收入一致； 4. 检查了杰理科技销售**相关的物流记录单或第三方发货证明**； 5. 获取并检查报告期内发行人对杰理科技销售的订单、送货单、发票等销售资料； 6. 获取报告期内发行人**银行对账单**，检查了杰理科技销售回款记录；

续表

公司简称	相关问题摘录	核查程序摘录
		7. 对报告期内发行人与杰理科技的交易额和应收账款余额进行函证，取得确认回函； 8. 对杰理科技进行实地走访，了解其**基本信息**、**业务模式**、**经营规模**、**货款结算**等内容，向其确认销售金额；其业务规模与报告期内向公司采购金额匹配； 9. 分析报告期发行人对杰理科技同型号产品的销售价格与其他客户的差异情况
普冉股份（报告期最后一年经销占比 59.61%）	主要经销商 请发行人说明： （1）上海图页、昂杰科技、上海译枢和芯智诚等经销商**成立时间较短但拥有终端客户资源的原因**，发行人在与前述经销商合作或成立之前，是否与终端客户存在商务沟通、销售业务和开展认证，**相关客户资源是否来源于发行人**； （2）结合经销商向终端客户的销售情况，说明**主要终端客户生产规模是否与其采购量相匹配**，主要经销商及其关联方与终端客户、发行人及其关联方、员工和前员工之间是否存在**关联关系**、**关联交易**、**资金往来或其他利益安排**； （3）发行人同容量产品对主要经销商的销售价格和毛利率的对比情况，与其他客户是否存在差异以及原因，发行人对上海图页、昂杰科技和上海肖克利的**销售毛**	1. 获取了发行人报告期内销售明细表，分析存量客户及增量客户的销售情况，分析前五大客户销售收入变动情况； 2. 检查各期主要客户的销售合同或订单，对上述客户的销售单价进行分析； 3. 分析选定客户销售收入及毛利率变动的原因； 4. **对发行人相关负责人进行访谈**，确认公司与主要客户的获取方式、合作情况、定价原则、毛利率变动原因； 5. **对主要经销商进行访谈，查询其工商信息**，向发行人了解**发行人主要员工兼职情况**、**主要前员工去向**，核查主要经销商与终端客户、发行人及其关联方、发行人主要员工及主要前员工之前是否存在关联关系、关联交易、资金往来或其他利益安排； 6. **对主要经销商进行穿透核查**，获取经其盖章确认的 2017 年末至 2020 年 9 月末的**各期期末库存明细和报告期内对外销**

公司简称	相关问题摘录	核查程序摘录
普冉股份 （报告期最后一年经销占比 59.61%）	**利率逐年下降的原因，是否具有持续下降的风险**，发行人对三航电子和芯智诚销售**毛利率大幅波动的原因及合理性**； （4）报告期各期主要经销商**实现销售的客户名称、产品内容和数量以及占发行人当期对其销售收入的比重，各期末库存数量和金额**以及占发行人各期对其销售收入的比重	**售明细表**； 7. 对报告期各期存量及增量经销商家数变动及收入贡献情况进行分析； 8. 对主要经销商客户的**终端客户进行实地走访或视频访谈**，了解终端客户**注册资本、股东构成、主营业务、经营情况**等背景资料； 9. 取得了报告期内主要经销商关于**期末库存情况**的说明，并对库存情况进行了核查
艾为电子 （报告期经销收入占比超过 85%）	关于终端用户 招股说明书披露，公司产品以智能手机为代表的新智能硬件为应用核心，通过突出的研发能力、可靠的产品质量和细致的客户服务，覆盖了包括华为、小米、OPPO、vivo、三星、LG、联想、Moto、TCL、传音、中兴、华硕等知名手机厂商，以及华勤、闻泰科技、龙旗科技等知名 ODM 厂商；在可穿戴设备、智能便携设备和物联网设备等细分领域，持续拓展了科大讯飞、大疆、百度、海尔、Google、Amazon、JBL、美团、360 等知名企业。 请发行人说明： （1）**如何认定发行人产品应用于上述终端用户**，包括报告期形成的收入、产销量、产品名称、认定过程、认定依据等，若无，请据实对相关表述进行修改；	保荐机构和申报会计师履行了以下核查程序： （1）走访访谈了主要经销商、手机终端用户及 ODM 厂商； （2）通过函证向主要经销商及终端用户确认了与公司往来的销售金额和销售数量； （3）获取发行人报告期各期销售明细表，对收入进行了核查分析，访谈发行人主要销售人员与财务负责人，并获取了终端销售收入明细表和数量明细表； （4）获取发行人与各客户签署的相关**经销协议及直销协议**，并对交易条款进行对比分析； （5）查询**行业内第三方机构对智能手机产品的出货量统计**，并与公司各类芯片产品在终端用户中的销售数量进行匹配分析。 1. 是否存在不正当竞争或通过不正当手段违规获取客户的情形、是否存在直接或变相商业贿赂情形

公司简称	相关问题摘录	核查程序摘录
艾为电子（报告期经销收入占比超过85%）	（2）区分不同类型的终端用户，说明芯片**产品销售至终端用户的具体过程，包括各产业链公司类型、所起的具体作用**； （3）结合（2）中事项，说明**终端用户是否参与公司产品的研发、是否存在终端用户指定使用公司产品的情形，是否需要获得终端用户的认证**，若是，说明认证条件、认证周期、认证期限、是否需签订相关合同； （4）**经销客户是否均处于终端用户的供应链体系，是否存在终端用户供应链体系外的经销商**。 请保荐机构和申报会计师：区分产品类型，核查报告期各期**被应用于终端用户产品的芯片数量与相应终端产品出货量或销售量的匹配性及差异原因**，并说明核查方法、核查过程及核查结论。 请保荐机构和发行人律师核查：是否存在**不正当竞争或通过不正当手段违规获取客户的情形、是否存在直接或变相商业贿赂情形**、主要客户或其主要经办人员与发行人及其关联方、员工等是否存在**关联关系**，是否存在委托持股或其他利益安排，说明核查方法、核查过程及核查结论	保荐机构及发行人律师履行的核查程序和核查过程如下： （1）走访了发行人报告期内部分主要终端客户，了解其通过经销商或直接与发行人合作交易的各项情况； （2）访谈了发行人相关负责人，了解发行人的销售模式、终端客户推广流程及内控制度； （3）查阅了大信就发行人内部控制出具的《内部控制鉴证报告》并访谈了发行人相关负责人，并查阅了相关内控制度； （4）获取了发行人及其实际控制人、董事（除独立董事）、监事、高级管理人员、销售负责人、采购负责人等关键岗位人员报告期内的**银行流水**，重点核查其流水确认其是否与发行人的主要终端客户或其主要经办人员存在资金往来的情况； （5）发行人及发行人实际控制人、销售负责人已就不正当竞争和商业贿赂事项出具书面确认； （6）查询国家企业信用信息公示系统、信用中国网站、中国裁判文书网、人民法院公告网、中国执行信息网等**公开网站**； （7）取得了发行人及各境内子公司所在地的**市场监督主管部门出具的合规证明**； （8）取得了发行人实际控制人、董事、监事、高级管理人员的无犯罪记录证明。 2. 主要客户或其主要经办人员与发行人及其关联方、员工等是否存在关联关系，是否存在委托持股或其他利益安排 保荐机构及发行人律师履行了以下核查程序：

续表

公司简称	相关问题摘录	核查程序摘录
艾为电子（报告期经销收入占比超过85%）		（1）获取了公司报告期内主要终端客户名单，访谈了公司相关负责人； （2）实地走访了公司报告期内主要终端客户并访谈了其经办人员，部分终端客户出具了无关联关系的书面确认； （3）取得了关键岗位人员报告期内的**银行流水**，重点核查其流水确认其是否与公司的终端客户存在资金往来的情况； （4）取得了关键岗位人员出具的其与主要客户及其主要经办人员无关联关系、委托持股或其他利益输送或利益安排的书面确认； （5）取得并查阅了公司的工商档案、证券持有人名册以及公司董事、监事、高级管理人员、核心技术人员及现有股东填写的调查表、公司的员工花名册，了解公司主要股东、实际控制人、董事、监事、高级管理人员、核心技术人员等关联方的情况及员工情况； （6）通过现场走访了解的主要终端客户实际控制人、主要股东、董监高和经办人员信息，并结合通过**第三方公开信息平台、国家企业信用信息公示系统等公开渠道的查询结果**，将主要终端客户及其实际控制人、主要股东、董事、监事、高级管理人员、经办人员与公司主要股东、实际控制人、董事、监事和高级管理人员、员工名册的员工进行交叉比对，筛查是否有重合

续表

公司简称	相关问题摘录	核查程序摘录
艾为电子（报告期经销收入占比超过85%）	关于应收账款和销售返利 请发行人说明： （1）发行人对产品价格表的制定和调整相关的内部控制措施及执行情况，报告期各期发行人对产品价格表的调整周期及其变化； （2）“公司在销售时与经销商约定销售返利条件及结算方法”的实际执行过程、约定的具体方式和时点； （3）发行人制定《经销商折扣价格区间指导表》的**具体方法和标准、调整周期，指导表约定的具体内容以及与发行人实际执行的销售返利之间是否存在差异；** （4）特殊返利的具体表现形式，发行人**特殊返利确定的具体方法、标准和时点；** （5）发行人与经销商客户**返利金额确认的实际执行过程，发行人对经销商客户的实际销售情况进行管控的具体方法及执行情况**，返利金额确认单的具体内容和确认时点； （6）结合发行人返利计提和结转的相关会计处理，说明应收账款、合同资产、预收账款和合同负债的列报是否准确； （7）发行人**对不同经销商销售同一款产品的下单价相同的情形下**，香港芯知己和兆泉实业有限公司不享受基础返利的原因；	1. 获取发行人与产品价格表制定相关的内部控制制度，检查其设计及执行的有效性； 2. 了解公司与经销商有关返利约定的具体方法、时点，及其实际执行过程； 3. 获取发行人制定的《经销商折扣价格区间指导表》，及制定的具体方法、标准和调整期间，并与实际返利结算确认单进行比较； 4. 了解特殊返利的具体表现形式，并获取发行人制定特殊返利的具体方法、标准与时点及特殊返利审批表； 5. 询问发行人与经销商客户返利金额确认的实际执行过程，获取发行人对经销商客户的实际销售情况进行管控的规定及经销商收发存信息统计表，**抽查了终端客户对销售情况的确认邮件取得了报告期各期的返利金额确认单；** 6. 针对返利的内控流程进行穿行测试，**抽取折扣审批流程表，检查CRM系统中的返利审批流程**，核对折扣审批结果与返利折扣确认单使用的折扣是否一致，并验算、复核返利金额； 7. 根据新收入准则有关应收账款、合同资产、预收账款、合同负债列报的规定，分析发行人返利计提与结转的相关会计处理的列报是否准确并查询了相关案例； 8. 访谈发行人对香港芯知己和兆泉实业有限公司采用不同于其他经销商返利政策的原因；

续表

公司简称	相关问题摘录	核查程序摘录
艾为电子（报告期经销收入占比超过85%）	（8）前十大客户中经销商客户的不同类型返利金额及其比例，**相同产品不同客户销售返利的差异对比情况，不同产品之间存在不同销售返利的原因**； （9）发行人披露渠道管理部总监负责对返利进行审批，结合渠道管理部的具体职责和人员数量，相关薪酬的归集情况，是否准确	9. 获取经发行人与经销商客户盖章确认的返利确认单与对应的电子明细，计算前十大客户中经销商客户的不同类型返利金额及其占比，对比相同产品不同客户销售返利的差异，分析不同产品之间存在不同销售返利的原因； 10. 获取市场营销部变化前后的组织架构图，了解渠道管理部的具体职责及具体人员数量，分析相关职工薪酬的归集是否准确

二、半导体企业IPO中经销模式的审核关注要点及其应对

（一）审核关注要点

1. 经销模式的商业合理性

监管机构关注企业是否充分分析行业和市场情况，以确定经销模式的选择是否合理，即确认企业的商业决策与行业趋势和商业逻辑是否一致。具体的核查内容应包括：分析半导体行业的特点、产品特性、市场发展历程，以及下游客户的分布情况；划分不同类别和不同层级的经销商，明确划分标准；评估为什么选择经销模式，展示其在行业中的必要性和商业合理性；与同行业可比公司进行比较，分析经销模式是否符合市场惯例。

2. 经销商模式内控制度合理性及运行有效性

监管机构关注企业是否建立了合理的内部控制制度，以确保经销模式的运行在法规和规范框架内，通过了解内控制度执行的有效性，减少潜在的操控风险。具体的核查内容应包括：详细了解经销商选取标准和批准程序，以及不同类别和层级经销商的管理制度；分析终端销售管理、新增和退出管理、定价考核机制、退换货机制、物流管理模式、信用管理、收款管理、结算机制、库存管理等内控制度的合理性；评估这些控制制度的运行有效性，确保其在实践中的有效执行。

3. 经销收入确认、计量原则

监管机构关注经销商模式下的收入确认和计量原则是否符合会计准则，以确保财务报告的准确性和合规性，并通过比较同行业上市公司之间的会计处理，以发现潜在的差异或潜在的问题。具体的核查内容应包括：检查经销收入的确认和计量原则是否符合《企业会计准则——基本准则》规定；了解对销售补贴、费用承担、经销商保证金、附有退货条件、购销信用等特殊销售方式下的经销收入确认和计量原则；比较经销商模式下的会计处理与同行业可比公司是否存在显著差异。

4. 经销商构成及稳定性

监管机构关注不同类别和层级的经销商构成，以及其变动原因和合理性，通

过关注经销商的数量、销售收入和毛利占比与企业实际经济情况的匹配情况，减少潜在的风险。具体的核查内容应包括：分析不同类别、不同层级经销商数量、销售收入及毛利占比的变动原因和合理性；了解新增和退出经销商的数量、销售收入及毛利占比，评估其合理性；阐述主要经销商的销售收入和毛利占比变动原因，确保经销商的采购规模与其自身业务规模匹配；检查是否存在个人等非法人实体作为经销商，比较其数量、销售收入及毛利占比与同行业可比公司的差异。

5. 经销商与发行人关联关系及其他业务合作

监管机构关注经销商与发行人之间是否存在关联关系或其他利益安排，以及这些关系是否公平和合规，评估经销商是否专门销售发行人的产品，以确保业务合作的合理性。具体的核查内容应包括：描述主要经销商的基本情况，包括注册资本、成立时间、股东、管理层、员工人数等；检查发行人及其关联方与经销商之间是否存在关联关系或其他利益安排，如前员工或其亲属设立的经销商；评估经销商的入股价格是否公允，资金来源是否合规；确保经销商是否专门销售发行人产品，比较关联经销商与非关联经销商的销售收入、毛利和价格等情况。

6. 经销商模式经营情况分析

监管机构关注销售收入占比、毛利率和销售情况的差异，以确保经销商模式的经营情况与行业惯例一致；关注各种经营指标，如销售价格、信用政策和库存情况，以评估经销商模式的运行情况。具体的核查内容应包括：分析经销商模式下的销售收入占比、毛利率与同行业可比公司的差异；检查不同销售模式、不同区域和不同类别经销商的销售情况，分析销售价格、销售收入、毛利情况的合理性；了解返利政策、采购频率、单次采购量、备货周期、信用政策、终端客户构成、期末库存等经销商模式经营情况；确保直销客户与经销商终端客户的交叉销售原因和合理性。

（二）拟 IPO 企业的应对建议

1. 经销模式的商业合理性

在核查程序上，详细分析半导体行业的特点、技术周期、市场竞争、产品创新等，基于前述分析为选择经销商模式的商业合理性提供依据；基于行业数据和趋势，与同行业可比公司进行比较，以证明经销商模式符合市场标准。

在经营管理上，建议企业制定清晰的经销商选取标准，包括注册资本、管理层经验、财务状况等，以确保选择合适的经销商；建议制定严格的合同管理制度，明确终端销售管理、定价考核、退换货机制等内控措施。

2. 经销商模式内控制度合理性及运行有效性

在核查程序上，进行内部控制测试，以评估内部控制制度的合理性和执行有效性，确保这些控制制度在实践中有效执行。

在经营管理上，建议企业实施实地走访，检查经销商的经营场所、库存管理、货物流通情况，了解终端销售情况；设立有效的信用管理、收款管理、结算机制和库存管理制度，以确保资金流通和库存控制的有效性。

3. 经销收入确认、计量原则

在核查程序上，检查经销商模式下的经销收入的确认和计量原则是否符合会计准则规定，确保会计处理合规。

在经营管理上，建议企业建立明确的销售补贴、费用承担、经销商保证金、附带退货条件等特殊销售方式下的经销收入确认和计量原则；比较经销商模式的会计处理与同行业可比公司，确保计量方式合理且一致。

4. 经销商构成及稳定性

在核查程序上，分析不同类别、不同层级经销商的变动情况，评估合理性。了解新增和退出经销商的数量、销售收入及毛利占比；检查是否存在自然人等非法人实体作为经销商，将其数量、销售收入及毛利占比与同行业可比公司进行比较。

在经营管理上，建议企业建立稳定的供应链，减少不合理的经销商变动。确保经销商的采购规模与其自身业务规模匹配。

5. 经销商与发行人关联关系及其他业务合作

在核查程序上，描述主要经销商的基本情况，包括注册资本、管理层、股东结构等；检查发行人及其关联方与经销商之间是否存在关联关系或其他利益安排，如前员工或其亲属设立的经销商。

在经营管理上，建议企业审计关联经销商入股价格的公允性，确保资金来源合规；监控比较关联经销商与非关联经销商各自的销售收入、毛利和价格。

第三节 客户集中

客户集中是指发行人的主营业务收入或毛利润中的一大部分来自单一客户，占比相对较高。当发行人依赖单一客户时，如果该客户的业务出现问题或终止与发行人的业务关系，发行人则可能面临财务不确定性与经营稳定性。半导体行业的特点和商业模型使不同产业链上的半导体公司可能会有不同类型的大客户集中倾向，比如对于半导体设计公司，尤其是针对消费方向的，终端客户可能多集中在大型电子设备制造商或通讯科技巨头；对于半导体材料和设备公司，往往是半导体企业的少数 IDM、Foundry 及封测厂等关键客户，客户集中并非绝对，但在半导体行业也属于较为普遍现象；对于 Foundry 及封测厂，因经常要求高度定制化的生产，且具有长研发周期，因此通常与少数大客户建立深刻的合作关系，以确保生产线的稳定运行，也容易因优质客户市场份额集中度较高导致单一客户占比较高等。半导体行业拟 IPO 企业的客户集中即成为 IPO 审核的重点关注问题。

一、客户集中相关案例摘录

经公开检索，现将部分半导体企业上市审核案例梳理如表 20－3 所示。

表 20－3　科创板上市审核中关于客户集中的部分相关案例摘录

公司简称	问题	回复思路/核查方式
芯动联科	请发行人说明：……（2）报告期各期实现销售收入的客户数量，按照客户性质、销售收入以及是否为终端客户的分布情况及合理性，**是否存在对少数直接客户或终端客户的依赖**	回复思路： （1）存在一定客户集中的情况，但不存在向单个直接客户或终端客户的销售金额占营业收入比例超过 50% 的情形； （2）客户数量随着发行人经营规模的扩大而持续增加； （3）从产品特征及行业特性看，发行人产品的市场空间广阔，随着整体业务规模的持续增长，客户数量将进一步增加
裕太微	结合未来市场竞争格局的变化趋势、发行人以太网物理层芯片的市场竞争力、**客户集中度较高**的情况、其他芯片产品量产销售可能面临的不确定性风险、发行人持续亏损且规模和毛利率均显著低于主要竞争对手等，进一步说明发行人营收快速增长的可持续性以及是否具有持续经营能力	回复思路： 解释客户集中度高的原因并说明解决措施： （1）境内信息通讯行业属于由于下游客户的行业分布集中而导致客户集中的特殊行业； （2）公司处于业务快速发展初期，受个别客户增长影响明显； （3）下游消费市场受到疫情冲击，消费类客户增速放缓导致客户集中度上升； （4）公司处于产品快速推出初期，产品丰富度的提高将进一步分散客户集中度； （5）公司市场开拓已初具成效，其他客户销售收入同比上升
芯联集成	请发行人说明：……（2）报告期各期客户变动情况及销售额分布情况，公司的业务获取方式及客户开拓能力，**客户集中度**与同行业可比公司差异的原因，以及对公司未来经营的影响；……	回复思路： （1）客户集中度相对较高，与可比公司存在差异的原因： ①半导体制造企业的经营模式主要包括晶圆代工模式和垂直整合制造模式（IDM）两种，公司采用的是晶圆代工模式，与可比公司不同；

续表

公司简称	问题	回复思路/核查方式
		②公司采取兼顾服务重点大客户及中小客户的市场策略，公司客户集中度符合实际经营需求； （2）对未来竞业的影响： ①由于行业专业化较强、技术门槛高、下游客户需求旺盛，且公司与客户签署了合作框架协议，因此公司与主要客户合作稳定； ②公司客户结构良好，主要客户和储备战略客户具有较高的市场地位或较强的业务竞争力，未来收入增长具备可持续性； ③公司不存在单一客户依赖风险
颀中科技	请发行人说明：……（3）报告期内发行人**客户集中度较高**的原因，说明发行人是否具有持续开拓新客户的能力；结合报告期各期对主要客户收入的变动情况以及主要客户业绩发展情况，分析与主要客户的合作是否稳定可持续	回复思路： （1）原因：①显示驱动芯片设计行业优质客户市场份额集中度较高；②与可比企业对比，客户集中度高符合行业特征。 （2）公司具有开拓新客户能力：①公司具有较高的市场地位及客户认可度；②公司具有较强的技术积累；③业务具有较大的发展空间。 （3）可持续性：①主要下游客户均为行业头部企业，业绩快速增长；②发行人为客户提供全方位服务，客户黏性较高；③客户切换供应商的成本较高
晶合集成	请发行人说明：（1）发行人 12 英寸外延片客户集中度较高的**原因及合理性**，是否符合行业惯例。结合客户 A 占发行人该类产品收入占比超 50%，说明发行人 12 英寸外延片的销售是否对客户 A 存在**重大依赖**，双方	回复思路： （1）原因及合理性：下游客户有限。 （2）是否符合行业惯例：通过对比全球主要硅片厂商在功率器件领域的现状，证明符合行业惯例。

续表

公司简称	问题	回复思路/核查方式
	合作的**业务稳定性、持续性**。发行人是否具备**开拓其他客户的技术能力以及市场拓展的进展情况**，包括与客户的接触洽谈、产品试用与认证、订单情况等；…… 请保荐机构核查并发表明确意见，请保荐机构、申报会计师对照《监管规则适用指引——发行类第5号》5-17客户集中的有关要求，对（1）进行核查，说明核查手段、核查方式并发表明确意见	（3）与A客户是否存在重大依赖：①根据提供产品的情况，存在一定依赖程度：②但不会产生重大不利，因为其他客户的销售比重正在增加，并且发行人积极拓展新的客户群体。 （4）与A客户合作的稳定性：①客户需求多高，且与发行人合作多年，对其认可度高，报告期内采购规模持续上升；②双方形成互利共赢的战略合作关系。 （5）客户及市场拓展情况：已与多家国内外知名厂商建立业务合作关系，并开始产品送样认证。 （6）针对12英寸外延片客户集中情形的主要核查程序：①复核报告期各期发行人12英寸外延片主要客户的外延收入金额及占比；②访谈发行人销售主管，了解功率器件领域外延片发展趋势情况；③复核发行人关于全球主要IDM厂及晶圆代工厂使用12英寸硅片生产功率器件的相关情况说明；④复核行业研究报告，12英寸外延片主要客户公开披露信息，了解相关客户的行业地位、经营状况等信息；⑤访谈发行人销售主管，了解发行人与12英寸外延片主要客户业务合作历史，目前业务合作情况以及未来业务发展预测，发行人与相关客户交易定价原则及公允性；⑥复核发行人与12英寸外延片主要客户业务合作相关资料，了解发行人与相关客户业务合作的真实性、稳定性及可持续性；⑦比对发行人关联方名单，核查发行人是否与12英寸外延片主要客户存在关联关系，并核查业务获取的独立性；⑧复核发行人目前12英寸外延片客户开拓情况相关资料。

续表

公司简称	问题	回复思路/核查方式
		（7）针对12英寸外延片单一客户重大依赖情形的主要核查程序：①访谈发行人销售主管，了解发行人12英寸外延片产品主要应用领域及下游需求情况，发行人12英寸外延片产品相关技术与同行业公司是否存在差异；②复核发行人目前12英寸外延片客户开拓情况相关资料；③复核产业政策相关文件，了解产业政策对发行人业务影响情况
联芸科技（科创板已问询）	请发行人说明：（1）发行人客户集中度较高的**原因及合理性**，与**行业经营特点**是否一致；主要**客户稳定性**、**合作的可持续性**，相关交易的定价原则及公允性，客户集中是否可能导致发行人**未来持续经营能力**存在重大不确定性；……	回复思路： （1）原因及合理性：通过与同行业可比公司进行对比，证明客户集中度高是行业惯例； （2）主要客户稳定性、合作的可持续性：发行人提供的产品技术难度高，且需要与客户较长时间的磨合程序，故合作较为稳定持续； （3）相关交易的定价原则及公允性：业务获取方式主要为商务谈判，定价原则为协商确定价格，主要参考采购用量以及市场情况确定，定价具有公允性； （4）不存在重大不确定性：交易金额在报告期内呈逐步增长趋势，业务关系稳定

二、半导体企业 IPO 中客户集中的审核关注要点及其应对

（一）审核关注要点

1. 发行人客户集中的原因及合理性

半导体行业经常要求高度定制化的生产，且具有长研发周期。因此，半导体企业通常与少数大客户建立深刻的合作关系，以确保生产线的稳定运行。监管机构关注发行人客户集中的原因及合理性，以了解为什么发行人的主要业务来自少数客户，这可能涉及行业特点、市场需求、产品适配性等因素，以确保这种集中度是由合理原因引起，关注与行业的一致性。要求发行人及中介机构基于行业特点、市场需求、产品适配性等因素分析合理性，并通过评估依赖程度、核查客户合作历史、分析发行人与大客户之间的销售策略、评估大客户所在行业的市场前景、核查评估客户的质量和信誉等方式，对发行人客户集中的原因及其合理性予以充分核查。

2. 发行人客户在行业中的地位、透明度与经营状况

半导体企业通常与知名电子设备制造商或科技公司合作，这些客户在全球电子行业中拥有显著地位，发行人的客户在行业中所处的地位、其透明度以及经营状况，都可以对发行人的业务稳定性和未来发展产生深远的影响。监管机构希望确保发行人不仅仅与大客户有稳定的业务合作，还要确保这些大客户在行业中的地位稳固、经营状况健康，以减少潜在的风险。在核查内容上，评估客户在其所在行业中的地位和市场份额进行客户地位分析；审查客户的财务报表、年度报告、经营计划，以及了解客户的管理层和公司治理结构，进行客户透明度核查，了解客户的经营状况、财务状况以及业务模型；分析客户的盈利能力、资金流动性和财务稳健程度，评估客户经营状况，确保客户能够持续支持发行人的业务；评估客户所在行业的政策前景；分析客户的竞争对手及其市场竞争优势。

3. 发行人与客户合作的历史、业务稳定性及可持续性

长研发周期和高定制化生产使半导体企业需要与客户共同投入时间和资源，因此业务关系的稳定性和可持续性至关重要。合作的历史、业务稳定性以及可持续性可以反映出发行人与大客户之间的业务关系的质量和未来的风险，因而受到监管机构的关注。具体的核查内容包括：审查发行人与大客户之间的合作历史，包括合同签订的时间、过去的合同续签情况，以及合作的项目或业务，以了解合

作的深度和长期性；通过销售数据的历史趋势、销售订单的稳定性，以及交易频率，分析发行人与大客户的合作是否表现出稳定的销售趋势和合作模式；核查发行人是否采取了多客户渠道拓展、风险分散策略、产品创新等措施，来确保未来的业务持续，以评估发行人与大客户合作的可持续性；审查合同条款和定价政策，以确保其合理性和公允性。

4. 发行人与重大客户是否存在关联关系

半导体企业的技术和研发性质使其容易受到客户的技术或资本影响，因此监管机构关注其与重大客户之间的独立性。具体的核查内容包括：核查公司的股权结构、法定代表人、董事、高级管理人员等关键管理人员与重大客户之间是否存在直接或间接的关联关系；核查发行人与重大客户之间的交易是否存在关联交易，包括资金往来、产品销售、采购、合同签署等，关注关联交易的合理性、必要性和定价公允性；了解发行人业务的获取方式，尤其是与重大客户相关的业务。

5. 单一客户重大依赖情形的特别关注事项

根据《监管规则适用指引——发行类第5号》的规定，"发行人来自单一客户主营业务收入或毛利贡献占比超过50%的，一般认为发行人对该客户存在重大依赖"。发行人对单一客户存在重大依赖的，除了关注前述事项外，还会被特别关注单一客户重大依赖的合理性、客户稳定性或业务持续性，需要从产品应用领域与市场空间、国家产业政策及行业影响和非终端客户的核查这几个方面进行特别核查。

（二）拟IPO企业的应对建议

1. 发行人客户集中的原因及合理性

在核查程序上，通过访谈发行人高级管理人员，了解关于合作客户的选择原因、合作历史、市场需求、产品适配性和未来战略的问题；审查发行人与主要客户之间的销售数据和合同，包括销售额、销售周期、产品定价、合同条款和付款方式。确保合同内容合理，并符合公司政策；对主要客户的财务状况进行深入分析，包括财务报表、现金流状况、负债情况等。评估客户的质量和信誉，确保其具备长期合作的潜力；进行市场调研和竞争分析，以了解半导体行业的市场趋势和竞争对手的情况，并确定客户集中是否由行业特点引起，以及评估市场空间的大小。

在经营管理上，建议企业积极寻找新客户，开拓不同领域的客户，并逐步扩大客户基础。多元化客户渠道可降低对单一客户的依赖；建立风险管理策略，包括定期风险评估、风险多元化策略，以及适当的保险措施；定期进行市场调研，了解行业趋势、客户需求和竞争情况，以及早调整战略以适应市场变化；不断提高产品和服务品质，以提高客户满意度，确保客户对公司的忠诚度。

2. 发行人客户在行业中的地位、透明度与经营状况

在核查程序上，通过访谈、网络核查及行业报告分析等，进行客户地位分析，评估客户在其所在行业中的市场份额和竞争地位；审查客户的财务报表和年度报告，以评估其财务状况，重点关注客户的盈利能力、现金流、资产负债表和经营计划；调查客户的管理层、董事会成员和公司治理结构，确保客户具备有效的领导层和健全的治理体系；通过分析客户的历史财务表现和市场趋势，评估客户的盈利模式、盈利能力、经营模式以及市场前景；分析客户所在行业的政策前景，了解相关政策是否支持该行业的稳定发展。

在经营管理上，建议企业定期评估客户的经营状况和市场前景，以及客户可能面临的风险；与大客户建立定期的沟通机制，以了解客户的需求和反馈，从而提高客户忠诚度；密切关注产业政策的变化，以及与客户所在行业相关的政策调整，建立风险管理框架，包括供应链风险、市场风险和技术风险等，定期进行风险评估，并制订相应的风险疏解计划；建立清晰的研发路线图并保持研发投入，不断提升产品性能和保持竞争力。

3. 发行人与客户合作的历史、业务稳定性及可持续性

在核查程序上，通过函证、文件审查等方式查阅合同档案、合作项目的历史记录，以及过去合同的续签情况，核查发行人与大客户之间的合作历史；通过访谈发行人销售团队、获取销售数据等方式进行销售数据的历史趋势分析，以了解销售情况是否表现出稳定的趋势；通过审查公司战略计划、市场拓展计划和战略合作伙伴协议等方式，核查发行人是否采取了多客户渠道拓展、风险分散策略等措施，以确保未来的业务持续；通过核查价格调整机制、支付条款、售后服务等合同条款等方式，核查交易的合理性和公允性。

在经营管理上，建议企业与大客户建立长期的、深入的合作关系，建立互信，提供卓越的客户服务，增强业务的稳定性；通过不断改进产品和提供定制化解决方案，满足客户需求，提高业务的可持续性；建立风险管理团队，定期进行风险评估，包括业务风险、市场风险和技术风险。制订风险缓解计划，确保业务持续性；定期审查合同条款和定价政策，确保其合理性和公允性；建立政策监测

机制。

4. 发行人与重大客户是否存在关联关系

在核查程序上，通过核查客户及发行人工商档案，以判断发行人及客户在股权上是否存在投资或被投关系；通过访谈客户和发行人董事和高级管理人员，并进行网络核查，了解公司高管和董事的背景，确认重大客户的代表是否在公司高层担任关键职位，以判断独立性；审查与重大客户之间的合同、协议以及其他法律文件，包括合同签署和履行情况，查看是否存在关联交易，以评估合同条款的合理性和是否符合市场惯例；审查公司与重大客户之间的资金流向，包括付款、收款、贷款等，以确认是否存在资金往来，关注款项是否符合市场定价原则；了解公司与重大客户之间的业务获取方式，包括是否存在独家供应协议、销售代理关系等，以评估业务获取方式对公司独立性的影响。

在经营管理上，建议企业应建立独立性政策，确保关键管理人员和董事中没有与重大客户有直接或间接关联的人员；加强内部控制，确保所有关联交易的程序合规，合同条款透明，价格公允；建立风险管理团队，专门处理与重大客户的风险，并制定内部政策，规范处理与重大客户的关联关系和交易；规范合同审查流程，确保合同条款的合理性和公允性。

5. 单一客户重大依赖情形的特别关注事项

在核查程序上，通过市场调查、行业报告和客户需求分析，对发行人主要产品或服务，进行市场需求分析，确定产品应用领域的市场空间，包括了解产品在不同领域的适用性、市场趋势和增长预期；了解政府的支持措施、补贴政策和行业监管，评估发行人所在行业是否受到国家产业政策的支持，以及政策对市场需求和行业格局的影响，分析其对发行人的客户稳定性和业务持续性的影响；分析发行人与非终端客户的关系、销售协议、产品供应链等，核查发行人与这些客户的有关情况、交易背景，以确保相关交易合理性。

在经营管理上，建议企业努力扩大产品应用领域，减少对单一领域的依赖，通过研发和产品创新，探索新的应用领域，以拓宽市场空间；定期跟踪国家和地区的产业政策变化，及时了解政策的调整和影响，以适应新的政策环境，降低政策变化对业务的风险；积极寻找和发展多个客户，特别是非终端客户，以分散客户依赖度，与不同领域和行业的客户建立合作关系，确保业务的多元化；审查与客户的合同和协议，确保合同条款的合理性，关注产品定价的公允性；建立市场研究团队，持续进行市场研究和需求预测，了解不同领域的市场动态。

第二十一章 历史沿革

第一节 股东出资的审核关注要点及解释口径

出资问题是IPO上市过程中审核机关关注的重点问题之一。半导体和集成电路行业通常存在半导体大厂出身的创始团队归国创业的情形，因此以技术等非货币出资、借款出资、由第三方代为支付出资等出资瑕疵问题并不少见。

A股IPO审核中，审核机关对于股东出资的关注要点主要在于出资方式及出资过程两个方面。

一、对于出资方式的审核关注要点

出资方式可以分为货币出资、非货币出资，根据《公司法》《市场主体登记管理条例实施细则》等相关规定，公司股东可以以货币及实物、知识产权、土地使用权等可以用货币估价并可以依法转让的非货币财产出资，不得以劳务、信用、自然人姓名、商誉、特许经营权或者设定担保的财产等作价出资。

其中，非货币出资为审核机关重点关注，主要关注用于出资的资产是否存在禁止作为出资的情形、产权权属是否清晰（如涉及知识产权则一般重点关注是否涉及职务发明）、资产定价是否存在价格高估从而导致虚假出资的情形、是否已依法办理权属转让。对于货币出资，审核机关主要关注付款主体为股东自行支付或第三方代为支付、收款主体为公司账户或第三方账户（如法定代表人、实控人、大股东账户、其他业务往来方账户），核心在于是否存在因出资不规范可能引发股权纠纷、影响公司股权稳定性的情况。如表21－1所示。

表21－1　IPO审核关注出资方式的案例

公司简称	上市时间	基本情况	关注要点	回复思路
华勤技术	2023年8月8日	实控人在公司设立之初以人力资本出资，后自公司拆借资金用于替换出资	是否存在纠纷或潜在纠纷、是否存在股权代持、是否为重大违法行为	1. 通过创立时全体股东已约定人力资本出资由邱某生一人持有，论证不存在股权权属纠纷； 2. 通过人力资本出资不属于股东对公司的有效出资，论证不具备认定构成股权代持的法律基础； 3. 资金拆借事项已经公司全体股东一致同意，且已以个人自有及自筹资金偿还，论证未损害公司及股东利益； 4. 由验资机构审验替换出资，论证不存在股东虚假出资
德科立	2022年8月9日	1. 技术出资未经当时法定的认定部门（国家或省级科技管理部门）认定； 2. 分期出资不符合当时有效的公司法规定	是否为重大违法行为、是否存在纠纷或潜在纠纷	1. 取得省级认定消除认定层级瑕疵； 2. 说明发行人或相关股东未因该出资瑕疵受到过行政处罚
希荻微	2022年1月21日	实控人戴某渝、何某珍作为专利申请人的用于出资的专利技术，为实控人陶某在筹建公司期间对未来公司的产品和技术规划过程	用于出资的专利是否涉及在公司的职务发明；瑕疵出资对本次发行上市的具体影响	1. 通过以下要点论证出资专利不属于发行人的职务发明：（1）结合发明人陶某的在读期间的研究方向、论文情况，论证其具备足够的专业背景及研发能力的发明人已独立完成所涉专利的实质性研发工作；（2）获取设立时全体股东的确认、相关专利申请期间

续表

公司简称	上市时间	基本情况	关注要点	回复思路
		中需要的核心技术进行研究的部分成果		的流水，论证发明人不存在使用公司的任何技术资料、获取报酬的情形；（3）结合公司开展具体业务的时间，论证发明时间早于发明人在公司履职时间。 2. 出具《追溯评估报告》及验资复核报告，论证价格公允性、出资真实性。 3. 实控人将专利出资的等额现金投入公司并计入资本公积，以论证不存在损害公司或其他公司股东利益的情形

此外，如用于出资的资产涉及非专利技术，审核机关还关注相关技术在公司业务中的应用情况、与公司现有核心技术的关系、公司对相关技术的保护措施等。相关内容详见第十七章“科创属性与核心技术”/第三节“非专利技术出资”。

简言之，对于非货币出资瑕疵，如用于出资的资产属于法律规定禁止作为出资的类型，或对公司无法发挥价值的资产，或资产产权权属存在瑕疵，应当及时以其他合法合规的出资方式予以置换，并且通过出具验资复核报告、获取其他股东的确认等方式确保出资真实性、不存在任何纠纷或潜在纠纷。

二、对于出资过程的审核关注要点

对于出资过程，审核机关通常关注是否存在虚假出资、抽逃出资、出资不实、出资延迟、程序性瑕疵等出资瑕疵情形，如表 21－2 所示。

表 21－2　IPO 审核关注出资过程的案例

公司简称	上市时间	基本情况	关注要点	回复思路
三未信安	2022 年 12 月 2 日	1. 设立之初股东借款完成出资，验资后，公司向部分创始股东提供借款用于偿还前述款项；	借款完成出资验资再归还相关款项是否构成抽逃出资	1. 获取借款方关于债务已清偿、不存在任何争议或潜在争议的确认； 2. 部分创始股东确认向公司借款真实性，自愿为其他创始股东承担还款义务，不会向其他创始股

续表

公司简称	上市时间	基本情况	关注要点	回复思路
		2. 创始股东后续通过垫付公司装修、设备采购款项形式冲减借款部分款项		东主张还款权利； 3. 会计师就股东完成还款出具专项复核报告； 4. 股东大会确认前述借款情况，并确认借款已足额归还，未损害各股东权益，不会就上述借款事项追究创始股东的责任； 5. 实控人承诺如因本事项受到任何追诉、处罚，或受到任何经济赔偿要求的，其承担全部法律责任
威胜信息	2020 年 1 月 21 日	以资本公积金补足股东增资款项汇率差额，且未履行内部决策程序	是否构成出资不实	1. 当时股东及实控人出具对增资不存在任何纠纷的确认； 2. 获取主管工商部门及商务部门出具的合规证明； 3. 履行验资程序，论证增资行为真实，不存在出资不实的情
亚洲硅业		1. 转增股本的资本公积系土地使用权评估增值形成； 2. 以债权转增资款而未进行评估	合规性	1. 以定向分红补正出资履行，由具有证券从业资格的会计师事务所进行了验资；对债权由具有证券从业资格的评估机构进行了评估； 2. 相关股东确认认可定向分红未损害其利益

审核机关对于出资过程的关注重点在于是否存在侵害其他股东或公司债权人利益、构成重大违法行为或可能引发股权纠纷、影响公司股权稳定性的情况，因此对于存在出资瑕疵的，需在上市前通过归还公司借款、补足出资（甚至可分红后补足出资）等方式及时进行规范，并通过验资复核、追溯评估、其他股东确认无纠纷等夯实出资真实性、股权稳定性。

第二节
股权代持的审核关注要点及解释口径

股权代持是指实际权益所有人与第三方约定，以第三方作为名义股东代实际权益所有人履行股东权利义务的一种股权处置方式，由于股权代持存在相关股权被名义股东擅自处分、被名义股东的配偶分割或继承人继承、实际权益所有人无法实际行使股东权利获取投资收益等风险，对拟上市公司的股权清晰稳定造成严重影响。由于股权清晰为A股IPO发行条件之一，因此股权代持历来为审核机关的关注重点。就半导体和集成电路行业而言，因股东人数超限（如以公司直接股权作为股权激励标的且激励对象人数较多）、股东适格性（如因前单位竞业限制不能直接持股）等原因存在股权代持情形并不少见。

虽然公司历史沿革中存在股权代持本身并不构成发行上市的实质障碍，但该代持情形应当在申报前清理完毕。A股IPO审核中，审核机关对于股权代持主要关注是否存在尚未披露的股份代持，代持关系真实合规性，以及已披露的股份代持是否彻底清理。

就是否存在尚未披露的股权代持而言，对于出资来源存疑、分红或转让款去向不明、入股价格异常、申报前突击入股等情形，如无合理解释，则均可能被审核机构认为存在尚未披露的股权代持，从而认为股权清晰性存疑，最终被否决。

代持关系的真实性及合规性均为审核机关的关注重点。就真实性而言，审核机关核心关注是否存在通过代持还原行为来规避实际控制人认定的情形，因此除取得股东访谈或确认、代持协议外，出资来源、分红去向等银行流水是证明代持关系真实存在最重要的客观证据。就合规性而言，审核机关核心关注是否存在通过股份代持规避监管要求的情况，包括规避股东适格性要求（如公务员、国家公职人员）、外资限制、外汇管理要求等。以博雅科技为例，该公司在报告期内代持还原又继续代持再还原，审核机构着重关注是否符合外商投资、外汇管理方面的法律法规，是否存在通过股份代持规避监管要求的情况，该公司从不属于外资准入限制行业、已办理外商投资企业备案登记及通过登记系统向商务主管部门报送投资信息、外资股东历次股权变动均办理外汇登记手续、不存在违反外商投资及外汇方面的行政处罚出发论证不存在规避监管要求的情况。此外，是否通过股份代持规避竞业禁止要求，由于此类情形通常涉及潜在股权争议纠纷，亦为审核机关关注重点之一，以希荻微（688173）为例，实控人之一陶某为主要经营者暨技术核心人员，其于公司成立之初并未持股，而由其母戴某渝作为创始股东，审核机关关注是否因存在不能直接持股的法律障碍而存在代持，该公司通过陶某与前单位（美国公司）不存在竞业限制约定，出具境外法律意见书论证美国规定限制前雇员从事任何合法职业、行业或业务的合同无效，获取前单位上级个人关于陶某未违反与前单位保密、职务发明或知识产权归属相关的制度要求或协议约定、不存在纠纷或潜在纠纷的确认函，论证不存在因竞业限制而不能持股的情形、不存在承担法律责任的风险。

就已披露的股份代持是否彻底清理而言，实践中存在因隐名股东不配合或因时代久远无法联络到隐名股东的情形，无法通过常规的转让股权的方式接触代持，则可通过公证提存、股权集中托管等手段来实现股权代持还原。以纳微科技（688690）为例，其隐名股东陈某华拒不配合代持还原，公司将其股份在江苏省苏州市中新公证处办理提存公证，提存成立后，该部分股份即归属陈某华所有，该部分股份是否被领受不影响其权属归属。

第三节

股权变动的审核关注要点及解释口径

A 股 IPO 审核中，监管机构对于历史沿革的核心关注点主要在于股权清晰，因此会重点关注股权变动的真实性、有效性、是否存在纠纷等。以股权转让为例，审核对于转让价格公允性的关注（其中原价转让更易受关注），目的是确认商业合理性以便判断是否存在代持关系或其他利益安排；以代持为例，除说明代持已还原外，公司通常还需要进一步解释通过代持股份以便经营管理的原因及合理性，是否存在规避相关法律法规的情形。

此外，除了股份权属清晰这一构成上市发行条件的核心关注点外，历史沿革中股权变动的合规性亦通常在 A 股 IPO 审核中被关注，具体但不限于包括本节前文以及本章其他节提及的国资合规性、外汇合规性、纳税合规性等。以纳税合规性为例，历次股权转让、增资、转增股本、利润分配及整体变更等过程中涉及的股东（特别是控股股东）缴纳所得税、公司代扣代缴情况，均易受到关注。

以公司股改时转增股本的纳税合规性为例，在留存利益转增股本的情况下，外籍自然人暂免征收，中国籍自然人需按照《财政部、国家税务总局关于个人非货币性资产投资有关个人所得税政策的通知》（财税〔2015〕41号）、《财政部、国家税务总局关于将国家自主创新示范区有关税收试点政策推广到全国范围实施的通知》（财税〔2015〕116号）、《国家税务总局公告2015年第80号——关于股权奖励和转增股本个人所得税征管问题的公告》的规定在符合“中小高新技术企业”股东的情况下备案后5年递延纳税，法人股东则需区分居民企业、在境内有场所的非居民企业、在境内无场所的非居民企业并进一步根据相关规定适用免税或申请5年内递延纳税的规定。在资本公积转增股本的情况下，如为股本溢价形成的资本公积转增股本，法人股东可根据《国家税务总局关于贯彻落实企业所得税法若干税收问题的通知》（国税函〔2010〕79号）不征税，自然人股东则在符合“中小高新技术企业”股东的情况下备案后5年递延纳税；如为其他资本公积（未分配利润、盈余公积及非资本溢价形成）转增股本，比照留存收益转增股本规则。在留存收益转增资本公积的情况下，尚无明确税法规定。由于部分情况下自然人股东是否需纳税的税法规定尚不明确，因此如拟上市企业股权结构中存在自然人股东时，应当特别关注股改所涉个人所得税税务合规事宜，在股改前应争取与主管税务主管部门事先沟通，明确股改涉及的自然人股东纳税问题，并视拟上市企业的具体情况争取取得以下事项的相关专项说明：（1）股本溢价形成的资本公积转增股本免于缴纳个人所得税；（2）其他资本公积转增股本可递延纳税；（3）股改时转入资本公积的未分配利润、盈余公积部分，无须缴纳个人所得税；（4）公司覆盖股改时点的税收合规证明。

此外，半导体和集成电路行业存在境外股东或红筹架构均较为常见，因此以非居民企业间接转让境内应税财产的纳税合规性为例，红筹架构公司的股东转让股权，如不符合《国家税务总局公告2015年第7号——关于非居民企业间接转让财产企业所得税若干问题的公告》中“合理商业目的”，需要在境内履行纳税义务。如存在此类纳税合规性瑕疵，可考虑如下解决路径：（1）论证未进行纳税申报造成不缴或少缴应纳税款的情形已超过5年的追缴期限，不会再因此受到行政处罚（如适用）；（2）论证公司并非纳税义务人、扣缴义务人，不存在因该等税务问题受到税务机关处罚的情况；（3）将税务风险作为风险提示；（4）相关股东承诺将按中国境内主管税务机关要求足额缴纳相关税款；(5) 取得税务机关的书面确认。

第四节
不同身份股东的审核关注要点及解释口径

一、国资监管常见瑕疵及补救措施

集成电路行业作为国家重点发展的行业之一，各级国有企业参股的情形均较为常见，因此在 A 股 IPO 审核中通常关注历史沿革中涉及国有股东的增资、股权划转、股权转让等是否履行相应的审批、评估、备案手续，转让方式、过程和场所是否符合有关国有资产转让、划转相关法律规定，是否存在损害国家、集体及其他第三方合法权益的情形，是否存在纠纷或潜在风险。由于国家出资企业直接投资的情形相对罕见，本节以如下较寻常的国有企业参股的架构为例（见图 21－1），简单介绍相关国资监管程序、常见瑕疵及解决路径。

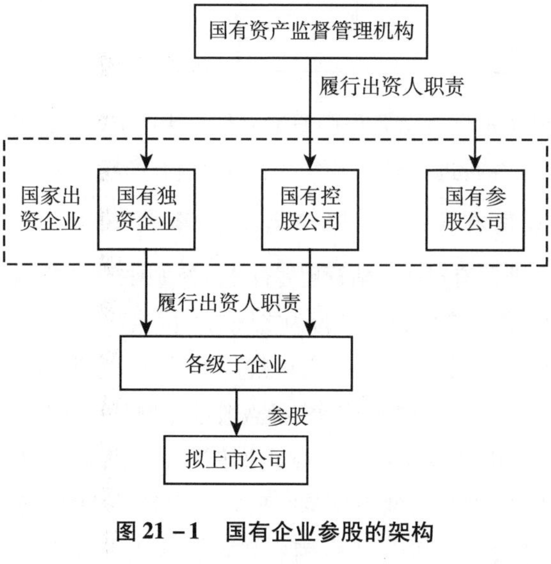

图 21－1　国有企业参股的架构

国有企业持有拟上市公司股权期间，投资入股、未同步增资导致股权稀释、股权转让/划转、上市主要涉及如下国资监管程序（见表21－3）。

表21－3　不同股权变动涉及的国资监管程序

<table>
<tr><th colspan="2">行为</th><th>国有资产监管审批</th><th>国有资产评估</th><th>国有资产评估备案</th><th>进场交易</th><th>国有产权登记</th><th>国有股权标识</th></tr>
<tr><td rowspan="2">对外投资</td><td>货币</td><td rowspan="2">根据地方性国资管理规定及国有股东内部管理性规定履行</td><td colspan="2">根据地方性国资管理规定及国有股东内部管理性规定履行</td><td rowspan="2"></td><td rowspan="2">√</td><td rowspan="2"></td></tr>
<tr><td>非货币</td><td>√</td><td>√</td></tr>
<tr><td colspan="2">股权被稀释</td><td></td><td colspan="2">根据国有股东审批相关经济行为时的决策文件要求及国有股东的内部要求</td><td></td><td>√</td><td></td></tr>
<tr><td colspan="2">股权转让</td><td>根据地方性国资管理规定及国有股东内部管理性规定履行</td><td>√</td><td>√</td><td>√</td><td>√</td><td></td></tr>
<tr><td colspan="2">股权划转</td><td>根据地方性国资管理规定及国有股东内部管理性规定履行</td><td></td><td></td><td>√</td><td>√</td><td></td></tr>
<tr><td colspan="2">上市</td><td></td><td></td><td></td><td></td><td></td><td>√（不包括有限合伙）</td></tr>
</table>

历史沿革中常见的国资监管程序瑕疵主要包括：未办理国有资产评估及评估核准/备案手续、未履行进场交易手续、未办理国有产权登记等。

（一）未办理国有资产评估及评估核准/备案手续

由于除了《企业国有资产评估管理暂行办法》（国务院国有资产监督管理委员会令第12号）第6条“企业有下列行为之一的，应当对相关资产进行评估：……（二）以非货币资产对外投资……”明确规定了国有股东非货币出资需履行评估程序外，对于货币出资、非同比例增资导致股权比例被稀释是否评估需根据各地以及各国有股东上层国资主管机构的规定来确认，因此国有股权变动未进行国有资产评估及评估核准/备案的情形并不少见。该等情形可能引起审核机构对相关股权变动的程序合规性、是否造成国有资产流失等事项的关注。如表21－4所示。

表 21－4　IPO 审核关注未办理国资评估相关程序的案例

公司简称	上市时间	基本情况	关注要点	回复思路
海光信息	2022 年 8 月 12 日	国有股东未同比例增资导致其持股比例下降，未履行国有资产评估备案程序	国有参股企业增资未履行国有资产评估备案程序是否违反相关国资管理规定及补救措施	国有资产管理法律法规并未规定国有参股企业增资需履行评估与评估报告备案程序
汇成股份	2022 年 8 月 18 日	历史沿革中存在多次增资均导致国有股东股权比例被稀释但未履行国有资产评估/评估备案程序的情况	未履行评估、备案程序是否符合相关法律规定及国资管理的相关要求	1. 论证未造成国有资产流失 2. 获得合肥国资委书面确认

就国有股权变动未依法办理国有股权评估及评估核准/备案的瑕疵，可考虑如下解决路径：（1）结合当地及国有股东内部管理规定论证无须办理评估/备案；（2）取得有权国资主管部门出具的对于国有股权变动有效且不存在国有资产流失的确认性文件。

此外，如为国有股权转让未办理评估及评估核准/备案的瑕疵，则除上述路径外，还需结合如下内容论证股权变动的价格公允性、不存在国有资产流失：（1）委托有资质的评估机构进行追溯评估，并补充履行评估核准/备案手续（如可）；（2）取得相关股东对交易价格公允性、无争议纠纷等事项的确认。

（二）未履行进场交易手续

国有股权转让未履行进场交易手续亦为常见国资程序瑕疵，该等情形亦可能引起审核机构对相关股权变动的程序合规性、价格公允性以及是否造成国有资产流失等事项的关注。如表 21－5 所示。

表 21－5　IPO 审核关注未办理国资进场交易手续的案例

公司简称	上市时间	基本情况	关注要点	回复思路
达利凯普	2023 年 12 月 29 日	国有股权转让未履行相应的审批、审计、评估及进场交易等国有股权转让程序	股权变动是否存在瑕疵或纠纷、相关瑕疵是否已得到弥补，是否仍存在纠纷或者被处罚风险	1. 进行专项审计、追溯评估； 2. 辽宁省人民政府办公厅对发行人历史沿革中国有股权变动的合规性予以确认

续表

公司简称	上市时间	基本情况	关注要点	回复思路
蓝箭电子		国有股权转让未履行进场交易手续	瑕疵的整改情况、合法合规性以及是否存在导致国有资产流失的事项	1. 解释该次股权转让已获得国有资产授权管理部门审核确认； 2. 获得佛山市人民政府未造成国有资产流失、产权交易结果符合此次产权转让之目的的确认

就国有股权变动未依法进场交易的瑕疵而言，可考虑如下解决路径：（1）取得相关股东对股权转让真实、无争议纠纷等事项的确认；（2）结合国有资产评估结果、交易相关方确认等，论证股权变动的价格公允性、不存在国有资产流失；（3）取得有权国资主管部门出具的对于国有股权变动有效且不存在国有资产流失的确认性文件。

（三）未办理国有产权登记手续

未及时办理国有产权登记手续亦为常见的国有资产管理程序瑕疵之一，该等情形同样可能引起审核机构的关注。如表21－6所示。

表21－6　IPO审核关注未办理国有产权登记的案例

公司简称	上市时间	基本情况	关注要点	回复思路
中科微至	2021年10月26日	国有股东在公司设立2年后才完成专利出资的评估备案程序、国有资产产权登记	延迟原因	补办了评估备案程序、国有资产产权登记，获取了财政部国有股权设置批复
天准科技	2019年7月22日	国有股东未办理国有资产评估备案、未办理国有产权登记	股份变动方面的合法合规性	获取江苏省人民政府办公厅合规性确认函
翱捷科技	2022年1月14日	历史上存在多次股权转让、增资稀释未办理国有资产评估备案、未办理国有产权登记	股份变动方面的合法合规性	补办了评估备案程序、国有资产产权登记

就国有股权变动未办理国有产权登记手续的瑕疵而言，可考虑如下解决路径：（1）补办国有产权登记手续（如可行）；（2）就上市申报前的国有股权情况办理国有产权登记手续；（3）取得有权国资主管部门出具的确认性文件，或于国有股东标识管理申请文件中详细表述公司设立及历次股权变动涉及的产权登记瑕疵情况，由主管部门出具国有股东标识的批复，作为其对发行人历史沿革所涉国有资产管理程序无异议的证明文件。

二、境外股东常见瑕疵及补救措施

外资股东投资入股的程序合规性及完备性、限制或禁止性要求、退出环节的合规性及其补救措施详见第十一章“引入外部投资人”之第二节“引入境外股东的关注要点”。

第五节 其他审核关注要点及解释口径（以类分拆项目为例）

类分拆，系指拟上市主体的原控股股东（一般为上市公司）通过转让股权或不参与增资的方式减少持股比例并将拟上市公司由控股子公司变更为参股子公司，或将拟上市公司的股权全部转让给第三方。

类分拆项目与分拆项目的审核关注要点，既具有一定相似性，也具有其特殊性。概言之，类分拆项目审核关注要点通常包括：（1）公司本身是否具有独立经营能力、是否存在同业竞争或利益输送；（2）类分拆行为是否损害了作为原控股股东的上市公司的利益；（3）股权转让或稀释的真实性、必要性、公允性、股份权属是否清晰等。如表 21 – 7 所示。

表 21-7　可参考案例

公司简称	上市/受理时间	基本情况	关注要点
致远电子（预披露）	2023 年 6 月 21 日	2017 年 9 月至 2022 年 7 月曾经作为立功科技的控股子公司，并曾无偿受让立功科技部分专利、软件著作权和商标。立功科技于 2020 年 11 月撤回上市申报材料后，未再认购公司增资份额，其股权比例从 99% 稀释至 3.14%。公司实控人未发生变更，但立功科技与致远电子之间的关系从控股变为参股且同一实控人控制下的关联关系	独立性： （1）无偿受让立功科技部分专利、软件著作权和商标的背景及商业合理性；受让资产的重要性； （2）业务的完整性，是否具有直接面向市场独立经营的能力，立功科技是否存在替发行人承担成本、费用等情形； （3）与立功科技关联交易的必要性和公允性，是否存在利益输送
科捷智能	2022 年 9 月 15 日	自设立至 2017 年 12 月为上市公司软控股份（002073）的孙公司，控股股东为软控股份全资子公司科捷自动化。2017 年 12 月，科捷自动化将其持有的 61% 公司股权转让给龙某军等 3 人，龙某军成为公司控股股东、实际控制人。软控股份转让公司控制权一年后，公司即实现扭亏	1. 上市公司利益：是否履行的审议程序和信息披露义务、是否存在损害上市公司的合法权益 2. 股权变动：软控股份 2017 年选择出售公司控制权的合理性
联瑞新材	2019 年 11 月 15 日	自设立至 2014 年 5 月为上市公司生益科技（600183）的控股子公司，2014 年 5 月生益科技将其股份转让给李某东及其控制的硅微粉厂，其所持股份从 72.73% 降低至 31.02%，变更为公司第二大股东，李某东成为公司控股股东、实际控制人	1. 独立性： （1）资产、人员、技术、主营业务（包括但不限于产品服务的具体特点、商标商号等）是否存在对生益科技的重大依赖； （2）利益输送：向非关联客户销售与向生益科技销售价格差异的原因； 2. 上市公司利益：

续表

公司简称	上市/受理时间	基本情况	关注要点
			(1) 是否使用生益科技的募集资金; (2) 是否履行审议程序和信息披露义务、是否存在损害上市公司的合法权益的事项; 3. 股权变动：生益科技转让联瑞新材股份的原因及定价依据，是否存在争议或潜在纠纷
中新赛克	2017 年 11 月 21 日	自设立至 2012 年 9 月为上市公司中兴通讯（000063）的控股子公司，2012 年 9 月中兴通讯转让其全部股权	股权转让是否存在损害上市公司的合法权益的情形或造成国有资产流失的情形

其中，拟上市公司本身的独立性、持续经营能力以及上市公司是否保护了中小股东的利益，在本章其他小节中已有详细分析，因此不再赘述。在此就上述分析第 3 点为例，简单介绍审核关注逻辑。

监管机构关注股权变动的原因、必要性及商业合理性，核心目的是确认拟上市公司的股权变动真实、股份权属清晰，不存在原控股股东通过代持或其他安排影响拟上市公司的情形，对此，通常可从“出于整体战略规划，聚焦主营业务、发展主业”的角度加以论述。以科捷智能（688455）为例，该公司作为软控股份的控股子公司期间均处于亏损状态，而软控股份转让公司控制权一年后公司即实现扭亏，因此审核机构质疑软控股份转让股权的原因。因此，该案例结合软控股份的亏损状况导致优化资产结构的需求、对体系内非主业业务与资产统一的调整策略、科捷智能连续亏损的经营困境以及在软控股份体系内难以快速改善经营情况，论述股权转让的合理性。需要说明的是，如以公司业绩作为解释转让合理性的抓手，则需进一步解释公司后来业绩持续稳定增长的逻辑，例如技术突破、客户升级或产业政策倾斜等，以避免被监管机构质疑转让方此前转移利润、可以降低拟上市公司的业绩水平，从而进一步质疑交易公允性。

第二十二章 独立性及持续经营能力

第一节 生产环节外包

一、外协加工的商业背景与商业前景

根据《ISO 9000：2015 国际标准》，外包指的是“安排外部组织执行组织的部分职能或过程，尽管外包的职能或过程在管理体系范围之内，但是外部组织不在管理体系覆盖范围内”。在企业生产活动中，生产外协、采购外协及劳动外协等模式都比较普遍，本文主要关注生产环节的外协。实践中，外协加工指的是企业在生产加工环节，受限于生产能力或基于生产效率、生产计划等原因，将产品的部分生产加工环节委托给该企业以外的第三方企业，并在第三方企业完成加工环节后将相关加工产品返回本企业继续进行后续生产加工环节的活动。在科创板反馈问答的“计算机、通信和其他电子设备制作业”行业范围内以关键词“外协加工”进行检索，共获得 1118 个结果，可见生产环节的委外加工比较普遍，也比较容易受到监管的关注。

从法律角度来说，外协加工属于特殊的生产经营模式，因为外协加工在委托企业与受委托的第三方厂商之间形成委托加工的关系，而委托企业面向客户实现交易，存在买卖合同关系，委托企业同时处于两种法律关系中，下游客户不介入

委托加工的法律关系，而是直接从委托方处获得产品，因此委托企业应当就委外加工的产品对下游客户承担保证责任，委托方的责任范围比实际生产部分更大。此外，外部加工行为使部分生产环节相对脱离委托企业的管理和控制，虽然通常而言委托企业会采取多种措施和协议约定对生产环节、产品质量进行远程约束，但很难对外协加工实现自主加工般管理，委托方在产品质量和实际生产方面的合规风险会因为外协生产模式而增加。

作为生产环节的特殊模式，拟上市企业的外协加工在IPO活动中将受到监管关注，拟上市企业和中介机构需要对其是否符合商业背景、采取外协加工的合理性以及合规性加以论述。就本文的关注而言，半导体设备类企业属于高技术附加的企业，核心竞争力在于先进技术和工艺，此类企业会将大部分精力和资金投入研发工作和核心生产环节的建设工作，对其他生产环节则投入较少或需求较小，为降低生产环节的成本压力、提高投入产出的效率，半导体企业很可能选择将部分非核心业务内容、非核心技术环节委托给第三方厂商，这种生产模式已成为行业惯例，以外协加工为主要业务的半导体厂商也普遍存在。例如，华卓精科（上会通过）因为采用外协方式生产受到监管关注问询，华卓精科（上会通过）就外协生产的环节、外协供应商的情况进行了详细说明。除了上述生产成本控制和生产规划的因素外，半导体企业还可能由于生产能力和生产周期的限制，在产能紧张的情况下间歇性委托第三方生产加工。例如，金力股份（终止）在申报材料中提到，“由于下游订单量增长较快，现有产能存在缺口，因此公司在涂覆环节存在将少部分产品委托加工”。

相对于一般生产过程而言，外协加工属于特殊的生产模式，监管对外协加工问题进行问询，是因为外协加工容易产生产品质量问题或出现其他利益交换，但这并不意味着外协加工在商业运作和法律层面不合理、不合规。基于半导体行业的惯例以及生产经营资源有限的现实情况，外协加工仍将长期存在，只要具备商业合理性和交易公允性，企业就可以自主选择采用外协模式。监管并不禁止发行人采用外协加工，同时会关注外协加工的未来发展趋势，只要具备真实、合理的原因，发行人也可以主张在未来继续采用外协加工，如国科环宇（终止）上市过程中，监管关注公司未来有无自行生产相关产品的计划，如有，对公司利润率等财务指标的影响如何。国科环宇（终止）在回复文件中补充说明其外协加工具有合理性和必要性，因此就外协加工部分公司暂无生产计划。在拟上市企业出于产能原因采用外协加工时，监管还可能关注发行人产能的后续规划，发行人是否准备解决产能限制的问题。

二、外协加工与内驱自主

外协加工使发行人的部分生产环节由第三方完成，使发行人的生产链条不再完整，甚至可能导致不能持续经营的风险、不具备独立的营运能力。因此，独立性和经营自主是外协加工中的核心关注要点。针对该问题，监管通常关注外协加工的具体环节和技术、外协加工企业与公司之间的关系、交易金额的合理性和公允性、是否存在对外部加工商的技术依赖、外协部分的占比、外协加工模式是否具有行业普遍性等问题。

首先，在生产环节方面，为保证发行人具有相对独立的运营能力，外协加工应当发生在非核心环节、非核心技术领域，否则发行人将在核心业务内容中存在生产困难、依赖第三方的情形，并将影响发行人的持续经营能力。监管问询一般会要求发行人具体说明产品生产的各个环节的内容及目的，哪些环节属于核心环节以及原因，外协环节处于生产链条的哪一部分，是否与核心环节存在重合等，从而使非本行业内的专业人员也能够理解外协环节在生产过程中的地位和作用。发行人将通过对生产环节的分析说明，最终得出外协环节不属于核心技术环节，而且其在整体生产链条中的作用不突出、占比较小，对整体经营活动而言不具有重要性的结论。例如众辰科技（603275）在招股书中提到"部分非核心加工工序或经济型机型的组装采用外协加工"，并分析了外协加工部分在生产工序中的重要程度；协昌科技（301418）的外协加工主要在封装测试环节，并说明主要加工环节和内容。

其次，技术优势是半导体企业的核心优势，技术通过生产环节进行成果转化，生产环节的独立自主也体现在相关技术层面的独立自主。因此，外协加工部分所涉及的生产技术也不应当属于核心技术，应当是可替代、易替代的工艺技术，不具有显著性和重要性。为回复关于这一问题的审核问答，发行人需要对核心技术进行明确的界定，并说明外协环节涉及的相关技术以及这部分技术与核心技术之间的关系。

最后，为保证生产流程的完整性，并说明外协加工部分在整体生产链条中不具有重要性，外协加工部分的占比应当不具有显著性，具体的财务和业务数据包括外协加工数量的占比、外协加工费用的具体数额、营业成本中的外协加工费用占比等，在审核问询中监管会关注外协加工金额以及占比的合理性，外协加工金额的合理性一方面与公司体量、营业成本相比较得出，另一方面与同类型公司相比得出，即使不直接与其他同行业公司相比较，也往往需要关注行业总体特征，说明外协加工内容符合行业的整体惯例。

总体而言，生产环节的外包和外协加工不能减弱发行人经营管理的内驱自主，为满足IPO监管要求，发行人在主要业务方面要始终独立自主，避免外协加工导致发行人的生产经营受到第三方加工厂商的控制。

三、外协厂商——IPO监管的辐射区域

外协厂商受到拟上市公司的委托，作为部分生产环节的实际从事者，一方面受到拟上市公司在生产流程、产品质量等方面的供应商管理，另一方面外协厂商也受到IPO审核监管的关注，这种关注既体现在生产环节、产品质量方面，也体现在外协厂商与拟上市公司之间的关系方面。外协厂商虽然不属于IPO主体，但实际上成了IPO监管的辐射区域，发行人普遍会在申报文件或监管问询中披露外协厂商的名称以及具体情况。

就外协加工的监督管理方面而言，公司如存在外协加工的情形，应当注意从厂商的准入条件、质量管理、动态监管三方面加强质量保障措施，并在委托加工服务合同中确定产品质量责任，明确公司与外协厂商的责任分摊。实践案例中发行人会对外协生产环节参照内部生产活动进行管理，具体措施包括：（1）通过协议及其他方式明确生产流程和生产工艺要求；（2）加强对外协产品的检验；（3）制定《委外加工管理规范》等相关管理制度；（4）内部特定部门负责外协厂商的管理；（5）加强对外协厂商的资格管理和考核评价，对外协厂商进行分级管理等。外协生产过程中的合规性也应当受到关注，尤其是生产过程中环境保护、不动产管理以及劳动用工方面的合规性，是否存在相关处罚或者纠纷等。实践中发行人一般也会在合同中对外协生产的合规性及生产责任进行约定。

此外，外协加工厂商作为交易相对方也不应当影响发行人的独立经营决策，避免对外协厂商形成依赖。发行人在申报文件和监管问询回复文件中一般会通过如下方式得出不存在外协厂商依赖的结论：（1）说明生产环节不具有重要性，外协厂商在整体生产链条中的作用并不显著；（2）外协厂商完全按照发行人的需求生产；（3）内部制度建设防范依赖风险；（4）同类外协加工厂商数量较多，发行人能够实现外协厂商的自主选择；（5）不存在任何市场垄断或技术门槛等。

监管还关注外协厂商与发行人之间的关联关系，是否因关联关系导致不正当的交易价格或利益交换。发行人需要说明自身与外协厂商之间是否存在关联关系、是否有员工持有外协厂商股份、与外协厂商的合作历史和合作模式是否具有特殊性等，若存在外协厂商成立不久即开展合作、专门为发行人服务等情况，则容易受到监管的关注。如果交易价格存在差异或较大变动，也将引起监管的关注。总体而言，发行人应尽量避免选择关联企业作为外协厂商，严格把控外协厂商的选取标准，遵守市场规律合理确定交易价格，如果存在关联关系，则更需要关注交易价格的合理性，避免利益输送的质疑风险。

最后，监管可能关注发行人与外协厂商之间的合作关系，合作关系是否正常推进，是否存在基于委托法律关系和相关协议文本产生的纠纷、投诉或其他争议。合作关系发生中止、中断等变动的，监管可能关注变动的原因，变动结果对生产活动是否存在不利影响。

第二节 亏损企业上市可行性及关注点

一、科创板规则对于亏损企业上市条件的基本规则

在科创板这个注册制板块的先行者开板之前，只有盈利的企业才能申报A股IPO，并且需要利润规模达到一定的体量。由于科创板所重点支持的硬科技类企业往往在前期需要大量的资金投入，产生盈利需要一定的周期，而在这期间又需要源源不断地获取现金流支持，因此在科创板的上市标准中，创造性地诞生了支持未盈利企业上市的标准，主要为《上海证券交易所科创板股票上市规则》第2.1.2条第2至第5款，具体如下："……（二）预计市值不低于人民币15亿元，最近一年营业收入不低于人民币2亿元，且最近三年累计研发投入占最近三年累计营业收入的比例不低于15%；（三）预计市值不低于人民币20亿元，最近一年营业收入不低于人民币3亿元，且最近三年经营活动产生的现金流量净额累计不低于人民币1亿元；（四）预计市值不低于人民币30亿元，且最近一年营业收入不低于人民币3亿元；（五）预计市值不低于人民币40亿元，主要业务或

产品需经国家有关部门批准，市场空间大，目前已取得阶段性成果。医药行业企业需至少有一项核心产品获准开展二期临床试验，其他符合科创板定位的企业需具备明显的技术优势并满足相应条件。”

从上述规则可知，亏损企业可以通过预计市值和营业收入指标或特定条件的组合满足登陆科创板的基本条件。对于未盈利企业申报 IPO，在规则层面证监会作出了具体要求，根据《监管规则适用指引——发行类第 5 号》的规定，对于未盈利企业申报 IPO，需要就如下方面进行信息披露。

1. 原因分析

发行人应结合行业特点和公司情况，针对性量化分析披露尚未盈利或最近一期存在累计未弥补亏损的成因，是否符合投入产出规律，是否具有商业合理性，是否属于行业普遍现象。对行业共性因素，应结合所属行业情况、竞争状况、发展态势以及同行业可比公司经营情况等，具体分析披露行业因素对公司盈利的影响。对公司特有因素，应结合公司的投资、研发、生产、销售等情况，具体分析披露有关因素对公司盈利的影响，相关因素在报告期内的变化情况、发展趋势，相关因素与报告期内盈利变动的匹配关系。

2. 影响分析

发行人应充分披露尚未盈利或最近一期存在累计未弥补亏损对公司现金流、业务拓展、人才吸引、团队稳定、研发投入、战略投入、生产经营可持续性等方面的影响。尚未盈利的发行人应充分披露尚未盈利对公司经营的影响，是否对未来持续经营能力产生重大不利影响。

3. 趋势分析

尚未盈利的发行人应谨慎估计并客观披露与未来业绩相关的前瞻性信息，包括原因分析中有关因素的发展趋势、达到盈亏平衡状态主要经营要素需达到的水平、未来是否可实现盈利以及其他有利于投资者对公司盈利趋势形成合理预期的信息。披露前瞻性信息时，应披露预测相关假设基础，并声明假设的数据基础及相关预测具有重大不确定性，提醒投资者谨慎使用。

4. 风险因素

尚未盈利的发行人，应结合自身情况针对性地充分披露相关风险因素，如未来一定期间无法盈利风险，收入无法按计划增长风险，研发失败风险，产品或服务无法得到客户认同风险，资金状况、业务拓展、人才引进、团队稳定、研发投入等方面受到限制或影响的风险等。预期未盈利状态仍将持续存在的，发行人还应结合《上海证券交易所科创板股票上市规则》的具体条款分析触发退市条件的可能性，并充分披露相关风险。

最近一期存在累计未弥补亏损的，发行人应披露累计未弥补亏损及其成因对公司未来盈利能力、分红政策的影响等。

5. 投资者保护措施及承诺

尚未盈利或最近一期存在累计未弥补亏损的发行人，应披露依法落实保护投资者合法权益规定的各项措施；应披露本次发行前累计未弥补亏损是否由新老股东共同承担以及已履行的决策程序。尚未盈利企业应披露其控股股东、实际控制人和董事、监事、高管、核心技术人员按照相关规定作出的关于减持股份的特殊安排或承诺。

二、未盈利企业登陆资本市场的论证重点——可持续经营能力

对于尚未盈利的 IPO 申报企业，IPO 审核重点关注其是否具有持续经营的能力，否则将一个具有高度经营风险的企业送上 A 股市场，对投资者而言则不亚于一场“腥风血雨”。

通常论证可持续经营能力可以从如下角度入手：（1）论证公司在行业内的关键地位；（2）介绍公司的产品存在广泛的市场运用空间；（3）公司产品技术具有高度先进性，可以对标国际先进标准；（4）公司对相关技术密集型产品具有量产的能力；（5）公司现阶段的亏损与行业的周期性波动规律相关，该行业未来具有较大的成长空间。

另外，对于亏损企业，预计可以取得盈利的时点也非常关键，需要向 IPO 审核部门呈现具有较高可信度的盈利预计时间节点，以取得审核部门对公司的认可。预计盈利的时间取决于研发及固定资产投入及折旧摊销水平是否进入稳定周期；新产品能否顺利推出，新客户能否实现导入，是否具有新的业务增长点；公司对运营成本的掌控能力。

三、科创板 IPO 审核问题中亏损企业的主要回复思路

1. 和辉光电

和辉光电（688538）是国内知名的 AMOLED 半导体显示面板制造商，专注于中小尺寸 AMOLED 半导体显示面板的研发、生产及销售。自设立以来，和辉光电持续深耕中小尺寸 AMOLED 半导体显示面板，量产产品主要应用于智能手

机、智能穿戴以及平板/笔记本电脑等消费类终端电子产品，同时积极研发适用于车载显示、工控显示、医疗显示等专业显示领域的相关 AMOLED 半导体显示面板产品。

和辉光电于 2020 年 8 月申报 IPO 上市，2021 年 2 月通过上交所科创板上市委员会审议，2021 年 3 月向中国证监会提交注册，并于 2021 年 4 月完成中国证监会的注册程序。

报告期内，和辉光电营业收入规模不断增长，但由于 AMOLED 半导体显示面板行业系技术密集型和资本密集型行业，行业对研发技术和生产工艺等要求较高，固定资产投入较大，达到规划产能、完成良率爬坡、实现规模效益需要较长的时间周期，导致前期固定成本分摊较大，单位成本较高，综合毛利率持续为负，处于持续亏损状态。

和辉光电于 IPO 报告期内的财务数据情况如表 22－1 所示。

表 22－1　和辉光电于 IPO 报告期内的财务数据情况

项目	趋势分析	2020 年度（问询中补充）	2020 年 1—6 月	2019 年度	2018 年度	2017 年度
营业收入/万元	营收大幅增长	250, 205. 44	92, 086. 77	151, 308. 53	80, 258. 21	61, 636. 19
综合毛利率/%	负毛利率逐步扭转	－19. 29	－28. 47	－31. 53	－70. 17	－94. 12
归母净利润/万元	归母净亏损波动增长	－103, 611. 54	－54, 624. 05	－100, 596. 98	－84, 732. 98	－99, 991. 89
净利润率/%	净亏损率稳定收窄	－41. 41	－59. 32	－66. 48	－105. 58	－162. 23
经营性现金流净额/万元	净流出稳定减少	－17, 885. 36	－19, 619. 92	－40, 868. 26	－32, 904. 86	－56, 685. 98

在 IPO 反馈问询中，上交所作出如下问询：关于经营业绩、变化趋势及未来影响。要求说明持续亏损的具体原因，亏损是否符合投入产出的一般经济原则，是否具有商业合理性，是否属于行业普遍现象。详细说明发行人是否具备扭亏为

盈的基础条件和经营环境，如有请提供具体的内外部证据、业务数据测算过程、损益趋势变化分析及预期时间节点，审慎论证是否具有客观性和可行性。

和辉光电对此的答复要点有以下几点。

报告期内公司尚未盈利且存在累积未弥补亏损的主要原因系 AMOLED 半导体显示面板行业属于典型技术密集型，行业处于成长期的初始阶段，行业技术成熟度有待提升，上游产业链配套尚未完善；属于资本密集型行业，所需固定投入较大，前期单位产品分摊的固定成本较大；公司作为境内最早实现 AMOLED 半导体显示面板量产的厂商，研发投入较高。

行业周期：AMOLED 半导体显示面板行业景气度和宏观经济周期存在关联，AMOLED 作为半导体显示的新技术，在光学性能、电子性能、整合功能以及外观形态等方面具有较强的优势，代表了半导体显示技术新的发展方向。

业务结构与产品成熟度：应用领域方面，主要营业收入来源于智能手机类和智能穿戴类，技术成熟度较高，平板/笔记本电脑领域技术成熟度较低，但将是未来新增收入增长点；产品形态方面，选择产品形态差异化的竞争策略，刚性面板行业技术成熟度更高，以发展刚性 AMOLED 产品为主，柔性 AMOLED 产品为辅。

市场分布：AMOLED 半导体显示面板生产领域集中于中韩两国，韩国面板厂商产能份额高，而我国境内面板厂商发展速度快且呈现加速追赶的市场竞争格局，预计 2022 年大约将占据全球产能份额的 47%。

上下游价格变动趋势：原材料单个价格变动对主营业务成本影响较小；AMOLED 半导体显示面板价格受产品结构、出货模式、原材料变化等因素影响而有所波动，同时受下游终端市场产品价格影响。

毛利率变化：报告期内主营业务毛利率为负但呈现快速改善的趋势。

业务模式：销售模式上，分为直销和贸易，均为买断形式；客户认证上，公司已通过多个客户的合格供应商认证和新项目导入认证。

市场竞争力：国际厂商如三星电子等具有较强的竞争优势，公司与三星电子等国际顶尖厂商在市场份额、产线数量和整体产能、收入规模、研发投入上均存在差距；公司采取差异化的竞争战略，包括产品形态的差异化发展，积极丰富产品的应用领域。

固定资产投资与折旧：固定资产金额逐年增加，当期折旧增加额保持逐年上升趋势。

报告期内固定成本与变动成本的变化程度：固定成本在主营业务中占比呈下

降趋势，变动成本有所上升。

发行人经营情况具有一定的行业普遍性，与同行业上市公司维信诺不存在明显差异。

2. 晶合集成

晶合集成（688249）主要从事12英寸晶圆代工业务，致力于研发并应用行业先进的工艺，为客户提供多种制程节点、不同工艺平台的晶圆代工服务。公司重视技术创新与工艺研发，建立了完善的研发创新体系，打造了一支经验丰富、勤勉专业的研发团队，搭建了150nm、110nm、90nm、55nm等制程的研发平台，涵盖了DDIC、CIS、MCU、PMIC、E－Tag、Mini LED以及其他逻辑芯片等领域。

晶合集成于2021年5月申报IPO上市，2022年3月通过上交所科创板上市委员会审议，2022年3月向中国证监会提交注册，并于2022年6月完成中国证监会的注册程序。

晶合集成所处的晶圆代工行业系技术密集型和资本密集型行业，对研发能力和资本实力等要求较高。晶合集成成立以来，为满足产能扩充需求，持续追加生产设备等资本性投入，固定成本规模较高，同时实现规划产能需要一定周期，在初期产能爬坡、产销规模相对有限的情况下产品单位成本较高，导致2018—2020年度持续亏损。

晶合集成于IPO报告期内的财务数据情况如表22－2所示。

表22－2　晶合集成于IPO报告期内的财务数据情况

项目	趋势分析	2021年度（问询中补充）	2021年1—6月（问询中补充）	2020年度	2019年度	2018年度
营业收入/万元	营收大幅增长	542,900.93	160,384.20	151,237.05	53,392.17	21,765.95
综合毛利率/%	综合毛利率扭负为正	45.13	28.85	－8.57	－100.55	－276.55
归母净利润/万元	盈利扭亏为盈，大幅增长	172,883.20	12,180.15	－125,759.71	－124,302.67	－119,095.12

续表

项目	趋势分析	2021 年度（问询中补充）	2021 年 1—6 月（问询中补充）	2020 年度	2019 年度	2018 年度
净利润率/%	净利率扭负为正，大幅增长	31.84	7.59	-83.15	-232.81	-547.16
经营性现金流净额/万元	经营净现金流扭负为正	957,388.50	638,680.36	47,282.88	-18,303.30	-65,432.61

在 IPO 反馈问询中，上交所作出如下问询：关于存在累计未弥补亏损，要求发行人按照相关审核规则的要求进行相关信息披露。

晶合集成对此答复要点有以下四方面。

经营发展趋势方面：随着全球信息化和数字化的持续发展，代工行业市场规模的不断增长；全球晶圆代工产业逐渐向中国境内转移，中国境内集成电路行业带来新的发展机遇；受益于下游市场需求增长以及产业转移趋势，未来公司业务规模和收入水平预计将进一步得到提升。

产品及研发进展方面：公司建立起完善的研发创新体系，搭建了 150nm、110nm、90nm、55nm 多制程研发平台，涵盖了 DDIC、CIS、MCU、PMIC、ETag、MiniLED 以及其他逻辑芯片等领域，已实现多制程节点产品量产。

盈亏平衡分析：通过量价分析方法，以 2021 年 3 月公司产品平均售价为基础，在不新增厂房建设投产因素的情况下，预计出货量达 3.7 万片/月时实现月度盈亏平衡；在新增厂房建设投产因素的情况下，假设新增约 155 亿元固定资产投资、整体折旧年限为 10 年，预计出货量达 5.6 万片/月时实现月度盈亏平衡。同时，公司产品线丰富，产品良率及成本改善，能够为公司实现盈利提供强有力的支撑。

主要依据：公司从行业发展前景、公司业务拓展现状及发展、研发团队、研发投入等角度提供未来能够实现盈利的依据，提供为实现盈利公司拟采取的措施。

充分揭示未来一定期间无法盈利或无法进行利润分配的风险、收入无法按计划增长的风险、研发失败的风险、产品或服务无法得到客户认同的风险、资金状况、业务拓展、人才引进、团队稳定、研发投入等方面受到限制或影响的风险。

第三节

IPO中的重大合同披露

一、IPO对于重大合同的披露要求

（一）重大合同的披露规则与实践

在IPO中需要对重大合同予以披露，以下是关于重大合同披露的基本要求。

《公开发行证券的公司信息披露内容与格式准则第57号——招股说明书》规定，发行人应披露对报告期经营活动、财务状况或未来发展等具有重要影响的已履行、正在履行和将要履行的合同情况，包括合同当事人、合同标的、合同价款或报酬、履行期限、实际履行情况等，并分析对发行人的影响及存在的风险。与同一交易主体在一个会计年度内连续发生的相同内容或性质的合同应累计计算。

在上述规则中，对于何为“重要影响”并没有明确要求，由此引发了披露实践中的一些困惑。此外，不同细分行业的公司，通常披露哪些类型的合同，也容易引发困惑。

以下选取半导体不同类别的细分行业的合同披露。

1. 设计类企业

设计类企业重要合同如表22-3所示。

表22-3　设计类企业重要合同

公司简称	披露合同类型	合同选取标准
南芯科技	销售合同（主要是经销合同）	截至报告期末，公司已签署的所涵盖年度交易金额在10,000万元以上或不足10,000万元但对公司经营有重大影响的已履行、正在履行和将要履行的销售框架协议
	采购合同（主要为封装测试合同、芯片代工协议）	截至报告期末，公司已签署的所涵盖年度交易金额在10,000万元以上或不足10,000万元但对公司经营有重大影响的已履行、正在履行和将要履行的采购框架协议

续表

公司简称	披露合同类型	合同选取标准
南芯科技	重大融资合同	披露了两笔借款，一笔金额为1000万元，另一笔为15,000万元
	其他重大合同（战略合作协议）	根据实质影响披露了与中芯国际之间的《战略合作协议》
	银行承兑协议	披露了全部银行承兑协议，该等协议金额较大，最低的一笔为5540万元

2. IDM企业

IDM类企业重要合同如表22-4所示。

表22-4　IDM类企业重要合同

公司简称	披露合同类型	合同选取标准
源杰科技	销售合同（包括合同及单笔订单）	报告期内，公司与前五大客户已履行完毕或正在履行的销售框架协议，或者金额超过300万元的销售合同、订单
	采购合同（采购衬底、金属有机物、高纯氢、高纯氮等，包括框架协议及单笔订单）	报告期内，公司与前五大供应商已履行完毕或正在履行的采购框架协议，或者金额超过300万元的采购合同、订单
	设备采购（主要采购半导体测试机、晶圆加工设备等）	未明确披露选取口径，最低金额为300万元
	委托开发技术服务协议（芯片开发业务）	未明确披露选取口径，最低金额为300万元
	建设工程施工合同（厂房建设）	未明确披露选取口径，最低金额为330万元
	借款、授信及相关担保合同	未明确披露选取口径，最低金额为500万元
	融资租赁合同	未明确披露选取口径，最低金额为800万元
	租赁合同	厂房租赁合同
	国有建设用地使用权出让合同	土地出让价款为1216万元

3. EDA 软件公司

EDA 软件企业重要合同如表 22－5 所示。

表 22－5　EDA 软件企业重要合同

公司简称	披露合同类型	合同选取标准
华大九天	采购合同（技术服务、软件、技术服务）	报告期内，公司签署的正在履行或已经履行完毕的金额在 1000 万元以上的采购合同
	销售合同（EDA 软件销售、技术开发服务）	报告期内，公司签署的正在履行或已经履行完毕的金额在 2000 万元以上的销售合同
	重大借款合同	披露了一笔 20,000 万元的借款合同

从上述统计可以看出，各家半导体行业的上市公司在进行重大合同披露时有着各自的披露考量，可以总结为如下内容。

（1）对于重大合同的披露，通常会披露三个基本类型的合同，包括销售合同、采购合同、借款及授信等融资协议，其他类型的合同可以结合公司所处行业的具体情况予以添加，从实质把握哪类合同对公司的生产经营具有重要影响，避免信息披露出现遗漏。

（2）披露的合同形式可以是框架协议，也可以是单笔有交易金额的合同或者单笔大额订单。

（3）在重要性标准上，既可以划定金额作为披露标准，也可以以前几大主要客户、供应商为披露的基准，披露与相关客户供应商签署的合同或者订单，对于采购、销售这类重要合同类型，需要写明明确的披露标准，如果未写明，在 IPO 审核中可能会予以追问。

（二）重大合同的豁免披露

在半导体行业，出于避免被国外制裁、商业秘密的考虑可以申请对重大合同的细节进行信息披露层面的豁免。

根据《证券期货法律适用意见第 17 号》的规定，对于申报 IPO 中的信息披露豁免，分别为国家秘密信息披露豁免和商业秘密信息披露豁免。其中国家秘密信息披露豁免往往与军工行业相关，半导体行业由于缺乏相关配套保密规定，适用该等豁免方式难度较大，因此多数适用商业秘密信息披露豁免。

对于商业秘密信息披露豁免需要符合下列情形之一。

（1）商业秘密涉及产品核心技术信息。

（2）商业秘密涉及客户、供应商等他人经营信息、且披露该信息可能导致发行人或者他人受到较大国际政治经济形势影响。

但并不是什么商业秘密都可以申请豁免，商业秘密如涉及发行人自身经营信息（如成本、营业收入、利润、毛利率等）、披露后可能损害发行人利益的，如该信息属于《公开发行证券的公司信息披露内容与格式准则第 57 号——招股说明书》（以下简称 57 号准则）、证券期货法律适用意见、监管规则适用指引等中国证监会和交易所相关规则要求披露的信息，原则上不可以豁免披露。

并且信息披露豁免对投资者作出价值判断及投资决策不应构成重大障碍，并符合 57 号准则的基本要求。

在半导体行业企业 IPO 信息披露豁免中，较为常见的豁免内容为客户、供应商的名称、金额等信息。

第四节 募投项目关注

一、募投项目需要履行的主要程序

根据 57 号准则，发行人应按照重要性原则披露募集资金运用情况，主要包括：募集资金运用涉及审批、核准或备案程序的，应披露相关程序履行情况。

对于半导体行业的募投项目而言，通常涉及披露的程序主要包括发改委的固定资产投资项目备案和环境影响评价程序。

1. 发改审查程序

根据《企业投资项目核准和备案管理办法》《企业投资项目核准和备案管理条例》等规定，固定资产投资项目需要履行发改委的核准或备案程序。但是对于项目投资金额达到怎样的程度才需要履行相关程序，在上述规则中并未明确规定，由各地方掌握具体的执行口径。以上海市为例，上海市的固定资产投资统计起点为 500 万元以上的项目，包括建设项目投资、房地产开发法人单位进行的房地产开发投资和农户投资三部分。

就半导体行业而言，对于不存在生产制造环节的芯片设计类项目和软件开发项目，未必需要履行发改投资项目备案程序，但在该环节，对于无须履行发改投资备案的项目建议取得主管部门的确认为宜。

对于半导体行业企业而言，为防范半导体行业投资过热等风险，相关主管部门要求对集成电路重点项目实施项目窗口指导，强化高风险项目管理。

对于发改投资项目投资金额的变动是否需要办理更新的备案，或者重新履行发改委的“窗口指导”程序，在《企业投资项目核准和备案管理办法》中明确，取得项目核准文件的项目，有下列情形之一的，项目单位应当及时以书面形式向原项目核准机关提出变更申请。原项目核准机关应当自受理申请之日起20个工作日内作出是否同意变更的书面决定：（1）建设地点发生变更的；（2）投资规模、建设规模、建设内容发生较大变化的；（3）项目变更可能对经济、社会、环境等产生重大不利影响的；（4）需要对项目核准文件所规定的内容进行调整的其他重大情形。

但对于规则中何为“较大变化”却没有进一步的阐述，因此，需要就相关投资规模、建设规模、建设内容的变化是否涉及重新办理发改委备案程序咨询主管部门。

2. 环境影响评价程序

根据《环境影响评价法》及相关环评规则，建设项目需依据对环境的影响程序（重大、轻度、很小）分别履行环境影响评价程序。

对半导体行业企业而言，芯片设计类公司的募集资金研发项目由于无污染、无排放，因此不涉及办理环境影响评价程序。

在《建设项目环境影响评价分类管理目录》（2021年版）中，对于部分生产环节和生产工艺未必需要履行环境影响评价程序。在IPO中，对于该类无须履行环评程序的生产制造类项目，通常由当地环保主管部门进行相关确认予以明确。

对于环评而言，也存在产能、排污情况发生变动而引起的是否需要重新履行环评程序的情况。对此，《污染影响类建设项目重大变动清单（试行）》中明确了13项变化的要点，主要包括：生产、处置或储存能力增大30%及以上的；位于达标区的建设项目生产、处置或储存能力增大，导致污染物排放量增加10%及以上的；在原厂址附近调整（包括总平面布置变化）导致环境防护距离范围变化且新增敏感点的等。

二、通过子公司融资作为募投项目实施主体

重资产的半导体生产企业对投资项目需要大额的资金投入，在公司没有充足资金的情况下，可以通过子公司作为募集资金项目的投资主体，通过子公司吸引外部融资，引入少数股东。

例如，芯联集成（688469）的募投项目实施主体中芯越州集成电路制造（绍兴）有限公司，芯联集成在该公司持有约27.67%的股权，芯联集成通过一致行动协议的方式对该公司予以合并财务报表，通过该等股权安排，既解决了资金来源，又满足了IPO的要求。

再如，华虹公司（688347）子公司华虹半导体制造（无锡）有限公司（以下简称华虹制造）为华虹公司（688347）募投项目的实施主体（以下简称华虹无锡项目），华虹制造的股东除了华虹半导体及其子公司外，还有国家集成电路产业投资基金二期股份有限公司（以下简称大基金二期）与无锡锡虹国芯投资有限公司（以下简称锡虹国芯），华虹半导体及其子公司持有华虹制造51%的股权。

对于华虹制造，IPO问询问题重点关注资金来源及投入安排，本次募集资金的投入方式、其他股东是否同比例提供资金，合作方的主要权利义务关系、增资款定价依据，是否存在少数股东退出的计划安排，发行人确保对华虹制造控制权稳定的具体措施。

对于出资来源，华虹无锡项目预计总投资额为67亿美元，其中40.2亿美元将由该项目实施主体各股东以增资方式向华虹制造投入资金，华虹公司的出资来源为本次发行的募集资金和自有资金，如果本次发行募集资金不足，华虹公司将通过自筹资金解决募投项目资金缺口，其他股东将同比例增资；剩余26.8亿美元将以债务融资方式筹集，相关银行已出具贷款意向承诺函。

对于少数股东退出安排，各方约定，各股东将以诚信原则积极探讨大基金二期和锡虹国芯未来退出华虹制造的方式和机制。

在该等安排下，子公司的少数股东最为关心的是能否通过母公司上市后发行股份购买资产的安排上翻至上市公司持股，以确保其获取投资退出的收益。

对此，存在两个潜在问题：第一，在IPO申报前向子公司的少数股东承诺其

未来退出的收益及价格，则需要按照上述规定将公司承担的回购义务金额计提为金融负债，该等金额负债将影响合并报表的资产负债率；第二，如果明确具体收购价格，则届时收购价格是否公允，是否会损害上市公司中小公众投资者利益则又会成为IPO审核中的重点关注问题。基于上述，在IPO申报前承诺收购子公司少数股东的股权较为少见。

第五节 设计企业使用单一晶圆及封测供应商

一、企业角度：选择合作方的原因、合理性

（一）芯片设计采购单价、单一晶圆及封测供应商采购成本占该类成本的比例，是否与其他晶圆与封测供应商合作及集中度的比例

芯片（IC）设计类企业（以下简称设计企业）上市往往与半导体芯片行业的两种主要经营模式相关，第一种是Fabless模式，指专注于芯片设计，制造、封装测试等环节由外协厂完成的模式，采用Fabless模式的企业，该模式是随着半导体行业产业链专业化趋势而出现的，如高通、联发科以及国内大多数半导体芯片上市公司；第二种是Foundry模式，仅负责晶圆制造环节，为芯片设计公司提供晶圆代工服务，如台积电、中芯国际（688981）等即属于Foundry模式。

晶圆代工、封装测试可以说是Fabless经营模式下的设计企业最重要的外包步骤，在该步骤中尤以晶圆、光照、封装、测试等商品及服务的采购量为基础，根据目前A股设计企业公开披露的信息实则不难发现与单一晶圆、封测供应商进行长期合作属于该类企业的市场惯例，我们总结了部分设计企业上市案例中披露的报告期内与其合作的第一大晶圆、封测供应商及其采购金额和占比，具体如表22－6所示。

表 22 - 6　部分设计企业供应商合作情况

上市公司简称	第一大晶圆/封测供应商	报告期第一年		报告期第二年		报告期第三年	
		金额/万元	占比/%	金额/万元	占比/%	金额/万元	占比/%
1. 晶圆、光罩							
晶晨股份	台积电	64, 229. 49	79. 18	78, 324. 08	76. 26	120, 280. 45	68. 83
东微半导	华虹半导体	11, 663. 95	83. 59	15, 041. 10	81. 70	21, 664. 85	80. 19
龙迅股份	Silterra	2281. 30	57. 15	3405. 63	55. 92	5672. 52	57. 66
裕太微	中芯国际	147. 74	24. 70	1983. 19	74. 36	15, 120. 15	61. 71
灿芯股份	中芯国际	33, 489. 72	69. 02	71, 292. 85	77. 25	93, 016. 57	84. 89
钜泉科技	和舰科技	13, 094. 63	60. 55	14, 934. 18	61. 13	13, 970. 97	55. 34
芯朋微	华润微	11, 516. 09	61. 33	13, 912. 81	59. 72	11, 729. 38	53. 66
2. 封装、测试							
晶晨股份	长电科技	17, 708. 26	17. 97	25, 367. 78	21. 82	45, 026. 39	21. 91
东微半导	天水华天	1700. 86	12. 19	2036. 71	11. 06	3238. 34	11. 99
龙迅股份	超丰电子	1210. 45	30. 33	2119. 63	34. 80	2317. 23	23. 55
裕太微	长电科技	63. 70	10. 65	563. 86	21. 14	7019. 35	28. 65
灿芯股份	华天科技	1383. 80	2. 85	2189. 75	2. 37	3237. 06	2. 95
钜泉科技	通富微电	3164. 09	14. 63	3023. 42	12. 38	5111. 31	20. 25
芯朋微	华天科技	3816. 01	20. 32	4289. 56	18. 41	4150. 47	18. 99

注：数据援引自各上市公司（拟上市公司）最新披露的招股说明书，若招股说明书中披露 3 年又一期数据的，优先统计 3 个完整会计年度数据。

通过表 22 - 6 所示，我们发现如下特点：晶圆、光罩采购金额、占比往往较高，报告期内存在与单一晶圆供应商合作的市场惯例；封装、测试服务次之，但与晶圆、光罩产品的采购合计比例加总往往占据设计企业每一会计年度 70% 以上的采购总额，属于设计企业的材料采购成本中的刚需。在了解上述设计企业的采购成本支出结构的基础上，我们总结了上述一些上市公司公开披露信息中对使用单一晶圆及封测供应商这一问题的论述及回复思路以供参考。

1. 代工行业整体呈现寡头垄断的竞争态势

不难发现晶圆及光罩代工行业具有极高的资本壁垒和技术壁垒，属于技术、资本和人才密集型行业，整体呈现寡头竞争态势，市场集中度较高，在中芯国际

（688981）、晶晨股份（688099）、路维光电（688401）、德明利（001309）、协昌科技（301418）等多家上市公司的公开披露信息中对此均有一定认同。设计企业对于供应商工艺先进性、全面性及供应链安全均有较高要求，能够满足公司业务需求的具备自主先进工艺的厂商数量极少，诸如台积电（2330.TW）、中芯国际（688981）、华虹公司（688347）等都属于近年排名靠前的晶圆代工巨头。

2. 设计企业多为成长期企业

设计企业选择少数晶圆代工供应商、封装测试供应商进行芯片设计及量产这一事实往往与其上市时的体量及盈利能力相关，部分公司上市前处于研发成本较高、快速成长阶段，处在此阶段的公司往往技术资源有限，通过与其长期合作的晶圆、封测供应商合作，能够在控制经济成本的同时，以较小调校成本快速熟悉特定代工封测的工艺平台及设计规则。如国科微（300672）曾在其招股说明书中披露如下："由于不同类型芯片面向的下游市场和芯片自身的设计思路、选用晶圆加工工艺存在较大差别。故在 Fabless 经营模式下，同款芯片一般交由单一晶圆制造企业完成晶圆代工。在芯片量产后，由于面临较大的转换成本，集成电路设计企业一般不会更换晶圆制造供应商。"

此外，诸如晶晨股份（688099）、东微半导（688261）等知名已上市芯片设计公司及创意电子（3443.TW）、世芯电子（3661.TW）、智原科技（3035.TW）等业内领先的已上市设计服务公司均存在单一晶圆供应商占比较高的情形。其中，世芯电子 2021 年向台积电采购晶圆金额占其当年总采购额的 100%，创意电子与智原科技向其主要晶圆供应商采购额占比亦较高。

3. 采购成本控制

从采购成本来看，半导体晶圆代工与封测行业具有投入巨大、规模效应明显、行业集中度较高的特点。囿于设计企业规模小、发展快的阶段因素，单独的、特定的一家设计企业自身产品对晶圆和封测需求数量本身所占晶圆代工厂和封测供应商整体产能比例较小，在晶圆代工和封测加工行业，交易价格往往取决于数量，采购数量越大单位价格越低，分散采购反而不利于降低成本。因此，设计企业与晶圆、封测供应商保持持续稳定的合作符合该阶段公司的发展阶段和采购经济性要求，有利于优化公司采购成本，具有商业合理性。

4. 与其他晶圆与封测供应商合作

随着此类设计企业业务规模的扩大，大部分公司也会积极寻找新的晶圆和封测供应商的合作进行晶圆/封测供应商的多元化调整，以期在未来对公司供应商结构进行优化。此类企业对其他晶圆、封测供应商的开拓及与其交往的数据往往能够与其在招股说明书和审计报告披露的采购数据相匹配，表 22－6 所示部分上市公司除第一大晶圆/封测供应商外也存在与其他晶圆厂、封测厂的合作及交易，亦可验证这一论据。

5. 不存在对单一供应商的重大依赖

在设计企业与某一特定晶圆和封测供应商已形成长期稳定的合作关系的前提下，首先，需要通过设计企业与供应商采购框架合同的约定、各方合作的历史情况及基于上述情况推导出的合理产能等因素进行预计，以论证该特定晶圆和封测供应商未来能够向设计企业保持稳定的出货能力，双方的合作关系具有可持续性。其次，需要对设计企业主要原材料及加工服务的采购具有可供替代性进行说明，以论证虽然在设计企业与某一特定供应商保持紧密合作，但是其他中国境内供应商亦可以满足设计企业的需求。在面临遴选供应商的场景下，不会对企业的生产经营造成重大不利影响。设计企业往往掌握其主营业务芯片产品设计的核心技术，委托各个具备生产能力的晶圆和封测供应商进行芯片产品的生产均具有可行性，其与少数或单一供应商的采购具有可持续性且集中采购符合行业特征。

（二）晶圆和封测单价情况统计，近几年变动的原因，设计企业对定价依据及公允性说明的主要思路

根据台积电、中芯国际、和舰芯片等晶圆代工厂公开披露信息，相关晶圆的价格一般为各种工艺和规格晶圆的综合价格，由于各晶圆代工厂的晶圆工艺、规格及产品组成结构均有所不同，所以各晶圆代工厂所公布的晶圆平均售价也有明显差异；根据长电科技、华天科技等封装测试代工厂披露的年报信息，其提供多种类型的封装测试服务，而其对应产品的营业收入统计口径一般为各类型封装测试收入的总和，与特定设计企业所采购的特定类型封装测试的采购单价往往不具有可比性。故在结合表 22－6 几家 IC 设计企业对此类问题回复口径后我们试图总结如下几点可供参考。

1. 同类采购内容不同供应商的价格对比情况分析

设计企业的主要晶圆、封测采购供应商与同类型其他可比供应商的对比情况，企业向其采购的价格在封装环节的主要定价因素，比如晶圆供应商可能主要受材料、尺寸、形式、加工难易程度、采购量等因素影响，在封测环节除前述影响外，还需要关注产品测试时间、所使用的测试机台、测试工序复杂度、测试环

境要求等因素的影响。

2. 与同行业可比公司采购单价对比情况分析

企业的同行业可比公司中，除未直接披露平均采购单价的可比公司外，可参考其他境内可比公司在招股说明书中披露的平均采购单价，并从与同行业可比公司产品及其结构不同、所应用的晶圆和封装测试种类不同等角度切入，对与同行业可比公司采购单价对比情况及其可比性进行分析。

3. 与不同技术平台对比情况分析

设计企业往往需要对行业发展具有敏锐嗅觉，不断在产品类型以及细分应用领域充实产品布局、升级产品性能，随着产品不断升级，产品对原材料、工艺规格等要求在整体上会有所提升；同时，随着更为优秀的原材料及工艺供给关系的出现，相对而言，应用前代技术的产品及服务单价会有所下降，对于企业区分己方商品结构以作出采购单价的细分变化也具有参考价值。

此外，境内晶圆代工市场短期内亦会出现供需不平衡，上游供应商的周期性、政策性产能紧张等行业周期性风险的出现亦可被结合用于说明设计企业的定价依据及其公允性。

（三）公司与单一晶圆及封测供应商的合作背景，主要合同条款的常规约定

1. 与主要供应商的权利义务划分

根据设计企业与主要供应商签署的业务合同、企业内部管理制度及实际业务执行情况，此类企业的权利义务包括负责及时提供采购预测，下达采购订单，收到产品并对账后按期付款；相对地，主要供应商的权利义务包括在商定的交货期内，及时按照订单交付符合质量要求的晶圆和成品，按时向公司通报和处理产线上的生产情况，及时反馈异常情况等。

2. 定价机制及付款政策

设计企业向晶圆供应商采购晶圆，并向封测供应商采购封装测试服务，其采购价格通常基于设计企业所了解的市场价格，并结合工艺要求、商业环境、供应商产能、公司需求量等情况，与供应商谈判协商确定。其中，对晶圆的采购定价主要考虑的因素包括晶圆尺寸、工艺水平、光罩层数、产品质量稳定性、采购数量、交付要求等技术细节和商务条件等。在采购一款新型号的晶圆产品前，企业向晶圆供应商索取产品报价，依据和晶圆供应商确认的单价提交采购订单；同

时，企业通常会不定期与主要晶圆代工厂对采购价格进行沟通谈判，并结合当期市场上晶圆代工厂整体产能、公司具体采购规格等需求进行协商，协商确定后按照最新的报价单执行采购。

此外，企业与主要封测供应商进行议价时，主要考虑的因素包括封装类型、封装耗材、封装工艺、封装规格、测试时间、测试环境、质量要求、采购数量等。企业不定期与主要封测供应商对采购价格进行沟通，对于重点产品按需进行议价，并结合市场情况协商对封装测试采购价格的调整。而在付款政策方面，企业应当着重体现主要供应商给予其信用政策、预付款政策及与供应商进行访谈确认给予其的付款政策是否与同类下游其他客户公司有重大差异。一家拟上市的设计企业往往可以从上述方面着手对己方与供应商谈判的定价机制进行拆分细化，以对定价公允性的论述有所裨益。

3. 产品质量控制措施

作为以Fabless模式运营的设计企业，企业需要制定其自身的代工厂管理流程，选择符合要求的供应商进行外协生产。委外生产过程中的质量控制应当主要包括晶圆质量管理和封测质量管理，主要可以参考如下方面。

在晶圆质量管理方面，设计企业将晶圆制造环节交由晶圆供应商完成，晶圆制造过程中的质量管理主要由晶圆供应商负责，公司的企业协助和监督晶圆供应商完成晶圆质量管理流程，相关措施如表22－7所示。

表22－7　晶圆质量管理方面的主要控制措施

主要类别	主要内容
制程水平能力	若晶圆供应商制程水平能力低于双方协定值则需要提供原因分析及改善措施以提高晶圆品质
晶圆品质	若晶圆供应商对生产的晶圆WAT检测有参数低于双方协定值，晶圆供应商需通知企业并由双方协商纠正与处理措施
产品可靠性监控	晶圆供应商按某一固定频次进行可靠性监控测试，并向企业提供可靠性监控报告，企业通过监控报告确保产品可靠性符合要求
晶圆出货	若晶圆出货有异常的，晶圆供应商反馈给企业进行确认，晶圆供应商需通知企业并由双方协商纠正与处理措施
良率管理	企业按照预定良率要求监控每批晶圆测试良率，如有低良则应按照企业对良率不合格管理流程要求晶圆供应商分析良率异常的原因，提供改善措施

续表

主要类别	主要内容
变更管理	若确需变更双方约定工艺，需向企业提供变更申请，经企业同意进行相关测试验证并获正式批准后才能启动变更
绩效考核	企业按某一固定频次对晶圆供应商的质量、价格、交期、服务等指标进行内部考评，并决定是否继续合作

在封测质量管理方面，与晶圆制造过程相似，芯片在封测环节的质量管理主要由封测供应商负责，设计企业将协助和监督封测供应商完成封测质量管理流程，相关措施如表22－8所示。

表22－8　封测质量管理方面的主要控制措施

主要类别	主要内容
进料检验	若封测供应商按照晶圆供应商提供的出货信息对晶圆型号、数量等进行确认发现异常的，应当反馈给企业进行确认
生产加工	封测供应商每个月将制程能力报告发送给企业，若制程水平能力低于双方协定值，封测供应商需要提供原因分析及改善措施
测试验收	对于每一款新产品，由公司封装测试部门开发产品测试程序，并完成测试厂测试程序验证，同时定义产品测试的良率控制标准。若有批次测试结果不符合良率控制标准，则由企业按照企业对良率不合格管理流程进行分析、处理
可靠性监控	封测供应商按某一固定频次进行可靠性监控测试，并向企业提供可靠性监控报告，企业通过监控报告以确保产品可靠性符合要求
变更管理	若确需变更双方约定工艺，需向企业提供变更申请，经企业同意进行相关测试验证并获正式批准后才能启动变更
入库检验	封装测试合格的产品在入成品库之前，封测供应商需按照规定标准进行抽检，检验项目包括电性参数测试、外观检查、标签检查、包装检查等，检验合格才能入库
绩效考核	企业按某一固定频次对晶圆供应商的质量、价格、交期、服务等指标进行内部考评，并决定是否继续合作
仓储管理	检验合格的产成品进入仓库存储，仓库进行关于产成品温度、湿度和质保期等管控，并根据企业出货订单安排出货

4. 技术秘密的保护措施

设计企业的企业主要竞争力来源于其核心技术，主要体现在其专利、软件著作权及集成电路布图设计专有权中，故在与主要供应商针对委外采购合作中，应当着重关注对保密信息的范围、使用、所有权及保密期限、泄密的补救措施等事项的约定及违约赔偿责任，防止供应商泄露技术资料。

二、宏观因素

根据我们的实操经验，当设计企业的单一晶圆及封测供应商属于境外供应商的情况下，在应对监管部门对单一供应商相关问题的关注时，以下因素亦可被纳入考量范围。

1. 国际贸易背景

国际贸易背景如表 22－9 所示。

表 22－9 国际贸易背景

时间	国家	措施
2022 年 5 月 26 日	美国	美国国务卿发布“拜登政府对华政策总方针”演讲，指出“将采用新的更有利的出口管制措施，确保美国关键性创新不会落入他人之手”
2022 年 8 月 9 日		美国总统拜登签署《2022 芯片与科学法案》，法案除了提出对美国本土的芯片企业提供资助外，还规定了“中国护栏”条款，要求受到美国政府资助的美国本土芯片企业在受资助之日起 10 年内不得在中国进行先进制程半导体生产的实质扩张和重大交易
2022 年 10 月 12 日		美国发布拜登政府任内首份《国家安全战略》，将中国定义为“美国最重要的地缘政治挑战”，并将“更新和加强出口管制和投资审查机制”
2022 年 10 月 7 日		美国商务部工业与安全局（BIS）分两批实施对华半导体出口管制新规（BIS 新规）。BIS 新规主要对涉及先进计算集成电路、超级计算机和半导体制造设施的条款进行了修改与增补，并旨在限制中国获得先进芯片、开发和维护超级计算机以及制造先进半导体的能力
2023 年 7 月 23 日	日本	日本经济产业省开始施行《外汇及外国贸易法》的修改省令，追加的 23 个品类除了向友好国等 42 个国家和地区出口外，均需要单独得到批准。23 个品类包括极紫外（EUV）相关产品的制造设备，以及可立体堆叠存储元件的蚀刻设备等

续表

时间	国家	措施
2023年9月1日	荷兰	要求该国生产先进芯片制造设备的公司在出口先进光刻机时需要申请许可证

当前，除部分国家和地区出台的相关措施将对设计企业选择晶圆及封测供应商造成一定影响外，我国与东南亚各地之间的贸易政策保持稳定，无重大不利变化，为应对国际贸易环境的不确定性，设计企业应当提前做好主要原材料的替代方案，确保各类主要原材料均有具有成熟的全球供货经验的若干供应商作为备选供应来源。

2. 关税政策及该单一合作方所在国家/地区法律法规

根据国务院关税税则委员会等政府部门发布的加征关税、采购排除限制及其他关税政策，截至目前，我国出台了部分对于原产于美国的进口商品的加征关税及采购排除限制的关税政策，中国对美加征关税涉及的行业主要包括农产品、汽车、水产品、化工品、医疗设备、能源产品、金属制品等，并不包括半导体晶圆及相关产品；在前述前提下，在应对关于单一晶圆及封测供应商相关问题的审核问询时，设计企业应当重点关注中国与产品销售国家/地区是否存在双边加征进口关税等限制性措施、主要晶圆及封测供应商所在国家/地区对于出口限制的相关法律法规，以对设计企业的供应链安全作出风控布局。

3. 是否存在受到贸易制裁相关风险

综上所述，结合当前国际贸易背景、关税政策及该单一合作方所在国家/地区法律法规等因素，设计企业在与境外晶圆及封测供应商保持稳定合作关系的同时，也应当首先积极开展、布局与境内晶圆及封测供应商的合作。同时，我们理解，根据设计企业的实际业务需求，通过比对境内外供应商的商品、服务采购单价进行说理亦是方法之一，尽管存在晶圆、封装规格及工艺制程等方面的差异，通过对设计企业的晶圆平均采购单价是否与境内知名供应商的平均售价接近、设计企业更换主要供应商的情况下对其预计相关成本变动比例的多少，可以论证假设因为贸易政策变动或其他因素影响，境外供应商的晶圆及封测服务采购受阻或者价格大幅上涨的预设场景下，设计企业可以从诸如中芯国际、长电科技等境内知名供应商采购晶圆代工及封测服务，从而进一步降低监管部门对设计企业潜在断供风险的担忧。因此，我们理解，以上论证思路对于降低监管部门对相关问题的关注而言有所裨益。

三、芯片设计公司商业惯例上保障供应链措施

为应对全球范围内周期的晶圆代工和封装测试产能紧张局面及因贸易摩擦产生的不可控风险，结合市场公开披露的部分信息，我们理解设计企业可以采取的部分供应链保障措施及思路如下。

1. 设计企业应当进一步巩固与主要合作多年的晶圆及封测供应商，保持与该等供应商合作情况良好并建立良好的商业信誉，降低未来出现企业层面摩擦的可能性，并在未出现宏观因素干扰且供需关系稳定的情况下优先考虑与相关供应商继续保持业务合作关系。

2. 基于对近年来出现或将来不时出现的晶圆代工产能紧张因素的预计，设计企业中分管物流采购、销售等具体职能部门应当结合现有下游客户及预计下游客户需求并综合考虑供应链变动等因素，提前向晶圆（及封测）供应商下单锁定产能，如向目前合作的第一大晶圆（及封测）供应商以预付款项等多样化合作形式以锁定晶圆产能。

3. 基于对宏观因素掣肘的预计，设计企业应当更为积极地开拓与境内晶圆及封测供应商合作，开拓境内供应商以提升供应链安全。

4. 设计企业针对主要销售产品、主要在研产品的重要原材料制定安全库存策略，且在供应紧张时期会适当延长安全库存。

第六节

母公司是上下游还是同行业

一、母公司是上下游

近年来，随着科创板和创业板等板块的出台及监管理念的变化，监管部门对于同业竞争问题似乎完成了从绝对禁止到事实研判的逐步转型。2023 年监管对《首次公开发行股票注册管理办法》《公开发行证券的公司信息披露内容与格式准则第 57 号——招股说明书》等系列监管规则进行了修订，具体如表 22 - 10 所示。

表 22－10　封测质量管理方面的主要控制措施

法律法规	具体内容
《首次公开发行股票注册管理办法》	第12条　**发行人业务完整，具有直接面向市场独立持续经营的能力：**（1）资产完整，业务及人员、财务、机构独立，**与控股股东、实际控制人及其控制的其他企业间不存在对发行人构成重大不利影响的同业竞争，**不存在严重影响独立性或者显失公平的关联交易；……
《公开发行证券的公司信息披露内容与格式准则第57号——招股说明书》	第73条　发行人应分析披露其**具有直接面向市场独立持续经营的能力**，主要包括：……（5）业务独立方面。发行人的业务独立于控股股东、实际控制人及其控制的其他企业，**与控股股东、实际控制人及其控制的其他企业不存在对发行人构成重大不利影响的同业竞争，**以及严重影响独立性或者显失公平的关联交易；……
《证券期货法律适用意见第17号》	（1）判断原则。同业竞争的"同业"是指竞争方从事与发行人主营业务相同或者相似的业务。核查认定该相同或者相似的业务是否与发行人构成"竞争"时，应当按照实质重于形式的原则，结合相关企业历史沿革、资产、人员、主营业务（包括但不限于产品服务的具体特点、技术、商标商号、客户、供应商等）等方面与发行人的关系，以及业务是否有替代性、竞争性、是否有利益冲突、是否在同一市场范围内销售等，论证是否与发行人构成竞争；不能简单以产品销售地域不同、产品的档次不同等认定不构成同业竞争。**竞争方的同类收入或者毛利占发行人主营业务收入或者毛利的比例达百分之三十以上的，如无充分相反证据，原则上应当认定为构成重大不利影响的同业竞争。** 对于控股股东、实际控制人控制的与发行人从事相同或者相似业务的企业，发行人还应当结合目前自身业务和关联方业务的经营情况、未来发展战略等，在招股说明书中披露未来对于相关资产、业务的安排，以及避免上市后出现构成重大不利影响的同业竞争的措施。 （2）核查范围。中介机构应当针对发行人控股股东、实际控制人及其近亲属全资或者控股的企业进行核查。如果发行人控股股东、实际控制人是自然人，其配偶及夫妻双方的父母、子女控制的企业与发行人存在竞争关系的，应当认定为构成同业竞争。 发行人控股股东、实际控制人的其他亲属及其控制的企业与发行人存在竞争关系的，应当充分披露前述相关企业在历史沿革、资产、人员、业务、技术、财务等方面对发行人独立性的影响，报告期内交易或者资金往来，销售渠道、主要客户及供应商重叠等情况，以及发行人未来有无收购安排

我们理解，现阶段的 IPO 审核监管意见已经趋向于明确仅不允许存在“对发行人构成重大不利影响的同业竞争”。在中国半导体产业迅猛发展的时代，泛 IDM 类的发展模式已成为半导体玩家市场除技术护城河以外的另一安全保障，就上下游业务是否构成同业竞争的认定亦愈来愈趋向于实质判断。对于上下游业务是否构成同业竞争的主要判断因素，我们理解可以拆解为如下几个方面供拟上市公司进行研判。

（一）上下游关系是否导致产品存在替代性、竞争性

在腾远钴业（301219）的案例中我们注意到，该公司存在股东与腾远钴业从事相同或相似业务，可能处于腾远钴业的上下游，与腾远钴业存在潜在业务竞争关系。为打消监管疑虑，腾远钴业从以下几个方面进行了说理：（1）首先腾远钴业认可其钴产品属于产品的初级原料，属于锂电产品制造的上游；（2）部分持股 5% 以上的主要股东从事上游锂提取、中游锂化合物及金属锂加工以及下游锂电池生产及电池回收等，与腾远钴业的主营的钴、铜产品分属产品类别不同，不存在替代性、竞争性和利益冲突，且二者产品应用领域也不相同，腾远钴业的钴产品为锂电产品的上游初级原材料，未在同一市场范围内销售；（3）腾远钴业与关联方确实存在交易，该等交易决策程序规范，价格公允，未对腾远钴业独立性产生重大不利影响，且与腾远钴业不存在其他业务或资金往来，不会导致腾远钴业与竞争方之间的非公平竞争及利益输送及双方之间相互或者单方让渡商业机会情形。

可以发现，腾远钴业的案例属于较为典型且易区分的上下游业务情形。腾远钴业生产的钴产品属于部分股东生产的锂电池产品的上游初级原材料，后续需经过多种类复杂加工环节才能适用于其股东，所以拟上市公司的业务与部分股东的业务虽存在上下游情形，但二者分属产品类别、应用领域均有不同，且未在同一市场范围内进行销售，相互之间不存在替代性、竞争性和利益冲突；同时，拟上市公司对报告期内与该等股东之间存在的关联交易亦已按照规定履行决策程序，价格公允。经拟上市公司就上述事项进行论证后，监管亦对此予以了认可，即对该类属于上下游业务情形的不认定为构成同业竞争。

腾远钴业的案例对于机构股东向拟上市公司委派的外部董事所任职的其他单位与拟上市公司存在同业情形是否构成同业竞争的重大不利影响问题给出了较为妥善的解决方式，可供读者参考。

（二）有明确区分的行业准入壁垒更容易区分应用领域和市场范围

在生益电子（688183）的案例中，生益电子是一家主要生产印制电路板的企业，主要从事覆铜板和粘结片的研发、生产、销售业务，而覆铜板和粘结片为生益电子主营业务产品印制电路板的原材料，控股股东的主营业务属于生益电子的上游业务。

对此，生益电子在其反馈问询回复中主要从以下几个角度对不存在同业竞争进行说理：(1) 需要明确的是生益电子与其控股股东在行业细分小类存在不同，主营业务产品印制电路板为采用覆铜板和粘结片作为原材料制作的产品，明确上下游关系且不具有竞争性和替代性；(2) 双方产品实现的功能不同，印制电路板是组装电子零件的关键交互件，同时也承载着电子设备数字及模拟信号传输、电源供给和射频微波信号发射与接收等业务功能，而覆铜板和粘结片是制作印制电路板的原材料，其不能承载电子元器件的电气连接、信号传输功能；(3) 双方产品实现的技术不同，生益电子产品的核心技术主要属于工艺加工技术，而控股股东产品主要属于配方技术，发行人核心技术主要体现在其工艺加工技术；(4) 双方产品准入门槛不同，在各自的领域均存在各自的行业准入壁垒（包括较高的技术壁垒、较高的行业认证壁垒、较高的资金壁垒、较高的人才壁垒）。

生益电子的案例能够获得监管机构认可的主要原因系对双方产品在功能、技术、工艺等方面进行明确解释的情况下，进一步地区分了双方核心技术的根本差别，并提出双方均存在较高的行业壁垒、技术壁垒，产品所蕴含的核心技术一方面不容易模仿或突破，另一方面容易区分应用领域和市场范围，以此对潜在同业竞争的担忧亦进行了充分的阐释。

基于上述案例，我们理解，在对常规的产品定位情况、存在客户供应商重叠情况、关联交易与决策程序的合规性情况进行充分解释以外，更为重要的是需要从拟上市公司与上下游关联方的产品在具体功能的实现逻辑、核心技术、工艺等行业壁垒或技术壁垒等方面进行充分说理，以期对潜在跨界的同业竞争可能性作出具有信服力的论证。

二、母公司是同行业

（一）同业竞争的主体范围

认定同业竞争的第一步是确定同业竞争的主体范围，只有在双方的主营业务为相同或相似的竞争业务时才可能构成同业竞争，竞争方的范围包含：控股股东、实际控制人及其实际控制的其他企业，如果控股股东、实际控制人是自然人，该等自然人的配偶及夫妻双方的父母、子女控制的企业，以及该等自然人的其他亲属（非配偶、父母、子女）及其控制的企业。此外，此类情况在分拆语境下更为常见，此种情况下，对竞争方的判断亦需关注：拟分拆控股子公司的控股股东、拟分拆控股子公司的实际控制人、拟分拆控股子公司的控股股东和实际控制人控制的除该拟分拆的控股子公司以外的其他企业，以及在控股股东、实际控制人是自然人的情况下，该等自然人的配偶及夫妻双方的父母、子女控制的企业，以及该等自然人的其他亲属（非配偶、父母、子女）及其控制的企业。我们建议，在拟上市企业对自身进行同业竞争的把握时，至少应当关注并覆盖上述主体范围进行审慎核查，以避免因主体认定不准确、不全面而导致对同业竞争问题的错误判断。

需要注意的是，在目前泛半导体业务企业中，因为资本大量涌入已经或将要出现的不少拟上市公司主体处于无实际控制人状态，对此在审慎判断实际控制人地位的前提下，若公司确属于无实际控制人结构的，对控股股东的核查要求将会延伸至第一大股东。此外，鉴于资本涌入导致目前部分泛半导体业务企业可能赢得地方政府产业基金、产业投资人、纯财务投资人等各类不同主体的青睐，各方主体投资入股的意图及初衷不同，及各方持股的股比变化、各方对入股拟上市公司的持股价值具有不同期待及诉求，根据我们经办的部分半导体企业A股IPO案例的实际经验，亦会存在对属于产业投资人为第二大股东时仍需比照实际控制人进行同业竞争判断及核查的监管要求。

（二）何谓同业

根据我们经办的部分半导体企业A股IPO案例的实际经验，实践中拟上市公司自身一般可以通过以下方式对是否构成同业进行初步的判断。

封测质量管理方面的主要控制措施如表22－11所示。

表22－11　封测质量管理方面的主要控制措施

核查手段	具体内容
核查经营范围	经营范围是拟上市公司在其章程中记载并且在市场监督管理部门登记/备案的开展业务经营活动的范围，拟上市公司的经营活动都应当被涵盖在经营范围之中，因此可以通过对比疑似涉及同业竞争判断的各方各自经登记/备案的经营范围，初步判断是否存在从事相同或相似业务的情形。若存在若干重叠，双方从事的业务就可能存在相同或相似的情形

续表

核查手段	具体内容
核查行业分类	通过对比疑似涉及同业竞争判断的各方的行业分类，也可以对双方的主营业务情况做出判断，境内 A 股上市项目中行业分类的标准一般是《国民经济行业分类》（GB/T 4754—2017）、《上市公司行业分类指引》（2012 年修订）（现已失效，但仍可参照适用）。 《国民经济行业分类》的“行业”是指从事相同性质的经济活动的所有单位的集合，当一个单位对外从事两种以上的经济活动时，占其单位增加值份额最大的一种活动称为主要活动，如果无法用增加值确定单位的主要活动，可依据销售收入、营业收入或从业人员确定主要活动。 《上市公司行业分类指引》（2012 年修订）是以上市公司营业收入等财务数据为主要分类标准和依据，所采用财务数据为经过会计师事务所审计并已公开披露的合并报表数据；当上市公司某类业务的营业收入比重大于或等于 50%，则将其划入该业务相对应的行业；当上市公司没有一类业务的营业收入比重大于或等于 50%，但某类业务的收入和利润均在所有业务中最高，而且均占到公司总收入和总利润的 30% 以上（包含本数），则该公司归属该业务对应的行业类别

（三）何谓竞争

在对同业竞争主体进行筛选，且对疑似涉及同业竞争判断的各方的经营范围及行业分类进行筛选后，需要对竞争进行判断。值得注意的是，根据我们的经验，审核监管机构在对同业竞争问题进行判断时往往也会借助于行研数据及在同行业可比公司中进行调研等方式进行总和分析，对此，我们理解，若各方所从事的主营业务能够按照一般意义或行业惯例被认可为分属不同的领域，相互之间不存在业务重叠或相似，则可以认为各方之间不存在同业竞争；但若在对疑似涉及同业竞争判断的各方的经营范围及行业分类进行筛选后认定为属于同业范畴的，则需要就各方是否构成竞争作出进一步分析。

对于是否构成竞争的判断往往需要结合被判断各方的实际主营业务及经营情况进行考量，而难以从法律法规的明文中寻求固定解答。我们理解目前监管制定的法律法规尚未落实且法律法规也很难落实到对某一具体行业所属企业进行全面行研分析具体颗粒度，对此，拟上市公司应当以实质重于形式作为第一原则。综合我们经办的美埃科技（688376）、芯联集成（688469）等泛半导体企业 A 股上市的实操经验，我们理解拟上市公司需要在实质重于形式的原则上，结合以下几点从多种维度论证不构成同业竞争。

（1）被判断各方在历史沿革、主要资产及人员、主营业务等方面存在的相互关系。

（2）主营业务及主营业务产品在核心技术、主要功能及作用方向上是否有替代性、竞争性，是否有利益冲突。

（3）是否在同一市场、地域范围内销售。

（4）产品的具体特点、底层技术运用、适用场景定位、客户群体等方面是否具有重合度等事实性要件。

（5）各方主体是否已对避免同业竞争事项作出清晰承诺等程序性要件。

进而能够对拟上市公司自身所涉同业竞争问题进行自查，并从上述几方面综合论证是否构成竞争。

（四）何谓重大不利影响

拟上市公司在对同业竞争问题按照以上步骤进行研判后，对疑似涉及同业竞争判断的各方所从事的业务构成同业且构成竞争的情况下，则需要对是否构成重大不利影响的判断和解读，值得肯定的是，在目前监管态度下该问题似乎并非严格意义上的红线问题，根据《证券期货法律适用意见第17号》的解读，“竞争方的同类收入或者毛利占发行人主营业务收入或者毛利的比例达百分之三十以上的，如无充分相反证据，原则上应当认定为构成重大不利影响的同业竞争。对于控股股东、实际控制人控制的与发行人从事相同或者相似业务的企业，发行人还应当结合目前自身业务和关联方业务的经营情况、未来发展战略等，在招股说明书中披露未来对于相关资产、业务的安排，以及避免上市后出现构成重大不利影响的同业竞争的措施”。

此外，我们注意到，就北京证券交易所进行IPO申请而言，在《北京证券交易所向不特定合格投资者公开发行股票并上市业务规则适用指引第1号》（北证公告〔2023〕19号）中并未明确以“竞争方的同类收入或者毛利占发行人主营业务收入或者毛利的比例达百分之三十以上”作为认定重大不利影响的标准，只是进一步提出“应结合竞争方与发行人的经营地域、产品或服务的定位，同业竞争是否会导致发行人与竞争方之间的非公平竞争、是否会导致发行人与竞争方之间存在利益输送、是否会导致发行人与竞争方之间相互或者单方让渡商业机会情形，对未来发展的潜在影响等方面”综合判断同业竞争是否对发行人构成重大不利影响。

根据市场公开信息披露的振华风光（688439）（部分模拟芯片业务收入和毛

利的占比规模基本低于10%）、锐捷网络（301165）（云桌面业务收入及毛利占比低于30%）、振华新材（688707）（正极材料生产业务收入及毛利占比低于30%）、天德钰（688252）（显示驱动芯片业务收入及毛利占比低于30%）等企业A股上市的实操经验，如果竞争方的同类收入或者毛利占拟上市公司主营业务收入或者毛利的比例达30%以上的，如无充分相反证据，原则上应当认定为构成重大不利影响的同业竞争。同时，我们也注意到，柏承科技（IPO终止）的案例显示，柏承科技的主营业务为HDI板、RF板和R－PCB板研发、生产和销售，其实际控制人及其一致行动人合计控制的我国台湾地区上市企业柏承台湾的主营业务围绕传统PCB业务（R－PCB板）、半导体业务两大主线开展。报告期内，柏承台湾的同类收入占公司主营业务收入比例分别为27.84%、33.79%和28.05%，平均占比为29.89%。尽管双方从多方面的差异以及销售区域的划分进行论证，且柏承科技与柏承台湾作出明确的战略规划、实际控制人承诺督促履行发展战略作为未来措施，但以审核结果为导向回看本案例中的同业竞争问题，柏承科技报告期内竞争方的同类收入占发行人主营业务收入比例接近且其中一期超过30%，终使其上市征途止步。故而，就目前审核形势而言，一旦触及该等标准将可能导致同业竞争问题成为上市申报之路的实质性障碍。根据市场公开信息的案例情况，如最终确属于“同业竞争”的情况下，从最坏原则出发，拟上市公司应考虑通过业务重组、企业注销、市场分割、委托经营（参考银座股份（600858）案例，与控股股东山东省商业集团总公司签订《委托经营管理协议》和《关于解决同业竞争问题的协议书》）等方式审慎处理同业竞争事项，并考虑处理同业竞争问题对企业申报计划的影响。

第五篇

开枝散叶：上市后的持续资本运作

第二十三章 对上下游企业进行产业并购整合

对于并购公司而言，上市公司可以通过并购实现产业升级、扩大市场份额、增强企业竞争力。自 2023 年以来，A 股市场并购重组持续活跃。从并购的主体来看，2023 年内正处于重组的上市公司中，近五成为国有企业。从交易规模来看，2023 年 1—9 月内有 14 家上市公司交易标的总价值均超百亿元，其中长江电力为年内最大规模完成重大资产重组的项目，其交易规模高达 804. 84 亿元。①

借助并购交易市场活跃的东风，上市公司通过并购完善自身产业结构，增强产业协调效应对于稳定其在资本市场的价值表现，实现长远发展目标具有重要意义。

第一节 对拟收购标的企业的尽调要点

相关数据显示，从全球统计范围来看，企业并购失败概率超过 50%；在中

① 参见《A 股并购重组持续活跃，年内 85 家公司首发相关公告》，载半岛网，http：//finance. bandao. cn/a/1695020703285622. html，2023 年 10 月 1 日访问。

国，企业并购失败概率超过 60%，跨国并购失败概率超过 80%。[①] 虽然并购失败的原因林林总总，但是通过并购的第一道关口——尽职调查，可以为收购方规避一些潜在的风险。

从商业的角度，一次成功的并购是企业获得长足发展的原始动力，也可能使原本低迷的二级市场表现获得强劲的上升动力，而一次“挖坑”的收购交易则会为企业的财务表现和持续经营埋下隐患。因此，为了避免“踩雷”，通过前期的商业接触和后续的全面尽职调查，拨开标的企业面前的重重迷雾，从外及里地识别标的企业所存在的潜在风险或业务经营层面的不确定性，则是对拟收购标的企业尽调的意义所在。

但是，无论是商业接触还是中介机构前往现场进行尽职调查，受限于时间短促，标的公司的全貌很难被完整翔实地呈现在收购方面前，更何况所收购的标的企业基于自身利益动机，通常是“犹抱琵琶半遮面”，掩盖标的企业一些不能轻易示人的真实情况。虽然收购方可以通过在协议中约定各类承诺或者赔偿责任来加大标的企业或承诺方虚假陈述的成本，但是协议签订后收购方通常会支付一定比例甚至是大部分收购款项。正所谓木已成舟，此时收购方想要通过诉诸法律途径要求相关违约方承担违约责任或赔偿责任，一方面需要高昂的代价和时间成本，另一方面资金已经被转移或者使用。即使经过漫长的诉讼程序赢了官司，却发现并无可执行的财产，那么这笔焦头烂额的收购交易就变成了“竹篮打水一场空”了。

“凡事预则立，不预则废。”所以，越是尽职调查时间有限，在开展尽职调查之前就更是要构建充分的企业分析框架，既要高屋建瓴从宏观角度看待标的企业的商业模式、在相关行业和产业链的位置，又要从微观细节入手，庖丁解牛般研究标的企业风险拆解的细节方法论。

一、如何准确洞察标的企业商业模式

从宏观层面，了解一个企业很重要的基础就是了解商业模式。这里所指的商业模式，简单理解就是这家企业靠什么赚钱、向客户提供怎样的产品、产品的收入结构大概是怎样的，以及开展这类业务能否维持企业在目前或可预期的未来具

---

① 参见《60% 的中国企业并购以失败告终，问题究竟出在哪里？》，载腾讯网，https：//new. qq. com/rain/a/20230725A01DNL00。

有可持续的现金流。比如做半导体设计类的企业，其商业模式主要是在满足下游厂商需求的前提下设计集成电路，后交由晶圆厂代工制作和委托封装厂进行晶圆封装和测试，并最终向客户交付合格的芯片产品，从而获得营业收入并形成利润，实现企业的可持续经营。那么，如何洞察一家企业的商业模式呢？根据我们的经验和理解，通常可以重点关注如下要点。

（1）企业收入的毛利率相较于行业水平如何？如果相较于行业明显偏高或者明显偏低，在其产品没有特殊差异化的情况下，其背后大概率存在一定的潜在商业安排，标的公司收购后该等安排是否具有可持续性或者存在一定不确定性。

（2）标的公司的营业收入水平在行业内规模如何？如果这个行业属于相对成熟的行业，而标的公司的营业收入体量仍然较低，在没有短期可突破的新技术加持的情况下，基本可以判断该标的企业在短期不会有更大的成长空间，而投资可能就变成了对或有新技术的豪赌。

（3）标的企业的业务是否是侧重研发的，如果重点在研发阶段，研发费用匹配是否具有合理性？比如有些公司标榜自身具有强大的研发实力与技术积累，但打开报表一看，研发费用却占比不高，那么就说明该公司实际上的研发水平未必如其所述，贸易和制造的成分可能更重。

（4）公司的盈利模式是否是需要先行布局重资产的“烧钱模式”，是否具有可持续性，部分制造类或者设备类公司涉及前期大额的重资产投入，另外需要高额的研发费用。因此，该类企业产出的产品是否能达到预期的市场前景，是否过于小众，或者无法与外国的可比产品抗衡，都是看待和理解这类企业商业模式的重要维度。比如在2023年破产的OPPO旗下芯片设计企业“哲库”，主要原因是前期高额的研发成本以及低迷的下游市场行情而最终宣告落幕。这也提示我们，虽然半导体行业是一个相对“烧钱”的行业，但是需要结合下游市场情况、产品推出进度以及现金流可支持时间来综合判断一家企业商业模式的轮廓，收购方可以据此判断在收购完成后是否有足够的资源支持完成整合及标的企业何时可以形成正向现金流，“反哺”收购方的整体业绩。

二、如何判断标的企业在产业链中的位置

看待一家企业的发展现状及未来的成长空间，需要研究这家企业在商业交易环节和产业链中所处的位置，需要关注对应的上下游是哪些企业，公司的主要竞

争对手是哪些。如果该家企业所处的细分赛道已经较为拥挤，那么需要研究和判断公司实现突破性的技术迭代预计需要多久的周期。如果无法实现技术突破，那么或许这家公司无法在拥挤的赛道里突出重围，而如果获得盈利的周期过长，又会使收购的经济效益打上几分的折扣。因此，判断一家标的企业在产业链中的位置就显得尤为重要，我们建议需要重点关注如下事项：

（1）公司的主要客户是否为行业内的知名企业，如果公司的产品可以通过行业内头部下游企业的认证，一定程度上可以说明该公司的产品具有产品质量和技术先进性方面的保障。

（2）公司所处行业的成长空间情况，如果该企业的下游具有行业总容量的“天花板”，那么这也将局限公司的发展上限，比如该公司的下游对接的晶圆厂的某项具体服务，应用领域相对局限，但如果国内晶圆厂的总量在可预期的一段周期不会有显著的扩产，那么也就说明该公司所处的行业发展空间是受限的。

三、如何更全面地了解核心管理团队的情况

正所谓“谋事在人，成事在天”，核心管理团队（通常包括管理层和企业的实际控制人）对一家公司是否可以取得经营上的成功至关重要。在对收购一家标的企业展开尽职调查的时候，尤其对于初创公司，核心管理团队的背景、专业和人员构成以及竞业限制等情况，都是收购方作出是否收购或投资的决策所需要考量的因素。

对于核心管理团队的尽调，通常需要关注如下方面的内容：

（1）团队成员的背景、专业情况，是否具有从事相关行业的基础经验，本次创业对相关成员而言是否属于切入一个新的赛道，如果是切入新的领域，是否有相应的技术储备，该领域所需要的核心技术与既有技术积累存在怎样的关系，相关技术的权属是否清晰，是否存在相关团队成员利用原单位技术进行简单包装的情况。

（2）核心管理团队在标的企业之外是否另有其他存在实际经营业务的企业，是否有足够的精力投身于本次创业。此外，如果核心管理团队在外另有其他企业还可能与标的企业发生持续性的交易，相关交易或将使标的企业对相关关联公司存在业绩方面的依赖性，影响独立性。

（3）核心管理团队成员是否需要承担对原单位的竞业限制义务，如果存在竞业限制，则其原雇主很可能以诉讼的手段阻止其从事相关创业活动，标的企业的

经营也就难以持续。

(4) 团队成员既往是否有其他创业经历，在创业过程中难免涉及外部融资，而外部融资的条款常常会设置与经营业绩或企业经营里程碑事件挂钩的对赌，尤其是在项目发展早期。因此，需要关注存在创业经历的团队成员是否存在与原交易对手方的大额资金对赌，是否仍背负着较大的负债压力。如果原公司的主体尚未注销，而该成员仍持有原公司的股权，需要重点关注原公司是否存在限制团队成员“另起炉灶”的条款。

(5) 在收购标的企业的交易中，需要关注在收购后需要承担多少经营成本，这些经营成本未必仅仅体现于财务报表中，有些需要支付的用工成本不反映在报表上，而隐藏在交易端。其中一个层面就是核心团队成员的工资如何发放的问题。比如某公司的核心团队成员为外籍人士，某公司为了向其支付薪酬并规避税款，选择与其家人在境外开办的公司签署技术研发合作协议的方式，向其家人开办的公司支付研发服务费，受限于该公司为境外公司，境内无法了解其上层的股权结构，亦无法知悉该公司股东与核心团队成员是什么关系，在收购交易尽调短短的数日或十几天的时间里很难突破层层迷雾探寻最终的真相。所以也就很可能忽略通过支付研发费用的方式向境外核心成员发放工资的情况。原本收购方认为可有可无的一笔研发服务费用，变成了必须支付给核心团队成员的必备费用，因此增加了收购方在日后应当承担的收购成本。

此外，对于核心管理团队，还需要关注的是核心管理团队成员的国籍。国籍有什么可关注的呢？通常的收购交易的项目中，需要收购的交易对手方出具一系列的承诺，诸如标的股权清晰、不存在技术侵权、不在外投资设立其他公司、交割后达到怎样的经营业绩指标等，但如果核心团队的成员均为在境外有固定居所的外籍人士，且在境内并无大额自有资产，那么相关条款上的约束未必能够真正发挥约束力，即便诉诸法院或仲裁，对方依然可以一走了之，甚至没有境内可供执行的资产。在这种情况下，想依靠合同来保护收购方的权利则需要考虑作出相关承诺的主体，如果仅仅由不具有境内资产的外籍人士作出承诺，或将影响交易后合同给予收购方的权利实现。

四、如何对收购标的进行全面尽调

在收购标的公司的尽职调查中还需了解如下细节。

1. 了解公司现金流的健康状况

对于收购自带技术的初创公司股权而言，需要了解公司可利用账面资金与设备采购计划之间的匹配关系。尤其对于重资产的制造业企业而言，由于新设公司涉及新建生产线，因此需要采购较多的生产设备。如果创始团队对于生产线的规划较为激进，则可能存在账面流动资金与拟购置设备之间的矛盾。现金流是企业维持运营的血液，如果操持不善，企业的运营将无以为继。所以，收购方应关注标的企业已下订单的设备，了解企业为这些新添置设备将付出的现金，结合后续拟注入标的企业的资金，衡量是否可以维持企业正常运营。在下游客户对产品具有一定验证周期的情况下，相关产品从生产到通过验证还需要一定的时间，因此，把握企业的现金流计划对于收购的成败发挥着重要的作用。

2. 了解企业的主要生产工具的来源情况，是否存在境外的出口限制或管制措施

工欲善其事，必先利其器。无论是制造业企业还是轻资产公司，都可能有境外采购生产设备的情况。对于重资产公司而言，存在某些重要设备从境外进口的情况，如该等设备被境外禁止对华出口，或将影响公司现有产能的扩产及损坏设备的维修。面对这种情况，需了解其设备进口国是否为单一来源，是否有其他国家可供替代，可供替代的设备性能方面与现有的主要生产设备之间是否存在实质差异。对于轻资产公司而言，也可能存在这一问题，比如对于芯片设计公司来说，要进行外部采购的生产资料主要有如下类别：EDA 工业软件及 IP 授权。EDA 工业软件是芯片设计公司绘图的基础，全球的 EDA 公司三巨头 Synopsys、Cadence 和 Mentor Graphics 凭借其领先的技术垄断了全球大部分的市场份额，对于先进制程领域的芯片设计绘图亦需依靠相关公司的产品。如果相关公司停止提供新的软件或者停止提供软件更新服务，那么对于一家重度依赖上述公司产品的设计公司而言，将对该公司形成较为严峻的挑战。对于芯片设计公司而言，IP 核可以有效提升芯片设计的效率，IP 核提供了芯片设计的基本框架，设计公司可以以此为基础进行进一步的设计以实现差异化的功能要求。例如在海思官网上介绍的“鲲鹏 920 芯片”，亦披露其“基于 ARM 架构授权”。

3. 了解产品进入大厂供应链体系的周期

标的企业的产品从制造生产到产生规模营收的过程正如从商品到货币的惊险一跃，中间所需要跨越的鸿沟就是下游厂商，特别是大厂供应链体系的验证。尤其一家初创企业想挤进大厂的合格供应链体系的难度更高，周期也可能较长，而

且也比较具有挑战性，如果产品数次送交大厂验证都存在一定的问题，也就基本很难再度打入其供应链体系，而小厂的采购能力有限，因此，该类企业未来实现规模营收就存在一定的不确定性。

因此，需要了解公司所处行业下游客户的通常验证周期，了解该周期的意义在于明确公司距离形成规模营收能力还有多长的周期，衡量维持公司正常运行的成本与自身可投入资金之间是否存在错配的问题，是否足以维持公司继续开展相关业务。

4. 关注标的企业前期融资中是否存在特殊权利条款

在收购交易中需要重点关注标的企业前轮融资中是否存在前序投资人所享有的特殊权利条款，相关特殊权利条款存在影响收购交易实施的可能性，也可能影响相关收购的具体方案。

在投融资合同中经常可以见到如下条款，“如创始股东拟转让所持标的企业股权，应经过本轮投资人书面同意”，所以如果创始股东想要转让标的企业的股权，还需要获得前序轮次投资人的同意，而前序投资人如果发现企业的创始股东打算转让股权，也必然要考虑自身持股的去留问题，是继续持有还是随之一同要求收购方购买所持股权，无论作出怎样的选择都将影响最终收购方案的确定。在前序投资人拟转让所持标的企业股权的情况下，如果前序投资人对于收购方向其开出的价码不满意，其亦可能以不批准本次股权转让形成对收购价格的制约，进而影响对整体交易价格的确定。

如果收购方和投资人都接受由投资人继续持有标的企业的少数股权，基于投资人自身要求的维度，很可能继续要求新的控股股东（收购方）与其签署延续既往特殊权利条款的公司内部治理机制。在这种情况下，收购方可以结合自身资本运作的需求决定是否予以接受。比如收购方或者标的企业如果承诺对标的企业的前序投资人承担特定情形下的股权回购义务，那么从会计的角度，会被计提为收购方或标的公司的预计金融负债，如果金额较大，将影响整体财报的资产负债情况。

例如对于前序投资人的谈判，如果由收购方直接去谈，对方不免对收购价格抱有较高的期待，从而出现漫天要价，超出收购方承受边界范围的情况。而如果收购方可以与创始人达成合意，在收购方出面之前由创始股东先行与其签署股权转让协议，则在议价方面前序投资人就会相对理性，在这中间便是收购各方之间的博弈心理战。

5. 关注初创企业的核心技术来源是否存在侵权风险或潜在纠纷

对于初创的科技类企业而言，最应当关注的就是其技术来源的问题。据我们观察，初创企业的技术来源主要有如下几种情况：高校毕业生/高校教授/科研院所研究人员自主创业；具有丰富的大厂工作经验，形成了一定的技术积累，白手起家开始创业；与外部技术团队合作研发。

在收购尽调的时候，往往技术的来源是最难判断的，收购尽调只有短短一两周的现场时间，而且标的企业在见到收购方的诚意之前也未必愿意开放地提供各类资料。如果其技术来源存在瑕疵，第一反应肯定是遮掩，而非和盘托出，再加上公司的技术大拿一旦聊上技术便往往沉浸其中，而不懂技术的门外汉则听得云里雾里，似懂非懂，这也就加大了尽调的难度。

例如，同样是新材料的烧制技术，对于A技术与B技术的差异，公司的说法是，A与B两种技术存在根本差异，首先是配料的配比存在差异，另外烧制的温度也存在较大差异，那么这两种技术就是两种彻底不同、不存在重叠的独立技术了吗？使用A技术就必然不会侵犯B技术了吗？其实并不必然，这背后的真实情况，作为技术的门外汉很难验证。

那么是不是毫无办法了呢？其实倒也不是，主要分为两个层次：

其一，尽人事。从公开途径查询公司核心研发人员在原单位是否申请过专利。专利都是公开信息，是否存在与现任职单位的发明名称类似的情况，如果存在，以此为线索进一步追问。需要重点了解公司是否存在不在公司体系内工作的体外研发人员，这类人员被藏在暗处，不为人所知，但也最容易存在暗中输送争议技术的可能性。如果公司不愿和盘托出，可以关注公司应付款的明细，是否存在对个人或者某些非相关行业公司的应付款项，从中找寻线索。另外可以关注公司受让专利的情况，我们也曾见过在公司体系外为公司提供研发服务的核心研发人员将个人名下所持专利转让给公司的情况，虽然未必在每个项目中都能遇到，但可以作为一种发现问题的思路。

其二，靠协议。在无法通过技术手段验证相关技术独立性的情况下，需要在交易文件中让交易对手方充分承诺相关技术不涉及侵犯其他主体的权利，如果涉及侵权，即便交易对手方不再持有标的公司股权，也需要对标的企业所造成的损失进行全面赔偿。

第二节
产业收购协议要点

一、Earn - out 机制在交易中的运用

如前文所述，留给并购的尽调时间对于深入了解一家企业的方方面面而言是远远不够的。如果标的企业未充分告知其业务开展过程中存在的潜在风险，收购方很难通过短期的接触充分了解相关风险。在收购交易中，如果一次性足额支付了全部收购价款，对收购方而言则是加大了其风险敞口。

因此，通常可以通过收购协议的付款安排“Earn - out 机制”在一定程度上避免因信息不对称所导致的收购价款一次性支付的风险。Earn - out 属于调节交易价款支付节奏的一种交易安排，属于广义的对赌条款。日常交易中常见的对赌包括业绩对赌或者股权回购的对赌，主要逻辑是，在公司未能完成相关业绩指标或在触发特定事项时，由公司/创始人承担现金补偿或者股权回购的义务，有种“罚”的意味。而 Earn - out 则反其道而行之，在交易领域，通常表现为，如果标的企业完成了某个特定的“里程碑事件”，那么交易对方应当支付一定比例的收购对价/投资价款。

在收购交易中，我们区分两种情况探讨 Earn - out 条款的适用。

在收购全部原股东股权的情况下，且原公司管理层亦退出标的企业，即公司从股权到管理层都归收购方接管，在这种情况下，Earn - out 迟延支付收购款就不是太适合了。

在收购全部原股东股权或保留原股东部分股权的情况下，原本控制公司的经营管理层并未退出公司经营，而是被新股东所选举的董事会聘任为高管，那么还有适用 Earn - out 机制的空间，比如约定在管理层的努力下，实现怎样的目标，就支付剩余的多少比例的收购款，或给予其额外的奖励。相较于常规对赌“罚”的思维，Earn - out 机制的适用可以起到一定程度的激励作用。

二、设置多元化条件的付款里程碑

常规的 Earn - out 机制的付款里程碑可以结合公司业务开展的实际情况灵活

适用。比如对于芯片设计类或设备类公司而言，其产品往往需要通过下游大厂的验证，在这种情况下，可以约定在特定时间内，完成哪些大厂的产品验证，进入其合格供应商的体系。如果比较在意公司的量化的技术储备情况，也可以以申请的与主营业务相关的专利作为里程碑事件，但这里对收购方的专业背景要求比较高，相关专利是否与主营业务相关，需要对业务与技术较为了解方能作出判断，并且需要能够识别该等专利在相关行业领域的实际价值。但使用该等维度作为里程碑也存在一定的风险，一是即便申请了专利，专利也有不通过审查的风险，如果以完成授权为里程碑，那么周期又太久；二是即便相关专利与主营业务相关，但实际含金量有多大，这就不好说了。对于常规的传统制造业企业可以以经营业绩为里程碑事件，例如需要在何时点之前完成多少金额的营业收入、利润指标。

当然，由于公司发展的实际情况可能受限于整体行业周期的影响，下游客户的验证周期也存在一定的不确定性。因此，对付款里程碑事件要设置相对灵活的调整机制，一成不变或将导致后续全部交易价款无法支付，也违背了设置 Earn - out 交易机制的本意，无法达到激励被收购方将公司经营好的目的。

在里程碑事件调整方面，可以由双方另行协商确定，也可以辅之以收购方的单方面豁免，如部分目标设定的确实与实际偏离过大，可以对相关条件进行合理化的修正，毕竟相较于机械地执行协议的条款，实现商业目的才是交易文件需要保障的第一目标。

三、容易忽略的公司“管理权”

在很多收购项目中，收购方收购了公司的控制权，也控制了董事会，但是原有的经营管理团队因为掌握着核心技术或者供应链及销售渠道，短时间内难以替代，因此收购方实际上难以掌控该公司的日常经营。

收购不仅仅体现在股权比例和董事会结构这些显而易见的法律层面，更多的弦外之音则体现于日常的经营管理。控制了股东会和董事会不能完全等同于控制了经营管理，经营管理需要具体的人来落实，所以如果管理层与控制方“离心离德”，不利于企业的长期稳健经营，而对于核心技术“严防死守”也使收购方很可能面临无法充分获取核心技术资料的风险；再到销售端，如果核心的销售网络未被收购方掌握，那么其销售网络的稳定性也或将受到较大程度影响。尤其对于高新科技类企业收购而言，标的企业真正宝贵的是公司核心生产环节所涉及的技术与技术人员经过持久生产实践所形成的宝贵经验。失去了人与经验，那么收购进入合并报表范围的只是一些固定资产与技术资料，衡量其价值时也将被大打折扣。

因此，在分阶段收购控制权或者采用 Earn - out 机制分阶段支付款项的交易中，可以在收购的初期阶段，便在主要部门进行人员布局。例如首笔收购款支付后但尚未足以掌握控制权的情况下，收购方可以争取安排其自行聘用的工程师进入标的公司研发部门，共同参与研发相关活动；在财务管理层面，可以向财务部派出管理人员，掌握该公司具体账务情况，提前介入其中，避免在交易过程中出现不当大额支出或者转移资产的情况。

收购一家企业并不仅仅是收购股权或者谋求多少董事席位，更为重要的是标的企业当中的人、经验和渠道。所以收购后的整合工作对于一次收购交易的成败意义非同小可，既要维持核心团队成员的稳定性，又要适当在其中进行合理的人员调配，从而避免“针插不进，水泼不入”的情况，而这背后所反映的管理技巧则是一门艺术了。

四、锁定核心技术对应的 Know - How 与救济条款

在收购交易的尽调中，对于企业技术的关注落脚点往往从已申请的专利入手，诚然这种角度颇为中规中矩，但实际上真正核心的技术未必会以专利的方式公之于众，一旦公示，竞争对手就有模仿的空间。所以在收购尽调中，不仅仅应当关注已经申请专利的相关技术，对于未申请专利的核心技术，应当给予更高的关注度，同时在协议中给予更高层级的对待。

在反映形式的角度，核心技术既可能以书面的方式留存，也可能存储为电子文档的形式，无论采用哪种形式，都需要确保转移给收购方的核心技术资料的完整性，并且需要严格防止相关文件外泄。

从确保完整性方式的角度，可以对相关技术的范围采取“列举 + 兜底”的方式描述核心技术的范畴。比如在协议正文中列举所涉及的核心技术的名称，由于相关核心技术的名称可能不具有行业性的标准化名称，并在附件中描述相关技术的特征要点，比如该技术可以达到怎样的技术效果，具体的技术指标等，从而框定技术的准确范围。

从防止相关技术信息泄密的角度，由于在交易文件中，可以接触到相关核心技术的人员不会作为缔约主体，无法从违约责任的角度向对方主张明确的违约赔偿金额，因此可以考虑两种思路：其一，由本次收购的承诺方对相关人员导致的

泄密风险承担违约责任，该等违约责任既可以是明确的金额，在相关承诺方仍然持有部分股权的情况下，可以要求他们按照较低的价格进行股权转让，使收购方获得更大比例的公司股权；其二，可以由相关人员向收购方出具承诺或者另行签署一份专项协议，其中约定违约后的具体赔偿责任，以此实现对收购方利益的保障。

第二十四章 发行 GDR 打造国际化发展战略

GDR 是全球存托凭证（Global Depository Receipts）的简称，存托凭证（Depository Receipt）是指在某一国家或地区证券市场上发行与交易的可转让存托凭证，每份存托凭证代表一定数量的境外公司（存托凭证发行人）发行的基础证券。持有存托凭证的投资者可享有对应的基础证券权益。在股票市场中，持有存托凭证的境外投资者无须直接持有或交易 A 股公司股票，即可对 A 股公司进行投资，同时可享有对应的基础证券权益，如分红派息、资本收益、投票表决等。

半导体行业企业在登陆 A 股资本市场后，如有境外业务需求，除了在境外上市外，在境外交易所发行 GDR 进行海外融资也是一个可以考虑的选项。随着我国资本市场双向开放不断推进以及交易制度的日趋完善，越来越多的境内上市公司采取此种新型融资方式，拓展了境外融资渠道，提升了企业国际形象及影响力。截至 2023 年 12 月 31 日，全市场已经发行 23 单 GDR，募资规模一般为 1 亿—4 亿美元，2023 年内发行完成的 GDR 主要情况如表 24－1 所示。

表 24－1　2023 年内发行完成的 GDR 主要情况

上市公司	A 股代码	GDR 代码	上市日期	融资规模/百万美元	上市地	发行比例
星源材质	300568	SENIOR	2023 年 12 月 18 日	120	瑞士	发行前总股本的 4.95%

续表

上市公司	A股代码	GDR代码	上市日期	融资规模/百万美元	上市地	发行比例
韦尔股份	603501	WILL	2023年11月10日	445	瑞士	发行前总股本的3.97%
永太科技	002326	YTT LN	2023年7月11日	70	伦敦	发行前总股本的4.24%
华友钴业	603799	HUAYO SW	2023年7月7日	583	瑞士	发行前总股本的6.25%
东威科技	688700	KUDO SW	2023年6月13日	105	瑞士	发行前总股本的5.41%
扬杰科技	300373	YJET SW	2023年4月18日	215	瑞士	发行前总股本的5.59%
中控技术	688777	SUPCONSW	2023年4月17日	565	瑞士	发行前总股本的8.39%
方大炭素	600516	FDCB SW	2023年3月15日	190	瑞士	发行前总股本的5.78%
杭可科技	688006	ZHT SW	2023年2月22日	173	瑞士	发行前总股本的6.23%

第一节 GDR的规则体系与基本条件

一、GDR的境内制度体系

2018年10月，中国证监会发布《关于上海证券交易所与伦敦证券交易所互联互通存托凭证业务的监管规定（试行）》（现已失效），标志着上海证券交易所与伦敦证券交易所的互联互通机制（沪伦通机制）正式建立。按照上述规定，符合条件的在伦敦证券交易所上市公司可在中国境内发行存托凭证（GDR）并在上海证券交易所上市（东向业务），以及符合条件的在上海证券交易所上市的境内上市公司可在境外发行存托凭证（GDR）并在伦敦证券交易所上市（西向业务）。同时，通过存托凭证与基础证券之间的跨境转换机制安排，两地市场得以实现互联互通。

2022 年 2 月，中国证监会发布《境内外证券交易所互联互通存托凭证业务监管规定》（2023 年已修正）（以下简称《互联互通监管规定》），沪伦通机制扩容为“中欧通”，GDR 发行主体从上海证券交易所上市拓展至深圳证券交易所上市公司，发行目的地从英国市场拓展至瑞士、德国。

2023 年，随着全面注册制以及境外上市备案制的推行和公布，证监会发布《境内企业境外发行证券和上市管理试行办法》（以下简称《试行办法》）以及《监管规则适用指引——境外发行上市类第 6 号：境内上市公司境外发行全球存托凭证指引》（以下简称《6 号指引》）。

至此，我国 GDR 发行形成了较为体系的制度框架，具体如表 24－2 所示。

表 24－2　我国 GDR 发行形成了较为体系的制度框架

发布部门	法规名称	生效时间	备注
国务院	《关于开展创新企业境内发行股票或存托凭证试点的若干意见》	2018 年 3 月 22 日	将存托凭证认定为证券，并明确了存托凭证的基础制度框架
全国人民代表大会常务委员会	《证券法》	2020 年 3 月 1 日	以基本法形式将存托凭证作为一种证券品种纳入规范
证监会	《境内外证券交易所互联互通存托凭证业务监管规定》	2023 年 8 月 10 日	境内上市公司可以以其新增基础股票为基础证券在境外发行 GDR，也可以以其非新增基础股票为基础证券在境外上市 GDR

续表

发布部门	法规名称	生效时间	备注
证监会	《境内企业境外发行证券和上市管理试行办法》及5份相关配套监管指引	2023年3月31日	
证监会	《存托凭证发行与交易管理办法（试行）》	2023年2月17日	
证监会	《试点创新企业境内发行股票或存托凭证并上市监管工作实施办法》	2023年2月17日	
证监会	《公开发行证券的公司信息披露内容与格式准则第40号——试点红筹企业公开发行存托凭证并上市申请文件》	2023年2月17日	明确将境内上市公司以境内证券为基础在境外发行可转换为境内证券的存托凭证归入境外上市新规备案管理。 境内上市公司在境外提交发行上市申请前，应当按照《上市公司证券发行注册管理办法》的规定，由保荐人向境内证券交易所提交新增基础股份发行的注册申请，境内证券交易所参照上市公司向特定对象发行股票的程序出具审核意见，并报中国证监会注册
证监会	《上市公司证券发行注册管理办法》	2023年2月17日	
证监会等	《关于加强境内企业境外发行证券和上市相关保密和档案管理工作的规定》	2023年3月31日	
中国证券登记结算有限责任公司上海分公司	修订《创新企业境内发行存托凭证登记结算业务指南》	2023年2月17日	
中国证券登记结算有限责任公司深圳分公司	修订《创新企业境内发行存托凭证登记结算业务指南》	2023年2月17日	
证监会	《6号指引》	2023年5月16日	
上交所	《上海证券交易所与境外证券交易所互联互通存托凭证上市交易暂行办法》	2023年7月18日	
深交所	《深圳证券交易所与境外证券交易所互联互通存托凭证上市交易暂行办法》	2023年7月18日	

（一）基本条件

根据以上GDR的规则体系，境内上市公司境外发行GDR的基本条件包括以下两方面。

1. 产品定位

《6号指引》明确了境内上市公司发行GDR的定位“支持具有一定市值规模、规范运作水平较高的境内上市公司，通过境外发行全球存托凭证募集资金，投向符合国家产业政策的主业领域，满足海外布局、业务发展需求，用好两个市场、两种资源，促进规范健康发展”。后续的细化条件和规定实际上都是围绕本定位展开，“一定市值规模”对应了市值要求，“规范运作水平较高”对应了发行GDR的禁止情形，“投向符合国家产业政策的主业领域，满足海外布局”则暗示了交易所审核与证监会备案关注的重点，即募投资金的用途和合规标准。

2. 禁止情形

境内上市公司发行GDR需同时满足《试行办法》第8条境内企业境外发行上市的条件以及《互联互通监管规定》第35条境内上市公司发行GDR的条件。同时，由于发行GDR新增境内基础股份需要参照履行境内交易所向特定对象发行股票的审议程序，因此同时需要满足《上市公司证券发行注册管理办法》第11条的条件。

境内上市公司存在下列情形之一的，不得在境外发行存托凭证如表24-3所示。

表24-3 不得在境外发行存托凭证的情形

《试行办法》第8条	《互联互通监管规定》第35条	《上市公司证券发行注册管理办法》第11条
法律、行政法规或者国家有关规定明确禁止上市融资的	本次发行申请文件有虚假记载、误导性陈述或者重大遗漏	擅自改变前次募集资金用途未作纠正，或者未经股东大会认可
经国务院有关主管部门依法审查认定，境外发行上市可能危害国家安全的	上市公司的权益被控股股东或者实际控制人严重损害且尚未消除	最近一年财务报表的编制和披露在重大方面不符合企业会计准则或者相关信息披露规则的规定；最近一年财务会计报告被出具否定意见或者无法表示意见的审计报告；最近一年财务会计报告被出具保留意见的审计报告，且保留意见所涉及事项对上市公司的重大不利影响尚未消除。本次发行涉及重大资产重组的除外

续表

《试行办法》第8条	《互联互通监管规定》第35条	《上市公司证券发行注册管理办法》第11条
境内企业或者其控股股东、实际控制人最近3年内存在贪污、贿赂、侵占财产、挪用财产或者破坏社会主义市场经济秩序的刑事犯罪的	上市公司及其附属公司违规对外提供担保且尚未解除	现任董事、监事和高级管理人员最近3年受到中国证监会行政处罚，或者最近1年受到证券交易所公开谴责
境内企业因涉嫌犯罪或者重大违法违规行为正在被依法立案调查，尚未有明确结论意见的	现任董事、高级管理人员最近36个月内受到过中国证监会的行政处罚，或者最近12个月内受到过境内证券交易所公开谴责	上市公司或者其现任董事、监事和高级管理人员因涉嫌犯罪正在被司法机关立案侦查或者涉嫌违法违规正在被中国证监会立案调查
控股股东或者受控股股东、实际控制人支配的股东持有的股权存在重大权属纠纷的	上市公司或者其现任董事、高级管理人员因涉嫌犯罪正被司法机关立案侦查或者涉嫌违法违规正被中国证监会立案调查	控股股东、实际控制人最近3年存在严重损害上市公司利益或者投资者合法权益的重大违法行为
	最近一年及一期财务报告被注册会计师出具保留意见、否定意见或者无法表示意见的审计报告。保留意见、否定意见或者无法表示意见所涉及事项的重大影响已经消除或者本次发行涉及重大重组的除外	最近3年存在严重损害投资者合法权益或者社会公共利益的重大违法行为
	严重损害投资者合法权益和社会公共利益的其他情形	

（二）市值标准与境内新增基础股票发行上市条件

《上海证券交易所境外证券交易所互联互通存托凭证上市交易暂行办法》（2023 年修订）明确，境内上市公司在境外发行上市 GDR，申请其境内新增基础股票在沪深交易所发行上市的，上市公司发行申请日前 120 个交易日按股票收盘价计算的上市公司 A 股平均市值不低于人民币 200 亿元。

除上述市值标准外，境内上市公司境外发行 GDR 对应的境内新增基础股票在沪深交易所发行上市应符合下列条件：《上市公司证券发行注册管理办法》规定的发行条件；在交易所上市满 1 年，存在重组上市情形的，应当自重组上市完成后满 1 年；交易所规定的其他条件。

（三）发行与承销

境内上市公司以其新增基础股票为基础证券在境外发行 GDR 的，发行价格按比例换算后原则上不得低于定价基准日（存托凭证发行期首日）前 20 个交易日基础股票收盘价均价的 90%。境内上市公司在境外公开发行的 GDR 自上市之日起 120 日内不得转换为境内基础股票。境内上市公司控股股东、实际控制人及其控制的企业认购的 GDR 自上市之日起 36 个月内不得转让。境内上市公司在境外发行上市的 GDR 在存续期内的份额数量所对应的基础股票数量不得超过中国证监会批复的数量上限，因境内上市公司送股、股份分拆或者合并、转换比例调整等原因导致 GDR 增加或者减少的，数量上限相应调整。

（四）发行比例

根据《互联互通监管规定》《〈上市公司证券发行注册管理办法〉第九条、第十条、第十一条、第十三条、第四十条、第五十七条、第六十条有关规定的适用意见——证券期货法律适用意见第 18 号》向特定对象发行的规定要求，境内上市公司所发行的 GDR 对应的基础股份比例不得超过本次发行前总股本的 30%。且单个境外投资者持有单一境内上市公司权益的比例不得超过该公司股份总数的 10%；境外投资者持有单一境内上市公司 A 股权益的比例合计不得超过该公司股份总数的 30%。境外投资者依法对境内上市公司战略投资的除外。投资者及其一致行动人通过存托凭证和其他方式拥有境内上市公司权益的，应当合并计算其权益，并遵守证券监管、外资管理等规定，履行法定义务。

（五）发行间隔

在2023年5月16日《6号指引》发布前，中国证监会对于GDR这一证券品种的发行间隔没有明确的规定。实践中，杉杉股份（600884.SH）于2021年11月11日收到中国证监会关于核准公司非公开发行股票的批复，并于2022年4月18日作出了关于同意公司发行GDR并在瑞士证券交易所上市相关议案的董事会决议，最终于2022年7月28日成功发行GDR并在瑞士证券交易所上市。成功突破了上市公司申请增发、配股、向特定对象发行股票原则上间隔不得少于18个月，特定情况下不得少于6个月的限制，时间间隔短并被市场视为是境内上市公司境外发行GDR的优势之一。

但是《6号指引》的发布实施，明确了境内上市公司境外发行GDR应当参照《上市公司证券发行注册管理办法》第16条及《〈上市公司证券发行注册管理办法〉第九条、第十条、第十一条、第十三条、第四十条、第五十七条、第六十条有关规定的适用意见——证券期货法律适用意见第18号》第4点向特定对象发行股票的规定确定发行间隔，即本次发行董事会决议日距离前次募集资金到位日原则上不得少于18个月；前次募集资金基本使用完毕或者募集资金投向未发生变更且按计划投入的，相应间隔原则上不得少于6个月。简言之，境外发行GDR的发行间隔优势将随着本次《6号指引》的发布实施而消失。

（六）募集资金使用

GDR募集资金投向的自由性在《6号指引》实施前亦是被视为境内上市公司境外发行GDR的优势之一，但是证监会通过《6号指引》补充要求了“投向符合国家产业政策的主业领域，满足海外布局、业务发展需求”，且明确境内上市公司应当理性融资，合理确定融资规模，并按照《上市公司监管指引第2号——上市公司募集资金管理和使用的监管要求》等规定规范使用境外发行全球存托凭证募集资金，对募集资金使用提出了更高的监管要求，此优势也不再明显。

（七）其他规则适用

除《互联互通监管规定》和《6号指引》明确的事项外，境内上市公司境外发行GDR涉及新增基础股票的决策程序、信息披露等事项，应当符合境内上市公司向特定对象发行的有关规定。

二、主要境外交易所规则概览

中国企业在境外发行GDR集中在瑞士证券交易所（以下简称瑞交所）和伦敦证券交易所（以下简称伦交所），其中瑞交所以其较高的平均估值与高效的审批程序、合理的合规成本成为中国境内上市公司海外发行GDR的最热门目的地。我们对于瑞交所和伦交所的相关上市要求规则简要介绍如表24－4所示。

表24－4　瑞交所和伦交所的相关上市要求规则简要介绍

分类	瑞交所[1]	伦交所[2]
对发行人的要求	合法设立：发行人的设立、章程均须符合其所在地的适用法律。 经营年限：发行人必须以公司主体身份持续经营至少3年。 财务报表：发行人须按照上市所需的报告标准（包括中国企业会计准则）编制经审计财务报表至少3年。 审计师：发行人必须任命符合《瑞士联邦审计师准入和监督法案》第7条和第8条规定的审计师。受中国证监会监管的审计师符合瑞士联邦委员会的相关规定	经营年限：通常需要有3年的经营历史。 会计准则：认可中国会计准则和国际财务报告准则等效。 财务报表：发行人一般需提供最近3个财政年度等经审计财务报表，以及自上次经审计的财务报表发布之日起公布的任何季度或半年财务信息。历史财务信息必须能体现发行人整个3年期间业务的75%。 市值要求：拟发行GDR的企业总市值至少为3000万英镑
对GDR的要求	合法发行：GDR的发行及形式必须符合适用法律。 上市类别：发行人须将所有发行的GDR以同一类别上市。 自由流通：发行人须确保发行的GDR至少有20%被公众持有	合法发行：GDR的发行必须符合公司注册地法律。 自由流通：公众持有GDR不得低于10%

〔1〕瑞交所《上市规则》，载https：//www. ser－ag. com/dam/downloads/regulation/listing/listing－rules/lr－en. pdf，第Ⅷ部分第D章。

〔2〕伦交所《上市规则》，载https：//www. handbook. fca. org. uk/handbook/LR. pdf，第18章。

第二节

上市的主要流程及审核机制

一、主要流程

根据《6号指引》，境内上市公司境外首次发行全球存托凭证，应当在境外提交上市申请后3个工作日内向中国证监会备案。

境内上市公司在境外提交发行上市申请前，还应当按照《上市公司证券发行注册管理办法》第22条的规定，由保荐人向境内证券交易所提交新增基础股份发行的注册申请，境内证券交易所参照上市公司向特定对象发行股票的程序出具审核意见，并报中国证监会注册。中国证监会可合并办理注册及备案。

境内上市公司在同一境外市场再次发行全球存托凭证，新增基础股份发行注册程序与首次境外发行全球存托凭证相同；境外发行后应当在3个工作日内向中国证监会备案。

主要流程与审核机制如图24－1所示。

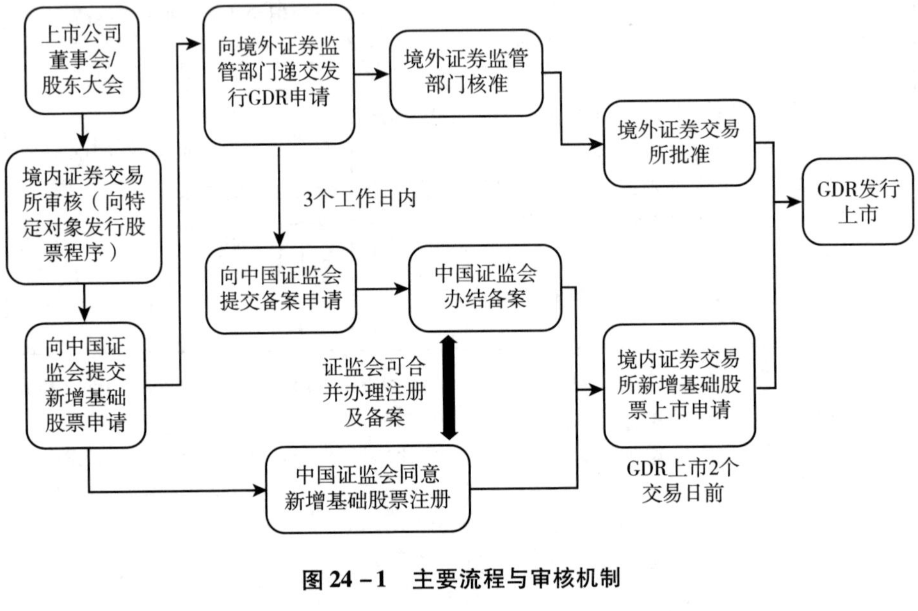

图24－1　主要流程与审核机制

二、《6 号指引》带来的影响

GDR 新规发布为 GDR 市场带来了一定变化，可以说为近年来火热的 GDR 市场“降了温”，截至 2023 年 8 月，已有 7 家前期已公告 GDR 发行的企业宣布终止发行，同时新规下也有部分企业公告 GDR 发行预案，选择继续推进 GDR 工作。《6 号指引》实际上使 GDR 发行对齐再融资规则，在一定程度上约束规范上市公司发行 GDR 行为，避免监管套利情况的出现。

第三节

半导体行业上市公司 GDR 案例探寻

在持续的 GDR 热潮中，半导体行业的上市公司略显稀缺，扬州扬杰电子科技股份有限公司（A 股股票代码：300373. SZ）（以下简称扬杰科技）为首家半导体行业上市公司发行 GDR 的企业；上海韦尔股份半导体股份有限公司（A 股股票代码：603501）（以下简称韦尔股份）则在获得证监会批复一年半后于 2023 年 11 月完成了 GDR 发行，一举成为 2023 年最大的中国科技行业公司境外 IPO，也是中国半导体行业 2005 年以来最大的境外 IPO。

一、公司基本情况及 GDR 发行时间线

扬杰科技是一家集研发、生产、销售于一体，专业致力于功率半导体硅片、芯片及器件设计、制造、封装测试等中高端领域的产业发展的上市公司。公司于 2022 年 11 月召开股东大会审议通过发行 GDR 相关议案；2022 年 12 月 6 日就公司提交的 GDR 申请获证监会国际部受理发布公告；2023 年 1 月 30 日公告发行 GDR 并在瑞交所上市获得瑞交所监管局附条件批准；2023 年 3 月 22 日公告获得中国证监会批复；最终于 2023 年 4 月 18 日（瑞士时间）在瑞交所上市。

韦尔股份作为全球知名的提供先进数字成像解决方案的芯片设计公司，致力于提供传感器解决方案、模拟解决方案和触控与显示解决方案。公司于 2022 年 8 月进行股东大会审议，当年 11 月获瑞交所监管局附条件批准和中国证监会批复，

最终于2023年11月10日（中欧时间）在瑞交所上市。

二、证监会国际部反馈问题

证监会国际部对于扬杰电子及韦尔股份GDR上市出具的反馈意见问题如表24－5所示。

表24－5　证监会国际部对于扬杰电子及韦尔股份GDR上市出具的反馈意见问题

公司名	反馈问题
扬杰电子	请结合你公司本次GDR发行定价、潜在GDR投资者结构、目前获得的投资者反馈、A股市场估值及流动性等因素，对GDR在限制兑回期届满后转换为A股对其交易及市场的影响进行评估分析，并提出相应的应对预案。请律师核查并出具明确的法律意见
	请你公司补充说明本次募集资金的预计规模、具体投资项目、投资金额和整体进度安排，结合现有和在建、拟建产能，海外业务布局和规模等，分析说明本次募投项目建设的可行性、必要性及合理性，是否符合公司整体战略规划并产生协同性。请律师核查并出具明确的法律意见
	你公司实际控制人、董事长于2021年12月因短线交易违法行为被江苏证监局出具监管关注函，请补充说明相关整改落实情况，是否对本次发行造成重大影响。请律师核查并出具明确的法律意见
韦尔股份	请补充说明本次拟发行的GDR与公司A股基础股票的转换率及相应安排。请律师核查并出具明确的法律意见
	请结合你公司本次GDR发行定价、潜在GDR投资者结构、目前获得的投资者反馈、A股市场估值及流动性等因素，对GDR在限制兑回期届满后转换为A股对其交易及市场的影响进行评估分析，并提出相应的应对预案。请律师核查并出具明确的法律意见
	请补充说明你公司实际控制人及其一致行动人股份质押相关情况，是否存在可能导致你公司控股权发生变更的情形，是否对本次发行上市产生重大影响。请律师核查并出具明确的法律意见
	请你公司补充说明本次募集资金的预计规模、具体投资项目、投资金额和整体进度安排，结合现有和在建、拟建产能，海外业务布局和规模等，分析说明本次募投项目建设的可行性、必要性及合理性，是否符合公司整体战略规划并产生协同性。请律师核查并出具明确的法律意见

从以上问题可以看出，证监会国际部提出的反馈问题都是较为常规关于

GDR 的问题，而并未对扬杰科技和韦尔股份提出与半导体行业相关的特别问题。但是需要指出的是，扬杰科技和韦尔股份是在 GDR 新规实施前获得证监会批复并完成发行，后续申请 GDR 发行的企业则需要答复交易所的问询。交易所的问询重点我们可以从三花智控（002050）的审核问询函中窥探一二，三花智控作为目前首个受到交易所问询的企业，其被问询问题重点关注了募投项目的合规性及合理性，同时也要求说明该次融资的必要性。可以看出随着 GDR 新规将再融资审核程序作为发行 GDR 企业的必备前置程序，A 股部分的注册制审核全责由证监会国际部下放给交易所审核中心，交易所的问询和关注细致程度和深度比证监会国际部要求更高，重点也更为突出，即申请企业是否符合 GDR 定位全球市场的要求，境外募投项目的合规要求也基本提升至 A 股 IPO 标准。

三、未来半导体行业上市公司 GDR 展望

由于 GDR 新规导致的程序调整，以及再融资监管政策的调整，截至 2023 年 8 月尚无一家半导体公司完成 GDR 上市的证监会备案程序。毫无疑问，在 GDR 新规发布后，境内上市公司发行 GDR 的新增基础股份发行上市同时适用 A 股向特定对象发行上市申请程序和境内企业境外发行上市备案程序使申请程序更为复杂，证监会对于再融资节奏的条件更使交易所的审核程序具备更高的不确定性。

对于境内半导体行业上市公司，在当前国际经济形势和客观条件的制约下，境外业务并非多数公司的选择和重心，所以境外发行 GDR 可能并不属于选择顺位靠前的融资方式，但是 2023 年年尾韦尔股份成功完成 GDR 发行，并成为 2005 年以来中国半导体行业最大境外 IPO，相信也会激励更多的半导体行业上市公司关注境外市场 GDR 这个选项。我们也会持续关注后续是否会有更多志存国际，符合 GDR 定位境内半导体上市公司根据自身实际情况选择 GDR 进行跨境融资。

第二十五章 借助产业并购基金实现产业链协同效应

产业并购基金又称产业基金，起源于西方的创业投资基金，其设立旨在解决各类国家扶持的企业和基础设施产业发展的资金短缺问题。[①] 随着国内资本市场的发展，上市公司通过产业基金开展投资并购活动，已成为其实现产业整合的重要方式之一，在谋求资本增值、获取财务性回报的同时，亦能扩展产业链上下游布局。

根据 iFind 发布的相关统计数据，A 股上市公司参与设立产业并购基金可分为三个阶段：第一阶段是高速发展阶段，产业并购基金自 2014 年开始进入爆发式增长阶段，并随着 A 股并购浪潮和二级市场的上涨，2015 年至 2017 年逐年增长；第二阶段是短暂低迷阶段，因资管新规的推出，并购基金结构化安排受到限制，且注册制导致并购标的资产选择范围收窄，导致 2018 年至 2020 年上市公司设立并购基金的数量逐年减少；第三阶段是爆发式增长后的平稳发展阶段，在 2021 年再次出现爆发式增长后，2022 年增长态势有所回落，上市公司发起设立产业并购基金数量为 482 个，同比缩减 20.1%，而 2023 年 1—6 月的上市公司产业并购基金数量与 2022 年同时期几近持平。

① 参见薛智胜、焦麦青：《产业投资基金法律问题研究》，知识产权出版社 2012 年版。

第一节
上市公司产业并购基金的概念与监管体系

一、产业并购基金的基本概念、内涵及主要模式

我国现有法律法规等规则层面尚未对“上市公司产业并购基金”作出明确的定义，我们结合相关实践可以提炼其本质特征，并定义为：上市公司或其子公司及关联方设立或参与设立的，用于对新兴行业或者固定项目（标的企业）进行股权投资，并通过大比例参股或直接控股标的企业股权，而获得标的企业经营管理权（甚至是最终控制权）的一种股权投资基金。

在投资标的企业并对其进行培育后，该产业并购基金可以通过将所持有的标的企业股权或者将标的企业的优质资产转让给上市公司（上市公司收购），或通过转让基金份额等方式完成投资退出，以实现基金投资目标。

因上市公司产业并购基金本质上属于股权投资基金，与证券投资基金、创业投资基金等相关概念存在紧密联系但又有区别，通过表 25 - 1 对比可更好地理解其内涵与外延。

表 25 - 1　上市公司产业并购基金与证券投资基金的对比

主要方面	上市公司产业并购基金	证券投资基金
投资对象	以直接投资为主，主要投资实业项目和非上市公司股权	间接投资，主要投资对象为各类上市有价证券，如股票、债权等原生金融工具和衍生金融工具
是否参与目标公司管理	以持有的标的企业的股权，参与企业重大事项的决策	单纯投资行为，收益来源于公司盈利后的利润分红和二级市场的买卖差价，几乎不提供管理方面服务
投资基金募集与服务的对象	因投资年限较长、风险较大，故一般是为满足一定条件的特定投资者服务，而非中小投资者	募集对象无特别要求，主要是面对广大中小投资者

续表

主要方面	上市公司产业并购基金	证券投资基金
法律监管	主要以私募方式募集资金，投资者数量有限且抗风险能力较强，法律监管亦相对宽松	采用公开募集或私募方式募集资金，我国通过《证券投资基金法》等规定对设立、经营、退出等环节进行严格监管

相对证券投资基金来说，上市公司产业并购基金与创业投资基金同属权益投资基金，属实业投资范畴，并且均以未上市企业的股权作为投资对象，在资金募集、运作机制及组织形式等方面具有相似之处，但两者亦存在如表25－2所示的差异。

表25－2　上市公司产业并购基金与创业投资基金的对比

主要方面	上市公司产业并购基金	创业投资基金
选择进入的时期	一般选择在“扩展期”或“成熟期前期”进入企业	一般选择在企业“种子期”至“创建期早期”进入企业
选择投资的对象	在对象选择方面一般受国家产业政策影响，其投资对象涉及传统产业、基础产业及一部分高新技术产业	投资重点是具备产业化潜能，但因市场经济发展不充分而未产业化的中小企业
面临的风险	大多投资于已产业化了的产业或企业，投资对象的潜在风险相对较小	主要投资于成长型中小企业，潜在风险较高、收益率亦相应较高
管理方式	一般仅参与重大事项的决策并要求对重要事项的一票否决权	可能程度较深地参与创业企业的重大经营管理活动，对经理层有较强的控制力度
投资规模	投资规模相对较大，具体项目中可能达到几千万元、几亿元甚至是几十亿元	投资规模相对较小

实务中，根据主导方的不同，上市公司参与设立的产业并购基金主要分为两种模式：其一为上市公司主导，指所成立产业基金的基金管理人或普通合伙人为上市公司或其下属企业，在该种类型的基金架构中，外部私募基金大多作为简单的融资方参与产业基金；其二为外部私募基金主导并进行资源整合，指所成立产

业基金的基金管理人或普通合伙人为与上市公司无关联的私募基金机构，上市公司仅作为基金的有限合伙人，该种模式是上市公司参与设立产业并购基金中的主要类型。

二、上市公司产业并购基金的监管框架

因上市公司产业并购基金本质上为私募股权投资基金，故在确认其监管自律体系及监管框架时仍主要从私募监管角度着手，同时需结合上市公司本身所处监管体系进行把握。

（一）“三位一体”的私募监管自律体系

自2013年明确证监会作为私募股权投资基金的归口管理部门，我国私募股权投资基金监管组织体系现已形成了证监会、地方证监局及中国证券投资基金业协会作为主体的“三位一体”的“监管+自律”组织体系。

（1）证监会：证监会负责对私募股权投资基金实施统一集中行政监管，如负责拟定监管私募股权投资基金的规则与实施细则、组织开展监督检查等。

（2）地方证监局：依照我国证监会的授权履行职责，负责对经营所在地在其辖区内的私募股权投资基金管理人进行日常监督，同时负责组织辖区内机构的合规培训，进行违规处理，另外具体实施对私募股权投资基金的各项现场检查。

（3）中国证券投资基金业协会：系证券投资基金行业的自律性组织，根据现行规定及证监会授权，负责制定实施行业自律规则，监督、检查会员及其从业人员的执业行为，相应给予纪律处分，又或办理私募股权投资基金的登记、备案等。

（二）主要监管规则

实践中，基于上市公司产业并购基金在设立及运营过程中涉及的法律主体关系、权利义务内容，上市公司产业并购基金在设立、管理、投资及退出过程中主要受到如表25－3所示的相关法律法规的监管。

表25－3　上市公司产业并购基金主要监管规定及规则

序号	主要监管规定及规则	
私募股权投资基金相关规定		
1	法律	《证券投资基金法》
2	行政法规	《私募投资基金监督管理条例》

续表

<table>
<tr><th>序号</th><th colspan="3">主要监管规定及规则</th></tr>
<tr><td>3</td><td>部门规章</td><td colspan="2">《私募投资基金监督管理暂行办法》
《关于加强私募投资基金监管的若干规定》</td></tr>
<tr><td rowspan="4">4</td><td rowspan="4">行业规范</td><td>管理办法</td><td>《私募投资基金登记备案办法》及配套指引
《私募投资基金信息披露管理办法》</td></tr>
<tr><td>指引及问答</td><td>《私募投资基金管理人内部控制指引》
《基金募集机构投资者适当性管理实施指引（试行）》</td></tr>
<tr><td>通知公告</td><td>《中国证券投资基金业协会关于实行私募基金管理人分类公示制度的公告》
《中国基金业协会关于进一步规范私募基金管理人登记若干事项的公告》</td></tr>
<tr><td>其他文件</td><td>《私募投资基金备案指引第 2 号——私募股权、创业投资基金》
《私募基金管理人登记申请材料清单》（2023 年修订）</td></tr>
<tr><td colspan="4">上市公司相关规定（以上海证券交易所为例）</td></tr>
<tr><td>1</td><td colspan="3">《上海证券交易所股票上市规则》（2023 年 8 月修订）</td></tr>
<tr><td>2</td><td colspan="3">《上海证券交易所上市公司自律监管指引第 5 号——交易与关联交易》（2023 年 1 月修订）</td></tr>
<tr><td>3</td><td colspan="3">《上市公司重大资产重组管理办法》（2023 修订）</td></tr>
<tr><td colspan="4">反垄断相关规定</td></tr>
<tr><td>1</td><td colspan="3">《反垄断法》（2022 年修订）</td></tr>
<tr><td>2</td><td colspan="3">《经营者集中审查规定》</td></tr>
<tr><td>3</td><td colspan="3">《国务院关于经营者集中申报标准的规定》（2024 年修订）</td></tr>
<tr><td>4</td><td colspan="3">《国家市场监督管理总局反垄断局关于经营者集中申报的指导意见》（2018 年修订）</td></tr>
<tr><td colspan="4">其他监管规定</td></tr>
<tr><td>1</td><td colspan="3">如涉及政府产业投资基金参与，则需适用《政府投资基金暂行管理办法》、《政府出资产业投资基金管理暂行办法》及地方政府相关监管规则</td></tr>
<tr><td>2</td><td colspan="3">如涉及国有主体，则需适用《企业国有资产法》《企业国有资产交易监督管理办法》等国资规定</td></tr>
</table>

第二节

上市公司产业并购基金的设立要素

为更好地研究和探索半导体行业上市公司如何运营上市公司产业并购基金以实现产业链协同，结合半导体上市企业在2020年至2023年所设立产业基金的相关案例，我们建议在基金募集设立过程中，除关注组织形式、结构设计外，另需同时关注基金的注册地、投资方向等内容。

一、基金组织形式

我国私募股权投资基金的组织形式主要采取有限合伙制、公司制和信托制三种组织形式，采用何种组织形式组建私募股权投资基金是当事人之间基于投资的"高风险、高收益"所作出的利益权衡与利益协调。根据中国证券投资基金业协会于2022年10月公布的《2021年私募基金统计分析简报》，截至2021年年末，在私募股权投资基金中，合伙型基金的数量占比最高，达到81.20%，而契约型基金、公司型基金则分别占17.04%、1.68%，由此可见，有限合伙制系私募股权投资基金的主要组织形式。

有限合伙型私募股权投资基金是按照《合伙企业法》，由普通合伙人和有限合伙人签订有限合伙协议而共同设立的基金，基金载体是有限合伙企业。其中，有限合伙人是基金的主要出资人，但不直接参与基金的经营管理，仅以其认缴的出资额为限对基金的债务承担责任，并依法享有对合伙企业的财产权；而普通合伙人对基金出资较少，通常只为基金规模的2%左右，但作为基金的执行事务合伙人负责执行基金的事务，同时对基金的债务承担无限责任。全体合伙人以出资份额为基础并根据有限合伙协议的约定享有收益分配权利。

有限合伙制成为主要组织形式的原因与其自身优势紧密相关，主要体现为：（1）责任形式的二元性，有限责任和无限责任相结合的二元架构能满足各种投资者的风险偏好；（2）设立简便与管理灵活，有限合伙企业的设立程序、治理结构及决策机制较为简单，决策效率更高，合伙人之间具有较大的自由空间来约定权利、义务等内容，且合伙人有多种退出途径；（3）优良的激励约束机制，在有限合伙型基金中，有限合伙人的出资比例为98%—99%，普通合伙人出资1%—2%，但在权益分配时，普通合伙人甚至可以获得20%的收益，这一放大的杠杆效应产生了强烈的激励作用，在对基金的债务承担无限责任及维护自身声誉的压力之下，基金管理人能够产生强大的内在约束和驱动力①；（4）单层税收制。规定层面有限合伙企业实行单层税收制，即采用“先分后税”的方式，按照各自适用的税率去缴纳所得税，可明显降低投资人的税收负担，避免双重纳税，降低运营成本。

二、基金结构设计

在对产业并购基金进行治理和决策结构设计时，通常需更多地考虑上市公司对并购基金并表或出表的需求等问题，兼顾商业、财务、合规等多方面因素。经查阅半导体上市企业在2020年至2023年所设立产业基金的相关案例，基金架构主要有两种类型。

（一）架构一：上市公司（或其子公司）仅作为有限合伙人

1. 类型一：上市公司与普通合伙人无关联关系

对于深耕自身主营业务经营的上市公司而言，其须借鉴合作方的专业投资经验，通过合作方专业化投资管理团队拓展投资渠道，整合利用各方优势资源，并通过基金对优质标的进行培育，储备优质项目，故部分上市公司选择仅作为有限合伙人，通过与专业投资机构合作的形式参与设立并购基金，如复旦微电（688385）于2021年8月审议通过《关于对外投资产业基金暨关联交易的议案》，同意公司作为有限合伙人参投上海皓骏创业投资合伙企业（有限合伙），其中复旦微电（688385）计划认缴出资人民币2500万元，在合伙企业中占比不超过25%（含）。又如华海清科（688120）发布公告称，其作为有限合伙人拟以自有资金出资13,500万元认缴无锡华海金浦创业投资合伙企业（有限合伙）的基金份额，占基金募集总金额的43.55%。

2. 类型二：普通合伙人系上市公司的关联方

在上市公司仅作为产业并购基金的有限合伙人认缴出资时，部分上市公司的关联方选择在该基金中担任普通合伙人，导致本次投资设立构成关联交易。如奥来德（688378）于2020年9月发布公告称，无锡复星奥来德创业投资合伙企业（有限合伙）的目标认缴出资总额为人民币50,000万元，其中奥来德（688378）

---

① 参见吴跃平主编：《私募股权投资基金运作与管理》，清华大学出版社2020年版。

及其关联方海南德瑛投资合伙企业（有限合伙）均为有限合伙人，奥来德（688378）的控股股东、实际控制人之一轩菱忆担任基金的普通合伙人、执行事务合伙人。

（二）架构二：上市公司的子公司担任普通合伙人

1. 类型一：单普通合伙人模式

单普通合伙人模式可根据普通合伙人是否同时为基金管理人进一步区分，如担任普通合伙人的主体具备私募基金管理人资格，则可选择直接由普通合伙人担任基金管理人，但实操中该类情形较少，且对上市公司或其子公司设置了一定的门槛条件；此外，如普通合伙人不具备管理人资格的，该等情形下需要委托具备资格的第三方机构作为基金管理人，从而导致普通合伙人和管理人“分离”的情况。

按照目前私募基金备案审核实务，在普通合伙人与基金管理人“分离”的情形下，基金管理人与普通合伙人需要提供资料证明存在强关联关系，同时需注意如下事项：①普通合伙人与管理人的职权划分问题，根据《私募投资基金监督管理暂行办法》等相关规定，私募基金投资管理的相关职责仅可由依法登记的基金管理人行使，如管理运用私募基金财产、负责基金销售和适当性管理等，在相应基金合同中应注意不得约定管理人的相关职责由非管理人的普通合伙人行使；②非管理人的普通合伙人收费问题，根据基金业协会监管实务，管理费科目只能由管理人收取，不允许非管理人的普通合伙人等其他角色收取管理费，但实操中允许该等普通合伙人收取一定“业绩报酬”（如财务顾问费用），但需解释相应的商业合理性。

2. 类型二：双普通合伙人模式

产业并购基金存在两个普通合伙人，其中之一由上市公司控股子公司或关联方（通常不具有私募基金管理人资格）担任，另一方由专业投资机构（通常具有私募基金管理人资格）担任。对于该架构的基金，上市公司控股子公司或关联方作为基金的普通合伙人，能够参与其日常经营事项，另外可通过投资决策委员会的人员组成及决策机制，寻求担任更为积极的角色。如纳芯微（688052）公告称，其全资子公司苏州纳星创业投资管理有限公司作为普通合伙人以自有资金 9000 万元人民币出资参与设立私募基金苏州华业纳星创业投资合伙企业（有限合伙），出资比例占基金募集总额的 25%，同时该标的基金另一执行事务合伙人深圳市恒信华业股权投资基金管理有限公司担任该基金的基金管理人。

除上文所提及的类型外，实操层面亦有部分上市公司的子公司除担任基金的普通合伙人外，在满足现行规定的情况下同时以直接或间接的方式成为该产业并购基金的有限合伙人，此处不再对此区分赘述。

三、产业并购基金常见的出资方类型

目前市场上较为常见的参与上市公司产业并购基金的出资方包括产业上下游企业、政府产业基金，另外可能会涉及财务性投资人等。

（一）产业上下游企业

如上文介绍，产业并购基金的设立，旨在借助基金合伙人的产业优势，挖掘产业上下游优质标的，保障上市公司所处行业的产业集群，实现资源整合。产业上下游企业共同参与设立产业并购基金，一方面能够进一步探索产业链的上下游布局机会，通过合伙人之间及与基金投资标的之间的沟通合作实现产业协同效果；另一方面则是通过私募基金机构的市场化运作和专业化管理，为其创造价值回报并谋求资本增值。

上市公司在选取基金管理人时，一般也会关注其是否具备在自身行业或上下游产业相关的投资管理经验、专业能力及优质资源，并希望通过合伙人之间多方面的业务协同，与相关产业链伙伴形成更紧密的交流与协作，以完善产业链布局。

（二）政府产业基金

政府产业基金是指包含政府出资、不以营利为主要目的，主要投资于非公开交易企业股权的股权投资基金和创业投资基金。实务中政府产业基金作为有限合伙人出资的产业并购基金，其投资范围、注册地、投资业务、投资行业及阶段等通常都受到国家或地方相关政策的限制，如多数政府产业基金在注册地上要求其投资的产业并购基金在本地区注册设立，同时在返程投资上要求产业并购基金需重点投资于本地辖区。此外，政府产业基金对产业并购基金的投资方向/投资标的亦存在一定的限制，如不可从事融资担保以外的担保、抵押等业务。

同时，大多数政府产业基金虽会派出代表监督产业并购基金的投资和运作，但其尽量不参与所投基金日常管理事宜，仅要求享有一定的决策权。

除政府产业基金及上市公司所处行业的上下游企业外，产业并购基金的募资对象同样会涉及财务投资人，如民营企业、FOF。此外，社保基金与保险公司也是并购基金较为理想的机构投资者，但其投资门槛相对较高，多数基金无法达到相应的资质要求。

四、产业并购基金的其他设立要素

（一）基金注册地

上市公司产业并购基金的注册地选择，应综合考虑税收优惠、政策便利、商业需求等因素，以满足基金需求：①考虑注册地的税收优惠政策，若某些地区对私募基金有税收优惠的政策，如宁波梅山保税港区，可考虑将基金在该地落地；②投资人层面是否存在要求，如投资人中有政府引导基金，则引导基金一般要求该基金注册在其所在地；③另外须注意当地政策便利情况，如很多地区对私募基金的注册持限制态度，很难获批或周期较长，而诸如海南、青岛、珠海等地设立金融小镇，对私募基金的注册出台系列规定，审批条件更宽松、审批周期亦更短。

（二）基金投资方向

上市公司产业并购基金的投资标的（标的企业），须具有高成长性、符合上市公司长远战略需求，同时可提升上市公司主业的核心竞争力，且上市公司可通过控股权收购、运营托管及其他方式运作行业整合。如根据纳芯微（688052. SH）发布的公告，其全资子公司作为普通合伙人，与其他投资方共同出资设立私募基金“苏州华业纳星创业投资合伙企业（有限合伙）”，私募基金规模为3. 6亿元，主要围绕半导体行业及工业、通信、新能源等半导体产业链上下游等相关领域的、具有高成长性的投资标的进行投资。

产业并购基金将根据上市公司发展的阶段性特点，有层次地进行投资标的的投控、资产的装入，并通过单独进行IPO或对外出售等方式实现退出。

（三）并购基金投资决策机制

以有限合伙企业产业并购基金为例，如前文所提及，由普通合伙人（执行事务合伙人）负责执行合伙事务，同时基金管理人依照《私募投资基金监督管理暂行办法》、《合伙协议》和《委托管理协议》等约定，负责基金的“募、投、管、退”事项。除普通合伙人与管理人负责前述日常经营管理事务外，基金事务中尚有部分不适合由其单独决定的事项，对此已逐渐形成了基金治理中的“三会”机制——投资决策委员会、咨询（顾问）委员会和合伙人会议。其中，投资决策委员会作为普通合伙人与基金管理人行使其职能的最重要的机构，通常代表其意志；而咨询（顾问）委员会和合伙人会议一般均由有限合伙人构成，代表的是有限合伙人的利益，但因审议事项的不同和利益代表群体的不同而有所分工。

投资决策委员会系普通合伙人行使其职能的最重要的机构，通常代表的是普通合伙人的意志，根据不同的商业安排，其人员构成主要有普通合伙人委派、有限合伙人委派、外部专家三种基本类型，并组合成“单独普通合伙人”、“普通合伙人 + 外部专家”、“普通合伙人 + 有限合伙人”及混合模式等不同形式。不过此处需注意的是，有部分普通合伙人及基金管理人出于募资目的，主动向有限合伙人开放投资决策委员会席位，尽管该等安排存在一定的商业合理性，但易造成有限合伙人执行合伙事务的法律风险，也不利于明晰普通合伙人与有限合伙人各自的分工责任，容易引发纠纷，亦不利于行业发展。

（四）基金备案要求的满足

根据《私募投资基金管理人登记和基金备案管理办法（试行）》第 11 条规定，私募基金管理人应当在私募基金募集完毕后的 20 个工作日内，通过私募基金登记备案系统进行备案，并根据私募基金的主要投资方向注明基金类别，如实填报基金名称、资本规模、投资者、基金合同（基金公司章程或合伙协议）等基本信息。

基金备案的主要工作是指根据《私募投资基金备案指引第 2 号——私募股权、创业投资基金》等相关规定准备相关材料，在备案平台填写信息并上传文件，填报后视中国证券投资基金业协会的反馈进展，进行补充修改即可，前述材料主要包括主体资格证明文件、募集规模证明/实缴出资证明、基金合同/合伙协议/公司章程、内部管理制度及有关投资者的基本信息等。建议上市公司与私募基金机构在前期筹备阶段需基于基金备案要求及中国证券投资基金业协会的关注要点，相应确定基金认缴规模、存续期限（投资期和退出期）、执行事务合伙人、管理费及收益分配设置、费用承担等。

此外，须注意经备案的私募基金可以申请开立证券相关账户，根据中国证券投资基金业协会发布的《私募投资基金登记备案办法》（中基协发〔2023〕

5号）的规定，私募投资基金完成备案之前，可以以现金管理为目的，投资于银行活期存款、国债、中央银行票据、货币市场基金等中国证监会认可的现金管理工具。

第三节 产业并购基金的运作机制

上市公司产业并购基金的运作可分为筹资过程、投资过程及退出过程。

一、资金募集

资金募集是产业并购基金从事各项投资运作活动的前提，须满足《私募投资基金募集行为管理办法》等现行规定，遵守基金募集的特定对象确定、投资者适当性匹配、基金风险提示、合格投资者确认、投资冷静期及回访等程序要求（见图25－1）。

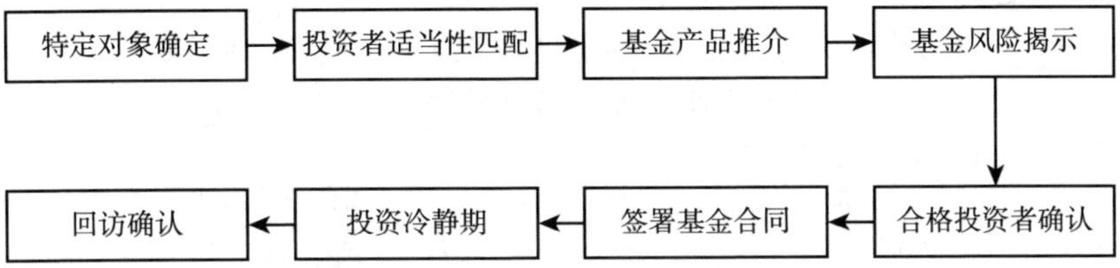

图25－1　产业并购基金资金募集流程

私募基金募集系投资设立私募基金的重要环节，据不完全统计，在中国证券投资基金业协会官方网站于2020年1月至2023年3月发布的纪律处分中，涉及私募基金募集违规行为的纪律处分决定占比过半，常见的违规事由包括违规保本保收益、未合理审慎履行合格投资者确认义务、违规使用可能误导投资者的措辞进行宣传推介、委托不具有资质的机构募集私募基金等，对此建议基金在募集环节着重关注如表25－4所示风险事项。

表 25－4　产业并购基金资金募集的主要风险及合规要求

主要风险事项	合规要求
委托不具有资质的机构募集私募基金	《证券期货投资者适当性管理办法》第 26 条要求经营机构委托其他机构销售本机构发行的产品或者提供服务时，应当审慎选择受托方，确认受托方具备代销相关产品或者提供服务的资格。 根据《私募投资基金募集行为管理办法》，管理人所委托的募集机构必须是在中国证监会注册取得基金销售业务资格并已成为协会会员的机构
通过互联网推介时未设置在线特定对象确定程序	《私募投资基金募集行为管理办法》第 20 条要求募集机构通过互联网媒介在线向投资者推介私募基金之前按照规定设置在线特定对象确定程序。 中国证券投资基金业协会也在相关案例的审理意见中明确指出"私募基金管理人通过官网向投资者推介产品之前，应当设置在线特定对象确定程序，取得投资者真实身份信息及联系方式，并在线调查评估投资者的风险识别能力和风险承担能力。仅要求社会公众通过点击确认的方式确认自身为合格投资者，显然不符合特定对象确定程序要求"
违规使用可能误导投资者的措辞进行宣传推介	私募基金宣传推介中使用"安全""保证""承诺""保险""避险""有保障""高收益""无风险"等可能误导投资人进行风险判断的措辞均属于违规行为，根据《私募投资基金募集行为管理办法》，协会可以视情节轻重对管理人采取加入黑名单、公开谴责、撤销管理人登记等纪律处分
违规保本保收益	《私募投资基金登记备案办法》中强调包括私募基金管理人及其股东、合伙人、实际控制人、关联方和基金销售机构，以及前述机构的工作人员在内的所有主体，均不得以任何方式明示或者暗示基金预期收益率，不得承诺或者误导投资者投资本金不受损失或者限定损失金额和比例，或者承诺最低收益
未合理审慎履行合格投资者确认义务	合格投资者确认程序要求募集机构履行以下两项义务：（1）由投资者书面承诺符合合格投资者条件；（2）要求投资者提供必要的资产证明文件或收入证明。前述两项义务缺一不可，协会对此重点关注并严格要求，且曾在处分中明确指出"合格投资者承诺书不能替代对投资者资产条件的实质审核，不能提供必要资产或收入证明文件的投资者不应被认定为私募基金合格投资者"

二、投资过程

投资过程分为交易发起和筛选、评估、交易设计、投资后管理等四个阶段（见图25－2）。

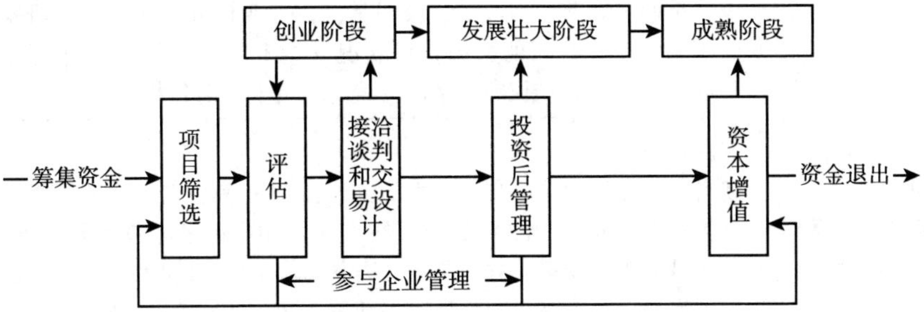

图25－2　产业并购基金投资过程

（一）交易发起和筛选、评估

如前文所述，上市公司产业并购基金的投资标的，需具有高成长性、符合上市公司长远战略需求，同时可提升上市公司主业的核心竞争力，且上市公司可通过控股权收购、运营托管及其他方式运作行业整合。然而，寻找投资项目是一个双向的过程，产业并购基金可以通过发布投资项目指南的形式，由企业提交项目投资申请，再由基金管理人进行评审筛选，通常来讲产业性质和发展阶段是重要的筛选准则；反之，基金管理人也可以采取主动出击的方式，在满足基金募集说明书中载明的投资领域内去寻找投资项目。

在投资项目的筛选上，基金管理人一般从宏观、微观等不同角度（常见标准见表25－5）对潜在的标的企业进行筛选与评估，具体标准及其所占权重可能会结合不同的细分行业领域进行灵活调整，最终形成综合评分如表25－5所示。

表25－5　标的企业筛选评估常见标准

角度	关注要点
宏观	投资模块： 关注公司的现有估值是否合理，相应股权结构是否合理
	行业模块： 如上文介绍，产业并购基金的投资方向须符合上市公司长远战略需求、提升其主业竞争力，这决定了投资标的所处行业及细分方向，同时须关注投资标的所在行业的市场是否还有创业机会，所在领域是否可能会触发国家政策风险或者行业红线

续表

角度	关注要点
微观 （针对某具体的潜在投资标的）	发展阶段： 主要关注潜在标的企业：（1）是否有成熟的运营体系，如员工构成、全职或者兼职情况等，公司是否有专业化分工部门（如研发部门等）；（2）公司的财务指标状况（盈利、亏损及财务计划等）；（3）公司的知识产权布局情况（商标、专利、著作权等）
	产品模块： 就潜在投资标的主要产品，主要关注：（1）其主营产品的核心技术是否有专业壁垒；（2）其应用在主要产品中的核心技术是否自研，是否依赖于其他第三方或来源于合作方；（3）其研发、生产及销售相关产品，是否存在资质许可等前置审批要求；（4）其目前产品的市场竞争优势及市场占有率如何，竞争对手基本情况
	管理团队： 主要关注：（1）管理层团队人员学历、工作背景及构成，其中着重关注创始人的各项基本情况；（2）技术岗位人员的履历背景情况，与前任职单位是否存在任何潜在争议等（如约定竞业限制等）

如某一申请项目通过初步筛选，基金管理人需对该项目从项目技术水平、市场潜力、资金供给、高级管理人员的素质乃至政策、法律等因素，需要由各方面专家组成的专门人才来完成。另外不可忽视的环节是投资风险评估，需对项目的全过程中可能存在的技术风险、市场风险、管理风险、财务风险、控制风险、政策风险和成长风险等进行充分的估计和考虑，并提出必要的相应对策。

（二）交易设计

某一投资项目经过评估后认为是可行的，投资方和潜在的标的企业会就具体的投资方案设计进行谈判，确定投资项目的一些具体条件。由于投资方和标的企业的出发点和利益不同，双方经常在投资方案具体条款的谈判中产生分歧。因此，谈判阶段所要解决的问题就是确定一种权益安排，以使双方互惠互利、风险共担、收益共享，且谈判的最终结果体现在双方商定并共同形成的投资合同上。合同条款一般包括：（1）投资总量、资金投入方式及组合、出资安排，如现金、知识产权等非现金出资等；（2）基金及其他投资方在投资标的中所享有的特殊权利，以及投资者监督和考察企业权利的确认；（3）涉及公司治理架构及经营管理机构的安排，及股东会、董事会层面的条款设置；（4）关于企业经营范围、商业计划、企业资产、兼并、收购等方面的条件确认；（5）关于投资各方在潜在标的企业运营过程中所担任的商业角色、责任等，以及就商标、专利及租赁等事项签署相关协议；（6）最终利润分配方案。

上市公司在作出投资决策并签署前述合同前，应结合相应的投资金额、是否涉及与关联方共同投资、在合同中拟允诺的业务合同签署及是否使用募集资金等情形，判断是否落入现有董事会、股东大会审议范围内及是否需履行相应的信息披露义务。此外，上市公司或其子公司须关注其在产业并购基金中承担的最大风险敞口，该风险敞口占产业并购基金的比例：（1）如上市公司不可控制产业并购基金，其所拥有的决策或收益权是否与承担的风险相匹配，该等安排是否有利于保护上市公司、中小投资者的利益；（2）如上市公司或其全资子公司在本次投资入股后变为投资标的控股股东和/或实际控制人，除需将其纳入上市公司的合并报表范围内，同时应重点关注由上市公司或其子公司承担业绩承诺主体（投资标的）本应承担的风险或成本，牺牲上市公司母公司利益以保障投资标的业绩承诺的实现。

（三）投资后管理

产业并购基金的一个重要特点就是其参与性，这种参与性不仅表现在对标的企业的日常运营进行监督管理，还表现在对其经营战略、形象设计、组织结构调整等高层次重大问题的决策上，并且产业并购基金作为标的企业的股东，其拥有的经营管理权这一股东权利对标的企业的经营绩效起着关键作用。① 投后管理的方式主要有以下几种。

（1）委派在行业中经验丰富的经营管理专家加入董事会，参与企业重大事项的决策及经营方针、战略和长期规划的制定。

（2）定期审阅公司的财务报表。

（3）向标的企业推荐高水平的营销、财务等专业管理人员。

（4）向标的企业提供行业发展分析报告。

（5）协助标的企业寻求进一步发展所需资金支持，为公开上市创造条件。

三、退出过程

产业并购基金的退出，作为产业投资循环链条中的最后一个环节，对整个产业投资基金投资循环过程中的其他环节具有重要影响。不同于传统投资，产业投

① 参见薛智胜、焦麦青：《产业投资基金法律问题研究》，知识产权出版社2012年版。

资并不以股权分红为主要途径来获取利润，而是依赖私募资本不断进出不同的标的企业，通过筹资、投资和退出的不断循环来实现私募资本的增值，在整个资本循环流动过程中，退出机制成为整个运行通道的核心环节。

实操中，产业并购基金常见的主要退出方式包括通过上市公司收购标的股权、标的股权 IPO 退出、第三方并购退出等实现并购基金所投项目退出；或者上市公司通过转让并购基金份额、基金清算退出等实现上市公司从基金中退出。

（一）将优质的标的股权注入上市公司

对于上市公司而言，产业并购基金的设立，旨在借助专业投资机构的经验和资源在更大范围内寻求对公司有战略意义的投资和并购标的，帮助公司收购与公司具有高度协同效应的优质企业并进一步提升公司综合竞争力，这一目标也决定了产业并购基金的投资方向。

对于这类并购基金而言，待标的公司培育达到一定条件后，上市公司可通过向并购基金购买标的企业股权的方式，将优质资产注入上市公司体内，如在基金合同中约定“如退出项目的主营业务与上市公司相同或相近，上市公司对退出部分股权享有优先购买权”。我们通过查询公开案例，在合纵科技（300477）参与设立的新能源产业基金宁波源纵股权投资合伙企业（有限合伙）购买某天津公司 50.25% 的股权并对其增资的项目中，《增资协议》有如下约定“若根据 2019 年的净利润预测，2017—2019 年三年净利润合计数能达到业绩承诺目标（3.8 亿元），则适时启动通过上市公司并购重组方式被并入上市公司的工作”。

（二）标的企业 IPO 退出

标的企业 IPO 也是比较理想的退出方式，资本市场的资本溢价功能会给投资带来优厚的回报，同时使标的企业获得巨大的现金流入，为其进一步升级和发展提供巨额资金的支持。不过，通过 IPO 退出亦存在不利方面，如时间成本和 IPO 上市运作开销等较高，同时该等退出方式的标准比较严格，需满足锁定期等要求，退出时面临一定风险，亦会受股票市场活跃程度的影响。

实操中不乏采取该退出方式的上市公司，如立霸股份（603519）作为有限合伙人之一的嘉兴君励投资合伙企业（有限合伙）（以下简称嘉兴君励）（基金编号为 SJE124）投资于国内半导体设备企业拓荆科技（688072），在该标的企业于 2022 年 4 月 20 日成功上市且满足解禁的情况下，嘉兴君励将持有的拓荆科技股票分次通过大宗交易、询价转让及集中竞价交易减持等方式全部出售，并计划在完成所有税务等事项后按流程进入清算程序。

（三）第三方并购退出

当标的企业较为成熟后，尤其是其预期收益现值超过企业市场价值时，企业会被做成一个项目，吸引其他投资者前来购买，产业并购基金可通过该等途径，实现从标的企业退出并获得一定的经济收益。如海辰药业（300584）参与出资设立合肥高研欧进生物医药产业基金合伙企业（有限合伙）（以下简称高研欧进基金），后高研欧进基金与其他方出资设立境内 SPV，再由境内 SPV 通过其全资设立的境外 SPV 中的适当主体完成对 NMS 集团 90% 股权的收购；2021 年 9 月，高研欧进基金就其向非关联第三方转让所持境内 SPV 的股权事项签署股权转让协议；又如美亚柏科（300188）参与设立的美亚梧桐网络空间安全及大数据产业并购基金通过向第三方转让股权的方式退出志翔科技等已投项目。

从整体上来看，与通过标的企业 IPO 退出相比，第三方并购退出方式的优势则主要体现在如下方面。

（1）并购退出更高效、灵活。相比较 IPO 漫长的排队上市窗口期、严格的财务要求、业绩的持续增长压力，并购退出程序更为简单，不确定性较小，且在企业的任何发展阶段均可实现，对企业自身的类型、市场规模、资产规模等都没有规定约束。

（2）在并购交易完成后，即可实现一次性全部退出，交易价格及退出回报较为明确。而 IPO 退出则要满足上市锁定期，同时需考虑退出时标的企业上市后的股价变动情况，增加了退出回报的不确定性。

但需要注意的是，第三方并购退出方式同样存在一定的风险，如标的企业为进行并购通常会按并购方的要求提供信息，而这些信息中往往会包含企业的经营信息与技术信息，如技术秘密、销售策略及财务报表等，实操中并购的成功率比较低，且不排除部分并购方通过假并购手段获取标的企业的商业秘密的可能性，即以并购之名、实则为刺探或掠取企业商业秘密，以不正当获取竞争优势。对此，我们建议上市公司及相关标的企业可事先通过与潜在并购方签署保密协议并采取周密的保密措施等方式防范该类风险。

（四）上市公司直接通过转让基金份额等方式退出

除通过并购基金退出所投资项目并获得后续分配外，上市公司还可通过向第三方转让并购基金份额实现退出，如神思电子（300479）与其他方共同出资设立济南市新动能人工智能创业投资合伙企业（有限合伙），拟将其所持全部基金份额转让至无关联自然人并就此发布公告；又或根据基金合同的约定清算解散并购基金以实现退出，如江苏吴中（600200）全资子公司出资入伙南昌苏吴健康产业管理中心（有限合伙）并在该基金投资期满后启动清算工作。不过就该类方式而言，实操中通常基金清算流程的耗时较长，同时会涉及工商及税务注销等程序。

第四节 已上市半导体企业参与设立产业并购基金的合规提示

在产业并购基金的设立及投资运作过程中，除须满足私募基金自身监管要求外，同时应遵守有关上市公司的相关规定，如涉及信息披露、内幕交易、关联交易与同业竞争等监管要求，以及上市公司在向不特定对象发行股票时需注意避免投资产业并购基金被界定为财务性投资。

一、上市公司持续信息披露要求

根据相关上市监管规则，上市公司参与并购基金的主要信息披露要求主要体现在《上海证券交易所上市公司自律监管指引第5号——交易与关联交易》（上证发〔2023〕6号）、《深圳证券交易所上市公司自律监管指引第7号——交易与关联交易》（深证上〔2023〕21号）等规定中（见表25－6）。

表25－6　上市公司参与并购基金的主要信息披露要求

主要方面	信息披露要求
披露情形	上市公司与专业投资机构共同设立并购基金或产业基金等投资基金（以下简称投资基金）（组织形式包括但不限于公司制、普通合伙、有限合伙等），认购专业投资机构发起设立的投资基金份额，与上述投资基金进行后续资产交易，以及上市公司与专业投资机构签订战略合作、市值管理、财务顾问、业务咨询等合伙协议

续表

主要方面	信息披露要求
披露内容	首次披露： 上市公司与专业投资机构共同投资，应当及时披露相关公告，并向本所报备有关协议。公告内容应包括专业投资机构基本情况、关联关系或其他利益关系说明、投资基金的基本情况、管理模式、投资模式和利益分配方式、投资协议主要条款，并说明对上市公司的影响和存在的风险，是否可能导致同业竞争或关联交易等
	阶段性披露： 上市公司与专业投资机构共同投资，发生以下情形时，应当及时披露相关进展情况：（1）拟参与设立或认购份额的投资基金募集完毕或募集失败；（2）投资基金完成备案登记（如涉及）；（3）投资基金进行对上市公司具有重大影响的投资或资产收购事项；（4）投资基金发生重大变更事项或投资运作出现重大风险事件，可能会对上市公司造成较大影响

二、遵守上市公司关联交易、同业竞争及内幕信息管理等方面监管要求

上市公司在投资设立并购基金并参与基金运作与并购基金交易等环节中，应注意遵守自身适用的关联交易、避免同业竞争等方面监管要求，包括但不限于：

（1）在判断上市公司本次对外投资所涉程序时，如并购基金的其他投资人中存在上市公司关联方，则设立并购基金构成上市公司“与关联方共同投资”事项，上市公司需要按要求履行必要的关联交易决策程序和披露程序。

（2）并购基金的普通合伙人若与上市公司存在关联关系，则并购基金通常亦会构成上市公司关联方，上市公司后续与并购基金交易等环节中，需要注意遵守《上海证券交易所上市公司自律监管指引第5号——交易与关联交易》（上证发〔2023〕6号）、《深圳证券交易所上市公司自律监管指引第7号——交易与关联交易》（深证上〔2023〕21号）等规定中有关关联交易的监管要求；若普通合伙人由上市公司实际控制人控制的其他企业担任，还需要充分论证、确保并购基金投资领域不违反上市公司同业竞争相关限制；此外需结合《上市公司重大资产重组管理办法》等相关规定，判断本次对外投资是否涉及重大资产重组。

（3）设立并购基金以及基金运作过程中的重要事项，往往会构成上市公司股价敏感信息，上市公司须关注内幕信息管理方面的合规性要求，以降低对上市公司股价波动的影响。如上海证券交易所于2022年9月就纳芯微（688052）认购

基金份额暨关联交易事项出具《关于苏州纳芯微电子股份有限公司关于认购私募基金份额暨关联交易相关事项的监管工作函》（上证科创公函〔2022〕0212 号），保荐机构根据前述函件提及事项，关注该关联交易的合理性公允性，持续关注公司经营及对外投资情况，督促公司完善公司治理及内控制度、按照法律法规要求及时进行信息披露等。

三、上市公司需避免投资产业并购基金被界定为财务性投资

根据《上市公司证券发行注册管理办法》（中国证券监督管理委员会令第 206 号）及《〈上市公司证券发行注册管理办法〉第九条、第十条、第十一条、第十三条、第四十条、第五十七条、第六十条有关规定的适用意见——证券期货法律适用意见第 18 号》（中国证券监督管理委员会公告〔2023〕15 号）相关规定，上市公司向不特定对象发行股票，除金融类企业外，最近一期末不存在金额较大的财务性投资，其中财务性投资包括但不限于与公司主营业务无关的股权投资、投资产业基金与并购基金等。对于围绕产业链上下游以获取技术、原料或者渠道为目的的产业投资，以收购或者整合为目的的并购投资，如符合公司主营业务及战略发展方向，不界定为财务性投资。

结合已申报案例［如泰瑞机器（603289）］的监管问询情况，监管机构主要从以下方面关注财务性投资问题：（1）结合最近一期末交易性金融资产、其他非流动金融资产的具体内容说明相关资产未认定为财务性投资的依据及合理性；（2）公司最近一期末是否存在持有金额较大、期限较长的财务性投资（包括类金融业务）情形，自向不特定对象发行股票相关董事会决议日前 6 个月起至本次发行前，公司实施或拟实施的财务性投资及类金融业务的具体情况，相关财务性投资是否已从本次募集资金总额中扣除。

通过案例检索结果来看，部分案例将其股权投资解释为非财务性投资的途径，通常是以与主营业务及其战略发展目前的相关性来论证，即具有发展主营业务的战略需要的股权投资一般不认为是财务性投资。结合上述规定，建议上市公司在设立或投资产业并购基金时，结合其未来一定期限内向不特定对象发行股票的计划或需求，做好顶层设计，把握投资设立产业并购基金的背景、投资目的及投资期限等，避免被认定为财务性投资。

第五节 小结

上市公司参与设立产业并购基金，除谋求资本增值外，同时可探索产业链上下游的布局机会以强化产业协同，整体来看对上市公司自身的业务发展具有一定的赋能效应。

其一，合作模式具备优势。如上文“基金投资方向”部分提及，因产业并购基金的投资标的通常是围绕上市公司所处行业的产业链上下游等相关领域，且需符合上市公司长远战略需求，这决定了上市公司与私募基金机构的合作模式。在上市公司自身行业经验的基础上，通过与私募基金等专业机构合作，充分利用专业投资机构的经验和资源，对投资项目进行甄选、判断以控制投资风险，而私募基金机构则可以借鉴上市公司专业人士对与标的企业所处行业相关的经验等信息并通过上市公司收购标的企业的方式获得稳定的退出渠道，合作各方优势互补、合作共赢、风险共担。

其二，提供资金渠道。为上市公司的并购整合提供资金渠道，通过私募基金等专业机构的融资能力提高上市公司在并购整合方面的资本杠杆；此外，由于上市公司并非直接参与投资和并购重组，并购基金在对外投资过程中能够有效降低内幕消息对公司股价波动的影响，有利于交易顺利完成。

其三，储备合适的并购标的。为公司的资本运作积累丰富的经验，有效提升公司投资水平，借助专业投资机构的经验和资源在更大范围内寻求对公司有战略意义的投资和并购标的，加快公司产业并购的步伐，帮助公司收购与公司具有高度协同效应的优质企业并进一步提升公司综合竞争力。因此，将优质的标的企业注入上市公司，亦是产业并购基金退出的主要方式之一。

其四，有效降低整合风险。上市公司可以通过并购基金提前锁定标的企业，即投资后介入经营管理，并在标的企业培育完成后择机注入上市公司，该种方式在上市公司与标的企业之间建立了隔离层，有效地降低了上市公司兼并重组过程中的整合风险、信息不对称风险。

由此可见，上市公司与私募基金等专业机构合作设立并购基金对于其整合产业链相关资源具有重要意义和促进作用。不过区别于常规的私募股权投资基金，产业并购基金在架构设计、决策机制建立及资金筹集、投资标的选择及退出等方面均体现出一定的特殊性及与上市公司的适配性要求。因此，无论是投资设立，还是商业运作阶段，均可能面临法律、合规及业务等诸多领域的复杂问题，需要上市公司和合作方共同妥善处理及解决，从而实现互惠互利、相得益彰，同时促使上市公司实现其产业链上下游协同整合、业务转型、结构升级等目标。